XIANGEI CHUNTIAN DE SHENGYIN
——SHOUJIE BOYINZHUCHI MEITIYUYAN XIHULUNTAN WENJI

主　　编　姚喜双
副主编　袁　伟
执行主编　彭远方　李　颖

献给春天的声音

——首届播音主持·媒体语言西湖论坛文集

高等教育出版社·北京

内容简介

本论文集从人物研究到节目分析，从历史梳理到前沿关注，从人才培养到未来展望，全面总结了改革开放40年来播音主持和媒体语言研究的经验和成果。本书体现了习近平新时代中国特色社会主义思想，为新媒体传播语境下的播音主持、媒体语言研究提供了更多的思路和视角。本书有利于播音主持及媒体语言传播人才培养模式的共享，有利于提升新时代播音主持、媒体语言传播的研究水平。

此外，书中还配有著名主持人的朗诵视频二维码，提高了本书的艺术性、生动性和实用性。

图书在版编目（CIP）数据

献给春天的声音：首届播音主持·媒体语言西湖论坛文集 / 姚喜双主编. -- 北京：高等教育出版社，2019.5

ISBN 978-7-04-051907-5

Ⅰ. ①献… Ⅱ. ①姚… Ⅲ. ①播音-语言艺术-文集②主持人-语言艺术-文集③媒体-语言学-文集 Ⅳ. ①G222.2-53②G206.2-53③H0-53

中国版本图书馆CIP数据核字（2019）第077790号

策划编辑	赵愫简	责任编辑	赵愫简	封面设计	张 楠	版式设计	于 婕
插图绘制	于 博	责任校对	王 雨	责任印制	田 甜		

出版发行	高等教育出版社	网 址	http://www.hep.edu.cn
社 址	北京市西城区德外大街4号		http://www.hep.com.cn
邮政编码	100120	网上订购	http://www.hepmall.com.cn
印 刷	三河市宏图印务有限公司		http://www.hepmall.com
开 本	787mm × 1092mm 1/16		http://www.hepmall.cn
印 张	25		
字 数	510千字	版 次	2019年5月第1版
购书热线	010-58581118	印 次	2019年5月第1次印刷
咨询电话	400-810-0598	定 价	77.00元

本书如有缺页、倒页、脱页等质量问题，请到所购图书销售部门联系调换

物 料 号 51907-00

编委会名单

目　录

——理论篇——

——实务篇——

——人物篇——

中国特色社会主义播音主持体系基本建立（代序）

中国社会科学院研究生院、中国传媒大学播音主持艺术学院　姚喜双

《绿水青山也是金山银山》
朗诵：姚喜双

我们论坛的主题是研究探讨改革开放40年播音主持和媒体语言的发展，从时间的维度来说，是一个纵向的发展过程；从历时的角度讲，是一个播音主持、媒体语言发展的史学问题。

第一，谈谈播音主持发展的时期分段问题，即为何划分播音主持的发展阶段。有观点以语言发展的阶段划分，认为语言发展到什么阶段，我们的播音主持、媒体语言研究也就处在那个阶段；还有一种观点是以媒体的发展阶段作为划分依据，还有从社会经济、政治发展的角度来划分的，我认为把三个方面结合起来考量更有意义。首先应该从社会经济、政治发展的角度着眼划分阶段，因为我们的工作是新闻传播属性，是与党和国家政治经济的发展紧密联系在一起的。这应该是主线，是最主要的考虑因素。第二个是从技术的角度，也就是媒介技术的发展。如果没有媒介技术的发展，哪有媒体、特别是广播电视媒体的今天？播音室现在是真人“肉身”的主持人，接下来将是人和会表达的智能机器人，从简单的人机互动到简单语音播报被智能机器人取代。第三是语言发展的视角。语言的发展短期内是一个渐变的过程，如果眼光放久远一点，从文言文到白话文是最明确的分水岭。明年（2019年）就是白话文运动100周年了，如果不是有了白话文，有了普通话这样的语言发展，哪有今天以普通话为基本语言的播音主持？但是在改革开放40年的发展过程中，语言也在不断地发展变化，从而影响到播音主持。所以，研究和探讨播音主持发展阶段的划分，应该综合各种因素来考虑，至少应该从政治经济社会的发展、从媒介技术的发展、从语言的发展三方面考虑。

第二，我们今天研究改革开放40年播音主持、媒体语言发展，是以政治经济和社会的发展为背景和前提的。改革开放40年，应该说媒介技术日新月异，媒体语言也更加贴近人民群众的生活，但从根本上讲，播音主持、媒体语言的发展首先体现的还是社会政治生活的发展。如果要用一句话来总结概括40年来播音主持、媒体语言发展的成果，那就是：中国特色社会主义播音主持体系基本建立。首先，我们的新闻工作者是党和人民的新闻工作者，我们的播音主持是中国特色社会主义的播音主持，这一点必须明确、鲜明地提出来。其次是体系，这个体系既包括学术研究，也包括教学实践，当然也体现人才培养。再次是定论基本建立。具体来说，这个体系包括业界的，也包括学界的，既包括播音主持业务实践，更涵盖播音主持教育理念的。这个体系正好是

经过改革开放40年的过程逐步明确并建立起来的。我们国家是四级办广播电视，中央台、省台、地市台、市县台。从媒介发展的角度来讲，广播体系在上个世纪70年代就确立了；电视台是1958年就有了，但是普通老百姓能真正看上电视则是在改革开放以后，网络以及人工智能发展更是近些年的事。四级办广播电视，中央、省、市，广播电视网络，我们的主持样态又有了新的发展，演播室直播、现场直播、全程直播，老一代的播音员主持人也是在改革开放40年中进一步焕发青春的，像齐越、夏青、葛兰、林如、沈力等，改革开放以后在播音主持界仍然有着非常重要的影响和地位；铁成、方明、雅坤、虹云、徐曼等的播音主持创作，也在改革开放中日趋成熟。从学界来说，改革开放前只有北京广播学院（中国传媒大学前身）招收播音专科生，1978年开始招本科，77级入学的播音班在1978年又争取到了本科待遇。后来又有了硕士教育，齐越先生就是当时的第一批播音专业的硕士生导师，娄玉舟、敬一丹、傅成和我都是他的硕士生。后来在学院党委的领导下，在大家的共同努力下，我作为播音主持艺术学院的院长主持领导大家建成了中国播音学博士专业。之后，我到了教育部语用所，在教育部的领导和支持下，在大家的共同努力下，我作为所长带领大家建立了包括播音主持在内的媒体语言学博士后工作站。也就是说，这40年，我们先后有了本科教育、硕士教育和博士教育，还有了博士后的培养。我们也有了一批学术和教学方面的著作和研究成果，尤其是党的十八大以来，进入新时代，我们还建成了齐越教育馆。改革开放40年的中国特色社会主义播音主持体系的建设，为什么叫“基本建立”？为什么不叫“成熟”？不叫“建立”？不叫“完全建立”？因为我们是历史唯物主义者，现在我国播音主持的发展，是和国家的政治、经济、社会和科技发展相适应的，是与小康社会的建设进度相匹配的，播音主持事业的发展，不可能超越这个历史阶段，所以是“基本建立”。到2020年，我们马上要建成“小康社会”了，我们的播音主持体系是“基本建立”了。到2035年，应该是“建立”，到2050年才是“完全建立”或者叫“成熟”。这个道理很简单，比如说：没有电视的时候，能有电视主持人吗？没有网络的时候，能有网络主持人吗？因此，中国特色社会主义播音主持体系的建立，不是一个人或几个人的努力能完成的，而是播音主持学界和业界的共同努力，是全社会共同努力的结果，只有把播音主持体系研究成熟了，这个体系也就“建立”了。所以说，目前的成果是中国特色社会主义播音主持体系基本建立。

第三，我们在这里纪念改革开放40年，而我们进行学术研究的话，不能仅仅从1978年开始，而应该从1976年着眼，从粉碎“四人帮”后社会各领域的发展开始恢复正常、走上正轨开始研究。即使从1978年开始研究，全社会生产力的真正恢复也是到1983年，甚至一直到1990年才逐渐完成。改革开放初期是一个恢复时期，然后是发展时期，再到2000年后的蓬勃时期，再到现在的全面发展，这中间可以进行阶段划分。从改革开放、新世纪到新媒体的网络主播，再到现在的智能机器（AI）主持人，这40年的划分可以把政治、经济、社会科技的发展作为参考依据。

第四，怎样研究现代、展望未来。展望未来，有一个说法叫“过去未去，未来已来”。电视过去了吗？没过去，人工智能机器主持人已来。所以学习党的十九大精神，首先就要认清新时代面临的主要矛盾，人们对物质文化的需求和社会生产不足之间的矛盾已经转为人们对美好生活的需求和不平衡不充分的发展之间的矛盾。我国现在的发展是不平衡的、不充分的，就是因为我国社会虽然进入了新时代，但还是处于社会主义初级阶段，这也是为什么说“过去未去”，新时代已经“扑面而来”，我们的研究应该主要解决发展过程中不平衡、不充分的矛盾问题。

的确，纪念改革开放40年，我们非常骄傲自豪地看到我们的发展，同时又应该保持清醒的头脑，在面对新形势、新矛盾的同时，应该看到未来的挑战、发展的不足和我们面临的机遇。从现在的研究角度来说，广播电视研究得多，网络研究得少；从语言来讲，普通话研究得多，方言播音、民族语言播音、国外境外播音研究得少；从社会整体的发展来看，随着人民对美好生活的需求层次增多，我们对以普通受众为主体的广播电视播音与主持研究得多，对特殊受众群体，比如手语主持研究得少，媒体一线对这类节目的关注和开发也很少；我们对一般新闻消息、综艺节目播音主持研究得多，对新闻评论播音主持样态研究得少；我们对传统节目播音主持关注得多，对网络媒体播音主持、对人工智能播音主持、对人机互动领域的研究注意力不够，人工智能播音主持的标准还没有确定。

正像习近平总书记说的，纪念改革开放40周年，就是要面向未来。我们既要看到十八大以来，党带领全社会健康、稳步发展，看到播音主持事业的发展，看到中国特色播音主持体系的基本建立，同时也要看到这其中的不平衡和不充分，也要看到问题和挑战，进一步加快、加强对问题和挑战的研究，我们才能够抓住机遇，更加从容地面对未来。

《心无百姓莫为官》朗诵：姚喜双

（此文为作者在“改革开放声屏40年：播音主持·媒体语言西湖论坛”开幕式上的致词）

探讨媒体语言特征，总结播音主持成果

——改革开放“声屏”40年：首届播音主持·媒体语言西湖论坛综述

浙江工业大学　彭远方　人民教育出版社　姚晓莼

《我必须伸出大拇指，为杭州点赞》朗诵：葛兰、方明、敬一丹、鞠萍、周宇

为纪念改革开放40年，总结40年来播音主持成果和发展规律，“播音主持·媒体语言首届西湖论坛”（简称“西湖论坛”）于2018年9月18日至19日在杭州举办。本届论坛以“改革开放‘声屏’40年”为主题，由浙江工业大学联合中央广播电视总台播音指导委员会（央广）、中国电视艺术家协会主持人专业委员会、北京大学新媒体研究院、中国传媒大学播音主持艺术学院、中国传媒大学新闻学院、齐越教育馆以及《现代传播》和《语言文字应用》杂志社共同主办。“西湖论坛”是播音主持暨媒体语言业界和学术界专家学者在改革开放40年之际、全面建成小康社会决胜阶段、中国特色社会主义进入新时代的关键时期，为深入学习习近平新时代中国特色社会主义思想，进一步学习贯彻习近平总书记在党的新闻舆论工作座谈会上的讲话精神和习近平总书记弘扬中华优秀传统文化的重要论述的时代大背景下召开的一次学术及业务交流盛会。

改革开放40年，正是中国媒体深刻变革的40年。在智能互联时代，传统媒体与新兴媒体深度融合，给媒体语言的有声化传播带来了巨大冲击。在这样的背景下，姚喜双、葛兰、虹云、方明、敬一丹、鞠萍等播音主持界名家及40多位播音主持业界、学界专家齐聚“互联网经济之都”杭州的西子湖畔，聚焦播音主持在传统媒体中的发展，总结经验，探讨播音主持在融媒体时代的未来趋势，这是一次跨时代的业界专家和高校、科研院所的中青年学者多层次互动的学术研讨会。中国传媒大学新闻学院院长、《现代传播》主编隋岩，中央广播电视总台播音指导委员会（央广）办公室主任、播音指导毛舟，中国电视艺术家协会主持人专业委员会主任、中央广播电视总台（央视）播音指导敬一丹，《语言文字应用》执行主编叶青，中国传媒大学播音主持艺术学院副院长李洪岩，沧州师范学院齐越传媒学院副院长白晓清，浙江工业大学播音与主持艺术系主任彭远方等先后主持了主题发言单元。来自各高校、科研院所以及中央人民广播电台、中央电视台等国家级媒体的播音主持、媒体语言业界和学术界的青年学者先后做了主题发言。与会学者专家们的研究选题从人物研究到节目分析，从历史梳理到前沿关注，总结了改革开放40年来播音主持和媒体语言研究的经验和成果，达到了加强新时代播音主持、媒体语言传播研究能力，搭建播音主持、媒体语言研究交流平台，

共享播音主持及媒体语言传播人才培养模式的目的，为更好地发挥播音主持、媒体语言在新媒体传播语境下的纽带和桥梁作用提供了更多研究思路和视角。

“西湖论坛”上，姚喜双、葛兰、方明、虹云、敬一丹等特邀嘉宾先后做了主题演讲。

教育部国家督学、中国社科院博士生导师姚喜双教授在论坛开幕式上总结了改革开放40年来特别是党的十八大以来播音主持方面取得的成就。他指出，改革开放40年播音主持的成果概括成一句话就是：中国特色社会主义播音体系基本建立。他从媒介形式、四级办广播电视、语言样态、播音主持形态等方面进行了简明扼要的论证和分析。姚喜双教授还对播音主持发展时期划分的依据、学界业界发展的情况做了概括性描述。姚喜双指出，新时代面临的主要矛盾已经从人们对物质文化的需求和社会生产不足之间的矛盾转为人们对美好生活的需求和不平衡不充分的发展之间的矛盾，因此，我们纪念改革开放40年，在看到发展成果的同时，还要保持理性清醒的头脑，在面对新形势、新矛盾的同时，更应该看到未来的挑战、发展中的不足和历史提供给我们的机遇。姚喜双教授在发言的最后还为未来播音主持领域的研究指明了方向，他指出：纪念改革开放40年，就是要面向未来，不但要总结党的十八大以来播音主持、媒体语言领域的新发展，更要看到播音主持、媒体语言领域遇到的新机遇和新挑战，并且要进一步加快加强新问题的研究。姚喜双教授的主题发言为本次论坛的顺利进行定准了基调。

中央广播电视总台央广播音指导、著名播音艺术家葛兰结合自己的个人经历特别是改革开放40年来在播音主持教育实践方面的探索，介绍了她在播音主持人才培养方面的经验和独特体会。

中央广播电视总台央广播音指导、中国播音主持协会理事长方明从自己几十年的从业体会出发，阐述了作为媒体人的播音员主持人应该承担的责任和义务。

中央广播电视总台央视播音指导虹云从“言为心声”和“交流工具”这两大语言的本质特性出发，从播音主持的传承和创新的视角，结合新时代媒体语言的发展分享了自己对练好语言基本功的见解。

本次论坛共收到参会论文44篇，37位来自科研院所和高校的专家、学者在论坛上做了交流发言。

本论文集收录参会论文32篇，研究播音主持历史的论文有13篇。祝捷的论文《改革开放40年中国播音主持标准发展研究》对改革开放40年中国播音主持评价标准作了梳理，对播音主持评价标准体系的形成和发展作了分析研究。赵若竹的论文《改革开放40年的技术变革与播音主持形态发展》，围绕改革开放以来广播电视技术和互联网技术的革新对播音主持形态发展变化的影响展开历时性研究。周华的论文《改革开放40年“把关人”视角下〈新闻联播〉的发展演变》采用传播学中的“把关人”理论，从传播平台、传播主体、传播内容、传播技术、报道方式等角度分析《新闻联播》栏目中“把关人”的作用，以及随着时代的变迁“把关人”思想理念的变化。谈华伟的论文《改革开放40年我国电视新闻现场报道变迁研究》回顾了改革开放40年来，我国电视新闻现场报道在多次大型新闻事件中积累的理论和实践经验，试图为未来电视新闻改革、发展和创新指明方向。韩梅的论文《改革开放40年中国纪录片解说的发展演变》从接受美学的视角梳理了改革开放40年来中国纪录片解说的演变历程。李桃的论文《网络主持发展探析》从播音主持创作的视角，在创作主体、创作依据、受众三要素的框架下梳理各时期网络主持的发展情况，进而总结网络主持发展特点。刘亮的论文《改革开放40年视域下看春晚主持人演变》以改革开放40年来我国时间跨度最长、影响力最大的电视综艺晚会——央视春节联欢晚会为研究本体，从意识形态的视角分析了央视春晚主持人的发展变迁。徐力的论文《论新中国不同时期体育解说创作活动的发展特点》以体育解说不同的样态为标准，将新中国的体育解说划分成五个时期，并对不同时期的解说创作活动的特点进行了梳理和概括。许璐的论文《电视字幕发展史初探》梳理了中国电视字幕从最初起步到快速发展的关键时间节点，并对每一个阶段电视字幕发展的代表性事件进行盘点，总结和概括了每个阶段电视字幕发展的主要特征，展示了中国电视字幕的发展历程，从侧面佐证了改革开放40周年以来中国电视事业的繁荣昌盛。章晓杰的论文《改革开放以来我国电视戏曲节目播音主持发展研究》通过对我国电视戏曲节目播音主持的研究，探析其形成的时代背景，梳理其成长的脉络，指出其发展中的问题，进而总结其发展的规律。陈芝的论文《改革开放以来我国少儿广播电视节目的发展、瓶颈与突破》根据少儿节目特有的规律，结合融媒体时代的创作环境和受众特征，从理念、节目、主持人、受众以及新媒体技术和产业化几个方面概括出我国少儿广播电视节目创新发展的路径。龙煦霏的论文《广播电视财经类节目主持表达模式的创新发展》以改革开放后财经类节目主持的典型案例为研究基础，以SWOT方法分析了融媒体时代传统财经节目主持模式的优劣势。尹素伟的论文《改革开放40周年气象节目播音主持研究发展历程》以“气象节目”“天气预报节目”等相关词语为主题，检索了中国知网1978至2018年的文章110篇，通过对这些文章的梳理，揭示改革开放40年来我国气象节目播音主持发展脉络与规律。

研究专业建设和学科管理以及教学方法的论文有5篇。陈西峰的论文《齐越教育馆的研建及功能研究》以齐越教育馆和齐越研究中心的研建与运行实践为例，阐述了红色教育馆史料的挖掘与功能的发挥，力图丰富完善齐越教育研究的成果，继承和弘扬老一辈播音艺术家的革命精神与艺术品质。喻梅的论文《求实创新、与时俱进——改革开放40年播音主持人才选拔之路》从历时性的视角，以“调整恢复、发展巩固、成型稳定”三个时期为脉络，对改革开放40年播音主持人才选拔的发展过程进行了梳理和分析。杨娜的论文《试析人工智能主播的特点及趋势》通过梳理类人智能主播在媒体中的发展，期冀寻找广播电视语言传播的规律和特点，进而尝试总结人工智能主播进行媒体语言传播的趋势。郑伟的论文《简析播音教学的社会化推广》从“音值”概念出发，总结了播音专业的基础理论，并且从自身在“得到”app以及微信订阅号当中的实践，论证了播音教学社会化推广的现实性、迫切性与可行性。邹煜的论文《中国媒体语言监测研究与规范引导》以国家语言资源监测与研究中心开展了15年的语言监测工作为研究基础，展示出这项工作在及时反映语言生活状况，描述语言使用实态，对语言资源进行更好的开发和利用，实现保护语言生态、创建和谐语言生活等方面取得的丰硕成果。

研究科技发展对播音主持影响的论文有2篇。李颖的论文《人工智能技术在播音主持领域中的应用》围绕人工智能与播音主持创作之间的关系展开深入研究和思考，揭示了未来人工智能对播音主持行业发展的重要意义。常文斐的论文《网络视频节目中弹幕语言使用问题研究》从弹幕语言使用的特征、功能及效果出发，分析了弹幕语言的流行动因及其文化特征，并在此基础上提出弹幕语言的使用规范。

语用研究方面的论文有4篇。姚喜双和邹煜的论文《播音员主持人的语言素养与应用能力——以播音员主持人最易读错写错的字词为例》从大数据入手，以播音员主持人最易读错写错的字词为例展开评析，为播音员主持人在工作中避免差错提供了有效参考。刘子琦、胡瑞琪的论文《改革开放40年广播电视普通话与汉语方言播音用语研究》通过对改革开放40年广播电视使用普通话播音用语和汉语方言播音用语的研究，从语言规划的视角提出正确处理普通话播音与汉语方言播音之间关系的建议。罗佳的论文《从书面语言音声化到日常生活口语化——浅析改革开放40年来中央电视台新闻直播语言发展特征》详细分析了改革开放40年来中央电视台新闻直播语言的发展变化情况，总结出改革开放以来，中央电视台新闻直播语言发展经历了从早期新闻直播、现场直播初期的书面语言音声化到现场直播发展成熟期的语言日常口语化的变化特征。任燕的论文《浅说节目主持中的两种语言形态》结合实例着重阐述了讲解和评述这两种媒体常见语态的基本策略，对广播电视节目主持人提高主持艺术有所启发。

实证研究论文1篇。张荻的论文《广播电视媒体使用外文缩略语的受众态度调查》研究了受众对广播电视媒体使用外文缩略语的态度，明确了受众的语言观念，为广播电视媒体外文缩略语的使用规范提供了具有针对性的决策依据。

另外还有2篇手语研究方面的论文。袁伟的论文《中国电视手语主持发展40年》从电视手语主持节目发展、手语主持模式演变、手语主持人队伍扩大、手语主持教育及理论发展等方面，系统梳理了不同时期电视手语主持的特征。王彦的论文《在一起，很孤独？——基于受众调查的中国手语电视困局及出路研究》从“自己人效应”出发对浙江省一家特殊教育职业学院进行调研分析，进而提出由视听障碍群体亲任手语电视生产者的政策建议。

研究人物的文章共有5篇。彭远方、郭雪莲、姚晓莼和郭新文的论文《葛兰播音主持教育实践40年研究》在梳理葛兰改革开放40年间播音主持教育活动大事记的基础上，概括出葛兰播音主持教育实践活动的基本特征，进而揭示其对新时代播音主持人才培养的现实启发意义。霍慧娜的论文《浅析鞠萍播音主持风格形成与发展》梳理了鞠萍播音主持风格形成的三个阶段，并从主客观两个方面分析了鞠萍播音主持风格形成的原因。刘卓的论文《方明的播音创作启示之改革开放40年回望》以改革开放以后方明播音创作“成熟期”和“巅峰期”的创作背景和代表作品为分析基础，概括出其创作风格并总结出优秀播音员成长过程中不可或缺的要素。吴倩的论文《改革开放40年回眸：沈力主持风格形成的时代动因》以改革开放后政治环境、方针政策、经济形势、技术更新、理论研究等领域的一系列变化为观照，深入分析了沈力主持风格形成的时代动因。张丁的论文《敬一丹播音主持实践发展概述》在梳理敬一丹播音主持大事记的基础上，结合中国广播电视传媒事业，尤其是播音主持事业的发展，总结了敬一丹播音主持的创作历程。

在互联网经济已经成为杭州乃至浙江省经济增长点的今天，浙江媒体已经进入移动互联时代。作为国内播音主持界纪念“改革开放40年”主题的一个高层次学术论坛，“播音主持·媒体语言首届西湖论坛”在杭州的召开，为在融媒体时代浙江探索播音主持、媒体语言传播发展路径，制定科学的方法策略带来积极而深远的影响。

理解感受深入独到，语言表达情真意切

——葛兰谈播音创作

中央广播电视总台（央广）播音指导　葛　兰

《忆江南》两首
朗诵：葛兰

我从1951年进入中央人民广播电台做播音员，一直到1999年离开中央台到中华女子学院从事专职播音主持教育工作，在话筒前工作了整整48年。如果以“改革开放”为分界的话，也就是说在改革开放前和改革开放后分别从事播音主持工作20多年，1999年到现在又在专职播音主持教育岗位上工作了20年。在68年工作生涯中，我体验了广播发展的辉煌时期，也经历了电视发展的迅猛时代，同时也见证了全媒体发展的新时代。播音主持在这近70年的媒体发展过程中扮演了重要的角色，发挥了重要作用，也成了时代共同的记忆符号。但是，不管时代如何进步，媒体如何发展，播音主持对表达的基本要求从未改变，这也是播音主持专业教育的意义和价值所在。下面谈谈我在播音主持教育中积累的几点体会和经验。

一、吃透原稿，准确表达

吃透原稿，正确地把握稿件的精神实质，这似乎是司空见惯的一句话，但它确实是指导播音创作的根本原则。齐越老师就一直非常重视这个问题。稿件的精神实质内涵很丰富，不是“就稿说稿”，“就稿说稿”是一般的、浅层次的，也就是“知其然”。“精神实质”是“所以然”，也就是说“知其然，更要知其所以然”，不是糊里糊涂地照字念稿。创作深度体现在对所播读内容的深入理解和琢磨，包括对原件内容主题的概括、背景的了解、目的的把握，然后其主次关系、基调也就自然形成了。

播音主持的内容古今中外无所不包，播音员主持人每天都会遇到新鲜的内容，可以说是一个学习“无止境”的工作。这就要求播音员主持人对所播内容完全清楚、明白，不能“以其昏昏，使人昭昭”。就读音来说，同音不同字的很多，同字不同音的也不少，任何时候都不能想当然。不懂的疑难字词要查要问，“大概”“可能”“也许”这样的想法在播音主持岗位上都是不允许的，否则会闹笑话，甚至引发播出事故。

中央电视台《新闻联播》第一代播音员李娟有一次在新闻稿件中遇到引用《论语》的话“不亦乐乎”，她拿不准“乐”的读音，就打电话问夏青老师，夏青老师告诉她读“yuè”。放下电话后，夏青老师忽然想起忘记问这句话的前句是什么，如果前一句是“学而时习之”，下句的“说”就读“yuè”；如果是“有朋自远方来”，后句“不亦乐乎”中的“乐”就应该读“lè”。经查对资料，证实自己的判断后，夏青马上给李娟回电话确认前句是“有朋自远方来”，就应该读“lè”。但是当天中央人民广播电台晚间的《全国新闻联播》的播音员没有深究这个字，就想当然地把这里的“乐”误读成了“yuè”，事后接到不少听众来信和电话质疑。

还有一个例子，一位著名的表演艺术家在朗诵毛泽东的著名诗词《卜算子·咏梅》时，把“俏也不争春”这句话的气口放在了“也”的后面，就成了“俏也——不争春”的断句格式了。我就问她为什么这么处理，她说别人都这么读的，她也就没有多想。这就是人云亦云、不过脑子的“想当然”断句。这句的正确断句应该是“俏——也不争春”，“也”不能跟在“俏”后面成了语气助词。

二、深入理解，独特感受

播音员主持人所从事的工作，就是把稿件上的文字，变成自己的话说出来，这是一件不容易的事。首先，在生活中，人们总是为了某一种目的和任务而恰当地说出自己想说的、愿意说的、需要说的话；而播音员主持人却要说“作者”想说的话，这些话又不一定是此时此刻播音员主持人要说的。其次，在生活中，人们说的是自己周围切实见到、听到和感受到的东西，然后在这些事物的影响下说自己想说的话；而播音员主持人所播的稿件往往不是自己亲眼见过的或者亲身感受到的，甚至是想都没有想过的事物，而是作者见到、感受到和想到的东西。所以说，如何深入、准确地理解稿件中所要表达的思想和目的，进而把原稿作者的感受变成自己的感受是准确表达的关键一环。

像骆宾王的一首《咏鹅》，看似是一首简单的小诗，但仅开头的三个“鹅”字便不简单。第一个“鹅”应是儿童看到池塘近处的一只鹅后呈现的一种惊喜状态；到第二个“鹅”时，停顿的长短与第一个应当是不一样的，可以想象此时骆宾王将目光望向了稍远处，看到那里的三五只鹅后，再次发出惊叹；到第三个“鹅”时，可以想象池塘里有成群的鹅，于是那种看到更远处数都数不清的鹅时，更强烈的惊喜所带来的大吸气的感觉就很自然地流露出来了。所以说，准确的表达是需要动脑子的，内容理解透了，独特的感受也就有了，合理的停顿自然有了，节奏也就自然形成了。

三、心中有人，激发愿望

我们在话筒前播音，眼前并没有听众、观众（演播室现场的观众不是真正的观众）。为了和听众、观众交流，必须在心里感觉到听众、观众，心里时刻装着听众、观众，和他们保持内心的呼应。刚参加工作的时候我播“记录新闻”，刚开始只知道“一分钟25个字”，速度把握好就可以了，但具体谁在听，不明确。后来听众来信把我播过的“记录新闻”刻写下来，油印成小报寄到台里，特别是当时朝鲜前线寄来的志愿军抄收员邮寄的小报，对我影响很大。这些反馈来的信息，使我重新认识到自己工作的意义和价值，以后播“记录新闻”的时候这些特殊听众抄收的形象一下子就具体、生动了，播读的愿望也就更加强烈和鲜明了。

通过感受到听众、观众的存在，播音员主持人要使自己的表达欲望“燃烧”起来，并贯穿于播音创作的全过程，这种感受的真实性，也使语言表达随着感情的变化而变化，不再是“可播可不播”，而是“非播不可”。1960年2月，中央人民广播电台《全国新闻联播》节目临时安排了一篇通讯《为了六十一个阶级兄弟》，当时指定我来录音，但时间很急，稿子很乱，我只是草看了一遍，就赶紧开始录音了。当时，我被山西平陆县发生的这起食物中毒事件震惊了，我的“思想”也投入到了抢救病员的过程中去了。当时是急稿件所急，想稿件所想，这61条生命似乎和我息息相关：山西从平陆县到全省进行动员，同时空军也直飞北京王府井药店买药空投到平陆，可以说为了抢救生命，处处开绿灯，体现了社会主义大家庭的温暖。我的思路跟着稿子内容，稿子中的人和事不再是方块字，而是一个个鲜活的面孔和热烈的场面，我的感情完全投入到稿件营造的气氛中，全神贯注地完成了录音任务。节目播出后，齐越老师拿着一封听众来信跟我说：“这位听众是个住院的干部，他先是躺着听（节目），后来就坐起来听，称赞你播得好，情感真切、感染力强。葛兰以后就要这样播：不但要让听众躺不住，最好让他坐不住，站起来听！”50多年过去了，我依然还能清晰地感受到当时播音的情景：当我全神贯注播音时，任何响动和干扰我都听不见，也看不见。

四、增加内涵，提升素养

如今，党和政府都在强调要弘扬传统文化，中华经典诗文是传承文化的重要载体。2016年开始，我发起了“葛兰诵读文化季”活动，今年（2018年）已经是第三季了。在组织活动的过程中，我感受到了全国各地的青少年对经典文学作品的热情，但也发现了一些问题，主要就是过于注重形式，而忽略了引导青少年对作品内涵的理解和感受。比如有的指导老师和家长就让孩子盲目“复古”，朗诵李白的《将进酒》，就买一身李白的“行头”，甚至恨不得抱个酒坛子上场；朗诵《木兰辞》，就置办一套古代的“盔甲”服饰。这些其实都过头了。我认为：现代人朗诵古代的诗词，在于通过语言体现古人在作品中呈现的内在精神，而不是表面的这些“行头”，朗诵时穿着得体的现代服装就完全可以了。还有些所谓的“青年朗诵艺术家”可能为了增加所谓的“艺术感染力”，在朗诵的过程中还过多增加一些表演元素甚至词句，在网络上流传后，误导了青少年对朗诵艺术真正要义的认知和理解。

我现在所从事的播音主持教育工作，主要就是为了影响、引导青少年一代多在个人内涵上下功夫，努力提升自身文化素养，为新时代输送更多综合素质优秀的播音主持后备人才。

练好语言基本功，做好传承与创新

——虹云谈播音主持

中央广播电视总台（央视）播音指导　虹　云

我是一个幸运的播音员，从1960年开始从事播音工作，我们60年这一批也是北京广播学院新闻系第一批播音专业学生。我赶上了广播大发展，又赶上了电视大发展。我播过广播，也播过电视；从新闻播音开始，也做过主持人，而且都有代表性的作品，如《午间半小时》和《话说长江》。

退休之后，我开始钻研基础朗读，比如中小学语文，并且走上了舞台，跨界成为朗诵艺术的表演者。

近60年的成长经历，我见证并亲历了语言文化的变化和发展。多年打下的语言基础，是我艺术生命深厚的基石，语言文化是我一生要为之奋斗的领域。

一、语言的两大特性

研究语言文化，必须抓住语言的本质特性。

语言的特性之一，是言为心声，即语言是思维的物质外壳，无论是业界人士，还是学界人士，都要抓住这个特性来修炼自己的语言，做好传承和教育工作。

举两个例子。我们经常参加一些大赛的评委工作。有一次，比赛中有一处是："猴王捡了一个大西瓜，可是他却不知道怎么吃！"十几个孩子，从一年级到六年级，所有人都是一模一样的词、一模一样的表情动作，一看就是统一培训出来的。主办方还不让说，怕影响培训老师的招生。可这样的套话，对内容没有理解的千篇一律的形式，对孩子的语言能力培养是非常有害的。

还有的朗诵表演者，断句都存在问题。七个字一句的诗词，两字一顿，停一秒，再两字又一顿停三秒，最后那三字连着就出去了，故作姿态，很空，既不美也不好听。

这两个例子说明，我们只有在真正理解这些诗词、文字的基础上，用心来表达，才能真正将语言艺术做好，才是真正的"言为心声"。

特性之二，语言是人类交流的工具。我们从事语言工作的人，必须站在舞台上，观众在台下看你，你的心一定要为受众服务。什么花最美？就是当我们与受众产生心灵上的碰撞，开出互相理解的花，共同审美的花，才是最美的。

文化是最久远的、最强大的力量。从我这一生的体会来看，语言文化的本质就是要教人说真心话，教人善于表达自己的内心世界，并实现与人交流。

二、做好上承下传任务

作为60年代的播音员，我认为自己有着上承下传的使命和任务。那么，我需要传承些什么呢？

第一，我要传承的是老一辈播音员的优良传统和可贵精神。以齐越老师为代表，他的身上就有着中国共产党人的优良传统，这是延安精神的体现。另外，这位老人还给我留下深刻印象的是他一辈子真诚，对中国共产党的宣传事业无限忠诚。我建议大家应该去河北沧州齐越纪念馆参观一下，现在已有两万两千人参观了。参观的人不管是不是我们本行业的，都充满了对齐越精神的崇敬。

这种优良传统和精神是主流，平时做起事来，我们更不应将其边缘化。我们必须要敢于说出来，因为它牵涉到语言的本质，牵涉到我们做事的风格等一系列要素。我这一辈子都深受齐越老师精神的感染，获益匪浅。

第二，我要传承的是中央人民广播电台的五大名牌——齐越、夏青、林田、费寄苹、潘捷开创的，由50年代所有老播音员加以补充的一套播法，其中有大家熟悉和喜爱的葛兰、林如、王欢等。现在经常有人会认为这些东西已然过时，但我认为，这些才是我们播音和主持语言文化的根。我希望，今天在茎秆上、在叶上、在花上的人，能从心底里向我们的根不断致敬。这是在今天这个全媒体时代，我想要强调的一点：中央人民广播电台开创的这一套播法，是根，不要丢掉，不要否定它。无论我们遇到什么样的情况，都不要随意否定自己的根。

第三，我要传承的就是张颂老师的播音学。张颂老师人已故去，我觉得他非常不容易，也非常了不起，因为从事我们这行的人，平时嘴上说，往往来得很快，要想总结经验成书却并非易事。张颂老师是从中央人民广播电台调到中国传媒大学的，他能够在他所处的时代里总结出很多内容，形成理论，尤显珍贵。我们要提升播音学的高度，建立理论体系，一定要从他那里吸取营养，将他所总结的理论体系搞清楚。所以，谈到体系，谈到理论，总是离不开张颂老师，他是中国播音学的学科带头人。

三、练好基本功的同时，做好创新

作为60年代的播音员，如何在改革开放的年代，紧紧跟随时代变迁的脚步，在做好本职工作的同时有所创新和发展？这是值得深入思考的一个问题。

主持人节目刚刚出现的时候，我们曾经在播和说上有过辩论，很多人在播音的风格和主持人播法上有不同的看法。有些人认为播音就只是念稿，那么你能不能做到面前有稿，播出来却像是随意说的无稿？你能不能做到面前无稿，但是说出来的内容却是非常精炼、非常好听的？这就需要播音主持的语言表达功力。

过去社会上批评播音员的时候会说，千人一腔，将其称为播音腔。但是今天的播音实践中，却存在着一种“说腔”，甚至很多人在主持节目时，连普通话都说不标准。他们可能考试的时候能顺利通过，但一到节目中，说出来的话，很多调值都不准，四声和音变都不对。

因此，我觉得我们在创新的过程中，需要尊重老一辈开创的东西。创新的前提是先将语言基本功练好。我们不应把播和说对立起来，练好语言基本功与时代创新并不矛盾。时代向前发展一定会向我们提出新的任务，但需要注意的是，我们一定要继承好根，不要把语言的根割断；同时，我们还要敢于创新，敢于打破一些东西，才能推动播音主持事业不断向前发展。

此外，还需要强调的是，在语言表达时不要把朗读和朗诵混起来。张颂老师的第一部著作写的不是播音学，而是朗读学。他在其中就谈到了朗读的定义：朗读，是把文字作品转化为有声语言的创作活动。

我从播音跨界到舞台朗诵，是非常艰难的过程。通过不断改进、不断纠正、不断学习，我深深体会到朗诵与朗读的不同。朗诵是一种艺术活动，是一种有声语言的综合艺术表演形式。这种表演形式以有声语言表达为主要手段，同时配合形体、情态副语言，以及声光控等各项技术为辅助手段。

之所以谈朗读与朗诵的区别，是因为融媒体时代已对我们提出了更高的要求。我希望播音主持专业既要传承又要创新，不要只局限在新闻语言上，文学语言、艺术语言等多样态语言文化都应该学习。

四、新时代媒体语言如何发展

前不久，我在广东肇庆参加一个机器人大赛的颁奖晚会，机器人和四位舞蹈家一起跳小天鹅舞，非常有趣，全场轰动。

还有一次在教育部的晚会上，节目设计了一个开场：我通过时光列车进入现场。令人惊奇的是，请我上台的并非现实的人，而是一个机器人，这又是一种创新的样态。这些都是我在这个时代里所体会到的技术的创新和媒体语言的变化。

其实我本人是新时期的“电脑盲”，很多手段我都跟不上，但是又被社会推动着。我非常希望学界和业界，能够捕捉到这个时代语言发展的方向，同时思考身处网络之中的语言工作者在新时期应该怎么办，如何开创出自己的新天地。

作为从事语言工作的人，我们必须跟上时代，改革开放40年，我并不愿意躺在自己已有的成绩上，而是希望面对未来作新的观察，产生新的思路。

我们新闻播音员不是政治家，而是新闻观察家，也是社会活动家。我刚开始播音的时候并不擅长播新闻，因为年龄小，刚摘红领巾三个月就开始上岗播新闻，于是常常被老师批评缺乏新闻播音的气质。可气质是一个特别难解决的问题，那时候夏青老师跟我讲，我要注意观察国家领导人的讲话仪态、讲话方式。我当时真的研究过，也观察过，直到今天我都还坚持这样做，夏青老师的教导让我一生受益。

此外，我们的很多基础教育，特别是播音学基础教育，有必要向前发展。我们可以把播音和学习播音看成艺术系统工程，从基础上说，我们要掌握四个子系统：

一是通常所说的吐字发声，这在我们原来的教材中有比较好的基础，但也有必要加以丰富和补充。

第二个子系统是解决“腔圆”的问题。什么叫做语言基本功好呢？在这里我请大家跟着我做一点练习。我们先写一个汉语拼音“shān”，然后试着拼这个音节，sh-ān-shān，并记住读这个拼音的感觉。现在给你一个方块字，“大山”的“山”：“今天老师带着同学们春游，出门就看见了山。”请你想一下，你读的这个音和刚才汉语拼音的shān一样吗？再给你第二个字：“这段话太啰唆，要删去。”删除的“删”和刚才大山的“山”一样吗？第三个字：“食堂的羊肉做得特别膻，这羊肉吃着膻不膻？”可见，即使声韵声调都一样的音节，不同的字还是有不同的声音样态。这个例子说明，语言的表达是复杂的心理和生理活动，读“shān”这个音节的时候，大山的“山”和删去的“删”还有羊肉的“膻”，需要读出不同的字意来。

字正腔圆是我们普通话的美。我们的文字是象形文字，每一个文字基本对应一个音节，相较于拼音文字、多音节语言而具有不同的美。

总而言之，新时代的播音员主持人要多学习、多训练、多实践。学好播音最重要的因素就是打好基础，做好传承和创新。

理论篇

改革开放40年中国播音主持评价标准发展研究

苏州大学凤凰传媒学院　祝　捷

摘　要：论文对改革开放40年中国播音主持评价标准作了梳理，对播音主持评价标准体系的形成和发展作了分析研究。改革开放新时期的中国播音主持评价标准趋于制度化、多样化，评价标准更加具体，考试流程设置更加严谨。改革开放后中国电视播音主持评价标准体系的特点为：选拔方式多元化、评价标准多样化、评价方式多元化、评价内涵延伸化。

关键词：改革开放40年；播音主持；评价标准

改革开放新时期中国播音主持评价标准更加丰富、更加深化，趋于规范化和制度化。随着社会经济的快速发展，我国的广播电视事业也得到迅猛发展，广播电视宣传坚持“自己走路”的方针，“扬独家之优势，汇天下之精华”，各类节目的改革与时俱进、精品迭出，播音主持评价标准也随之不断发展，呈现出不同的时代特征和规范化、制度化的发展趋势。

一、改革开放新时期人民广播播音主持评价标准

（一）改革开放新时期播音主持评价标准

1. 拨乱反正部署改革阶段的评价标准（1977—1983）

（1）评价标准的恢复。1977年、1978年，由于党中央还没有在指导思想上彻底清理“左”的错误，广播电视系统出现了两年的“徘徊”期。这两年间，播音主持评价标准最重要的一点就是把调子降下来，即把“文革”时期的“高调门儿”降到正常的音调上，将“文革”时期被扭曲的播音主持评价标准转回到正常的轨道上。从基层选拔了一批播音员，填补当时的人员空缺，选拔标准和新中国成立初期基本一致：具有较高的政治觉悟和政策水平，爱党敬业；嗓音条件好，吐字清晰，有一定的播音经验；高中及以上文化程度，知识面广。中央和地方电台恢复了一大批听众喜爱的节目，如中央人民广播电台的《小喇叭》《阅读和欣赏》等。

1980年和1983年先后召开第十次全国广播工作会议和第十一次全国广播电视会议，广播电视系统彻底摆脱“左”倾思想的束缚，按照“自己走路”的方针探索改革

发展的道路。中国播音主持评价标准体系进入了恢复发展和创新发展的新时期。

1981年8月，在北京召开了第二次播音经验交流会，重点讨论了新闻播音的特点和当前新闻播音存在的主要问题。会议提出播音工作必须根据改革需要，敢于创新，不断探索新的播音方法。大会提出“大胆创新、百花齐放”的口号。随着播音理论的进一步深入，播音创作的内容和形式也不断丰富，播音主持业务评价又有了新发展：除了要求语音、发声之外，播音主持创作已经不局限于原有的播报样式，而是要求播音员主持人所采用的语言样式应与节目、栏目及稿件内容相吻合。

（2）主持人节目出现后的新标准。1981年元旦，中央人民广播电台开办了徐曼主持的对台湾广播节目《空中之友》；同年4月，广东电台推出了李一萍、李东主持的《大众生活》；之后，一些省市电台也纷纷开办起主持人节目。主持人节目使播音员、主持人的标准又提升了一个台阶。主持人以个人身份出现在话筒前，用平等的态度、商讨的口吻和亲切的语气同受众谈心，为受众服务，完全改变了过去“我说你听”的单向传播格局。节目主持人要有鲜明的个性，多采用谈话体，要求有对象感和交流感，语言要生活化、大众化，生动形象、简明扼要、通俗易懂。

（3）播音主持评价标准的理论总结。播音理论著作陆续问世，促进了播音主持评价的深化发展。齐越在其《寄语青年播音员》中明确提出了一名合格播音员的标准，他首先明确了播音员的工作性质：“播音员是党的新闻工作者，这是播音工作的性质和任务决定的。”随后他提出了一名合格播音员的评价标准：“（一）努力学习马列主义、毛泽东思想和党的方针政策，不断增强政治敏感，提高政策水平；永远不要忘记用党性的高标准要求自己，想党所想，急党所急；既要认真学习、宣传党的方针政策，又要身体力行；宣传要别人做的，自己也要努力去做，宣传要别人不做的，自己坚决不做；心口如一，言行一致，不能说的是‘一朵花’，做的是‘豆腐渣’。（二）坚定不移地深入实际生活，拜人民为师，向人民学习，不断改造思想，增强无产阶级感情；永远不要忘记从人民群众中吸取政治营养充实自己，爱人民所爱，憎人民所憎，和人民群众同呼吸、共命运。对于人民群众中的新思想、新事物要有深刻的感受，才能在广播先进人物事迹时产生真挚的感情。（三）努力提高文化水平，不断扩大知识面。当前，尤其要注意知识的更新，要学习现代化的经济、科技知识，以适应广播宣传的需要。要想做到播任何节目、任何稿件都能心中有数，就要把功夫用在稿件之外。平时勤学苦练，用时才能得心应手。（四）下苦功学习语言。首先向人民群众学习他们的真挚朴实、形象生动、活泼有力的语言，改变千篇一律的播音腔。另外，还要结合播音工作的实际，向电影、戏剧、曲艺等语言艺术学习，合理地运用和借鉴，以便更有利于准确、鲜明、生动地表情达意。在这方面也要下苦功夫，才能真正学到对我们适用的东西。”① 他还重点提出了锤炼有声语言的重要性：“有声语言是播音员用来表情达意

① 齐越：《和青年朋友谈播音》，见《献给祖国的声音》，中国广播电视出版社1991年版，第79、80页。

的唯一手段，必须熟练地掌握它，运用自如，才能更好地为人民服务。语言基本功的锻炼要持之以恒，从实际出发，缺什么，补什么；短什么，练什么。有了日常的艰苦积累，才有播音创作中的自由天地。"①齐越主张播音员应该成为广播宣传工作中的多面手，能播、能采、能编；在播音方面要全面掌握、一专多能。

（4）语言评价内涵丰富。播音专业高等教育的恢复，促进了播音主持评价标准体系的深化发展。北京广播学院1974年恢复办学，并招收了学制两年的播音专业学生。1977年改为四年制本科，从中央台和地方台陆续调来一批中老播音员任教，使播音主持评价标准体系有了质的飞跃，尤其在语言评价方面有了更加全面、细致、深入的标准要求：使用标准、规范的普通话语音，词汇、语法使用正确，语调自然，表达流畅、规范，有清晰的口齿和圆润的嗓音条件。清晰的口齿包括发音器官健康、正常、有效，如唇、舌、齿等运用准确、灵活、有力；发音部位、发音方法到位、正确；发音咬字清晰。圆润的嗓音，包括音质悦耳、有一定明亮度和声音弹性，有自如的气息状态。要有良好的语言感受能力和表达能力，对所播和所说的内容能有感而发，声情并茂，做到言之有物、言之有感、言之有味，具有较强的感染力。

2. 立志改革开拓创新时期的评价标准（1984—1991）

1984至1991年是广播电视宣传工作、事业建设、体制改革、队伍建设各方面改革和发展的阶段，广播电视事业呈现出勃勃生机。伴随广播电视事业的快速发展，广播电视节目也产生重大变化，引发播音主持评价标准的变化。

（1）要求播音语言贴近生活。主持人串联直播节目形态的出现，对播音员主持人提出了更高要求。1986年12月15日，珠江经济台开播，该台采用了主持人串联直播大板块的节目形态，以两三个小时为一节，播出综合性内容，同时加大信息密度，每天逢半点播出新闻，并大量播出听众参与的谈话节目以及群众来信、点播、评论、意见等。"珠江模式"改变了以录播为主、分类清晰、缺少必要反馈的"中央台模式"，以直播为主，树立了全新的交流模式，对播音员主持人提出了新要求：播音员主持人要成为听众的知心朋友，在双向交流中，传递给受众平等、亲切的心理感受，播音主持语言应呈现出生活化的特点，从生活实践中来，又要高于生活。

（2）要求较强的即兴表达能力。这一阶段，广播中出现了各种形式的深度报道和批评性报道，具有观点鲜明、信息量大、内涵丰富、发人深省的特点，对播音员主持人的政治理论水平、新闻敏感度和即兴表达能力都有了更高的要求。要求播音员主持人深入、准确地领会党的路线、方针、政策，在播音创作中把握分寸感，全面、正确地报道新闻事实。要求播音员主持人具有较好的语言思维和组织能力，快速的反应力和良好的口头表达能力，能够准确、清晰地报道节目内容。

（3）节目多样化促进评价体系丰富发展。节目形式的多样化，促进了播音主持评

① 齐越：《和青年朋友谈播音》，见《献给祖国的声音》，中国广播电视出版社1991年版，第80页。

价标准体系的发展。1983年11月，中央人民广播电台（以下简称中央台）集新闻性、知识性于一身的专题节目《法制园地》开播。它通过广播谈话、典型报道、评论、法律常识讲解等形式，帮助听众了解、学习法律，增强法制观念。主持人既要具备良好的播报能力，能够驾驭节目、与听众双向交流，还要具备基本的法律知识。80年代中期，广播文艺宣传出现了相当兴旺的局面，1987年元旦，中央台第一个综合性文艺节目《今晚八点半》开播，内容包括音乐、戏剧、曲艺、文学等多种文艺形式，传播信息和知识，熔欣赏性、知识性、趣味性、评介性、娱乐性、服务性于一炉，对主持人的语言表达能力和节目驾驭能力有了更高的要求。主持人在具有深厚的语言基本功的基础上，还要有较好的语言感受力和感染力，能够穿针引线，妙语连珠，打动听众；要具备一定的文学、艺术修养，能够把握节目内容，驾驭节目进程。

1987年，中国播音学研究会正式成立，各省市、自治区之间，各城市电台、电视台之间，也纷纷成立了研究会和协作会，为播音理论和业务建设建立了良好平台。理论研究的深入，进一步促进了播音主持评价标准体系的发展。

3. 深化改革全面发展阶段的评价标准（1992—2000）

1992至2000年期间，广播电影电视部在抓节目繁荣的同时，加大了对广播电视的系统管理和行业管理，播音主持评价标准被纳入法规。

（1）岗位规定初步明确。1992年，广播电影电视部制定了《广播电视岗位规定》，其中包括播音员、主持人的岗位规定。岗位要求包括政治素质、知识素质和能力素质，能力素质包括语言文字能力。播音主持各岗位对语言能力的要求分别是：播音指导，“有较高写作水平和语言文字表达能力，能撰写较高水平的业务论文或专著；播音风格在听众和专业人员中有广泛影响；能演说、讲学”。主任播音员，“口头表达能力强，播音风格在听众和专业人员中有较大影响；能讲学，有较好的文字表达能力”。中级播音员，“有一定的口语表达能力，文字通顺，能写出一定水平的业务研究的心得体会或论文”。初级播音员，“口头和文字表达能力良好；口语无语病，文字通畅”。电视播音指导，“能够承担重大的播音任务，具有纯洁祖国语言、规范播音员读音的能力；有较高的文字能力，能够讲授播音业务课，并写出较高水平的播音业务论文；在播音中创造有个性的播音风格”。电视播音员，“具有一定的文字表达能力，口语流畅，无语病；五官端正，仪表大方”。电视节目主持人，“有良好的口头表达能力，掌握祖国语言准确的含义和读音，主持节目吐字清晰、发音准确，播讲亲切自然、流畅生动；撰写的节目串联词贴切生动，有感染力”。《广播电视岗位规定》对各岗位的播音员主持人的语言能力提出了明确要求。

（2）明文规定基本条件。《广播电视岗位规定》第一章第三条规定：“担任各级广播、电视播出机构的播音员、主持人应该持有《播音员主持人上岗证书》。《播音员主持人上岗证书》由国家广播电影电视总局统一印制。”第二章第六条规定了资格取得的基本条件：“（一）遵纪守法，有良好的职业道德。（二）熟悉国家有关广播电视宣传及管理的政策、法规、规定，并能用以指导业务实践。（三）熟悉并掌握新闻专业基本理论，具有较强的新闻采编业务能力。（四）嗓音良好，具备较好的语言表达能力。（五）具有良好的公众形象；电视播音员、主持人还须具备较强的形体语言表达能力。（六）普通话水平达到国家《普通话水平测试实施办法》规定的标准。（七）具有大专（含大专）以上的学历。”

（3）严格规定普通话水平等级。普通话水平测试的提出和开展，对播音主持语言评价提出了明确要求。1994年10月，国家语委、国家教委、广电部联合发出《关于开展普通话水平测试工作的决定》（简称《决定》）。《决定》指出：“普通话……是以汉语传送的各级广播电台、电视台的规范语言；……要在一定范围内对某些岗位的人员进行普通话水平测试，并逐步实行普通话等级证书制度。”《决定》的附件一《普通话水平测试实施办法（试行）》规定的应试人员有“各级广播电台、电视台的播音员、节目主持人”。《决定》要求“县级以上（含县级）广播电台和电视台的播音员、节目主持人应达到一级水平（此要求列入广播电影电视部部颁岗位规范，逐步实行持普通话等级合格证书上岗）”。1997年12月广播电影电视部人事司颁布的《关于进一步做好播音员主持人持证上岗工作的几点意见》第四条规定：“今后新进播音员、主持人，普通话必须经测试达标。三年内测试仍不能达标的原播音员、主持人将离岗。”

一系列法规从政治素养、职业道德、业务能力、语言能力、普通话水平等各个方面对播音主持岗位提出了明确的标准和规范。法规的提出，标志着中国播音主持评价标准体系的法制化、规范化。

4. 新世纪多元发展时期的评价标准（2000—2011）

（1）增加了“与节目契合度”评价。随着各地广播电台纷纷引入频率化管理模式，以频率为单位进行人员招聘、评价、考核成为电台管理的主流，与节目契合度的评价成为播音主持评价的重要标准之一。与节目契合度的评价，包括对节目内容的熟悉程度、与节目风格的融合度、在节目中的表现力等方面。2004年4月，中央人民广播电台“音乐之声”首次对外公开招聘主持人，数万名广播爱好者响应此项活动，选拔标准除了语音、声音条件之外，是否喜欢音乐、是否懂得流行音乐成为重要的评价标准。

（2）评价模式规范化。随着劳动用工制度的变化，播音员主持人招聘评价体系逐步完善、规范。在招聘工作中，各广播电台坚持公开、平等、竞争、择优的原则，坚持严格遵守选拔条件、优中选优的原则，坚持逢进必考的原则。2006年以来，中央台在人员引进、员工招录等方面进行了改进和完善。新人员引进提高进人标准，改进招聘招考方式，按岗位进行招录，严把“进”口关。招聘组织由分散组织招聘，转变为集中组织招聘；招聘责任主体由人事部门向台领导负责，转变为台招聘工作评审委员会向台分党组负责；招聘流程由相对简单，转变为统一规范；考试形式由中央台内部专业人员出题，转变为由社会专业机构出公共基础测试题、行业专家出专业测试题；考试环节由笔试加面试（加语音测试），优化为笔试加初选面试（加语音测试）加评委会复选面试。2009年制定新规定，要求参加中央台招聘的应届大学毕业生原则上必须是“211”学校，辅以集中组织，增加公开性，多层次筛选，委托第三方出题阅卷，邀请专家参与面试，增加试岗等环节，大大提升了新录用人员的素质。

（3）工作考核制度规范化。播音主持评价考核制度逐步建立。如，中央人民广播电台实行播音员主持人上岗审核制度和年检制度，上岗审核内容包括：政治表现、工作表现、知识技能、岗位匹配度、岗前技术培训情况、《普通话水平测试等级证书》《广播电视播音员主持人资格考试合格证》《中央台技术上岗证》、播音主持音频作品（10分钟）。从2005年起，根据北京人民广播电台制定的评聘管理办法，北京台每年都要举行一次首席播音员主持人评选，每届首席人员任期两年，首席人员的产生要经过个人申请、由电台领导和专家组成的评选委员会评审，评出以后还要经过向全台公示等一系列严格程序。评价考核制度的确立，保证了播音主持评价的公平、合理、有效，促进了播音主持评价标准体系的制度化发展。

（4）工作评价专业机构建立。各广播电台在深化改革的过程中，建立了播音主持管理部门或播音主持指导委员会，对播音员主持人实施评价。中央人民广播电台于2003年12月16日正式成立播音主持指导委员会（简称“指委会”），其主要职能是：全台播音员主持人业务培训，全台播音员主持人专业考核，播音员主持人上岗审查等。指委会成立后，配合各频率总监和总监办，对播音员主持人进行业务评价、培训、指导和管理。2004年初，指委会与人事办共同制作了各频率播音员主持人基本情况调查表，以了解其学历、专业、工作经历等情况。2005年10月，又与人事办、台学会一起再次了解全台播音员主持人队伍状况，并建立了数据库，使指委会的培训、管理工作更有针对性。指委会日常培训工作以个别辅导为主，用带研究生的办法，一对一指导，并结合具体工作耐心辅导、热情鼓励、相互切磋，在传授技巧的同时，也传承了优良的思想作风。为了发现问题、解决问题，在评审工作中推选优秀节目，树立榜样，提高全台播音主持作品的质量，指委会每半年举行一次全台播音与主持作品评审，并定期审听播出节目录音带，对节目的整体状况进行评估和研究，对若干名播音员主持人进行辅导，并推选出播音水平较高的节目。2004年4月以后，指委会相继为中国之声、经济之声、音乐之声、华夏之声招聘的播音员主持人进行考评，规范化的考评过程为中央台选拔了合格人才。由指委会配合人事办把好播音员主持人的入台“关”，在提高中央台的播音主持队伍素质、保持国家电台的播出水平方面有明显成效。

（5）评价方法多样化。评价考核模式多样化，推动了中国播音主持评价标准体系的深入发展。2006年10月，中央人民广播电台第一届“十佳播音员主持人”评选活动启动，这是中央人民广播电台建台66年来第一次举办面向社会的大规模的播音员主持人评选活动。评选不仅是对优秀播音员主持人工作业绩的肯定和嘉奖，同时也充分鼓励了一些表现优秀的年轻人，有力地促进了专业人才的成长。评选活动明确参评资格为：“在中央台具有三年以上播音、主持经历，且目前正在播音、主持岗位上工作（含台聘、公司聘人员)。'最具潜质奖',来台工作满一年以上的播音员主持人可参评。每位参评者每周播音、主持节目不少于两次。"评选活动还规定了以下参评条件:"1.坚持正确的舆论导向,遵守宣传纪律和各项宣传规定,对社会和受众有强烈的责任感;2.在播音主持工作中,遵守纪律,无重大政治、事实差错;3.爱岗敬业,在工作中有合作意识和团队精神;4.有良好的语言、文字基本功和较高的综合素质,能通过个性与节目宗旨的有机统一,形成为受众喜闻乐见的主持风格;5.在受众中拥有较高的知名度,所主持的节目得到受众和业内人士的好评,并有较高的收听率,社会形象良好;6.普通话参评选手应是具有一级甲等资格的播音员主持人。"

(二)改革开放新时期播音主持评价标准体系的特点

1. 评价模式科学化、合理化

改革开放新时期,中国播音主持评价标准体系趋于科学化、合理化。考试流程设置更加严谨,除了笔试加口试的传统招考模式外,又根据实际需要,增加了频率节目试播环节,更直接有效地考察播音员主持人的业务能力水平。建立播音主持评价考核专业机构,对播音员主持人进行招聘、选拔、评价、考核。各广播电台在深化改革的过程中,建立了播音主持管理部门或播音主持指导委员会,对播音员主持人实施评价。

2. 评价标准法制化、规范化

改革开放新时期,中国播音主持评价标准体系趋于法制化、规范化。从1992年起,陆续出台了《广播电视岗位规定》《播音员主持人持证上岗规定》《广播电视编辑记者、播音员主持人资格管理暂行规定》《中国广播电视播音员主持人职业道德准则》等一系列规定,对播音员主持人政治素养、职业道德、业务能力、语言能力、普通话水平等各个方面提出明确要求,促进了中国播音主持评价标准体系的法制化、规范化。

3. 评价方式丰富化、多样化

改革开放新时期,中国播音主持评价标准体系呈现制度化、多样化的特点。各广播电台在深化改革的过程中,建立了播音主持评价考核专业机构,设立"首席制""十佳主持人评选""评选我最喜爱的主持人"等多种考评模式,丰富了播音主持评价方式,促进了中国播音主持评价标准体系多样化发展。

此外,这一时期中国播音主持评价标准体系更趋于丰富化、深入化。除了招考选拔、培养考核等传统评价方式,还将业务档案、绩效考评、培养机制、职业生涯规划统一运用于人才选拔考核之中,进一步加强了对播音员主持人的科学评价。

二、改革开放后中国电视播音主持评价标准

(一)改革开放初期注重选拔"学院派"专业人才

《新闻联播》的播报风格是改革开放初期中国电视播音主持评价标准的体现。1978

年1月1日《新闻联播》正式开播，开创了中国电视史上的新纪元。《新闻联播》的播报风格，从栏目创立开始，就延续了老一辈播音员齐越、夏青在中央人民广播电台时确立的播音原则。《新闻联播》的首批播音员之一赵忠祥将这种播音风格概括为："字正腔圆""庄严严谨"。播音员低调大气、端正大方、字正腔圆、掷地有声的典型播音风格，使《新闻联播》逐渐形成了"庄重大方、质朴含蓄、睿智沉稳、高雅丰满"的整体风格，各省市地方台也相继设置了类似节目，传承了老一辈播音员的播音风格。

在很长的一段时间里，我国电视播音员主持人的主要来源是北京广播学院播音系。20世纪80年代进入中央电视台的播音员李瑞英、李修平、罗京等都来自该院系。随着频道的日益增多和电视台用人机制逐渐灵活，播音员主持人来源也越来越广泛，但播音主持科班出身的人员依然是电视播音主持队伍的主力军。学院派播音员主持人具有以下特点：1.在学校接受过三或四年系统的语音、发声、语言表达训练，字正腔圆、音质优美。2.语感较强，即语言观察力、表现力、感受力较强。3.副语言表达娴熟，对镜头和节目的适应能力较强。播音专业秉承着"声形俱佳"的招生标准，要求学生"有声"，即声音圆润、响亮、悦耳、动听，"上像"，即形象端庄、大方、悦目、赏心。

（二）80年代主持人节目出现后的新标准

随着电视节目形式的多样化，对播音员主持人的要求也日益提升。1980年7月12日，中央电视台第一个述评性新闻栏目《观察与思考》开播，庞啸作为第一位新闻性节目主持人首开先河。1981年7月28日至11月17日，中央电视台举办了13场"北京中学生智力竞赛"，赵忠祥担任节目主持人宣布、评论知识竞赛的问题和答案。1983年1月1日，中央电视台开播第一个电视主持人节目《为您服务》，主持人沈力语言亲切温和、文雅自然，受到了观众的普遍喜爱。主持人节目的出台，使播音主持评价标准在原有的基础上增加了以下几条：1.语言能力方面，需要独立构思、出口成章，具有较强的应变和临场发挥能力。2.能以个人身份与受众进行交流，朴实、亲切、自然。3.有编制节目的能力，能够设计、组织、串接节目的各个部分，驾驭节目进程。随着电视节目类型的日益增多，播音主持评价标准更加多样化。新闻资讯节目、新闻谈话节目、文化教育节目、生活服务节目、综艺娱乐节目等不同节目类型对播音员主持人有不同的标准和要求。比如，新闻谈话类节目主持人必须熟悉谈话话题，了解访谈嘉宾，深谙采访之道，营造良好的谈话氛围；文化教育类节目的主持人应该有内涵，往往是该领域的专家，可以用通俗易懂的语言传达专业知识。

（三）90年代成立部门管理评价

90年代以后，中央电视台对播音员主持人有了专门的管理，2000年成立了播音员主持人业务指导委员会对播音主持业务进行把关，对播音员主持人的基本条件和从业素质有了更加清晰的要求，选拔考核的途径也更趋于多元化。

1. 两种主要招聘方式

目前，中央电视台招聘播音员主持人主要采取两种方式，一种是学校招聘，另一种是通过节目主持人大赛。学校招聘主要面向全国设置播音主持艺术专业的院校，以中国传媒大学为主，专业性较强。选拔程序：一面，送录像带，业务指导委员会、领导和专家组成招聘小组考核；二面，电视台录像；三面，台领导、业务指导委员会、专家提问。最后，根据学习成绩加录像成绩，按分数高低选拔。按照《中央电视台播音员主持人管理办法》的有关规定，申请从事播音、主持岗位工作的人员须具备如下基本条件："（一）具有一定的政治理论水平和政策水平，坚持党的新闻工作原则，在思想上、政治上同党中央保持一致，作风正派，联系群众。（二）有强烈的事业心和责任感，在播音、主持岗位工作勤奋；有良好职业道德，遵守纪律。（三）应具有国民教育系列本科（含本科）以上的学历，具有一定的社会科学知识、自然科学知识。（四）嗓音、形象、气质良好，并具备较强的语言和非语言表达能力。（五）掌握新闻专业基本知识，具备一定的采编能力；具备较为准确的理解判断能力和业务实践能力。（六）普通话播音、主持人员，须取得经国家语委复审通过的普通话水平测试一级甲等证书；其他语言播音、主持人员（如外语等），须熟练掌握和运用该语言，并取得相关语种的资格证书。"

由中央电视台举办的电视节目主持人大赛已有六届，每一届评选的标准都有所变化。1988年，中央电视台举办第一届"如意杯"主持人大赛，诉求鲜明，开创主持人大赛的先河。当时的评分重在主持人的基本要求，主要从政治素质、敬业精神、职业特质以及口语和文字表达能力方面进行评选；同时还要求仪态仪表、外貌条件要好。1995年，第二届"金士明杯"主持人大赛向"主持人栏目化"方向发展，大赛充分体现了节目栏目化的特征，要求主持人在整个栏目运作过程中充分发挥自己的主导作用，体现主持人的综合素质和节目的个性色彩。2000年，第三届"荣事达杯"主持人大赛向个性化方向发展，明确提出主持人既要为老百姓所喜闻乐见，又有属于自己个人的风格和气质。2004年，第四届"夏新杯"主持人大赛以"为时代创造精彩，为梦想构建舞台"为口号，以"超越自我，展示精华"为宗旨，推出了一批主持新人，提升了传播品位。彭薇在《打造主持人领域内的专才——从"夏新杯"电视节目主持人大赛说起》一文中指出："在该届大赛中，中央电视台透露了这样一个信息：'专家型'主持人的培养，将是未来主持人发展的方向。"2007年，第五届"白象杯"电视节目主持人大赛从比赛形式、评委设置等多方面进行了创新，增设了笔试环节，对主持人的文化素养提出了更高的要求。2011年，第六届"艾诗缇杯"电视节目主持人大赛着眼于"文化素养—媒体经验—主持能力"等多个层级，逐步、递进考核，综合、公正评价，注重对不同类型、不同特点选手的考核，以满足电视事业对主持人专业化、个性化的需求。近十多年来，举办的全国主持人大赛的历程，从某种意义上说，是对播音员主持人评价体系探索的过程。

2. 选拔方式的新探索

近年来，除了学院招聘和大赛选拔，中央电视台对播音员主持人的选拔方式进行了新的探索和尝试。通过少儿节目主持人选拔、“新闻会客厅”主持人选拔、“开心辞典”魅力新搭档选拔、“谁将解说北京奥运”全国选拔等不同类别、不同形式的比赛，选拔出具有不同专业背景、不同职业经历的优秀人才进入播音主持队伍。2006年综艺节目主持人全国选拔活动引入科学的心理学测评方法，从动机、性格、职业兴趣、潜能等方面对选手进行了综合评估，初步建立了播音员主持人胜任模型，确保了选拔效果。2007年“白象杯”主持人大赛引入“精细化管理”的概念，从选拔模式、评审机制等方面作了全新的尝试，为中央电视台提供了后备人才录用通道。中央电视台体育频道依据国际体育电视的先进理念和成熟经验，从现役和退役的优秀运动员、教练员中挑选人才，充实主持队伍，邀请国际裁判金宝成担任演播室主持，邀请世界冠军杨影担当乒乓球解说员。2007年12月，中央电视台本着“只增不减、培养新人、以老带新、新老并进”的原则，推出《新闻联播》新主播，为中央电视台培养和挖掘后备人才进行了一次有益尝试。2010年11月，央视英语新闻频道面向社会招聘主持人，招聘以“寻找中国面孔”为主题，招聘条件为：热爱新闻事业，富于合作精神，具备扎实英语功底，学历在大学本科以上，年龄在40岁以下的中国公民或外籍华人。[①]招聘流程分报名、选拔、试用定岗三个阶段，报名采取网上报名和邮寄纸质简历相结合的方式，选拔阶段分笔试和面试，面试一环包括自我介绍、考官问答、无领导小组讨论和辩论等环节，考察应聘者的语言能力、应变能力和专业水准。入围者将在英语新闻频道的部分节目中出镜试用，最后确定其所服务的栏目和岗位。这是中央电视台首次面向社会招聘主持人。

（四）业务指导委员会参与评价

随着频道改制的深入，中央电视台播音员主持人评价机制不断完善。中央电视台实行频道制管理之后，播音员主持人同时接受频道、栏目、人事部门的管理和业务指导委员会的专业指导管理。播音员主持人的主要工作和劳动人事关系都与频道紧密相连，人事部门对播音员主持人的专业培训、素质教育、管理关系在实际工作中很容易被弱化，因此中央电视台将原三级业务管理模式重新规划，建立“频道—栏目”两级扁平化管理与“综合管理加业务管理”交织的矩阵管理架构。与此同时，专业管理作为架构外的一个横向管理职能同时存在。1995年，中央电视台首次将播音员主持人作为一个独立群体予以关注。播音员主持人业务指导委员会与人事办公室的综合规划管理、频道的日常业务管理相结合，实现了业务一体化管理和监督。陆续下发了《关于进一步加强播音员主持人管理的通知》《中央电视台播音员主持人出镜管理办法》《中

---

① 《央视英语新闻频道招聘主持人》,《光明日报》2010年11月13日。

央电视台播音员主持人资格认定及待遇审批办法》等一系列文件，并于2005年1月统一修订为新版《中央电视台播音员主持人管理办法》，从制度上保障了播音员主持人的选拔和评价。

（五）分级实施工作评价

播音主持资格审核、工作量化评价、优秀播音员主持人评价、播音员主持人品牌化发展这种分级实施工作评价的方式丰富了播音员主持人的评价方法。

2000年，在频道和栏目大幅增加的情况下，中央电视台播音员主持人业务指导委员会本着“宁缺勿滥”的审定原则，在播音员主持人质量上严格把关，优中选优，推进播音员主持人持证上岗工作。通过对拟出镜的播音员、主持人开展基本资格审核和出镜业务审定工作，进行了676人次的播音主持岗位资格审定，对审定结果为“建议换人”的人员予以坚决替换。截至2007年底，播音员主持人由2000年的570人减少到331人，有效规范了播音员主持人的选拔、使用。三类人员不予审定：不具备国家语委认证通过的普通话一级甲等证书者、不具备大学本科以上学历者、没有通过出镜审定的人员。对已经在岗尚未取得普通话一级甲等资格的播音员主持人，敦促其参加普通话水平测试，并纳入工作考核，与待遇挂钩。

自2002年起，通过实行包括工作量化考核在内的综合考核评议，央视播音员主持人考核评价逐步规范、有序。2002年11月，拟定了《优秀播音员主持人评选办法及评选参考指标》，从政治素质、思想作风、业务能力、履行职责、群众评价等方面对播音员主持人进行考评，评选活动经过不断探索、完善，打破播音员主持人资历、身份限制，奖励表现突出的播音员主持人，形成了一套行之有效的激励评选制度。2005年，对评选范围、评选程序等方面进行修改完善后，出台了《中央电视台优秀播音员主持人评选办法》。2006年，“十佳”发展为“双十佳”，评选出甲乙两个等级，共20名，“十佳”评选既是播音员主持人的自身激励，也是对播音员主持人科学考评、工作考核的具体促进。

2003年，根据中共中央《深化干部人事制度改革纲要》有关精神，事业单位要“逐步形成重实绩、重贡献，向优秀人才和关键岗位倾斜的分配激励机制”，中央电视台设立优秀播音员主持人特殊津贴，以激励优秀播音员主持人脱颖而出。根据《中央电视台优秀播音员主持人特殊津贴管理办法》第二条规定，参加特殊津贴评选者需符合下列条件：“（一）具有我台播音主持岗位持证上岗资格；（二）在我台从事播音主持工作两年以上，现仍在播音主持岗位工作；（三）有较大的社会影响力和知名度；（四）无违反台规台纪行为；（五）所在栏目上年综合收视率排名列于我台1套前10名和其他频道前5名的。”这一评价考核机制有效地激励了播音员主持人提升个人业务能力和基本素质，同时也明确了优秀播音员主持人的评价内容和素质要求，对未来播音员主持人的发展提供了新的平台和空间。

2004年，针对个别播音员主持人擅自外出参加社会活动等现象，中央电视台先后下发了《关于重申播音员主持人管理的通知》《关于再次重申播音员主持人借出管理的通知》等相关文件，严格禁止播音员主持人参加商业活动以及可能产生负面影响的社会活动，并将播音员主持人参加社会活动和播音员主持人品牌推广相结合，对做出优秀成绩和重大贡献的播音员主持人，鼓励其积极参加社会公益活动。2005年7月28日，结合广电系统民主评议行风活动，中央电视台播音员主持人业务指导委员会发出《中央电视台播音员主持人承诺倡议书》，号召播音员主持人加强自身修养，维护自身形象。

2007年初，提出了“切实加强播音员主持人队伍管理”的要求，对播音员主持人队伍进行科学分类、分级管理，充分发挥一线品牌主持人的影响力，高度关注二线具有一定影响力和较大发展潜力的成长型主持人。在分级评价的过程中，选拔出有发展空间的优秀播音员主持人，并针对其特点进行策划，使其主持人品牌得以提升和延伸。如2006年，中央电视台人事办公室和经济频道通过调研，确定赵赫和欧阳夏丹为经济频道品牌代言人，根据其发展潜力和主持特点，充分整合频道资源，在“经济年度人物颁奖晚会”、“3·15晚会”、“两会”报道、五一特别节目、“魅力新搭档”主持人选拔活动中，加大其出镜率，提高其知名度，并进行有针对性的专业素质培训指导，使两位主持人的品牌形象得到了社会各界的普遍认可，欧阳夏丹在2006年度中央电视台“十佳主持人”评选中脱颖而出，位列甲等。

“合格”级、“潜力股”级、“优秀”级、“明星”级等不同级别播音员主持人的评价，优化了原来单一的评价方式，促进了播音主持评价标准体系的层级化、丰富化。

（六）改革开放新时期电视播音主持评价标准体系的特点

1. 选拔方式多元化

电视播音员主持人选拔与广播播音员主持人选拔相比，选拔方式更加多元化，大致包括四个选拔途径：一是学校选拔，主要指播音主持专业毕业学生的选拔。二是媒体内选拔，主要从记者、编辑或其他工种人员中选拔适合做播音员主持人的人员担任播音主持工作。三是相近专业社会人士选拔，主要将在其他领域内已取得一定成绩和知名度的演艺明星、文化名人等，选拔到电视台做娱乐、教育或体育等节目的主持人。四是大赛选拔，指面向社会举办主持人大赛进行选拔。四种选拔方式，丰富了播音主持评价标准体系，使评价标准更加具体、更加贴近现实需要。

2. 评价标准多样化

电视节目类型的多样化，促进了播音主持评价标准的多样化。根据节目类型，本文把电视节目笼统分为新闻类和非新闻类两大类，新闻类节目分为新闻资讯类和新闻谈话类节目，新闻资讯类又可以分为消息类和杂志类节目；新闻谈话类可以分为人物谈话类和话题谈话类节目。非新闻类节目按内容可以分为文化教育节目、生活服务节目、综艺娱乐节目三大类。每一类节目都对播音员主持人有特定的标准和要求。比如，综艺娱乐类节目播音员主持人应该具有较好的现场应变能力和即兴表达能力；生活服务类播音员主持人应该更具有亲和力，能够扮演好热心朋友的角色。

3. 评价方法多元化

播音主持资格审核、工作量化考核、优秀播音员主持人评价等方式从不同角度评价考核播音员主持人的工作。资格审核可以选拔出具有播音主持资格的播音员主持人，工作量化考核从量的角度对播音员主持人的工作进行评价，优秀播音员主持人评价则从质的角度进行评价。不同评价方法深化了播音主持评价标准体系的建设。

4. 评价内涵延伸化

随着广播电视事业的迅速发展，播音员主持人不仅是信息传递的中介，更是媒体形象的代言人、媒体品牌的塑造者和传达者，对其合理的评价定位，成为打造品牌节目、塑造媒体形象的重要环节。各级电视媒体选拔优秀播音员主持人，并针对其特点进行策划，使其主持人品牌得以提升和延伸，评价工作内涵由此拓展，促进了中国播音主持评价标准体系的深化发展。

参考文献

1. 姚喜双：《未来播音主持艺术的展望》，《语文建设》1999年第6期。

2. 姚喜双：《播音员、节目主持人的语言评价》，《语言文字应用》2005年第2期。

3. 姚喜双：《播音主持语言评价的发展》，《2008学术前沿论坛·科学发展：社会秩序与价值建构——纪念改革开放30年论文集》，北京师范大学出版社2008年版。

4. 叶昌前：《入世后关于节目主持人管理工作的思考》，《声屏世界》2002年第3期。

5. 叶昌前：《“转会制”：主持人管理机制的一项改革》，《中国广播电视学刊》2002年第4期。

6. 于丹：《频道专业化趋势下栏目的创作思潮与品牌冲刺》，《声屏世界》2002年第3期。

7. 于洪燕：《播音员主持人的自我管理》，《新闻前哨》2010年第3期。

8. 张颂：《回眸播音主持专业30年》，《现代传播》2009年第1期。

9. 张颂：《关于播音标准的思考》，《广播电视语言文字规范化文集》，北京广播学院出版社1996年版。

10. 张颂：《坚持规范化，走向多样化》，《语言文字应用》1997年第4期。

11. 张树楠：《主持人评价体系的思考》，《科技信息》2009年第35期。

12. 张旭雯、曲寒秋：《浅谈主持人评价体系的构建》，《新闻传媒》2009年第7期。

13. 陈晓鸥:《广播电视语言传播风格多样化研究》，中国广播电视出版社2007年版。

14. 陈尔泰:《中国广播史考》，中国广播电视出版社2008年版。

15. 郭镇之:《中国电视史》，中国人民大学出版社1991年版。

改革开放40年的技术变革与播音主持形态发展

中国传媒大学播音主持艺术学院　赵若竹

摘　要：在播音主持创作活动中，传播技术影响着信息传递能力的大小和方式，制约着播音主持传播活动的流程和形态，是不可或缺的重要因素。本文围绕改革开放以来广播电视技术和互联网技术的革新对播音主持形态发展变化的影响展开历时性研究。本文以新传播媒介的出现为标志，结合广播技术发展、电视技术变革和互联网兴起，研究技术发展中的播音主持形态。

关键词：技术；播音主持；形态；发展

技术是广播电视发展的推动力，技术的每一次突破性进展都带来传播水平的相应提高和传播形态的变革。改革开放以来，广播电视技术，包括广播电台和电视台的播控系统、传送系统、发射系统和接收系统等都出现了突飞猛进的进步，为信息传播奠定了物质基础，也大大提升了大众传播效果。技术是播音主持形态发展的推动力，两者之间存在着密不可分的关系。在播音主持创作活动中，技术影响着信息传递能力的大小和方式，制约着播音主持传播活动的流程和形态，是不可或缺的重要因素。现代科技的进步倒逼传播方式变革，播音主持形态紧跟广播技术、电视技术、网络技术、电信技术和空间技术的变革而发展。

一、广播技术发展对播音主持形态的影响

改革开放以来，广播技术从立体声广播的普及到电话、网络的应用，再到卫星、数字技术，其制作技术和传输技术都产生了巨大的变革，播音主持创作形态也随之发生着变化。播音主持创作形态由单一到多元，结构由单向到复合，空间由平面到立体，传播范围由小众到大众。

（一）广播技术的进步

1. 数字化改造提升制播时效

我国电台的播、录、控等制播设备从20世纪50年代起大部分从苏联进口，少部分由自己组装。到60年代，国家坚持自力更生的建设方针，省级以上电台开始将旧设备更新成国产设备。70年代后期，我国实行改革开放政策，到80年代，经济条件较好的

电台便开始引进发达国家较先进的设备，使国内广播电台的播控设施逐渐缩小了与世界先进国家的差距。90年代以后，各级电台逐步对播录控设备进行数字化改造，开始普遍采用录制音频工作站和播出音频工作站。这是一种高集成的声音记录设备，一台数字音频工作站相当于调音台、多轨录音机编辑机、效果器等录音棚中的全部设备。它可以完成从录音、编辑、缩混一直到刻出母盘的全部音频节目制作过程。音频工作站的出现，节省了大量设备，简化了音频录制程序，降低了音频录制成本，也提高了广播播音主持的工作效率。随着数字技术的发展，以快闪存储器为存储媒介的数字录音机问世。这样，不仅能在计算机上进行信息加工处理，也更适合记者采访使用。到21世纪初，全国省级以上及部分地级广播电台的制播设备完成了数字化改造，普遍采用各类音频工作站及局域网进行节目制作、编审和播出，基本实现了节目制作数字化、网络化及节目播出自动化。

2. 有线卫星广播扩大覆盖领域

我国是有线广播最发达的国家之一，80年代初形成了以县广播台（站）为中心，以乡（镇）广播站为基础，连接千村万户的农村有线广播网。有线广播使用有线电视光缆传输广播信号入户，克服了无线信号传播过程中的诸多干扰因素，拥有良好的音质。

从1963年7月美国成功发射世界上第一颗同步通信卫星“同步2号”后，各国开始发射试验用的广播卫星。卫星广播能够直接覆盖全部国土，不需要在地面再建设全国性的微波中继节目传送网。同时，卫星传输广播清晰度高，失真小，比地面采用的残留边带条幅电视广播质量高。卫星广播增加了新闻报道的灵活性和及时性，可以利用现场架设好的移动上行站直接把节目送往卫星。外地节目也可直接送往卫星，或由全国若干个电视中心定时轮流把节目送往卫星向全国广播。卫星广播大大提高了新闻类广播节目的竞争力。

（二）广播播音主持形态的发展

1. 广播直播样态丰富

广播网、数字化、卫星、互联网等广播技术的综合发展为新型直播的产生奠定了物质基础，广播播音主持的直播样态日益丰富。

（1）直播报道。电子传播技术为广播“回归直播”提供了技术保障，新闻节目直播直击现场、实时跟进，成为人民群众了解新闻事件真相的良好渠道；体育节目直播紧跟赛事，现场解说、评论扣人心弦，各类型体育赛事的直播吸引着大量听众……中央人民广播电台从1988年起在第一套节目设置整点新闻，及时跟踪报道最新发生的新闻事件。“1994年，中央电台充实、完善整点新闻“滚动”播出机制，第一、二套设有的纯新闻节目由80年代中期的16次增加到21次。”“到1998年，综合性新闻节目增加到24次，此外设有信息节目12次。”[①] 节目直播过程中，来稿经过快速编辑审核就送到直播间播出，大大缩短了截稿和播出的时间周期，使当日新闻量剧增，提升了新闻传播的时效性。地方广播电台大多也开办了整点新闻，增加了直播节目，随时播出最新消息。从2007年12月24日零点起，中央人民广播电台“中国之声”开始全天24小时不间断播出，成为唯一覆盖全国的24小时播出的广播频率。2008年11月1日起，中央人民广播电台王牌节目《新闻和报纸摘要》从录播改为直播，并在保证安全播出的前提下，积极采取多种报道方式，努力提升新闻时效。2008年11月20日上午6点半的节目围绕杭州地铁施工现场塌陷事故的最新进展，以记者现场连线的方式进行了同步直播，前方记者介绍了事故抢险现场的最新情况。这是《新闻和报纸摘要》节目直播后首次尝试对新闻事件进行同步直播，实现了重要突破。

（2）直播互动谈话。如果说直播报道增强了信息传播的时效性和信息量，那么电话、网络等通信技术的普及为广播形态的变革提供了契机。

家庭电话的普及契合了广播传播模式的改革，直播与热线电话相结合是广播发展史上的创新。1993年10月28日，上海东方电台开播，采取全天24小时主持人直播和整点新闻滚动播出的形式，大规模引入听众电话参与，使得广播再次繁荣起来。广播网络与进入千家万户的电话连为一体，主持人、嘉宾、听众通过电话交流，使广播这个大众传播媒介兼容了人际交流的特性。当移动电话和互联网走进人们生活以后，人们随时随地可以拨通电话参与节目，报道新闻，请求援助，反映问题，发表意见或评论。热线电话将人际交往纳入广播节目的大众传播过程中，弥补了单一的大众传播因缺乏深层情感联系和心理基础不足而在传播效果方面可能存在的欠缺，同时又为二者的融合找到了契机。

2. 广播播音主持创作样式的变化

广播直播样态的丰富改变了原有的传播模式，由“链状”传播变为“网状”传播。在数字技术、网络技术、移动通信技术的共同作用下，听众在听觉上与传播的信源几乎位于同一时间点，在这种直通方式下，广播播音主持创作就具有了现在进行时的特征。

播音员主持人打通了信息的采集和播出之间的重重障碍，实现了共时性传播。创作环境大大改善，不仅拥有声像素材，还有调音台、电脑、电话等设备，播音员主持人能够依据现场声音信息，场外听众的互动信息，播音间内嘉宾提供的信息等多重元素进行综合性创作。

3. 广播播音员主持人功能的变化

广播播音主持活动的职能从传输链条上的“重要一环”转变为组织信息传播的“枢纽”。在当前技术背景下，由于时效性的要求，播音主持创作的前期工作流程被最

① 徐光春：《中华人民共和国广播电视简史》，中国广播电视出版社2003年版，第383页。

大限度地压缩了。广播传播尽可能缩短从事件发生到节目播出之间的时间，有时甚至展开现在进行时的事件性报道。人员的精简，设备的自动化，效率的提高要求播音员主持人拓展职能，一个人能够集采编播于一身，在节目传播中具有“功能集成”特性，播音主持岗位处于越来越重要的地位。

4. 广播播音员主持人素质结构的拓展

播音员主持人在广播传播活动中功能结构的变化带来以下职业素养和能力要求的拓展。

（1）语言表达力。广播直播样态的复杂性和互动性给播音主持的有声语言创作提出更高的要求。首先，当今时代广播有声语言应以自然亲和的精粹口语为主要表达样态，在传递信息的过程中还应展现真诚热情、平等温和的特性，在交流的语态中完成播音主持创作。另外，热线电话、网络平台直接切入节目制作中，主持人与听众、嘉宾的交谈直接构成大众传播的信源，因此更考验播音员主持人的语言功力及其规范性，这直接影响到节目的层次和水平。同时，面对诸多信息源，播音员主持人在播音主持过程中往往还需要兼顾其他信息，“一心多用”，要求语言的运用更要游刃有余，准确得当。

（2）信息判断力。广播新样态打通了播音员主持人与信息之间的隔断。播音员主持人一方面直面来自现场、媒体、嘉宾的各种信息；一方面直面听众的电话、网络留言等各种互动信息。在这样的局面中组织传播，要具备快速的信息采集能力，对于广播而言，尤其要加强听觉信息采集的能力。播音员主持人随时随地将听到的信息在脑中编辑整理形成有声语言传播出去，在这个过程中还需要辨别真伪、分清主次、合理编排、预判走向，同时，眼睛还要关注电脑页面的互动信息，嘉宾搭档的情绪状态，控制设备的工作状况等。这就需要主持人充分调动自己的感官，将各种信息整合起来，保证节目顺利进行。

（3）技术操控力。电脑的存储量远远大于人脑，播音员主持人如果能够很好地利用计算机、互联网来制作节目，工作效率会事半功倍。如果不能有效利用媒体资源的管理系统为自己服务，所传播的信息便缺乏鲜活度和厚度，无法形成个性化信息群。广播媒体可以通过新媒体提供的开放平台获取受众的反馈意见，这为节目和议程设置提供了丰富的素材。今天的广播节目往往通过手机短信、互联网论坛、微博等收集民众意见、讲述百姓故事、传递互助信息以及解决实际问题。

广播的核心是声音，声音的核心是口语。广播使人类进入了新的口语传播时代，当前在现代传播技术的支持下，广播口语交流可以跨越时空，广播已成为一种具有人文关怀的媒介。

二、电视技术革新对播音主持形态的影响

电视被称为20世纪最伟大的发明，它改变了传统信息传播模式，将画面带给观众，

实现了共时传播。改革开放以来，录像技术的提高改变了电视的时空形态和电视媒体的形态，彩色电视、高清晰度电视增强了电视传播的质量和效果，卫星和有线电视扩大了电视的传送范围和节目容量，数字电视给电视传播带来革命性的变化。一系列技术变革给电视播音员主持人的创作活动带来深远影响。

（一）电视技术的进步

1. 电视机的改良提高了画质

（1）彩色电视普及。1973年5月1日，北京电视台正式宣布彩电试播，使用八频道，面向首都观众，每周播出4次。同年8月1日，上海电视台开始试播彩色电视。后来，天津电视台、成都电视台（现四川电视台）也开始了彩电试播。1977年，中央电视台、上海电视台各有一套节目全部改为彩色电视节目，这标志着我国电视业开始从黑白向彩色转变。

改革开放初期，我国民众消费能力有限，电视机普及率很低。据统计，1985年，我国城市每百户拥有电视机不足20台，农村每百户拥有电视机不足1台。20世纪80年代中期，我国提出“四级办广播电视”的方针，全国各地纷纷成立电视台，加上改革开放使人民生活逐渐富裕，彩电日渐普及，看电视已经成为当时我国老百姓日常生活的重要组成部分。1989年，我国出台彩电降价政策，彩色电视机从此进入大众市场。据统计，1993年，我国城镇居民彩电的户拥有率超过100%，农村彩电的户拥有率也达到近1/3。

随着新显像元件的开发应用和人民文化生活的日益丰富，电视机屏幕的尺寸不再拘于传统的21英寸到34英寸，开始向大屏幕发展。21世纪初，液晶电视、等离子电视开始陆续进入我国市场。20世纪90年代中期，随着我国居民住房条件的改善，40英寸以上的大屏幕电视悄然兴起，尤其是2008年北京主办奥运会，大屏幕电视借此成为我国居民消费热点。

彩色电视视觉效果艳丽，较之黑白电视表现力更丰富，更符合人们对外部世界的认知经验和感受过程，尤其是大屏幕彩色电视，能给人造成更大的视觉冲击，改进了电视传播质量，提升了电视传播效果。

（2）高清电视发展。由于电视成像原理的限制，其像素少、图像细节表现能力差，这些先天的弱点使电视在清晰度上远不及电影画面。为了提高电视画面清晰度，世界各国都投入很大力量，陆续在70年代末80年代初推出研究成果。1985年9月，在日本筑波市万国博览会入口，一架大如墙壁的电视机正在播放1984年奥运会开幕式。这是日本推出的高清晰度电视机，其画面栩栩如生，画中人物毫发毕现，犹如宽银幕电影的效果。

1999年10月1日，中央电视台对中华人民共和国成立50周年国庆阅兵式采用高清数字电视进行试验转播。2006年1月1日，中央电视台“高清影视”频道和上海文广新闻传媒集团的“新视觉”高清频道正式开播。2008年5月1日，中央电视台“高清综合频道”（CCTV–高清）正式开播，并通过中星6B卫星覆盖全国，全国各地可通过地面数字电视进行无线转播、有线数字电视直接入户和直接接收卫星信号等方式收看。“CCTV–高清”频道的节目构成包括体育、影视剧、专题片、纪录片、综艺娱乐、音乐戏曲、动画片和经济节目等，全天24小时播出。北京奥运会期间，该频道与央视奥运频道并机，全程转播了北京奥运会开幕式、闭幕式以及各项赛事。与此同时，北京电视台“奥运高清”频道也在北京地区正式试播。高清数字电视的应用，标志着一个新的电视时代的到来。

2. 数字网络化技术的提升

（1）建立有线电视网。20世纪80年代，城镇居民的电视机拥有量开始增多，一部电视机只能收看几套节目已经不能满足民众需求，有线电视应运而生。1988年9月，广播电影电视部决定在湖北省沙市建设有线电视网。作为全国有线电视的试点工程，该工程1989年国庆前开通，可传10套电视节目。1991年1月21日，沙市有线广播电视台建立，这是我国正式批准的第一家城市有线广播电视台。此后，全国各县级以上城市和大型厂矿企业纷纷组建有线电视网。①

90年代以来，有线电视在我国发展迅速，不到10年，全国形成了一个规模宏大、覆盖广泛的有线电视传输网络。1995年11月，中央电视台开播了4个卫星–有线电视频道：体育（第五频道）、电影（第六频道）、文艺（第八频道）和少儿、军事、科技、农业（第七频道），其中第五、六、八频道是加密收费频道。②据统计，到1997年底，我国经广播电影电视部批准的有线广播电视台已有1300家，有线电视用户已达8000万户，到2002年全国有线电视用户已近1亿，入户率约为28%。有线电视网络在城市基本普及，建设的中心正由城市转向农村。在沿海经济发达地区，有40%的乡镇已经建成有线电视网。有线电视画面质量清晰、频道多、选择范围大，极大地提升了收视效果，给受众带来更广阔的视听空间。

（2）推进数字化进程。数字电视将图像、声音数字化，给信息传输方式、媒介格局带来革命性改变。数字技术和数据压缩的应用使电视技术进入崭新领域，数字化深入到从有线电视、地面广播到卫星传输的整个电视传输系统，在节目后期制作中占据重要地位，给采录、制作、编播、传输等各个环节带来重大影响。

1995年，我国开始采用数字压缩设备进行卫星电视的传输，在1999年新中国成立50周年庆典活动的直播中，不仅成功利用高清电视进行了转播，而且从现场转播设备到中心制作系统，从信号传输到节目播出系统，全面采用了数字化技术。

从20世纪80年代起，我国部分电视台的直播系统开始进行数字化改造、制作数

---

① 赵玉明：《中国广播电视通史》，中国传媒大学出版社2006年版，第319页。

②《中国广播电视年鉴1998》，北京广播学院出版社1998年版，第43页。

字电视节目，1996年国家开始对数字电视的发展进行规划部署。之后中央和各省级电视台的节目便采用DVB–S标准通过卫星传送，有线网络也采用DVB–C标准传送信号，用户通过机顶盒进行数字化整体平移。2008年，全国基本完成了有线数字电视的整体转换，北京奥运会的实况也实现了在全国范围内的数字电视转播。2014年，全国实现数字电视全覆盖。数字技术具有信号质量高、抗干扰能力强的优点，电视系统的全面数字化使电视节目信号质量大大提高。

当前，以数字化为基础的新传媒技术的发展，使得电视演播室的功能增强，信息传播速度加快，多媒体、全媒体演播室越来越普遍，信息资源利用效率提高。中央电视台农业频道于2012年11月开始使用全景全媒体交互式演播室；湖南卫视于2013年5月正式启用全新的全媒体交互式新闻演播室，此外，成都、南京、青岛、吉林等多家电视台启用或优化了新闻演播室全媒体交互功能。全媒体演播室的大量启用，为直播报道中的交互式演播提供了物质条件。新闻报道中的画面信息、文字信息都以电子化的形式呈现在大屏幕上，主持人可以一边操作屏幕一边解读、加工、评论新闻信息。演播室通过接入外来信号并保持网络设备兼容，使节目可以更全面地展示背景信息和互动信息。演播室内的主持人、嘉宾利用新媒体技术平台在互动之中发布新闻资讯，拓宽了观众的参与面，实现了演播室资源的全媒体共享。

3. 卫星电视的发展

在卫星传播之前，电视一直使用微波传送，但微波是直线运行的，在弧形的地球表面传播范围十分有限。1980年4月1日，中央电视台的国际新闻有了两个主要来源：维斯新闻社和合众国际电视新闻社，它们同时将航寄影片和录像带改为通过卫星分别从伦敦和纽约向北京传送新闻录像，从而使中央电视台国际新闻的时效性大大提高。

1985年，我国开始租用国际通信卫星传送广播电视节目。1991年9月1日，《新闻联播》通过国际卫星频道走向世界，覆盖全球。1993年，我国共开辟了11条电视卫星通道，包括12套电视节目和30套广播节目。卫星电视地面站从1986年的1599座发展到了1993年的54084座，节目覆盖率和传送质量都得到了很大提高。[①]最初，中央电视台负责向全国传送广播电视节目，它的几套节目利用卫星传送，目的是扩大在全国的覆盖。各省级台负责向本省观众提供广播电视节目，但由于一些地方地形复杂，覆盖有困难，因此也开始通过卫星传送节目，有效地扩大了本省范围内的覆盖。地方电视台陆续“上星”，打破了广播电视传播的地域，再加上90年代行政区域性有线电视以空前迅猛的速度发展起来，卫星电视节目通过有线电视的传播扩大了覆盖面，越来越多的省级电视台开播卫视频道面向全国播出。1992年10月，中央电视台第四套节目成

① 刘习良：《九十年代广播电视的新发展向节目主持人提出的新要求——在广播电视“百优双十佳”节目主持人金话筒奖观摩研讨会上的发言（1994年6月17日）》，《中国广播电视年鉴1995》，北京广播学院出版社1995年版，第61页。

为中国第一个国际卫星电视频道，覆盖80多个国家和地区；1996年，中央电视台全部节目已能通过卫星传播覆盖全国；1999年，全国已有约30个省级电视台采用卫星传送节目。上星频道越来越多，打破了中央电视台一家面向全国播出的局面，使国内电视节目的竞争态势愈加明显。

2008年6月9日，我国“中星9号”卫星成功发射，其服务范围覆盖了我国的全部国土。它具有传输150至200套标清和高清电视节目的能力，用户可用直径0.45m~0.6m的小型天线直接接收该卫星转播的广播电视节目。“中星9号”直播卫星是我国第一颗以直播业务为主的通信卫星，投入使用后，首先用于广播电视“村村通工程”，从根本上解决了边远地区群众收听收看广播电视难的问题。直播卫星传送节目套数多，传输质量好，成为我国广大偏远乡村牧区收听收看广播电视节目的最便捷有效的方式。

（二）电视播音主持形态的发展

1. 电视节目样态的丰富

随着电视技术的成熟和社会环境的日新月异，电视节目的制作能力和创作观念不断成熟，节目样态从简单走向丰富。

（1）新闻资讯直播。新闻资讯直播是指播音员拿到编辑整理好的新闻稿件面对摄像机直接播报并同步播出，具有信息密集、速度快、信息量大、时效性强的特点，便于受众第一时间了解各地发生的新闻事件。90年代口播录播变直播是新闻改革中的重要一笔。1993年3月1日，中央电视台第一套节目打破每天只有《早间新闻》《午间新闻》《新闻联播》《晚间新闻》四档新闻节目的传统格局，增加了新闻播出的次数。尤其是从1996年1月1日开始，中央电视台《新闻联播》实现直播，在业界引起极大反响，并带动各地方台的整点新闻以及新闻资讯类节目也陆续实现直播。直播提高了新闻时效，带给受众新鲜有活力的资讯信息，满足了受众及时了解新闻的心理需求，取得很好的收视效果。2009年，央视新闻频道实现全天24小时播出，力求准确迅速地为观众提供第一手国内国际新闻资讯，全天共24档，主要以播音员口播的方式进行滚动、递进、更新式报道，突出时效性和大信息量。

2013年2月9日的《新闻联播》首次引入10路直播信号，展现祖国各地喜迎新春的场面，创下了多点直播的历史。直播中的主持人、受众和现场连线中的记者、嘉宾同时存在于一个传播场，同步接收分享信息，极大地缩短了主播与观众的心理距离，增强了传播的亲和力和时效性。这也是当下直播的新趋势，主持人不仅要做好“自己播”，还要做好各路信息的“组织者”，这是消息类节目由单一性向多元化转变的一个信号。

（2）新闻专题报道。随着新闻改革浪潮的到来和技术水平的提高，演播室与新闻现场日益实现全面对接，同步为新闻事件的报道服务。一场直播报道是一个系统工程，主持人根据所接收到的视频、音频、电话、网络等各种信息对突发新闻事件进行综合性深度报道，对各环节人员、技术的要求比较高。1997年3月9日，中央电视台播出了由康辉主持的多点现场直播报道《日全食——彗星天象奇观》，开启了直播报道的序幕。这一次，实现了北京、漠河、昆明、南京四地连线递进直播报道，把当时央视的技术支撑用到了极限，并且第一次加入演播室、主持人、嘉宾、专题片、精彩回放等元素。同年，中央电视台对香港回归进行了直播报道，“72小时直播观众占有率达89.9%，以至少高出其他媒介66个百分点的优势，无可争议地占据了主体媒介的地位”①。之后，中央电视台大刀阔斧进行直播报道，成功制作了中共十五大召开、长江三峡胜利实现大江截流等一系列直播报道，将宏大新闻事件场景同步呈现在受众面前，取得了良好的传播效果。1997年也由此被称为中国电视直播年。2003年3月20日，中央电视台对伊拉克战争进行了直播报道，这是央视第一次大规模直播一场不可预测结果的战争，影响深远。直播报道的形式后来多次在重大新闻事件中使用，逐渐成为新闻节目的常态。

（3）大型节目演播。在电视台大型演播室内进行的具有一定时效性活动的现场直播属于本文要论述的大型节目演播。相对于外景的大型活动，这类节目在大型演播室制作，运用专业的灯光、舞美、摄像等电视设备进行拍摄，一般由两位以上主持人负责组织串联现场活动，将整个活动同步直播给观众。

典型的大型演播活动就是“春节联欢晚会”，从1983年起每年农历除夕在中央电视台播出，央视中文国际频道、央视英语国际频道、央视西班牙语频道和央视法语频道同步直播，高清频道、央视网等网络新媒体以及各地方台也进行转播。这是世界电视晚会类节目中的特有形态，收视率之高、规模之大、制作之精良堪称典范，也对直播技术提出更高的要求。在1998年之前，历届春晚是在中央电视台1000平米的9号厅直播的；自1998年开始，中央电视台新建的1600平米的1号大厅开始承担春晚的演播任务。在2015年羊年春晚中，中央电视台首次运用9号厅和1号厅双演播厅直播，即歌舞类节目使用1号厅，语言类节目使用9号厅，主持人安排有所侧重，也可以相互“串门”，演出人员互不干扰，提高了表演效率，对技术上的镜头切换、舞美设计、舞台设置、直播操控都是新的挑战。由于场地空间大、观众多、氛围热烈等因素，大型演播节目主持相较于其他演播室播音主持具有一定的特殊性。

（4）现场报道。相对于演播室直播而言，这里论述的现场报道是指播音员、主持人、记者到达现场，围绕新闻事件、会议、文艺演出、体育赛事等活动的实况采集信息进行的报道，多用于新闻节目。不同的活动性质、节目内容和环境条件，对现场报道提出了不同的要求，但往往都要配备复杂的现场节目制作和控制、播出、信号传送等完整的技术系统。尤其是新闻节目现场报道，播音主持创作主体从演播室转到新闻现场，时空的变化给信息表达方式带来挑战。

---

① 杨伟光、李东生：《新闻联播20年》，生活·读书·新知三联书店1999年版，第262页。

早期的电视新闻现场直播多为单一场景的实况转播，将新闻现场的声音和图像信息结合播音员的讲解，通过电视传送给观众。早期的演播室直播通常是先派记者到达新闻现场采集新闻、编辑稿件，经过审核后，由主持人在演播室直接播出稿件的内容，从制作时间上看采集新闻在先，播出新闻在后，根据具体条件和情况的差异两个环节相距时间的长短也有所不同。在节目传输提速的背景下，记者的现场报道逐步实现了同步播出。1997年香港回归特别报道，1999年澳门回归特别报道，2001年上海APEC会议特别报道，2003年伊拉克战争直播报道、抗击“非典”直播特别报道、中国首次载人航天飞行特别报道等一系列重大事件，中央电视台派出主持人、记者亲临现场，同步直播，积累了丰富经验。

以1998年和2003年的“两会”为例，现场报道采取的方式是根据转播场次选举等内容，对人民大会堂万人大礼堂现场信号进行节目包装，在人民大会堂外的西北小院安排现场报道记者，动态递进介绍选举情况，第一时间同步直播选举结果。在2001年的上海APEC报道中，中央电视台向前方派遣465人，动用大量转播设备，第一次独立承担大型时政性国际活动东道主转播任务。在2003年的伊拉克战争直播报道中，央视记者水均益被派驻前方，在报道时效、报道的持续性、报道品质、现场感、组织运作等各个方面都给观众留下了深刻印象，成为中国电视新闻史上划时代的标志性事件，这种全方位、多角度、滚动递进式报道，是我国新闻媒体第一次迅捷及时、全程介入国际重大突发事件的报道。

随着制播技术水平的提高，记者、主持人在现场采集新闻信息和线索，在直播镜头前用语言和画面向观众传递信息，事件、现场、观众几乎能够存在于同一时空，从而实现了制播现场化。

2. 电视播音主持创作样式的变化

电视节目内容的制播流程经历了整合与重构。在早期电视直播和录播阶段，采集、编辑、播出、合成等各环节依次进行，分工明确，这是线性流程特点所决定的。主持人将已编辑好的稿件进行播出，然后送交后期编辑，有稿播音占绝大部分比例。随着数字化网络化技术的运用，过去的线性流程转变为在一个信息操作平台上，集中多种媒体资源采纳制作、按需输出、生成不同的产品，并根据用户特点进行传播的非线性、立体化的播出流程。主持人就是平台上的操作者和把控者，对于创作素材的全面把握成为新型直播和演播中的重要要求。

播音主持创作的素材从文字、图像拓展到电子多媒体动态信息，主持人能够与演播室外的现场记者和受众实时互动，将两种外在空间信息引入演播室。主持人与周围环境中的人、物、信号、文字、图像等视听信息形成交互关系，主持人需要处理各个信息源之间以及与观众的互动关系，多渠道、多手段、多角度地组织信息传播。在新闻演播室节目里，新媒体演播室逐步普及，构成了由主持人、嘉宾、评论员、多媒体信息等各要素并存的综合演播环境。在全息化、多角度、多景区的一体性综合播报中心里，一档新闻节目可以使用多个景区，由多个主持人分别主持。空间的扩大和多机位变化，使得主持人无须保持固定位置与姿态，可以根据内容和交流需要在各景区之间变换。主持人之间的交流形成了新的互动，这加大了主持人的活动空间，增加了观众视觉上的新鲜感。在娱乐节目当中，随着大型互动节目形态的发展，演播室空间面积日益增大，加上户外节目类型的丰富和拍摄技术的进步，海、陆、空都可能成为拍摄地点，播音主持创作的现实空间不断拓展。虚拟技术的应用将演播室、受众和虚拟空间在视觉感受上进行连接，以视觉带动心理，使观众与传播主体融合在一个情境中，从而达到强烈的感官刺激和心理共鸣。

另外，在电视声音和画面共同传递信息的前提下，播音员主持人的形象体态成为创作活动的重要组成部分。电视画面质量的逐步提升使得播音员主持人的创作活动从以声音传播转变为声形兼顾。黑白电视阶段图像清晰度不高，黑白灰三色中只能辨认出播音员主持人的形象轮廓，看不出细致的妆容和服装的颜色。这时播音员的化妆理念主要来源于戏剧表演，使用油彩，比较浓重。80年代彩色电视兴起以后，播音员主持人的屏幕形象鲜活起来。主持人开始注意服装颜色的搭配、发型、化妆等，开始注重服装款式。80年代中期到90年代，中央电视台开始聘请外来化妆师给播音员化妆造型，造型逐渐走向细致自然，但仍处于摸索阶段。从90年代后期开始，随着国际交流的增多，电视机生产质量的提高，液晶电视、等离子电视等高质量画面的电视机日渐普及，观众对播音员主持人的外形妆容有了更高的要求，电视台专门成立了化妆部门，由专人为主持人化妆造型、设计服装。进入21世纪，高清电视普及，其图像分辨率极高，主持人的形象造型更加细致，服饰的搭配、化妆的手法、头发的打理都应作为播音主持创作中重要的形象要素加以考虑。

3. 电视播音员主持人职能的变化

早期播音主持工作是线性播出链条上的一个环节，播音员主持人以准确、生动地将已有文字素材转化成有声语言为主要任务；节目生成过程中的采、编、播、录、控各个工种分工明确，界限清晰。

数字化网络技术支持下的新型电视节目样态，改变了传统的线性传播方式，播音员主持人在传播模式中不再是链条上的一个相对独立的环节，而是信息场域中的枢纽，既要组织信息，又要传播信息。新型传播结构扩大了播音员主持人的创作空间。

（1）主旨执行者。在各类电视节目中，播音员主持人的创作活动是直接体现节目整体定位、文化品格和精神内涵的重要环节，承担着直接表达制作团队创作意图的职责。同时，播音员主持人对节目策划、录制等其他环节的参与，又增强了其对节目主旨的执行力和贯穿力。

（2）现场组织者。无论是电视演播室节目还是户外节目，无论是直播节目还是录播节目，只要开始录制播出，播音员主持人就是话语权的把控者，有效组织各方信息，力争达到衔接流畅、串联自如、点评到位、流程紧凑、导向准确的传播效果，是播音员主持人的基本职责。

（3）信息传播者。播音员主持人运用有声语言创作，是信息传播者，是信息与观众之间的桥梁。传播质量的好坏，传播效果的优劣，很大程度上都取决于播音员主持人的传播能力。电视节目主持人需要声形俱佳、内外兼修，以人格魅力打动观众、打造品牌，他们不仅是节目的符号道具，也是节目品牌化的标志，是节目收视率和生命力的重要保证。

4. 电视播音员主持人素质结构的拓展

（1）语言转化力。有声语言的生成依赖于大脑中对文字符号、声音符号、图像符号等信息的处理和转化，这种能力需要播音员主持人在共时传播条件下，准确快速地处理信息符号，即兴转化生成流畅的有声语言，通过电视画面传达给受众，消除有稿播音生硬的痕迹，最大限度地将内容主旨化为己有，还原人际传播的语感和状态，做到真实自然。

比如在新闻节目演播室报道中，主持人通常掌握“提纲”“资料”“现场信息”等创作素材，在多层次、多角度、多渠道、多形式的信息整合编辑中随时形成观点并进行有声语言表达，整合的观点与有声语言表达之间需要高效的转化能力作为支撑，才能“言而由衷”。娱乐和社会生活服务类节目的现场报道，同样需要主持人灵活机智地根据现场状况进行即兴语言创作。场景描述、人物沟通、气氛渲染、主旨把握等都体现在语言表达环节，这也是对播音员主持人语言功力的考验。播音员主持人只有“内外兼修”，才能做好信息枢纽的把控人。

（2）空间想象力。在电视播音主持创作活动中，播音员主持人对现实空间中的文字、音响、画面、道具、现场等创作素材要形成丰富、细致的内在想象力，充分将有限的素材化作语言表达的内在依据，最大限度地调动内心体验和感受，才能凝聚成强烈的创作热情，生成精准、形象、高效、流畅的有声语言。对其他时空元素的引入对接也应具有一定的想象力，比如在多点视频连线中，主持人就需要迅速感知处理其他空间的信息，与自己所处的演播室环境自然对接。

在虚拟演播中，主持人要在无实物的情况下充分理解电视的画面时空设计意图。在体态语上，主持人需要对道具的视觉效果有充分具体的想象，结合动画模型的位置来决定自己的站位和动作，在时间配合上准确到位，在空间呈现上流畅自然。虚拟演播的有声语言表达需要主持人对新闻信息高度消化、全面理解、信手拈来，形成自己的语言逻辑，口语化演播一气呵成。相对于传统新闻播音定点播报的方式，虚拟演播的有声语言和体态语更为复杂多变，数据、动画、技术和主持人的站位、走位、语言需要完美结合，内在想象、思维运动、技术设计、语言表达四者有机结合，才能实现较好的效果。

（3）多维传播力。在电视营造的空间里，观众、事件、主持人常处于同一个时空，当观众与电视传播的信息处于一个时空中，观众会本能地接近信息本身，对主持人空间形成挤压。主持人必须拥有综合调动各方信息和传播手段的能力，领先观众一步给出新鲜准确可靠的信息，才能不断强化自身的价值，与挤压形成对抗，稳定自我的生存空间，同时传递多元化信息。电视技术本身是多维传播，用视频技术和音频技术传播静态的文字和动态的画面，电视播音主持形态决定了播音主持创作需要同时驾驭音频、视频、静态、动态等多维信息符号，在立体空间下将信息汇聚成有声语言。电视语言兼具听觉性、视觉性、交流性和感知性，播音员主持人要提高语言的多维传播力，方能胜任电视的表达样态和发展趋势。

三、互联网的应用对播音主持形态的影响

互联网是一个社会背景，是一种结构关系，而非一项单纯的技术手段，因而它对播音主持的影响与其说是在表现方式上，不如说是在思维和理念上。互联网技术背景下的主持人，无论是在广播、电视还是在网络中做节目，都应具有互联网思维，当然，如果纯粹在网络中做主持，这种影响和变化会更加直观。

（一）互联网的技术特征

互联网技术条件下的新媒体是相对于报纸、广播、电视等传统媒体而言的，其最大的变革在于改变了大众传播既有的线性传播模式和特性，改变了传播生态环境，全面、深刻地影响着人类的传播活动以及社会政治、经济、文化等各个方面。

1. 数字化

数字化技术是将文字、声音、图像等模拟信息转换成计算机可读信息进行处理，彻底改变了数据和信息的生产、获取、处理、传输和储存方式，大大提高了传输效率。数字化技术打破了广播、电视等电子媒介间的壁垒，同一内容能够做到多介质传播，扩大了传播效果，增强了信息接收的便捷性。数字化技术能够将文字、图片、声音、动画、视频等各种形式的素材多媒体化，拓展了传输手段、接收终端和表达样式，实现了传播形式“兼容并包”。同时，以数字化技术为特征的新媒体基于全球网络平台，摆脱了广播电视播出时空的局限，提高了传播效能，并为海量信息存储提供了条件。

2. 交互性

交互性是新媒体技术的本质特性。在传统媒体时代，广播电视信息单向传播，尽管可以通过观众来信、热线电话等形式接受受众反馈，但是这种模式毕竟不是在同一信息系统内完成的。比如广播听众听节目依靠的是广播系统，听众反馈信息和参与互动要通过电话或短信等电信网络完成，反馈具有滞后性，互动效果有限。新媒体的产生彻底改变了这一局面，受众可以边听网络广播边参与广播节目，这个过程都在互联网系统内完成，每一个个体都可能成为传播内容的一部分，每个人都能够检索、接收、发布、评论各种信息，传受双方实现双向实时交流。

3. 超时空

报纸、广播、电视都受到发行时间、播出时段的限制，即便是现场直播，前期准备也费时费力。网络节目在外部效果上具有超时空特征，相对于传统媒体不会受到节目播出时段的制约。新媒体网络传播的快捷性和时间上的自由性，可以轻松实现即时传播。无论身在何处，数字信号以每秒30万公里的速度瞬间可及，移动设备可以让编读随时随地进行，可以24小时全天候支持发稿、播报等各类新闻活动持续滚动更新。信息的采集、制作、传递几乎同步，传播时效大大提升。另外，互联网跨地域、跨文化、跨国家传播，相对于广播电视具有更加广泛的影响力。

（二）互联网对播音主持形态的影响

1. 网络主持人创作样式的变化

互联网主持人在创作时间和空间上相对自由。基于网络节目的播出特性和目前的制作能力，多数网络节目还属于以主持人为核心的小成本制作，拍摄手段简单便捷，在创作时间和空间上约束较小。网络节目的拍摄可以在公共场所也可以在私人空间，有演播室主持，有街拍外景，还有网络脱口秀节目主持人以个人居所为录制场地。有些个性化节目还可以根据自身喜好和节目需要任意更换场地、布景、道具，对于选题内容的连续性也没有过高要求。

网络主持人的创作思维具有互联网条件下的超文本特征。主持人以非线性方式组织信息，将文字语言和其他动态信息结合在一起，收集、储存、编辑各种离散信息并建立有机联系，建构成自己的信息系统进行表达传播。

2. 网络主持人的功能

网络主持人有较大的活动空间，主持人往往是节目策划和制作团队的核心人物，打破了采、编、播的界限分割。主持人在选题、策划、采访、编辑等节目制作环节发挥主导作用，安排节目内容、进程和顺序，在节目中与受众进行即兴互动交流，分析评论，展露个人风采，营造轻松活泼的氛围。网络节目的幕后班底强大，主持人的主观能动性也可以得到更大的激发。

网络主持人的传播影响力适用于“长尾理论”①。网络作为非主流媒体满足了零散市场用户的需求，这一群体的市场份额是巨大的。在网络节目分众化，主持方式个性化的定位下，需要更多数量的网络节目和主持人满足市场所需。

3. 网络主持人的素质结构

网络媒体的特征对主持人的素质提出新的要求：

（1）集成信息、大存储量。在信息型知识型社会体系中，信息是与物质、能量并

① “长尾理论”由美国人克里斯·安德森提出。他认为由于成本和效率因素，过去人们只关注主流需求，而忽视零散的非主流需求，但是这些零散需求的市场份额相加甚至比主流产品的市场份额更大，并且由于数字技术的发展导致成本急速降低，使得开发这种零散的需求可能赚取巨额利润。

重的维持人类社会生存发展的三大要素之一。主持人的角色除了作为固有信息的传达者，还需要拥有更多元的功能，主持人应当自带信息，自带话题，本身就是一个信息集合体，才可能吸引受众，满足受众精神需求。主持人需要加强学习，了解社会形势、时事热点、生活常识、百姓冷暖……主持人是否具有良好的信息素养决定了他是否能够及时准确地为受众梳理信息、精简信息、传递信息，使之有节、有序、有趣地呈现在受众面前。

（2）自由连接、适应力强。互联网使遥远的交流变得便捷，连接的成本迅速降低，人们可以在自由连接中分享与创造。社会结构的变迁使人与人之间的协作更加自由，每个人都是社会上无数节点当中的一个，主持人在其中应当是一个具有高连接力的节点，才能够在网络这个大市场中具有连接庞大的网络群体的能力。同时自身要具备较强的适应力，能够自由协作、跨界协作，驾驭各种形态的网络产品，既能够连接别人，也能够被别人连接，这样主持人的传播价值才可能得到更大的回归。新媒体具有高度的互动性，网络节目呈现出个性化、个人化特征，网络主持人面对具体独特的个体，在节目中通过语言表达引起受众的重视和参与，实现互动连接，是其必备的语言传播技巧。

（3）魅力人格、聚集群体。网络世界人与人之间更容易实现纯粹的聚合关系。主持人的思维、观念、禀赋、人格魅力将更直观地展现，并成为聚集社群的核心因素。在互联网中，主持人建立起以价值认同为基础的社群，主持人与受众之间的关系也不再是你与我的对立关系，而是共同面对、共同关注、共同表达，二者具有共同的群体意识。

互联网整合了印刷媒介、视听媒介，并将这些媒介共置于一种语境之中，人际传播扮演着核心应用的角色。未来网络主持分众化传播的趋势凸显，自媒体特点愈发鲜明，互联网将成为一切媒体的“母媒体”，在这个庞大的平台之上，其他媒体很多时候只是充当其中的一个插件。在“人人皆媒体”的互联网时代，媒体属性的基因将被广泛传播到各行各业当中，媒体的概念将会变得更为宽泛。在这种大环境下，不论对于传统媒体主持人还是网络主持人，未来的存在方式会日趋多元化，其本身的含义也会愈发多样化。随着互联网的普及以及三网融合步伐的加快，未来传统媒体主持和网络主持会不断交叉、趋于融合。网络节目自身又会不断细化、加深专业化程度，而网络主持人则会作为一个社群的核心，成为凝聚社群的魅力人格体，提供完整的、独特的、吸引人的信息。

结　语

改革开放以来，我国传播技术日新月异，人们对远距离快速传递信息的需求使得媒介传播的影响力日益增大。技术推动了媒介形态发生嬗变，催化多种媒介形态的融合，也促使节目内容形态的融合。网络技术和数字技术为不同媒体之间的交融提供了可能，深层次地引发了社会结构和传播观念的变革。媒体之间严格的分界被打破，信息内容底层在数字化层面上被打通，节目类别之间严格的分界将被打破。未来的播音员主持人在广播、电视、网络等多种传播领域之间，甚至在新闻、娱乐、生活服务等各类节目之间转换，最大化地体现其传播价值。

交互性是新媒体的本质特征，新媒体技术环境建立起交互性传播结构，打破了传者与受者的界限，解决了传统媒体受众互动有限、反馈滞后的问题。交互性特征改变了信息形成的方式，在传播主体、受众、信息的巨大场域中各方的双向流动性增强，主持人需要对传播内容进行切换，对传受地位有力把控，这加大了信息控制的难度。信息在双向或多向交流的过程中形成，主持人与受众的互动以及演播空间与外在信息系统之间的交流都成为传播的一部分。未来的播音员主持人可能置身于更大的空间，与更多的“点”实现交互，受众深层次参与和跨时空互动将是主持人需要重点把握的规律。另外，“点对点”的交互性传播模式提高了一对一个性化服务要求，针对特定用户精准投放信息的服务意识是增强互动效果的重要保障。在信息过剩的时代，主持人的创作空间受到信息传播不断加快的挤压，主持人的价值更多地体现在自带的独特性信息和与外在信息的交互能力上。主持人只有依据语言表达、话语转换和角色扮演建立并调整与其他媒介空间的交往关系，才能为主持人角色扩展出更大的价值空间，建构起心理学和社会学意义上的真实语境。

现代传播技术使得跨越时空的声音图像共时传播成为可能，当接收和传播都步入移动时代，必然带来信息渠道的多元化和传播方式的动态化。数字媒介的话语形式存在不确定性，无论在共识语境还是在冲突语境中，传播者都轮流从事交流与传播活动，并决定如何采取下一步行动。在交互传播模式下，不再是由固定点发出固定信息到指定点，相反，很大一部分信息是在传者与受者交流的过程中形成的。因而，主持人不是信息的绝对掌有者，而是在信息流动变化的过程中实施控制力的引导者，信息传播过程中的所有参与者对信息都具有不同程度的影响力，需要主持人动态把控。电子传播技术的发展，使人类进入前所未有的信息社会，电脑产生的信息日益膨胀，播音主持创作主体辨别处理信息的难度在不断加大，日趋膨胀的信息空间，对于播音员主持人来说是更大的挑战。

参考文献

专著

1. 艾红红：《中国广播电视史初论》，山东大学出版社2002年版。
2. 陈卫星：《传播的观念》，人民出版社2004年版。
3. 程曼丽、乔云霞：《新闻传播学辞典》，新华出版社2012年版。

4. 成文胜:《广播新闻》,中国人民大学出版社2013年版。

5. 戴元光、金冠军:《传播学通论》,上海交通大学出版社2000年版。

6.《当代中国的广播电视》编辑部选编:《中国的有线广播》,北京广播学院出版社1998年版。

7. 方庆浩:《电视技术论集》,人民出版社1993年版。

8. 方汉奇:《中国新闻事业编年史》,福建人民出版社2000年版。

9. 广播事业局业务研究室:《播音工作经验汇辑》(内部资料),1961年。

10.《当代中国的广播电视》编辑部编:《梅益谈广播电视》,中国广播电视出版社1987年版。

11. 宫承波:《广播电视概论》,中国广播电视出版社2009年版。

12. 郭镇之:《电视传播史》,北京师范大学出版社2000年版。

13. 郭镇之:《中外广播电视史》,复旦大学出版社2005年版。

14. 胡正荣、曹璐、雷跃捷:《广播的创新与发展》,北京广播学院出版社2004年版。

15. 韩彪:《现场直播——新闻改革的标尺》,当代中国出版社2007年版。

16. 金震茅:《网络广播传播形态研究》,苏州大学出版社2007年版。

17. 金文中、李建新:《广播影视科技发展史概略》,中国广播电视出版社2013年版。

18. 刘习良:《中国电视史》,中国广播电视出版社2007年版。

19. 刘习良:《中国广播电视改革发展十年回眸(2001年—2010年)》,中国国际广播出版社2012年版。

20. 童兵:《比较新闻传播学》,中国人民大学出版社2002年版。

21. 吴廷俊:《科技发展与传播革命》,华中科技大学出版社2001年版。

22. 徐威、李宏虹:《电视演播室》,中国广播电视出版社2006年版。

23. 熊忠辉:《广播电视节目形态解析》,化学工业出版社2010年版。

24. 谢鼎新:《中国广播电视研究的演变》,合肥工业大学出版社2014年版。

25. 杨波:《中央人民广播电台简史》,北京广播学院出版社2000年版。

26. 姚喜双:《播音导论教程》,中国广播电视出版社2001年版。

27. 赵玉明、王福顺:《中外广播电视百科全书》,中国广播电视出版社1995年版。

28. 赵玉明、王福顺:《广播电视辞典》,北京广播学院出版社1999年版。

29.《中国广播电视年鉴1995》,北京广播学院出版社1995年版。

30. [丹麦]克劳斯·布鲁恩·延森:《媒介融合:网络传播、大众传播和人际传播的三重维度》,刘君译,复旦大学出版社2015年版。

31. [法]埃莱娜·杜奇尼:《电视与场面调度》,杨添天译,中国电影出版社2006年版。

32. [加] 哈罗德·伊尼斯：《变化中的时间观念》，何道宽译，中国传媒大学出版社2013年版。

33. [加] 哈罗德·伊尼斯：《传播的偏向》，何道宽译，中国传媒大学出版社2013年版。

34. [以色列] 莫士科维茨：《虚拟演播室技术》，夏力、王大纲、崔建伟、张晓辉编译，清华大学出版社2005年版。

论文

1. 崔保国：《技术创新与媒介变革》，《当代传播》1999年第6期。

2. 邓卓：《我国电视技术发展对电视新闻传播的影响》，湖南师范大学硕士论文，2006年。

3. 顾雅丽、钟恒：《广播电视传播形态的嬗变》，《青年记者》2011年第17期。

4. 胡天文：《浅谈电视传播技术的发展》，《现代商业》2007年第20期。

5. 李桃：《网络主持发展研究》，《语言文字应用》2014年第3期。

6. 邱宏：《我国广播电视传播技术的发展》，《中国传媒科技》2013年第22期。

7. 沈德康：《技术时代的艺术论：海德格尔的技术—艺术观》，四川师范大学硕士论文，2013年。

8. 姚喜双：《在创新中继承，在继承中创新——播音主持艺术发展的思考》，《语言文字应用研究论文集Ⅱ》，语文出版社2004年版。

9. 喻梅：《新中国播音主持创作史论》，中国传媒大学博士论文，2012年。

改革开放40年“把关人”视角下《新闻联播》的发展演变

青岛大学国际教育学院　周　华

摘　要： 本文采用传播学中的“把关人”理论，从传播平台、传播主体、传播内容、传播技术、报道方式等角度分析《新闻联播》栏目中“把关人”的作用，以及随着时代的变迁“把关人”思想理念的变化。最终得出“把关人”思路要从注重新闻的政治性、权威性，强调新闻的社会组织功能，转为注重新闻的专业性、服务性的结论。对该栏目的未来发展提出内容选择符合受众心理，视角定位尊重受众习惯，立场定位凸显可信性和权威性，加强实证研究及借助网络及电台力量，扩大传播面的建议。

关键词： 把关人；新闻联播；传播主体；传播内容；报道方式

引　言

“把关人”概念最早由美国社会心理学家、传播学家库尔特·卢因于20世纪40年代提出。他在提出“渠道理论”时，认为渠道中的每个环节都要受到“把关人”的影响。1947年，他进一步将该理论引入群体传播领域，认为能够进入传播渠道的信息一定是符合群体规范或者把关人价值标准的内容。

“把关人”理论于1950年进入新闻研究领域，怀特明确提出了新闻筛选过程中的“把关”模式，其后该领域对“把关人”理论的应用主要集中于把关过程、把关标准、把关人角色和作用。

《新闻联播》作为中央电视台于1978年开播的一档与改革开放同龄的新闻节目，见证并参与了改革开放的整个过程。作为权威信息的发布渠道，其“把关人”选择、传播新闻信息的作用更加明显。本文参照姚喜双的播音主持“新闻、语言、艺术、技术”的四条船性质，从传播平台、传播主体、传播内容、传播技术、报道方式等角度探讨不同时期的把关标准，通过对该节目历次改版的研究，透视改革开放以来的时代变迁和“把关人”思想观念的变化。

一、传播平台的把关

（一）电视台的把关

《新闻联播》的前身是《电视新闻》，最初是北京电视台的一档节目。尽管北京电视台在筹备之初，就自我定位为"党和政府的舆论工具"，但其属性仍为地方电视台。1978年5月1日，北京电视台更名为中央电视台，其属性从市级跃升为国家级，央视地位得以确立。

（二）传播范围的把关

《电视新闻》作为北京电视台的节目，其传播对象主要面向北京地区。1976年7月1日，该节目首次面向全国十几个省、直辖市发出传播信号，从最初的地方性单台新闻节目升级为联播新闻节目。但由于当时的电视机普及率低，联播的影响力还比较小，其真正辐射范围仍局限于少数经济较发达的省份。1981年4月，在青岛举行的全国新闻工作座谈会明确规定："各省、自治区、直辖市的电视台必须转播《新闻联播》"，《新闻联播》的传播范围进一步扩大，确立了其"电视新闻领域独一无二的权威地位"。

（三）播放时间的把关

播放时间包括两层含义，一是播放时段，二是播放时长。播放时长又有单条新闻的播放时长和栏目播放的总时长之分。

1. 播放时段把关

1958年5月1日，我国第一座电视台——北京电视台开始试验性广播。由于广播当天是周四，开播时间是19:00，因此，从播音计时看，周四被当做一周的起点，19:00被视为一天的起点。1982年，重大新闻由以前在20:00《全国各地人民广播电台联播》中播出提前到19:00在《新闻联播》中播出，一个小时的提前量，确保了《新闻联播》大事首发的权威传播地位。在此，"大"指重大，2012年前只有重大事件才能够、也只能够在该栏目播发。

2. 播放时长把关

《新闻联播》最初播出时长为20分钟，后来经过实践，"把关人"认为应加大节目信息容量，相应地，播出时长延至30分钟。另外，五六十年代盛行的7至8分钟的长条新闻几乎淡出该栏目，短则几十秒长则1分钟的新闻简讯成为该栏目最常见的节目形态。该栏目播放总时长的增加和单条新闻播放时长的缩减，都是为了增加报道量。

总体来说，不管是传播渠道、传播范围还是播放时间的变化，都体现出"把关人"对该栏目"权威性"信传渠道的定位。通过电视台属性的升级、传播范围的扩大、播放时间的提前，奠定了重大新闻在该栏目向全国播出的基础。

二、传播主体的把关

对于传播主体的把关主要从对语言的把关进行分析。《新闻联播》作为一档视听节目，对语言的理解包括三层含义：有声语言、副语言和字幕语言。但由于此处讨论的是对传播主体的把关，因此只涉及有声语言和副语言。《新闻联播》作为新闻的权威发布渠道，对语言“把关”的同时也重视其权威性。

（一）对有声语言的把关

就语音标准程度来说，对该栏目播音员的普通话标准程度要求最高，要求播音员无论年轻、年长，不论性别，普通话水平都要达到一级甲等。就词汇、句法结构来看，该栏目书面语色彩浓厚，对于成语和四字词语的使用超出其他新闻节目，语体也更为正式，另外，该栏目较多使用长句、复杂句。就语言形式来看，常使用高度程式化、等级化的语言。“把关人”通过对上述语言形式的选择，强调语言的规范性，保持官方话语的自上而下的传播姿态，同时也使栏目和受众产生了一定的距离感，也正是这种距离感能够确保“信息的传递沿着一条严格控制的路径完成”，从而建构国家意识形态。

近些年，《新闻联播》播音员在保证语言规范的前提下，强调“灵活应变，始终与观众保持同步感受事件进程”，让观众能够随时了解正在发生的重大事件。2013年起，播音员话语口语化色彩较之以往有所加重，语调也更为柔和，特别是部分网络语言的使用活化了该栏目板结化的话语风格。

“把关人”通过对上述语言手段的运用，在凸显《新闻联播》对政治秩序和政治身份重视的同时，也体现了大众化的时代特点。但是能够进入该栏目的网络用语毕竟是少数，在栏目整体语言使用中占比极低，体现了“把关人”对网络用语既包容又审慎的态度。

（二）对副语言的把关

播音员的副语言既包括服饰，也包括长相和肢体语言等相貌特征。

1. 长相和肢体语言

对《新闻联播》播音员长相的把关主要体现在对传统审美的尊重。从该栏目的第一位出镜播音员赵忠祥至今，每位播音员都符合端庄、大气、舒服、耐看的审美标准，但是，仔细观察，也能看到不同时代播音员长相的细微变化。该栏目早期主持人赵忠祥、邢质斌、罗京等的共同特点是国字脸，新一代主持人并不一定都符合国字脸的要求，甚至郎永淳等主播还佩戴眼镜。细微的变化说明“把关人”对人才挑选的观念有所更新，也反映出改革开放以来人们审美眼光的变化。但是，作为我国最权威的新闻栏目，《新闻联播》播音员的长相还是不能过于个性化、过于张扬，这一点从历届播音员中也有所体现。

《新闻联播》播音员的肢体语言甚至表情符号都很少。在节目初期，播音员头轴、肩轴平行，与身体主轴成直角相交，给观众一种稳定感，几乎没有面部表情；1985年卢静的微笑播报赢得了观众的喜爱，拉近了播者和受者的距离，成为其后女主播的习惯表情。但播音员在节目过程中肢体保持静止不动的情况一致持续到2013年2月9日（除夕），播音员康辉、李修平的拱手拜年赢得了观众的认可，也使"把关人"意识到眼神、手势等肢体语言的加入有利于加大信息传播量，增强信息传播效果。

2. 服饰

《新闻联播》男播音员的服饰统一性较强，基本是黑色西装加白色衬衣的标配，领带的颜色会根据当天播放内容有所改变，国庆等欢庆日子，男播音员一般会配以红色领带以示庆祝，我国重要领导人逝世，男播音员则会配黑色领带以示哀悼。配饰颜色的改变，表达了播音员对所播报新闻事件的态度，体现了新闻的表态性。

《新闻联播》播音员的服饰变化主要体现在女播音员衣服的颜色和款式两个方面。节目播出初期，女播音员衣服颜色以冷色为主，款式选择以西装为主，体现庄重、中性的特点，隐匿了她们的个性特征。随着时代的发展，该栏目历届女播音员的服饰有了一些细微变化，从颜色变化到西装细节的变化再到胸针配饰的出现，都显示出改革开放给新闻播音观念带来的改变。这种变化在2010年央视放宽了对播音员服饰的要求后表现得更为明显，女播音员的服装颜色明亮了起来，款式上也更有设计感，但仍以西装为主，显示出变化中的稳定，也表明"把关人"顺应主流价值观，打造亲民路线的同时，要确保《新闻联播》严谨质朴的底色。

《新闻联播》播音员长相、服饰均体现了"把关人"对播音员隐匿个性、凸显集体性的要求，面部表情、肢体语言的变化则体现了时代发展给"把关人"观念带来的更新，政治民主化的深入使"把关人"对播音员的宽容度有所提升，对群众基础的重视使"把关人"更加关注观众的需求和感受。

总体来说，不管是有声语言还是副语言的变化，都体现出"把关人"在确定该栏目政治性、权威性基调的前提下，根据时代变化更新观念，允许共性基础上的个性风貌，将栏目打造得更加亲民。而变化中保持传统基调，又显示出"把新闻事实推前，使播报者隐退，让受众直接感受新闻本体，让事实显现自身价值"的把关原则。

三、传播内容把关

（一）内容类别把关

1. 内容构成比例

《新闻联播》当初以《电视新闻》呈现给观众的时候，以播报国内新闻为主，重点宣传党和国家的路线、方针、政策、指示。1978年12月，十一届三中全会的召开，确立了我国改革开放的方针，人们渴望了解外部世界。在此背景下，1980年4月，《新闻联播》合并《国际新闻》，成为向全国观众传播国内外新闻事件的权威渠道。《新闻联播》2013年与2012年比较，国内时政新闻减少近一半，由占总时长的39%降低到16%，国际新闻由原来的15%上升到20%，国内其他新闻由原来的46%上升到64%。由此可见，该栏目"把关人"试图增加国际新闻播出量、调整国内新闻时政报道比例。

尽管国际新闻在整个栏目中的占比不大，但是灾难性报道却占据了大部分比重。常江等提供的数据表明，占据2014年国际新闻关键词排行榜之首的是"中东战乱"，在所抽取的新闻报道中，负面新闻占66.4%。对于栏目中国际新闻类别的选取，体现了"把关人"对世界秩序的主张和对国家政治态度的宣扬。

2. 正面新闻和批评性新闻

《新闻联播》最初主要报道正面新闻，1979年5月1日批评性新闻《王府井停车场见闻》突破了这一传统，由于触及特权思想，在观众中引起了强烈反响，自此，有更多的批评性报道出现在该节目中，增强了该节目的生活干预能力和舆论监督作用。

由于《新闻联播》权威地位的引领性和联播节目的全国辐射性，批评性新闻的播出对全国电视节目起到了积极带动作用，北京台的《观众之声》、山东台的《街头见闻》、上海台的《观众中来》等舆论监督节目纷纷开播，揭露问题，针砭时弊。

1989年"六四学潮"之后，中央再次重申坚持以正面报道为主的方针，同年11月，李瑞环在《坚持正面宣传为主》的讲话中，更是肯定了"耳目喉舌"的说法，媒体将"喉舌"作为自己的行业规范。自此，《新闻联播》批评性报道的比重有所下降，该类报道主要发挥其引导作用，实现安定局面、稳定人心的传播效果。

3. 关注民生

党的十八大以来，关注百姓生活这一命题越来越受重视。这一点在《新闻联播》中也有体现，新闻条目更多地偏向民生问题。例如，2012年12月24日，该栏目播出了10岁男孩胡镓豪照顾患病母亲的故事，节目播出后，社会各界纷纷向小镓豪伸出了援助之手，时任国务院副总理李克强观看节目后，亲自给国务院医改办打电话，指示尽快落实情况，帮助解决困难；2013年1月9日，该栏目将百姓关注的菜价问题推上头条位置，对菜价上涨和平稳菜价的政策进行解读、报道；2013年12月7日，该栏目发出北京启动"雾霾"天气预警的消息，提醒观众做好应对措施，我国最权威的信息通道发出这则提醒信息，足以引起观众重视，引导他们提高对雾霾危害的认识，加强对日常防护的重视；2015年1月31日，该栏目针对看病难问题进行社会热点报道，按照"百姓所难—医疗改革—国家政策"的逻辑对这一问题进行解读，真正做到想百姓所想、急百姓所急，并且为百姓想办法、出主意，让观众感受到该栏目既能发现问题，又有解决问题的诚意，让观众体味到该节目是"党和人民的喉舌"，因此必须"为人民服务"，从而增加了栏目的可看度。

4. 文化体现

现代传播学奠基人哈罗德·拉斯韦尔指出，大众媒介的社会功能主要表现为检测环境、联系社会和传递文化三个方面。电视新闻作为社会文化的一部分，对文化资源的调动更能实现其传播价值。《新闻联播》对于传统文化的传播主要采取三种方式，一是设置专题，二是在问候语中体现，三是在主播肢体语言中体现。

据程嘉钧统计，2009年至2013年，该栏目对清明节的报道达20条，是对国务院2006年将清明节列为我国第一批非物质文化遗产保护名录的回应；2012年重阳节，该栏目推出"我的父亲母亲"公益行动，对爱老、敬老的传统美德进行宣传。

每天的问候语中对日期播报采用公历和农历相结合的方式，具有一定的中国历史文化特色；每逢中国传统节日，在片头、片尾会作出提醒，从文化传播层面来说，不仅展现了中华传统文化的丰富内涵，更是对民族文化符号的弘扬、对民族文化精神的塑造以及民族自我意识的强化。

2013年除夕，康辉、李修平拱手拜年的姿势也蕴含了一定的文化含义。细心的观众发现，当天拜年时，康辉是左手在上，李修平是右手在上，暗含了"左手吉礼、右手凶礼"（女子相反）的中国文化思想，体现了栏目"把关人"引导传统礼仪、树立文化自信的理念。

（二）内容编排顺序把关

《新闻联播》尽管因个别原因，有时编排顺序会做一定调整，但是一般情况下，完整的《新闻联播》排序如下：片头曲—问候语—内容提要—国内新闻（时政报道—常规报道—国内简讯）—国际新闻—结尾问候—片尾曲。从其排序可以看出，新闻报道的顺序遵循着先国内后国际的原则。当然，国际新闻排在栏目末段的模式也不是一成不变的，例如，1986年1月29日，美国航天飞机"挑战号"爆炸这一重大灾难性国际新闻打破惯例，作为该节目头条出现；再如，2015年5月12日，尼泊尔7.5级强地震的报道也被提前到国内联播快讯之前的节目中段。尽管有少数打破常规的情况出现，但现在还没有形成按照内容重要程度编排的新方式。

《新闻联播》中人物的出场顺序也有一定讲究，一般是按照党和国家最高领导人—中共中央政治局九大常委—其他领导人的顺序。

此外，《新闻联播》开头问候语也遵循着一定的顺序，一般以男播音员开场、女播音员呼应，之后男女播音员轮播的模式为主。

上述先国内、再国际，先政治再经济最后民生的排序方式以及人物的出场序列均体现了"把关人"重视国家立场、以政治为本以及国家权力秩序的观念。而男播音员率先开口，女播音员随后跟进的播报方式又体现了我国传统的思维方式。

总体来说，内容类别的变化体现出新闻节目"把关人"以"发布法令、政令，公布文件、公告，传递消息、资讯，传播事件、情况"为己任的立场；内容编排顺序的相对固定，体现出“把关人”统筹兼顾的新闻眼光以及对大众思维模式的尊重。在相对固定的内容编排顺序中对重大新闻位置的调整，又体现出“把关人”对新闻传播规律的尊重。

四、传播技术把关

从1978年至今，《新闻联播》的录制、传播技术经历了几次大的转变。

（一）从胶片到数码，从录播到直播

1978年之前，受当时条件限制，《新闻联播》采用胶片录制。虽然这种技术在当时已经非常先进，但是因胶片长度有限，不可避免地存在胶片粘贴处断裂等问题；另外，声音和画面的匹配也存在影音不同步的问题。1978年12月31日，央视启用电子新闻采集设备，有效解决了上述问题。

《新闻联播》最初采取录播方式，改革开放后，电视新闻界有了更多与外界交流的机会。一些具有专业眼光的领导在出国考察之后，思路得以开阔，提出了广播电视新闻宜采取直播的建议。值得注意的是，当时所说的直播主要指演播室直播。尽管直播观念在80年代初已经提出，但是为维护《新闻联播》的权威性，确保播出过程不出现意外，直到1996年该栏目才开始采用直播方式，而且是部分直播，直到20世纪末才完成了演播室直播的全部升级，这体现了当时“把关人”审慎的态度。

（二）从字幕条到动画字幕

《新闻联播》对字幕的处理长期以来采取按照播出时间顺序在屏幕下方添加字幕条的方式。2016年，这一方式得到了突破，对于复杂、抽象问题的说明，开始采用动画字幕的方式。通过图文声像的有机结合，让传递的信息“动”起来，能够提高信息清晰度，提示信息重要性，加深受众对信息的理解记忆。

2016年4月3日，“《数说十三五》能源革命开启绿色未来”新闻条便采取了动画字幕方式，使枯燥的数据变得直观明了。例如，节目在表现“2/3，这是煤炭消费占我国一次能源消费的比重”时，就在航拍的火电厂煤场上面依次出现字幕“2/3”和“煤炭消费”，并在煤场其中一个长方形煤堆上，用色块标出三分之二的位置，使抽象的数字得以可视化显现。同时配以轻松活泼的背景音乐，以此创设愉悦的信息接收环境，对需要观众注意的数据、信息添加特殊音效，与有声语言中重音的使用有着异曲同工之妙。

（三）从语音播报到手语播报

2018年9月14日，《新闻联播》首次出现手语播报，实现了播报方式的历史性突破。为了让失聪人群了解到中国残疾人联合会第七次全国代表大会在京召开的消息，

《新闻联播》在屏幕右下方增加手语播报窗口，将这一消息传达出去。此举既体现了对听障受众的尊重，体现了"把关人"心中的大爱，让人们感受到了栏目的温度，也丰富了该栏目的传播形态，使播报方式更加立体。

总体来说，传播技术手段的更替体现出"把关人"对现代技术的肯定，通过现代技术的使用，增强了节目的表现力，使复杂的内容更加直观、好看、好懂。

五、报道方式把关

（一）现场报道增加真实性

1984年之前，新闻报道形式一般都是事先写好解说词、设计好镜头、安排好场面，《新闻联播》1984年推出的现场报道"北京乘车难"打破了这一传统模式，记者深入现场，抓取最真实、最自然的镜头，增强了新闻的真实性。随后，现场报道的模式在《新闻联播》中多次呈现。

（二）系列报道增强宣传性

1992年起，《新闻联播》增加了系列报道的比重，从而增强了报道的分量和宣传效果。1998年全流域型特大洪水暴发后，《新闻联播》开启了近两个月的持续、深度报道，对于动员、激励全国军民进行抢险救灾起到了巨大的宣传鼓舞作用。2005年3月20日起，《新闻联播》又以"中部崛起""东北振兴""西部大开发"为主题，推出160期系列报道，宣传"落实科学发展观"的国家政策。

2014年1月18日开始播出的《寻找最美乡村医生》，更是将系列报道的视角推向民生问题，通过对乡村医生典型代表的挖掘、报道，勾勒出"白衣天使"的大爱形象，诠释了"妙手仁心"的生动内涵，传递出栏目"把关人"关注亿万农民健康，通过平凡人、身边事传递社会正能量的选材视角。

2014年3月3日至13日，《新闻联播》推出了新的系列报道形式——数据系列报道。2015年3月1日至14日，通过2014和2015"两会"期间的两组数据比较，将数据可视化，为观众提供了观看新闻的历时性视角，同时配以主持人的解说，让枯燥的数字变得灵活、具体。

《新闻联播》通过系列报道，用具有连续性的内容激发人们的期待心理，形成可持续传播态势，使新闻信息呈现叠加推送效应，强化了信息推送效果。

（三）细节报道以小见大

1993年之后，《新闻联播》更加注重镜头的作用，通过细节刻画突出人物个性，加深观众印象，新闻报道《代表民心的四次掌声》能够获得1993年度中国电视奖电视新闻一等奖在很大程度上便得益于此。

2015年2月22日，新闻报道《只为多看你一眼》用三条新闻短片讲述了三个平凡人的感人故事。三条新闻短片的完美组合，《无条件为你》的歌曲串联，将观众的情绪推到高潮，女播音员海霞的总结“岗位上的团员，是责任与亲情的呼唤，更是家与国的双重情怀”虽然具有鲜明的导向性，却不是生硬地灌输，而是水到渠成的情感共鸣。

总之，通过细节描写增添报道的温度和情感，通过细节渲染提升新闻吸引力，通过小人物、小故事书写主旋律体现了“把关人”的新型新闻报道观。

（四）海采式报道凸显人本化

能够出现于《新闻联播》的人物一般都是英雄人物和大人物。2012年下半年，该栏目增加了一系列海采式报道，使更多不同身份的受访者，尤其是普通百姓有机会走入最权威的新闻栏目中，使信息来源更加丰富，报道内容更加丰满。由于受访对象身份多元化，观众的选择性注意更有可能被满足，栏目所传递的价值观和见解就更有可能被接受。

2012年中秋、国庆前夕《幸福是什么》报道中，山西清徐县北营村务工人员面对记者“你幸福吗？”的提问，给出“我姓曾”的回答，表面上看答非所问，实际上透露出《新闻联播》长期以来更关注时政要闻，百姓基本没有机会参与节目的现实。务工人员面对镜头对记者上下打量，不相信自己能上央视，文不对题的回答更显示出一种调侃式的怀疑。即便如此，这一问一答仍被节目采用，说明“把关人”对新闻事实的尊重和以人为本的新闻理念，也使该栏目对基层人民幸福感的传播更真实，使观众对该栏目新闻的真实度更加认可，从而提升了栏目的公信力。

（五）“1+N”式报道

2015年“双峰会”期间，《新闻联播》头条时政报道首创“1+N”式组合编排，采用“时政新闻报道+评论员+国际反响+主题主线报道”的方式，对习近平总书记的重要讲话和主旨演讲展开解读。2016年1月，该报道方式进一步确定为《新闻联播》时政头条的报道方式之一。

“把关人”对报道方式的选择，体现了紧跟时代的思维和开放包容的心态，以及对国家群众化路线的肯定。较之“高大全”人物的硬宣，“从群众中遴选先进典型，又将先进典型宣传到群众中去”更符合人们学习身边人的心理认知。尽管节目内容要以宣传国家的大政方针和我国物质、精神文明建设成果为主，但近些年也增加了一些改善民生动态、为民服务的内容。在报道方式上，充分利用现代科学技术，采用大数据的方法创新新闻表达手段，提高了信息传播效能。

六、建议

《新闻联播》开播40年来，在时间、内容、形式上的一系列转变，说明“把关人”思路的调整，从注重新闻的政治性、权威性，强调新闻的社会组织功能，向注重新闻的专业性、服务性转变。虽然这个过程还没有完成，但这应该是《新闻联播》未来的发展趋势。对于该栏目的下一步发展，在此提出以下几点建议：

第一，内容选择符合受众心理。1997年中央电视台对全国电视观众的收视心理调查表明，1992年之前，人们看电视以“娱乐消遣”为主，1992年之后，则以“了解世界、获取信息”为主。因此，《新闻联播》应尊重观众的收视心理，密集信息度。当然，信息的密集要以信息的准确为前提，一味地追求量并不能达到有效传播的目的。新闻播出可以借助现代技术手段，采取多形态的表现方式，在保证信息准确的前提下，增加信息传播量，力求做到设计精密、节奏紧凑。

第二，视角定位尊重受众习惯。在新闻传播过程中，对受众的尊重体现在两个方面：视角定位和信息冗余。从视角定位来说，应回归人本，将观众视为朋友，用一种平视的视角与观众交流，而不是用灌输的方式俯视受众。从信息冗余来说，应减少“声画对位”，增加“声画合一”，以提高信息冗余度和信息传播的单一性，减少“关掉声音就看不懂”的尴尬情况。

第三，立场定位凸显可信性和权威性。在新媒体环境中，信息即时发布的特点使《新闻联播》很难在时效性上取胜，但伴随人们资讯获得手段的多样化，新闻娱乐化、信息真伪难辨的弊端开始显现。《新闻联播》作为最权威的官方新闻平台，作为政府观点的权威发布渠道，应强化其真实、准确、权威、可信的属性，凸显其对新闻深度解读的功能，成为民众信息确认的渠道。

第四，加强实证研究。《新闻联播》作为新闻信息的传播者，要达到预期的传播效果就需要得到受众的认可。因此，应通过实际调研，了解观众的接受习惯，并据此调节主播播报的速度和节奏，使信息传递不仅走过人的耳朵，更能走进人的大脑，提高栏目的社会影响力。

第五，借助网络及电台力量，扩大传播面。在融媒体环境中，《新闻联播》要扩大对受众的影响，除了采取传统的电视播出方式外，还应借助其他传播媒介的力量，如通过网络传播，吸引网民关注；通过电台传播，锁定开车族等，通过各种媒介的综合利用，将传播的触角伸得更深更远。

参考文献

1. 常江：《〈新闻联播〉简史：中国电视新闻与政治的交互影响（1978—2013）》，

《国际新闻界》2014年第5期。

2. 常江、杨奇光：《国家叙事中的世界图景——基于对2014年〈新闻联播〉“国际联播快讯”的内容分析》，《新闻记者》2015年第3期。

3. 程嘉钧：《从话语理论看清明节期间〈新闻联播〉报道（2009—2013）》，《东南传播》2014年第2期。

4. 黄匡宇：《当代电视新闻学》，复旦大学出版社2010年版。

5. 李晓婷、朱晓佳：《2013年〈新闻联播〉改版文本分析》，《南方周末》2013年1月25日。

6. 林丽虹：《电视新闻节目中的动画字幕运用——以央视〈新闻联播〉为例》，《东南传播》2016年第8期。

7. 刘习良主编：《中国电视史》，中国广播电视出版社2007年版。

8. 欧阳夏丹：《从〈新闻联播〉的创新谈播音的二度创作》，《电视研究》2015年第1期。

9. 王彬等：《基于标注语料库的〈新闻联播〉语言特征统计分析》，第三届学生计算语言学研讨会，2006年。

10. 许家彪：《国家声音与政治景观：〈新闻联播〉的结构和政治功能分析》，《现代传播》2009年第6期。

11. 杨伟光主编：《中央电视台发展史》，北京出版社1998年版。

12. 姚喜双：《播音主持概论》，高等教育出版社2012年版。

13. 岳淼：《中国电视新闻节目发展史研究》，厦门大学出版社2009年版。

14. 张颂：《播音主持艺术论》，中国传媒大学出版社2009年版。

15. 赵玉明：《中国广播电视通史》，中国传媒大学出版社2006年版。

16. 朱天、唐婵：《典型人物形象的媒介呈现与意义建构——对央视〈新闻联播〉2015年度“典型人物报道”框架的观察分析》，《电视研究》2016年第12期。

改革开放40年我国电视新闻现场报道变迁研究

中国传媒大学播音主持艺术学院　谈华伟

摘　要： 1978年12月召开的党的十一届三中全会做出了改革开放的重大决策，标志着我国进入社会主义新时期，也标志着我国电视传媒事业进入新的历史发展阶段。改革开放以来，我国政治、社会、文化各个领域得到繁荣发展，在这样的历史背景之下，传媒技术快速发展，电视新闻现场报道逐渐常态化。改革开放后，我国电视新闻工作者对国内外一列重大事件进行了现场报道，经过重大事件直播报道实践的历练和经验积累，从传播技术到传播理念，从传播内容到传播形态，中国电视新闻现场报道日趋成熟，并形成自己的风格。

关键词： 改革开放；电视新闻；现场报道；变迁

一、电视新闻现场报道概述

现场报道是“电视报道者置身于新闻现场，面对摄像机，以采访者、目击者和参与者的身份向观众描述新闻现场、叙述新闻事实、点评新闻事件，并同时伴以图像报道的一种报道形式，现场报道分为录像式现场报道和直播型现场报道”[①]。按照新闻事件的类型，现场报道大致分为预见性现场报道、突发性现场报道以及日常性现场报道三类。预见性现场报道，报道者可以提前预知新闻的大致走向，并且事先可以做大量的准备工作，通过现场报道的方式，对事件发生的全过程予以报道，使新闻媒体报道与事件发展同步，这类现场报道多用于庆典、仪式、会议等活动。例如，奥运会开幕式、香港回归、长江三峡大江截流等。这些活动由于举行的时间和地点已经提前确定，报道内容是可预测的。经过多年实践，我国电视新闻媒体在可预见性报道方面形成了一套成熟的机制。突发事件现场报道可以分为社会性突发事件和自然性突发事件。突发事件往往具有不可预见性，作为出镜记者，在这类现场报道中往往缺乏准备时间，因而增加了现场报道的难度。如2008年的汶川地震、2013年雅安地震、2015年天津港爆炸事故等。在面对突发事件时，报道者要快速反应，凭借敏锐的发现能力，充分挖掘新闻现场的细节，用准确、生动的语言对新闻事件进行立体化传播。日常性现场报道

① 宋晓阳：《出镜记者现场报道指南》，中国广播影视出版社2008年版，第30页。

的表现形式是，在出镜记者做出简短的新闻导语之后，接着是事先拍摄完成的录像报道，在这类现场报道中，出镜记者出现在新闻现场的形式远远大于新闻信息传达的实质内容。

电视新闻现场报道具有即时性、现场性、不可预见性等特点。现场报道使观众目睹和感受新闻事件正在发生的过程，实现观众信息接收与事件发生同步，有效减少了信息在传播过程中的损耗，把新闻的客观真实性提高到了新的高度，在很大程度上排除了歪曲和干预事件发展的可能性。电视现场报道通过声画兼备、场景直观等优势，以强烈的现场感使受众“身临其境”，弥补了观众无法亲身介入的不足，观众坐在电视机前就可以真切感受事件的全过程。另外，在现场报道中，出镜记者与观众对新闻事件掌握的信息是同等的，对于新闻事件的走向，出镜记者也无法预料。

二、我国电视新闻现场报道的发展历程

在实行改革开放的40年中，我国电视新闻现场报道与时代同步发展，记录了我国走向文明富强的历史脚步，它既是信息技术发展的产物，也是社会进步的结果。改革开放40年，我国电视新闻现场报道从孕育准备到快速发展，从直播常态化到创新融合发展，这是一个积累经验不断成长的过程。总体而言，我国电视新闻现场报道大致经历了以下四个阶段：

（一）孕育准备时期（1978—1992）

受当时政治环境的影响，我国早期的电视直播报道大多数是以体育竞赛、文艺晚会的实况转播为主，这类直播活动总体影响有限。1978年中央电视台《新闻联播》正式开播，同年底，党的十一届三中全会召开，改革开放给中国社会注入了新的生机与活力，也开启了我国电视新闻的探索之路。随着外部舆论环境的逐步改善、新闻观念的进步以及电视媒介技术的创新发展，越来越多的直播形态出现在电视新闻报道中。例如1985年，中央电视台对第六届人大第三次会议开幕式进行了现场直播，观众可以通过收看电视，实时了解开幕式盛况。1988年以后，中央电视台持续对重大政治事件如党代会、“两会”等进行现场直播报道，这一形式延续至今。1988年4月，七届人大一次会议召开，中央电视台除了对会议过程采用直播的形式外，对会场之外的中外记者招待会也进行了直播。

随着改革开放的全面展开，我国的电视工作者不断尝试与创新，报道重大的党务政务活动，进一步增强了民众参政议政的意愿，提升了电视媒体在政治宣传方面的地位。这一时期的电视新闻报道开始使用录像报道、现场采访以及实况直播等独具电视特色的形式，电视新闻节目在采编、传输、播出等技术方面的进步为现场报道创造了条件。这个时期的电视现场报道，是从体育竞赛、文艺晚会领域向新闻报道领域拓展，涉及的题材多为大型政治会议，出于政治安全的考虑，报道者基本上只是一个记录者

的角色，对新闻事件缺乏主动传播和介入，鲜有媒体的观点和倾向，这种“直播”和真正的现场报道还有一定的差距。

（二）快速成长时期（1992—2003）

1992年，邓小平“南方讲话”深刻总结了改革开放的经验教训，对我国社会经济改革起到了关键性推动作用，标志着中国改革进入新的阶段，广播电视系统也随之进入快速发展的新时期。在这种历史背景下，我国电视媒体为了适应形势、满足观众需要而进行了深入改革。进入20世纪90年代，在大型政治会议、体育赛事以及文艺演出等领域，电视直播有了越来越成熟的应用。这一时期的电视新闻节目形式由单一走向多样化，报道内容不断拓展，表现形式更加丰富，直播内涵也更加深刻。电视报道者由被动操作转向主动控制，形式上由单一的记录实况向多样化、立体化的现场报道转变，增强了信息的时效性和现场感。经历了大量的重大事件直播报道的历练，此时期我国电视现场报道在技术、内容、人才等方面都实现了重大突破，涌现出了一批业务能力突出的出镜报道记者，积累了一定的新闻直播经验，将现场报道的形式有效地融入日常电视栏目中，为今后新闻直播常态化做好了准备。但是，这一阶段的重大事件报道，内容上多半是充分准备的可预见性报道，报道者能够驾驭播出内容，计划性和可控性都很强，而面对重大突发事件时，我国电视现场报道的经验还十分欠缺。

（三）直播常态化时期（2003—2016）

进入21世纪以后，中国加入世界贸易组织，日益成为世界市场经济和多边贸易化体系的一部分，对外开放政策由过去的政府主导型，转变为市场主导型。2003年3月28日，中共中央政治局要求新闻报道实现“三贴近”——贴近实际、贴近群众、贴近生活。在“三贴近”原则的指导下，我国电视新闻节目进行了一系列卓有成效的改革。电视新闻开始更多关注观众的声音，受众的地位得到提升，受众的参与性与主动性得以激发，为了满足观众的期待，电视现场报道逐渐成为电视传播的常态模式。

从2003年对伊拉克战争的现场报道到2008年“5·12”汶川大地震的直播报道，再到2015年天津港爆炸事故直播报道，我国电视现场报道经历了一次又一次突发事件的经验积累，报道水平得到了重大提升，从可预测性现场报道向突发事件现场报道迈出了坚实的步伐。电视新闻现场报道为观众带来了最迅捷最权威的信息，大大缩短了观众知晓新闻信息与新闻事件发生的时间距离。这一时期我国电视现场报道在播出量上不断增加，直播领域也越来越广泛，从文化体育、经济生活到时事政治等，报道的内容涉及社会生活的方方面面，电视现场报道已经成为时代最迅速直接的记录者，新闻直播节目正在朝着常规化、小型化和日常化的方向发展。

（四）融媒体发展时期（2016年至今）

2016年2月，习近平总书记在党的新闻舆论工作座谈会上强调，要"推动融合发展，主动借助新媒体传播优势"[①]。随着移动互联网的日趋成熟，移动资讯直播能够为用户提供更具时效性、互动性更强的信息，相比电视直播而言，其准入门槛更低，因此迅速获得广大用户的青睐。2016年，移动资讯直播迎来了爆发式的增长，以手机移动客户端为主的新媒体逐渐发展起来，改变了用户接收信息的习惯，重新构建了信息传播模式。2015年网络视频直播开始真正进入公众视野，2016年被行业公认为中国网络视频直播元年。

移动互联网时代，"传播者通过直播应用，实时制作并同步播出多媒体格式的声像和影像，为用户提供全方位、身临其境的资讯视听体验，使用户可以在移动终端设备上随时观看现场直播，这种新的传播形态可以称为移动资讯直播"。[②]与传统电视直播不同，移动资讯直播能够在视频之外增加更多信息形式，辅助VR虚拟现场、H5、弹幕等技术功能，具有表现形式丰富、现场感、互动性、实时性强等优势。2016年网络视频直播井喷式爆发，受到用户需求驱使，视频直播逐渐从全民秀场扩散到全社会，成为各个行业的辅助标配，新闻资讯领域也不例外。2017年2月19日，央视新闻移动网正式发布上线，在移动直播的基础上进一步实现多屏幕联动，及时与用户互动分享，开发社交化功能，使央视新闻获得更具权威性的媒体地位、更强大的舆论引导力和更广阔的发展空间，标志着我国国家级电视媒体与新媒体的融合发展上了一个新台阶。例如，在春节联欢晚会、APEC会议、庆祝中国人民解放军建军90周年阅兵等重大新闻事件和时间节点，"央视新闻移动网"进行了长时间、不间断的移动直播报道，突出了记者的现场体验，增强了受众的现场感和互动性，大型直播观看人数超千万。

在媒介融合的背景下，移动资讯直播得以快速发展，相比于电视直播，其更强的时效性、更强的参与感、身临其境的现场感、更广阔的时空性，满足了受众日益增长的信息需求。然而移动资讯直播由于前后方信号传输主要依靠4G或WiFi网络，高清画面的传输需要占据大量的带宽，因此在一些信号不佳的地方做移动直播，可能会出现直播信号中断等故障，影响画面的流畅性和清晰度，这会给用户的观看体验带来影响。移动资讯直播利用手机直播增强了时效性，但是依靠手机一镜到底的方式很难像电视一样从不同景别和角度拍摄，长时间拍摄可能会导致冗余信息的出现，影响受众的观看体验。除了硬件设备的影响外，在小屏资讯直播时代，新的专业标准还没有形成，目前真正的领军人物、品牌栏目以及有广泛影响力的产品都十分稀缺。移动资讯直播与电视新闻直播传播方式有区别，电视直播更多体现了新闻功能，而移动直播偏重于娱乐功能，可以说是电视信息的补充。一些出镜记者由于缺乏网络素养，在移动直播

① 熊莉军、谭波、刘立成：《融媒体时代基层气象宣传的时度效》，《新闻研究导刊》2018第6期。
② 董佳欢：《媒介融合环境移动直播对传统新闻业的影响》，《新闻传播》2018年第1期。

中以传统媒体的标准挑选信息，不能及时发现网络用户的心理期待，导致用户的兴趣较低。另外，移动资讯直播由于时长普遍长于电视直播，这与传统电视新闻在短时间内将信息集中呈现给观众的方式不同，导致在不少网络直播中出现长时间冷场、缺乏有效信息、不断重复介绍的尴尬场面。

在当今媒介融合时代，移动资讯直播不仅改变了传统的电视新闻输出方式，还引起了整个媒介格局的变革，这对于电视媒体转型来说是一个新的契机。在未来，随着人工智能技术的深入发展，直播形态也会越来越丰富，传统电视媒体应该发挥自身专业内容生产者的优势，拥抱新技术，把专业化的内容向互联网平台渗透、延伸，并尝试更多地展现在传统的电视框架中难以表现的内容，才能在激烈的竞争中占据一席之地。

三、我国电视新闻现场报道的发展趋势

（一）现场报道的常态化

随着移动互联网技术的快速发展，新兴媒体对传统媒体造成了巨大冲击，电视新闻必须将现场报道常态化，将自身优势充分发挥。现场报道常态化是电视新闻直播努力的方向之一，在媒体竞争日趋激烈的今天，能够在重大社会事件和突发事件的“第一时间”进行现场报道就能赢取受众的关注。现场报道常态化能够大大提高新闻的时效性，在信息社会，赢得了时间就抢夺了先机，现场报道是电视媒体获取受众青睐、抢占媒体市场的有效方法。电视新闻现场报道常态化主要表现在：

1. 报道领域宽泛化

近些年来，电视新闻现场报道领域不断拓展，但是就达成常规化目标而言，还需要通过主动挖掘适合直播的题材和事件寻求突破。关系到国计民生的大事当然可以直播，事关寻常百姓的小事也未尝不可以成为直播的选题，从而使电视媒体更好地实现服务百姓的功能。

2. 技术装备轻便化

现场报道常态化的实现离不开技术上的支持。目前，我国电视新闻现场报道以卫星新闻采访车作为主要技术手段，卫星直播的信号稳定、画面质量好，但是由于成本高昂，操作复杂，在一般性的突发新闻中使用卫星直播车显得有点浪费。随着移动通信技术的发展，移动数据包直播（将信号发射设备放在一个背包里，方便携带）普及开来。虽然与卫星直播相比，移动数据包直播信号不太稳定，但是其携带方便，操作简单，在常规新闻中经常用到，大大增强了新闻报道的灵活性，减轻了记者外出采访的负担，例如天气、交通状况等报道，均可以使用移动数据包。未来移动数据包的运用将更加广泛，随着智能手机的快速普及，记者输出新闻的方式也更加灵活多样。

3. 机制保障常规化

电视新闻现场报道要实现常态化，良好的运行机制保障也是必不可少的。越来越多的电视台开始着力打造专业的直播团队，直播小组既要策划和组织独立的选题，也要满足日常节目中的直播需要。新闻媒体可以建立记者网，遇到重大突发事件，总部能够调动最近的记者赶赴现场。另外，新闻媒体还可以通过与交警、消防等新闻“富矿区”展开合作，及时发现新闻线索，第一时间进行现场报道。

（二）报道渠道融合化

移动互联网时代，大多数用户通过手机等移动设备上网来获取信息，如何顺应时代变化，实现传统媒体转型升级，是我国传统媒体要思考的现实问题。电视现场报道是单向传播，缺乏新媒体的交互性，难以满足新媒体环境下媒体与用户之间交流的需要，而网络直播尤其是移动资讯直播，可以深度连接用户，并为用户实时提供信息交流的平台。为此，不少传统媒体都已经着手对移动端布局。依托移动互联网技术的发展，电视媒体通过微博、微信、新闻客户端与受众互动，实现互利共赢。例如，在深度融合过程中，央视新闻移动网重点打造移动端app，让用户能够随时随地获取新闻资讯，央视新闻移动网将新闻视频与现场报道这两种形式结合起来，重点打造视频直播即“正直播”的理念。由此可以看出“央视新闻”在移动互联网时代对信息传播时效性的追求，这是电视媒体通过直播的方式抢占移动端用户资源的一次有益尝试。①

（三）报道手段多样化

技术变革对新闻生产的影响是巨大的，随着大数据、传感器、虚拟现实等技术的出现，现场报道呈现的方式也在发生变化，运用新技术，可以有效地丰富现场报道手段，提升报道的效果。新闻现场是新闻报道的主战场，电视现场报道可以尝试新技术，增强观众的体验感。例如2016年4月，央视网进行了名为“直播合武高铁穿越大别山”的活动，在直播过程中，为了给观众展现更宏大的视角，沿途使用了无人机拍摄。为了将抽象信息视觉化地呈现出来，央视网还借助计算机动画技术制作了特效，使报道形式更加多元。再比如2017年9月，央视联合浙江卫视播出《还看今朝·浙江篇》特别节目，为了展现浙江经济、社会、文化等领域的发展变化，央视记者在《“数”说浙江 体验浙江成就》这期节目中，将现场生活场景与虚拟现实结合起来，从礼让斑马线说到文明习惯，从免费游览西湖说到城市旅游经济发展，从绿水青山说到脱贫致富，从办事效率说到便民工程，抽象的数据变得生动具体，这样的数字视觉化表现手法，丰富了新闻信息，为受众提供了不一样的视觉感受。

① 韩海燕：《新闻+直播：广电媒体融合发展新标杆——以央视新闻移动网为例》，《传媒》2017年第5期。

（四）报道队伍专业化

出镜记者是电视新闻现场直播的灵魂人物，随着媒体竞争的日益加剧，新闻节目分工进一步细化，出镜记者专业化是电视新闻报道发展的必然要求，有些电视媒体缺乏专业的现场报道人才，这会直接影响其现代化发展进程。随着媒介环境的变化，移动资讯直播成为当今主流媒体竞争的主战场，而当下直播的专业化程度不够，缺少高品质的内容，作为出镜记者如何实现语态转换、与观众建立起有效联结，成为传统媒体需要思考的问题。专业的出镜记者需要牢固树立“把关人”意识，牢牢地把握话语权，引导舆论的方向。除了熟练掌握新闻业务技能外，出镜记者还需要广泛涉猎政治、经济、文化等不同领域的知识，知识储备的广度、深度、厚度，会直接影响出镜记者对新闻事件的判断及报道的视野。另外，专业出镜记者要有高水准的语言素质。电视新闻现场报道的有力武器就是“有声语言”，以往以新闻画面为载体的有声语言传递模式，被越来越多地以新闻现场为载体的有声语言传递模式所替代。优秀的出镜记者不仅能够第一时间将信息完整地传递给受众，更能全方位、多层次、多角度地为观众提供准确真实的新闻信息，满足受众的信息需求。专业的出镜记者还应该具备合作意识和随机应变能力。

四、对我国电视新闻现场报道的回顾与展望

从1978年党的十一届三中全会以来，作为重大新闻事件报道的主要方式，电视新闻现场报道经过40年的发展，逐步从稚嫩走向成熟，一代又一代中国电视人辛勤探索着中国特色的电视新闻现场报道之路。尽管在发展过程中面临着许多问题，但多次大型新闻事件直播所积累的经验，已经为未来我国新闻业的改革、发展和创新提供了坚实的实践基础和理论储备。

改革开放以来，我国舆论政策进一步开放，电视新闻队伍不断朝着专业化方向发展，电视新闻报道的形式和内容不断完善和丰富，现场报道逐渐常态化，报道领域宽泛化，技术装备轻便化，机制保障常规化。在移动资讯直播时代，直播技术日益高新，与新媒体的结合也越来越紧密；直播呈现的方式也在发生变化，直播手段越来越丰富，从而提升了直播的效果。随着传播技术的不断变革，在受众移动化和传媒移动化的双向互动作用下，我国的传媒业态正经历着深刻的变化，传统电视媒介的传播模式在悄然改变。我国电视新闻现场报道尽管在很大范围和层面进行了有益尝试，但仍然有不少问题亟待解决，如假直播、报道者现场意识和细节意识不足、直播语言不够规范以及如何实现与新兴媒体融合等问题。如果各电视媒体不正视问题，不仅很难在竞争中取得优势，而且很有可能被新兴媒体挤占舆论高地，失去主动权。从发展趋势来看，新时代对我国电视新闻现场报道提出了新的要求，面对新兴媒体的竞争，电视新闻现场报道必须适应时代变革，勇于面对各种新的挑战。

（一）强化新闻首发意识，回归新闻本源

随着新媒体技术的不断发展，受众获取信息的渠道更加便捷和多元，每个个体既是信息的接收者，也是信息的发布者。毫无疑问，相较于电视媒体，新媒体在信息传播速度和数量上占有明显优势，但是由于海量信息缺乏审核，信息来源鱼龙混杂。电视新闻现场报道能够及时对新闻事件做出反应，将真实可信的信息展示给观众，由此成为电视媒体展示自身实力和水平的重要窗口，也成为电视媒体同其他媒体竞争的重要武器，更是新媒体时代提高新闻可信度的有效方式。

（二）创新报道形式，适应媒介新生态

新兴媒体相比于电视媒体，具有参与感、现场感强的特性，能够满足受众日益增长的信息需求。为了适应传播方式的转变，电视新闻出镜记者要树立互联网思维，要注意与传统的新闻采访相区分。首先，在报道中要转变表达语态，既要把有效信息传达给受众，又要使用接地气的表达方式。其次，要强化与受众的互动交流，以平等的姿态审视和报道新闻。特别是在互联网直播的过程中，记者要学会一心多用，既要处理与镜头的互动，也要与被采访对象进行互动。

（三）加强多方合作，拓宽内容渠道

面对新兴媒体迅速崛起的汹涌之势，电视媒体可以与其展开合作，将新兴媒体作为实时信息的供给渠道，扩大传播范围和影响力，充分发挥电视媒体自身的信息资源优势。电视媒体除了与新兴媒体展开合作之外，还要寻求与其他传统媒体的合作，实现资源共享，丰富传播内容，实现融合发展。

总之，电视媒体必须要以宏观视角思考电视新闻现场报道的发展战略，整合优势资源，转变传播理念，谋求发展之路。要根据自身实际情况合理布局，确立并发挥电视现场报道的优势，提高电视媒体的竞争力、打造媒体品牌，勇立潮头，迎接新的机遇与挑战。

改革开放 40 年中国纪录片解说的发展演变

浙江传媒学院 韩 梅

摘 要： 改革开放40年，中国纪录片的美学思想由政治美学走向政治美学、纪实美学和文艺美学相结合的多元化发展之路。在全球化传播的语境中，接受美学成为构建新的纪录片解说体系的重要美学主张。

关键词： 纪录片解说；改革开放40年；美学转型

1978 年底，党的第十一届三中全会召开，标志着中国开始了改革开放新的征程。40年来，古老的中华大地发生了翻天覆地的变化。这种变化，在纪录片的发展中体现为思想观念的迅速更新。虽然纪录片美学的发展经历了几度沉浮，然而，回顾它的发展轨迹，我们可以清晰地看到它追求创新、包容广博、走向世界的决心与信念。对它的描述，与时代的政治、社会、文化等变迁无法分割，纪录片解说成为时代的言说和阐释，成为研究一个时代人文风貌的重要视角。

一、纪录片解说是对时代的言说与阐释

从解释学的角度来看，纪录片解说是一个庞大而直白的解释系统，它不像其他艺术将解释掩映于似是而非的审美表达中，将解释权最终交给接受者，纪录片解说是强势而主动的，解释权牢牢把握在解释者的手中，控制和引导着受众的接受心理。

镂金错彩的解说也罢，芙蓉出水的解说也罢，不过是作者引导受众思想的手段而已。从某种程度来讲，画面是客观的，哪怕是摆拍出来的画面也是真实呈现于观众眼前的纪实。解说对于图像文本的阐释则与政治、经济、文化等密切相关，同样的图像文本在不同的解释框架下呈现出不同的内涵。如德国纳粹艺术家莱尼・里芬斯塔尔用镜头记录了1934年希特勒在纽伦堡召开德国国家社会主义工人党代表大会的“盛况”，以字幕和带有政治鼓动性的交响乐进行阐释，把希特勒美化成了德国的“救星”，这在“二战”时期对德国民众具有强烈的煽动性，产生了极强的法西斯教化作用；而在战后几乎所有有关“二战”的纪录片都用到了里芬斯塔尔拍摄的画面，这些画面以不同的方式阐释，得出了不同的结论，产生了完全相反的效果。“文革”中的很多纪录电影的解说带有大批判的色彩，高亢刺耳，当下很多纪录片中出现同样的影像文本，但以客

观的视角重新解读则带给观众完全不同的感受。由此观之，影像文本经过解说这一工序，可能是被还原、演绎，也可能是被曲解和利用。庞大的解释体系服务于纪录片的功能，正如李咏吟教授在《创作解释学》中所说的，“解释是确定的，故解释是还原，是呈现事实，是回到日常经验；解释亦是不确定的，故解释是想象、是创造，是超验之思”①。

从我国纪录片发展的历程来看，解说建构的关键在于选题、画面、解说词和解说创作（声音呈现）四个方面，而其内生动力则与政治、科技、文化、市场等社会因素息息相关。事实上，从20世纪40年代至当下的纪录片解说的创作过程中，可以窥见一条完整的发展脉络，从这一脉络中可以看到纪录片如何承担其政治功能、文化功能与艺术功能。

二、中国纪录片解说从一元化到多元化的美学转型

1978年中央电视台《新闻联播》开播，我国影像新闻走向专业化，新闻纪录电影时代宣告结束，电视专题片的时代到来，同时开启了中国纪录片的美学转型。

（一）中国纪录片解说从政治美学到政治美学与纪实美学并存

早在“二战”时期，纪录片与政治就结下了不解之缘，莱尼·里芬斯塔尔导演的纪录片《意志的胜利》是纳粹政治美学指导下的具有代表性的典型作品，英国格里尔逊的纪录电影运动所建立的电影模式，苏联卢那察尔斯基《列宁关于电影问题的谈话》中提出的“要摄制浸透着共产主义思想，反映苏维埃现实的影片，必须从新闻纪录片开始”，②都提示我们对纪录片政治美学研究的必要性。中国纪录片解说美学思想同样起步于政治美学。改革开放以来，中国纪录片美学思想由政治美学走向美学的多元化，首先就表现在从政治美学到政治美学与纪实美学并存。

纪录片最重要的意义在于它对这个世界的记录。关于纪录片的内涵与外延，国内外学界有着不同的阐释。较有权威性的定义是：纪录片是具有文献资料性质的、以文献资料为基础制作的影片③。目前我国有几种较有影响的纪录片定义，如“纪录片是以真实生活为创作素材，以真人真事为表现对象，并对其进行艺术的加工与展现的，以展现真实为本质，并用真实引发人们思考的电影或电视艺术形式”，“通过非虚构的艺术手法，直接从现实生活中获取图像和音像素材，真实地表现客观事物以及作者对一事物的认识与评价的纪实性电视片”④；“以影像媒介的纪实方式，在多视野的文化价值坐标中寻求立足点，对社会环境、自然环境与人的生存关系进行观察和描述，以实现

① 李咏吟：《创作解释学》，浙江大学出版社2012年版，第2页。

② ［苏联］卢那察尔斯基：《列宁关于电影问题的谈话》，《电影艺术译丛》1978年版。

③ ［法］拉法艾尔·巴桑等：《纪录电影的起源及演变》，《世界电影》1995年第1期。

④ 钟大年：《纪录片创作论纲》，北京广播学院出版社1997年版，第33页。

对人的生存意义的探寻和关怀的文体形式"[1]。这些纪录片的定义虽然有所不同，但都强调了纪录片的记录功能和纪实性。纪录片的文献资料属性源于人类自"结绳记事"以来代代相传的记录基因，甚至可以说记录生活是人类具有遗传性的文化基因，已经成为人类本能的一部分。20世纪摄影技术的发展，只是技术手段的进步，改变了记录的方式而已，其所留存的人类记忆与一万年前的岩画在本质上没有什么不同。岩画的祭祀功能、记录功能与审美功能与今天所探讨的纪录片的政治功能、记录功能和艺术功能是一脉相承的，这些功能中，最有意义的功能是记录。事实上，纪录片纪实美学性质很早就受到了研究者的重视。对我国的纪实美学发展产生深刻影响的是安德烈·巴赞的电影影像本体论，巴赞被称为法国新浪潮电影的理论旗手，推动了世界电影三大流派之一的现实主义电影的发展。纪实性美学强调电影的照相本性和记录功能，它的特点是"以忠实的、客观的态度摄录生活，保持生活客体的完整性，力求逼真地再现生活的本来面貌，揭示生活本身的'多义性'，发掘生活自身蕴含的诗情和哲理"[2]。在这一美学思想的影响下，20世纪五六十年代，现实题材影片在整个影坛占据相当比重。此外，由于新闻纪录影片所担负的政治功能，以蒙太奇组接镜头段落，作为新闻纪录影片的视觉语言表达方式，在中国开始盛行。

有学者认为，中国纪录片纪实美学确立是在20世纪90年代。[3]1991 年是我国纪录片意义非凡的一年，康健宁与高国栋的《沙与海》获第 28 届亚洲广播电视联盟大奖，王海兵的《藏北人家》获四川国际电视节金熊猫大奖，这是我国走向世界最早的纪录片，它们与《望长城》一起确立了我国纪录片的地位，标志着纪录片解说纪实美学风格的形成。纪录片《望长城》通篇没有解说；《沙与海》的解说娓娓道来，亲近如邻居，讲述似拉家常。当今，正是这种听起来像邻居来串门、聊天拉家常的解说方式被认为是纪录片解说的正宗。回顾90年代初至今，纪录片解说趋向于还原影像内容，再现真实。

（二）中国纪录片解说的政治美学与文艺美学相融合从而追求政治文艺之美

中国政治美学的建构离不开中国的政治文化传统。在古代中国，自周公制礼作乐至清王朝八股取士，文学艺术向来是国家政治体制的组成部分，正如刘成纪所言："它与主流政治合作乃至主导主流政治的侧面，要远远大于疏离、叛逆的侧面。""说中国文学是一种制度性文学、中国艺术是一种制度性艺术，与此密切相关的美学是一种既被制度规划同时又为现实政治提供理想指引的学科，诚不为过。"[4]中国纪录片解说当然也没有脱离政治美学这一框架，长期以来其政治美学色彩与政治功能是相互呼应的。

---

① 吕新雨：《中国纪录片：观念与价值》，《现代传播》1997第6期。

② 周文等：《纪实美学纪录片二十年 ：辉煌、失落与未来》，《当代电影》2014年第9期。

③ 周文等：《纪实美学纪录片二十年 ：辉煌、失落与未来》，《当代电影》2014年第9期。

④ 刘成纪：《中国美学与传统国家政治》，《文学遗产》2016年第5期。

《沙与海》所代表的纪录片解说纪实风格只是中国纪录片解说发展的一个方面。另一部在20世纪90年代具有重要影响力，在形式上却似是而非的纪录片是刘郎所创作的电视艺术片《西藏的诱惑》。《西藏的诱惑》的解说极具特色与感染力，其解说词将电视片的抒情渲染推向了极致。这部电视片抒发了作者对西藏的高天大地、浑朴动人的自然风光的热爱，也将西藏带给作者的人生感悟以诗意的语言和画面传递出来，方明和林如的解说与片中的自然风光一样深情细腻。这部电视片时而气势磅礴，时而明快纯净，时而情真意切，时而古朴苍劲，引领观众进入唯美的境界。我们暂不去讨论这部电视片是否是真正的纪录片，将之放到中国纪录片发展的历程中加以考察，我们会发现，《西藏的诱惑》对我国纪录片产生了重要的影响。在很长一段时间内，刘郎式的抒情语体甚至成为电视片解说撰稿竞相模仿的范本，如《骏马追风》《泼墨黄山》《大金湖》等一批现在我们将之归类于人文风光纪录片的作品都或多或少受其影响。在这一类纪录片中，可以看到影像是如何被演绎的，也提示研究者从文艺美学的维度对纪录片解说进行深入研究的必要性。文艺美学要揭示纪录片解说作品、创作和接受这三个方面的审美特性和审美规律。纪录片解说独特的审美价值、功能和结构，它的艺术美与生活美之间的相互关系；解说创作作为审美创造活动的中间环节和运行历程以及艺术家如何通过审美理想的中介，按照美的规律创造出美的形象体系；纪录片解说如何被欣赏者所接受，如何激起受众的审美感受都是这一研究领域的重要课题。

三、全球化传播语境下中国纪录片解说的接受美学转型

我国形成了独特的纪录片文化，但将其置于世界的舞台，其所承担的政治功能、社会功能与艺术功能必然有所改变。回顾历史，我国纪录片美学思想的每一次转型都是源于与国际纪录片界的对话、交流所带来的思想碰撞。2000 年以后，我国纪录片在美学上呈现出多元化态势，“既有传统形象化政论、纪实美学，又有个性化、实验性风格，同时剧情化、工业化成为主流媒体的美学选择”①。我国纪录片的生产和国际化传播，一直是我国文化交流领域关注的重点，更是国家文化“走出去”工程的重要构成。国家领导人充分意识到纪录片在国际传播中的特殊功能，多次就相关工作发表重要谈话和批示，力促提高我国纪录片的制作水准和国际化传播能力。纪录片的发展成为我国国家整体文化战略的重要一环。

① 张同道:《中国纪录片30年的美学历程》,《电视研究》2009年第3期。

（一）创作主体的身份再认识

国外观众看到的中国纪录片，有很多都经过了“改编”和“包装”。12集纪录片《故宫》在国内赞誉度颇高，但是这一作品引进欧美市场之后，被剪成了只有两集，就连片名也换成了《解密紫禁城》。另外，原本为5集的《外滩》和《春晚》两部作品，输出海外后也分别被剪到只剩1集。国外电视机构还给《春晚》改了个名字：《透视春晚：中国最大的庆典》，明显多了几分探秘的味道。①由此可以看到在全球化传播的过程中，购买方拥有了画面的解释权，对中国的纪录片重新进行解说，这是对中国纪录片已有解释体系的质疑，也在某种程度上改变了中国纪录片的气质。这一改变对于我国“走出去”文化工程的推进是极为不利的。为了让中国的纪录片解说走向世界，我国纪录片创作者进行了解说创作主体的身份再认知。事实上，早在20世纪90年代，纪录片《神鹿啊，我们的神鹿》由主角达斡尔族画家柳芭自己担任解说，中央电视台《东方时空·生活空间》用记者解说等都是打破模式的有益尝试。

（二）与国际接轨的表达方式

近年来，我国纪录片创作者为建立与国际接轨的表达方式做出了大量的努力。国际上对于中国题材纪录片的需求相当大，但同时，外方的要求也比较多，而中国题材纪录片内容偏向单一，制作水平和整体策划水平达不到国际认可的标准，进而更显得片源匮乏。何苏六在《中国题材纪录片的国际化传播现状及发展策略》中言：“有受访单位提到，国际上一般不会接受完全由中方制作的纪录片原片，而多是采用中方拍摄的素材，外方自行处理后再进行传播。在一些未制作完成的纪录片推广项目中，外方一般会坚持外方制作人员参与到片子的核心创作中。原因是外方觉得中方独立制作的纪录片让外国人理解会有一定的难度。因此，中国题材纪录片在叙事策略上需要做调整。”②近年来，我国的纪录片解说已经逐渐脱离了程式化的语体与解说形态，表达方式上努力与国际接轨，取得了良好的效果。

（三）以接受美学角度走出一条“爱”与“美”的回归之路

习近平在2017年新年贺词中说：“我真诚希望，国际社会携起手来，秉持人类命运共同体的理念，把我们这个星球建设得更加和平、更加繁荣。”③对于人类未来的祝福与畅想是全球化思维的出发点，也是近年来纪录片全球化传播秉持的基本理念。回顾改革开放40年，中国纪录片一直在寻找个人、事件、社会、历史之间的故事，在故事主角、纪录片主题、社会发展主线之间凸显一种逻辑关系；在平凡人的梦想、社会事业

---

① 王国强：《中国纪录片海外市场渐走俏 走出去频遭“剪刀手”》，中国经济网2013年8月24日。

② 何苏六等：《中国题材纪录片的国际化传播现状及发展策略》，《中国广播电视学刊》2011年第5期。

③《习近平主席新年贺词（2014—2018）》，人民出版社2018年版，第17页。

规划设想、国家发展蓝图构想之间把握一种因果联系；在事件发展、人物命运、关系变化、困境叠加、行为选择中构筑一种情节关联。最重要的是，纪录片解说要关注人的命运，表达人性中的“爱”与“美”，构建基于人类命运共同认知的美学体系。在这个意义上，我国纪录片解说的美学思想正走在回家的路上。

网络主持发展探析

教育部语言文字应用研究所　李　桃

摘　要：本文以互联网与主持活动的融合程度为依据，将我国网络主持发展分为酝酿期、初始期、丰富期三个阶段。从播音主持创作的视角，在创作主体、创作依据、受众三要素的框架下梳理各时期网络主持的发展情况，总结网络主持发展特点：创作主体的主导性、专业化程度逐渐增强；创作依据的交互式传播与分众化理念贯穿始终；受众的主体地位显著提升，个体性与群体性博弈共存。分析网络主持的发展趋势：创作主体的交互意识增强，专业素养提高；创作依据的尺度开放，全面深入交互；受众的主体地位巩固，自律意识增强。

关键词：网络主持；发展；播音主持创作

引　言

2014年2月27日，中央网络安全和信息化领导小组第一次全体会议指出，要创新改进网上宣传，运用网络传播规律，弘扬主旋律，激发正能量，大力培育和践行社会主义核心价值观，把握好网上舆论引导的时、度、效，使网络空间清朗起来。2017年10月18日，习近平在十九大报告中强调，要加强互联网内容建设，营造清朗的网络空间。网络主持是网络舆论宣传的重要形式与直接窗口，通过对网络主持的发展历程进行梳理，总结发展特点，分析发展趋势，对于网络主持更好地运用网络传播规律、提高传播效率、传递正能量、助力营造清朗的网络空间具有重要意义。

近年来，许多学者对网络主持人的界定和角色定位、分类、特点、人才培养，以及某些网络节目的品牌特色进行研究，但还没有从播音主持创作视角对网络主持发展作出系统论述。

播音主持研究将播音主持创作分为三要素，即创作主体（播音员、节目主持人）、创作依据（节目、稿件、画面、音乐、音响）和受众（听众、观众）。网络主持作为播音主持的一个子集，本文将在创作主体（网络主持人）、创作依据（节目、稿件、图像、音乐、音响等）和受众（收听、收看网络节目的网友）三要素的框架下对各时期的网络主持发展进行研究。

一、网络主持发展历程

网络主持作为互联网时代“互联网+传统媒体主持”的直接产物，互联网与主持活动的融合程度与网络主持的发展息息相关，本文以此为参照将网络主持发展分为三个阶段：（1）酝酿期。此时期传统媒体通过网络投放节目，网络主持的创作主体本质上依旧是传统媒体主持人，节目内容主要是对广播电视节目的移植。不过网络传播技术的应用对网络主持产生了潜移默化的影响。（2）初始期。此时期出现了网站自制节目的网络主持、论坛与聊天室的网络主持，以及虚拟网络主持，他们在发掘互联网交互、虚拟、多维的传播特性，改善点对面的单向传受关系等方面做出了积极探索，网络主持产生了根本变化。（3）丰富期。多种类型的网络主持蓬勃发展，创作主体、创作依据、受众三要素更充分地融入了互联网血液，出现了一批与传统媒体节目截然不同、令人耳目一新的网络节目。下面就三个阶段网络主持发展的具体情况进行分析。

（一）酝酿期

酝酿期的网络主持是传统媒体主持的网络传播形式，传统媒体主持从荧屏被“搬运”到网络。此时期媒体产业改革逐步推进和深化，伴随着互联网在中国登陆，传统媒体纷纷“触网”，视听新媒体呼之欲出。虽然此时期传统媒体只是将母台内容移植到互联网，并没有充分考虑互联网的传播特性，但是网络传播技术的应用还是对主持活动产生了潜移默化的影响，为具有互联网基因的网络主持的产生奠定了基础。

1996年12月，中央电视台国际互联网站成立，同年12月15日，广州珠江经济广播电台开通网上实时广播。随后各大电台、电视台纷纷建立网络门户，各类音视频网站与日俱增。1998年更是被称为中国传统媒体的上网之年，北京电视台、上海电视台、东方电视台等多家电视台纷纷“触网”；中央人民广播电台的“中国广播网”和中国国际广播电台的“国际在线”也相继开通；截至该年12月，全国创建网站的电视台已经超过40家，部分电台、电视台实现了24小时网上实时播出。

受到互联网宽带资源、音视频压缩码技术、互联网传输技术等条件的制约，此时期传统媒体网站主要以文字和图片为主，音视频在线点播的效果并不尽如人意。同时，由于网络普及率有限、互动意识缺乏等原因，创作主体与受众在这一阶段借助网络平台增进互动的行为较少，互联网的传播优势未彻底激发。

（二）初始期

此时期网络主持产生了根本变化，进入实质性的实践阶段，出现了植根于互联网的主持活动。《国家“十一五”时期文化发展规划纲要》将“发展新兴传播媒体”提升到了国家战略高度，视听新媒体开始快速发展，各类视听新媒体业务相继产生，网络音视频传播方兴未艾。此时期出现了具有“互联网基因”的网络节目，即制作、主持、发行等各环节均以互联网思维为导向、切合互联网传播特点、符合互联网时代受众的收视习惯和观赏心理的节目。网络主持在发掘互联网交互、虚拟、多维的传播特性，改善点对面的单向传受关系等方面迈出了重要步伐。

1999年6月1日，中国第一家网络电视台——中国虹桥网成立，当晚播出青少年节目《一片新天地》，植根于互联网的网络主持由此出现。初始期论坛与聊天室网络主持是非常活跃的主力军，“强国论坛”“天涯社区”等大型网络虚拟社区都推出了网络节目。论坛与聊天室主持人的前身分别是论坛版主和聊天室管理员，二者最初的定位主要是维持健康的网络交流环境，后逐渐演变为网络版面主持人。除此之外，GoGirl、江灵儿等虚拟网络主持人的出现也十分亮眼。作为人类想象与现代计算机及相关技术的产物，虚拟网络主持人集合了人们在真实主持人身上无法实现的各种审美理想，是受众意志的体现。此时期新的传受方式使网络主持具备了新特点。

首先，主持人素质重心转变。相对于传统媒体主持人需要具备良好的声音条件、外貌形象、语言表达能力等素质而言，初始期的网络主持人在熟练运用多媒体、果断处理网上突发情况、妥善处置网络违规或过激行为、随时应对受众提问、顺畅沟通受众与嘉宾等方面的素质权重更大。这既与网络节目对主持人的职能需求有关，也与彼时网络媒体对人才的吸引力有限、较难吸引兼具较高主持专业素养和较强网络运用能力的综合型主持人才有关。

其次，节目交互性被开发。网络技术的不断成熟让创作依据由单纯的文字交流发展为音、视频与文字的多维度交流，打破了单一化互动的局限性；节目设置了大量环节让受众实时参与交流，错过直播的受众可以点击回放，并且通过留言板和聊天室参与互动；由于网络交流的低成本、超快捷等优势，激发了受众的交流欲望，网络节目的交互功能得以开发。

最后，受众开始掌握主动权。网络媒体改变了传统媒体单向、线性的传播方式，使受众主体性得到了实质性提升。一方面受众充分掌握了观看或收听的主动权，彻底改变了传统媒体“我什么时候播，你只能什么时候看”的状态；另一方面，节目交互性的增强使受众对节目的参与度明显提高，很多网络节目中受众生产内容成为节目的重要构成部分，受众的参与度和体验感伴随着多元化体验与交互的实现得到提升。

（三）丰富期

此时期网络主持迅速崛起，蓬勃发展。创作主体、创作依据、受众三要素更充分地融入了互联网血液，网络主持的数量、种类、质量都得到了极大的丰富与提升。进入新世纪以来，网络技术飞速前进，网络文化兴盛。伴随着视听新媒体被纳入国家文化和信息产业发展规划，以及“三网融合”步伐的加速，网络媒体发展势头迅猛。中国网络电视台等一批运营企业相继面世，商业音视频网站纷纷开始探索差异化发展道路。同时，“一剧两星”新政的实施，电视媒体收紧版权、实施网络“独播”等举措，也在刺激着音视频网站加快自制内容的开拓，大量资本涌入互联网自制内容建设。网络节目经历了从“小成本、粗制作”到“大投入、精制作”的迭代，网络主持的发展昂首走进了新的历史时期。

此时期网络主持注入了更多互联网活跃因子，出现了一批令人耳目一新的网络主持人节目。从2007年引起网友广泛关注的《大鹏嘚吧嘚》，到十年后的今天，中国主流视频网站在一年中上线上百档网络节目，网络主持已经覆盖了脱口秀、聊天室和网络版面主持、晚会类网络主持、网络访谈主持、网络播报主持等多种主持类型，节目内容涉及娱乐、新闻、财经、教育等社会生活的方方面面。2014年被业内认为是网络自制节目元年，共有上百个网络节目上线，有个别节目的制作精良程度甚至能与电视节目媲美。2016年，网络节目迎来“大时代”，许多节目完成了“视频网站先播，卫视跟播”的视频网站向电视台的反向输出，也有不少节目开始使用视频网站、电视台、制作公司三方联合出品的方式进行制作。2017年网络节目的质量和数量趋于稳定，“网络直播”取得较大发展。

在这种背景下，网络主持获得发展良机。《罗辑思维》《奇葩说》等网络脱口秀对UGC（用户生产内容）的节目制作方式进行了较深入的尝试；《你正常吗》《Hi歌》等大型网络节目制作费近亿元；小S主持的《姐姐好饿》、汪涵主持的《火星情报局》、李咏等主持的《偶像就该酱婶》、何炅等主持的《拜托了冰箱》、窦文涛主持的《圆桌派》、张绍刚主持的《吐槽大会》等许多网络节目都拥有优秀的内容制作团队，吸引了众多明星主持人参与；《十三亿分贝》《饭局的诱惑2》《跨界也疯狂》《美人尖叫秀》等节目登陆直播平台……网络节目在形式上不断创新。

此时期网络主持最突出的特点为“多元”：网络主持人身份多元，既有专业人士也有草根网友，既有网站管理员也可以是普通网友，主持人与受众可随时身份互换；创作依据风格多元，互联网的“众筹”理念带来了节目类型、节目定位、传播内容、目标受众的个性化与多元化；受众群体的构成多元，网络节目从年轻人的专属领域，扩展到了中年甚至老年群体，任何受众都可以得到不同程度的心理满足。具体说来，此时期网络主持主要具有以下特点。

首先，创作主体是节目灵魂。网络主持人既是引导舆论的“意见领袖”，亦为节目的把关人，与节目融为一体，节目风格即为主持人个人魅力的展现。他们跳出“意义化”和“符号化”的宏大叙事方式，用“接地气”的话语体系、叙述风格和表现形式，润物无声地传递价值观，依靠自身魅力吸引志同道合的受众。

其次，创作依据特征鲜明、个性突出，符合分众化传播需求。例如，《大鹏嘚吧嘚》的节目定位草根化，主持形式、动漫音响、节目板块等都围绕主持人的“屌丝”形象展开；《晓松奇谈》作为一档文化类脱口秀，演播背景、图片选取、言语风格都营造了“风流才子”戏说古今的文化氛围；《奇葩说》无论是话题设置、言语风格，还是舞台服饰都紧扣“奇葩”一词……灵活多样的创作依据，体现了互联网个性、自由、开放的传播特色，满足了受众的个体化、小众化需求。

最后，“众包”“众筹”理念促使受众主体地位显著提高。包括“众筹”在内的“维基”模式是网络思维的精髓所在。在很多网络节目中，受众对热点事件或现象的关注和讨论丰富了节目的信息来源、角度和素材，受众甚至可以成为节目的经济供养者，决定节目的去留。读书类脱口秀《罗辑思维》的主持人罗振宇就坦言，广大网友才是内容的提供者，他只是为大家设置了一个内容交流平台，汇天下英才为我用，充当一个集群众智慧于一身的知识“二传手”。同时，他开辟的“史上最无理的付费会员制”，创造了6小时销售5500个会员名额、瞬间入账160万元的纪录，使受众真正反客为主，开拓了以受众为经济支撑的自媒体运营之路。

二、网络主持的发展特点

（一）创作主体：主导性、专业化程度逐渐增强

1. 主导性是基本属性，且程度不断深化

节目主持人肩负着操作和把握节目进程、直接进行传播活动的职责，主导性是主持人自诞生之日起就具备的基本属性。互联网自由、个性的传播理念不断融入网络主持创作，网络主持人的主导性逐步加深。酝酿期网络主持人承担的职责较单一，大多只参与主持一个环节，是话筒荧屏前“出头露面”的播音员，甚至被误解为“背稿机器”，主导性有限。

初始期网络主持人在节目中往往具有多重身份，主导性扩大。主持人多由节目组的工作人员兼职，参与节目的制作过程，同时履行管理员和主持人的职责，甚至前者的比重更大，这一客观现实决定了网络主持人具备较强的自主性。

丰富期网络主持人化身节目灵魂，主导性获得全面提升。这一方面是由于人格驱动成为创新支点。互联网开放、自由的传播特点，给每个人提供了展示自我和传播个人思想的阵地，对人的个性解放起到了巨大作用，拓展了网络主持人主体性发展的张力。丰富期以主持人为魅力人格体聚引受众的创作模式流行，许多网络主持人成为节目的灵魂人物，是推动节目运作的人格核心。另一方面，新型媒介环境更需要主持人紧跟时代步伐。融媒体时代，新媒体利用技术、资金和体制机制上的优势，吸引了众多优秀的媒体人，客观上提升了网络主持人的行业水准，主持人的主观能动性提高。同时，受众对于主持人的期待越来越高，有思想、能创新、拥有鲜明个性特征的主持人才有望博得一席之地。

2. 专业内涵具有时代特征，专业素养总体呈上升之势

酝酿期的网络主持是传统媒体主持的网络传播形式，网络主持人的专业追求侧重于良好的声音、姣好的形象、生动的语言，而对于网络文化的了解和网络技术的运用鲜少涉及。初始期的网络主持植根于互联网环境，对于主持人的专业要求侧重于熟练

运用多媒体、善于维持网上交流秩序、果断处理突发状况、妥善处置违规行为等。此时的网络节目品质不高，通过制造边缘另类、解构权威、恶搞娱乐搏出位的情况时有出现，主持人的专业素质参差不齐。丰富期的网络主持基于互联网的大发展，高品质的网络主持人和节目出现。创作主体在满足了受众放松消遣等低级需求后，开始追求增加自我实现感等高级需求。身处于媒体融合的大背景中，网络主持人不仅逐渐掌握了互联网传播的特点及优势，还受到传统媒体主持人主持专业技能的熏陶，素质更加全面，专业化程度得到较大提升。

（二）创作依据：交互式传播与分众化理念贯穿始终

1. 交互性是网络主持的核心属性和始终如一的追求目标

互联网的出现改变了人们单向接收信息的模式，使传播行为参与者之间的互动大大增强。具备互联网基因的网络主持，以交互性为核心属性，主要体现在以下方面。

第一，交互方式的多元化。人机交互、跨屏互动等基于技术手段的交互方式拓展了交互空间，创作主体与受众之间的传播与反馈、受众与受众之间的分享互动拓宽了交互范围，移动网络、“三微一端”、APP等互动平台扩充了交互渠道。

第二，交互程度的深入。UGC的生产方式增加了交互深度。例如，弹幕作为UGC的典型代表，可以使用户在观看节目时产生互动。使用弹幕的受众将评论覆盖于视频内容之上，这一过程不只是简单地对视频节目进行修改或改进，而是生成了全新的内容和意义，提供了高互动性的参与感。又如，受众通过微博、微信等平台生产的大量评论，不仅可以激发网生代受众的自主性和参与度，这些评论通过二次传播还可以对节目的点击量产生巨大影响。这些高互动无缝对接的多样化用户体验，使不同属性的用户感受到差异化的交互形式，交互进一步深化。

2. 以分众化为代表的互联网思维不断深入

分众化传播理念是极具代表性的互联网思维，符合融媒体时代新型媒介环境对传播的要求，对网络主持创作依据的影响贯穿于网络主持整个发展过程。酝酿期网络主持虽然具备较多大众传播的特质，但是上传网络前将传统媒体节目再分类、依据受众喜好再编辑等二度创作，都体现了分众化传播思想。初始期基于社群组织建立的聊天室和论坛网络主持，通过话题预告吸引网友参与，形成一个有着共同诉求、共同兴趣的社区群，群中的“群交互”与大众传播的“众传播”形成鲜明对比，更直接地体现了分众化理念。丰富期在数据可视化的时代背景下，创作主体利用大数据技术进行用户行为特征、内容偏好的分析，更精准地进行节目定位、内容选择，以用户需求为核心，向分众化传播大步迈进。

（三）受众：主体地位显著提升，个体性与群体性博弈共存

1. 受众的主体地位不断提升

酝酿期的受众在节目中参与度有限，多以场内交流和热线电话等方式互动。初始期受众交流成本降低，可以较大程度参与节目话题讨论，其意见可以影响节目进程和走向，受众主体地位得到很大提升。丰富期受众的互动参与性从多个渠道得到加强，节目加入了弹幕、评论、献花、投票等更多及时反馈的深度网络互动方式；受众投票可以决定选题和嘉宾，甚至节目规则和流程；受众可以直接对节目进行内容和经济供养……受众的多元互动积极性被调动，多层次需求得到满足，“受众”已转变为名副其实的“用户”，主体性获得实质性提升。

2. 受众的个体性与群体性博弈共存

在互联网新技术的支持下，网络节目受众拥有了更多收视自主性和选择性，形成了受众收视行为的零散化和碎片化，也形成了受众个性化、定制化的观赏特点与需求，受众的个体性得到强化。网络主持人通过吸引众多志同道合的个体受众，将碎片化受众进行重聚，个体的个性化收视行为被转化为虚拟空间的群体行为。网络主持创作主体既要尊重受众个体的自我存在感，又要考虑受众群体的收视需求，受众的个体性与群体性博弈共存。

三、网络主持发展趋势

（一）创作主体交互意识增强，专业素养提高

1. 交互意识增强，主动联系受众

创作主体除了搭建平台为受众创造交互可能、提高受众的交互愿望与兴趣，还应该主动出击，到受众的“地盘”了解受众的心理与需求。例如，通过问卷调查、关注受众博客、收集用户反馈等方式，优化受众体验，形成“受众反馈—改进—再反馈—再改进”的节目产品迭代制作过程，从受众的角度提高完善节目质量。注重数据挖掘，充分利用大数据，用数据说话，通过分析海量的、有价值的数据，刻画完整、清晰的受众画像，这样个性化节目内容的生产和传播也就有了依据。

2. 规范意识提高，追求语言文字规范

新时代受众多屏、跨屏的媒介使用习惯，促使网络主持人的规范意识提高。随着三网融合的逐步完善，手机、iPad与电视等多屏设备的连接成为现实，多屏、跨屏的使用已成为当前人们媒介消费的潮流。多屏时代不仅形成了多种媒体“百家争鸣”的景象，也带来了受众的注意力与专注力的分散与减弱。曾经传统媒体“一家独大”，受众的注意力集中于对单一信息源的信息获取，所受干扰低。如今多屏互动“百家争鸣”，受众同时接收多个信息源散布的信息，为了保证信息传播效率不衰减，网络主持

人的语言规范与节目字幕规范显得尤为重要。

移动互联网时代的到来，亦促使网络主持人提升规范意识。据《第40次中国互联网络发展状况报告》显示，截至2017年6月，我国手机网民规模达7.24亿；网络直播用户共3.43亿，占网民总体的45.6%，“伴随”成为移动互联网时代受众对媒介的典型需求。移动终端把一切碎片时间都利用起来，等车时、地铁上、电梯里……人们会随时随地接收节目信息。然而在嘈杂的环境中，受众即使佩戴耳机也会受到周围环境声音的干扰，还有很多并不方便播放声音的场所，此时主持人声音的集中、吐字的清晰，以及规范清楚的字幕就显得至关重要。

面对新时代传播活动出现的新矛盾，标准、清晰、动听的语言，规范、清楚、美观的字幕，有利于吸引受众注意力，符合新时代受众多屏、跨屏，以及伴随性收听、收看的欣赏习惯。

3. 队伍水平提升，培育新型主持人才

《新闻出版业“十三五”科技发展规划总体思路》《关于推动传统媒体与新兴媒体融合发展的指导意见》等文件中强调，要“不断强化传媒人才队伍建设，制定媒体融合发展人才培养规划，支持传媒类单位与高校、科研机构和创新型企业联合开展媒介融合发展人才培养”。未来网络主持人的综合素养将通过“从业人员主动提升，组织内部驱动提升，破除边界互动提升，校企合作联动提升，新老业者传动提升”等方面得到加强，网络主持人将成为具备现代化互联网思维的新型主持人才。

（二）创作依据尺度开放，全面深入交互

1. 尺度开放

以90后为主的“网生代”用户，在收视习惯与内容喜好上具有一定的偏向性，对内容尺度有一定诉求，因此网络节目的内容尺度会大于电视节目，原创、新颖、大胆的选题会成为网络节目的优势，更易于形成独树一帜的节目风格，获得用户青睐。同时，相对于传统电视往往是亲友等集体观看的模式，互联网终端具有鲜明的个人使用特征，隐秘性、个体性的互联网媒介属性，为节目的尺度开放营造了观看环境。

2. 互动深入

高交互性是网络主持的始终追求，高交互的实现是基于对用户体验的重视。未来网络主持可以从以下维度展开深度交互：（1）多元的交互。通过各种网络平台或APP来实现创作主体与受众、受众与受众之间的无距离互动，多渠道拓展用户体验，激发受众的自主性和参与度。充分发掘UGC内容生产方式，真正让受众融入节目内容的生成过程，使节目产品拥有用户的思想与基因。（2）随时的交互。随时娱乐、随时表达、随时生产，是新时代网络节目受众最常见的行为模式与行为习惯，创作主体应积极创造渠道为受众的即时、随时介入搭建平台。（3）可移动的交互。移动端的普及，使多屏、跨屏互动渐渐成为人们的媒介使用习惯，交互性更加明显是移动端相比于PC端的

优势所在。移动直播作为一种新颖的节目形态，可以为受众带来强烈的临场感和互动感，亦适合移动场景下信息的传播与接收。移动传播对网络主持提出了更多要求，在移动环境中，人们获取信息的方式日益多元化和碎片化，这就需要多元化的内容与之相匹配。网络节目的内容要满足受众在不同场景下的个性化需求，提高创造性、凸显差异性、去中心化。同时，创作主体还应考虑到移动端受众的伴随性的媒介需求，对话语形态、节目内容、用语用字规范进行设计与把控，与受众碎片化的生活状态相契合。

3. 满足受众的丰富需求

（1）满足受众的娱乐消遣需求。借由节目的趣味性内容和多样性形式满足受众娱乐消遣的需求，使受众通过节目减压放松。（2）满足受众的自我认同需求。努力拓展节目涵盖的类型，脱口秀、辩论、时尚、音乐、影视、教育等，使生活的方方面面都能在节目中有所呈现，增强与受众生活的契合度，为具有相同兴趣爱好的受众提供交流沟通平台。受众可以通过线上弹幕，线下微信、微博等多种平台分享经验与观点，获得存在感与自我认同感。（3）满足受众的人际关系需求。在网络发达、信息爆炸的时代，受众除了现实人际关系网之外，还渴望建立"虚拟社交关系网"，扩大人际交往圈，缩小与社会的距离。网络节目应通过多样的互动方式为受众增加社交可能，满足受众希望与社会互动的心理需求。

（三）受众主体地位巩固，自律意识增强

1. 对交互的追求使受众主体地位不断巩固

受众主体地位的提升与交互程度成正比，新时代网络主持的受众将不断发掘交互路径，多渠道、深层次、多角度地开展交互行为。未来受众地位可以从内容满足、社交满足和过程满足三方面不断提升，内容满足强调媒介所传递的内容，社交满足强调媒介提供的社交功能，过程满足强调媒介使用的心理体验。

2. 主体地位的巩固使受众对创作主体的反作用力增大

随着受众的民意对于网络创作影响力的增强，受众对创作主体的反作用力已不仅局限于播音主持环节中对于对象感的把握，还体现在创作主体要运用新思维、新话语方式调动受众的多元互动投入，满足受众的多层次需求，构建与受众全方位的互动交流平台，将"受众驱动"思维转化为"用户驱动"，在内容、呈现方式上均以"用户"需求为核心。

3. 自由源于自律

自由、民主是网络文化的精髓，但是，自由的前提是自律，这一准则在互联网世界依然适用。未来的网络节目受众会因受到外部环境的制约而实现内部的自律。网络节目的受众虽然是相对匿名的，但是创作主体可以通过刚柔结合的手段督促受众成为自律的受众。例如，通过设置黑名单，定期更新发表偏激、违反国家法律的不当言论

的用户名，并通过向网站举报的方式注销其用户名。同时，还可以采取积极的方式鼓励受众实现自我监管。例如，设置受众“节操值”功能，将个体用户量化为数值，对于发表正能量、有价值、引起网友共鸣言论的受众，对于举报他人违规言论的受众，增加其量化数值以示奖励，从而实现受众深层次的自我监管。当然，创作主体创作出能够形成良好讨论氛围的内容，才是形成受众自律的根本。

四、总结与探讨

通过梳理网络主持创作三要素的发展特点和趋势，我们得出：（1）交互性是网络主持的核心属性与始终追求。交互贯穿于网络主持创作的各个要素及时期，是推动网络主持发展的内在主动力。（2）以人为本、尊重人性是网络主持的本质。在网络主持创作活动中，无论是主持人主导性的加强还是受众主体性的提高，归根结底源于对人性的最大限度的尊重、对人的创造性的重视、对用户体验的敬畏。人的个体性、独立性将在网络主持创作中得到愈发充分的体现，利用自媒体提供私人定制，将分众化缩小到具有高度自律性的原子化状态，是未来网络主持值得探索的方向。（3）创造优质的专业化内容是网络主持实现可持续发展的根本。虽然网络主持的生产内容、方式和传播路径瞬息万变，但是主持人和受众对于优质内容的追求始终不变。提升主持人的专业素养，根据受众实际细分市场、精准定位、做专做细，生产有趣、有用、有品格的专业化、高品质内容，是网络主持的生存之本。

网络主持作为新兴事物，其未来的健康、快速发展需要多方的共同努力：从网络主持人的视角，既要凸显自媒体的个性化、自主性、能动性特征，又要明确自身兼具大众传播属性，应具备导向意识、规范意识、审美意识。要加强对新技术、新模式的学习与应用能力，提高对新媒体新闻的敏感度和认知度，同时播音员、主持人要巩固加强基本素养，提高综合文化素养，掌握甚至精通与节目内容相关的专业领域知识，以便更好地为受众提供个性化的专业服务。

从政策制定的视角，应制定符合中国国情的网络节目管控体制，从创作主体、媒介行业、政府部门等多个层面，建立自律和他律两种机制的把关人制度，形成对创作主体和网络媒体的综合管控机制，为网络主持的信息真伪及安全把关。

从科研与教学的视角，探究增进网络主持人交互性的语用和主持策略，构架网络主持人的语言能力体系，发现当前存在的失范问题，为网络主持及网络媒体的内容规范提供智力支持。同时，根据新时代的传播特点与需求调整专业设置，编写播音与主持专业教材，合理增加网络主播专业或课程，使播音主持教学与全媒体时代的传播需求接轨，培养新型主持人才。

随着媒体融合逐步实现，未来网络主持将更加活跃、丰富与成熟，将和传统媒体主持主体重合、标准趋近、文化交融，无论是主持人队伍、主持风格，还是节目的内容生产、内容传播与内容接受等方面都将不断交叉、趋于融合。未来，“网络”与“广播”“电视”将只是对主持人所在平台的描述，而不能成为对主持人主持活动性质与内涵的限定与区分，网络主持与传统媒体主持将共同为形成立体多样、融合发展的现代传播体系贡献力量。

参考文献

1. 曹秋敏、陈涛：《网络播音主持的实践和人才的培养探析》，《科技传播》2014年第5期。

2. 晁代新：《新媒体主持人研究》，中国传媒大学博士学位论文，2012年。

3. 高贵武：《主持人评价与管理》，中国传媒大学出版社2014年版。

4. 郭玉萍：《网络自制脱口秀主持和电视脱口秀主持的比较》，《新媒体研究》2015年第12期。

5. 黄艳：《网络节目主持人的特点与分类》，《现代视听》2010年第1期。

6. 李红光：《论网络主持人的角色赋予》，《新闻界》2013年第11期。

7. 刘燕南、张雪静：《跨屏受众收视行为测量：现状、问题及探讨》，《现代传播》2016年第8期。

8. 刘庆振：《提升传媒人才能力之五大路径》，《新产经》2016年第10期。

9. 吕鹏、徐凡甲：《作为杂货店的弹幕池：弹幕视频的弹幕研究》，《国际新闻界》2016年第10期。

10. 武学军、杜慧芳：《网络自制娱乐视频节目品牌特色的构建——以搜狐视频主持人大鹏的“鹏式幽默”为例》，《传媒观察》2015年第9期。

11. 姚喜双：《播音主持概论》，高等教育出版社2012年版。

12. 余红仙：《网络主持人的特点研究》，《西部广播电视》2014年第16期。

13. 张艳霜：《网络主持的分类及特点》，中国社会科学院研究生院硕士学位论文，2010年。

14. 章琰：《网络综艺节目崛起十年 改变的不仅仅是生活方式》，人民网，2017年11月21日。

改革开放40年视域下看春晚主持人演变

浙江工业大学　刘　亮

摘　要： 改革开放至今走过了整整40年，40年间我国的经济建设与意识形态处于转型发展变革的过程中，社会经济的结构性变迁是意识形态变革的动力和基础，反过来，改革开放的巨大成功也得益于意识形态的成功转型。一年一度的春晚事实上已经成为我国社会意识形态的某种集中体现，至今它已举办了35届，春晚主持人作为这台晚会的显在符码，这35年的演变过程与改革开放所带来的意识形态变革密切相关，春晚主持人的演变能够为研究我国意识形态发展提供一种新的视角。

关键词： 意识形态；春晚；主持人；演变

1978年，党的十一届三中全会标志着中国开始实行对内改革、对外开放的政策，中央电视台春节联欢晚会（下称春晚）则诞生于1983年，可以说，春晚是在改革开放的春风中诞生浸润延续至今的。看春晚逐步成为了国人过年时的一种新民俗，而春晚主持人又是这台晚会中必不可少的角色。如果说春晚是世界华人除夕夜的一道文化大餐，那么春晚主持人就像是负责上菜并介绍菜肴的服务生，他们既是重要的符号化表征，又带有强烈的审美指向性。从充满人文精神的80年代，到经济飞速发展的90年代，再到今天全民娱乐的21世纪，春晚主持人的流变和社会发展、大众审美更迭、收看习惯的改变存在着某种联系和规律，而春晚30多年的历史也为这种研究提供了绝好的样本。

纵观30多年来的春晚主题，尽管每年主题略有不同，但基调都是集中在“团结”和“欢乐”这两个关键词上。团结意味着民族团结和祖国统一，这是一个总基调，是一个恒定的文化主导，无论时代如何发展变化，这一点都是恒常不变的，而代表喜庆、祥和、和谐的基调——“欢乐”则在不同时代下有着不同的内涵和表达，从改革开放初期，全国人民在思想解放运动后的精神松绑、文化松绑，到今天迈入互联网时代后的众神狂欢、个体表达，“欢乐”的意义在被不断改写、重新诠释。而负责在舞台上把握并传递这两大主题的春晚主持人，在不同时期也面临着不同的风格需要和角色转换。

一、不同时期意识形态演变带来主持人风格改变

意识形态这个词最早是由法国哲学家、政治家特拉西提出，试图为一切观念的产

生提供一个真正科学的哲学基础。它一般是指建立在一定社会经济基础之上的系统的思想观念，代表了某一集团或者阶级的利益，反过来又会指导这一集团或者阶级的行动，它一般具有三大特征：群体性、系统性和历史性，其核心内容是社会价值观。

习近平曾经在党的十九大报告中明确指出："必须推进马克思主义中国化时代化大众化，建设具有强大凝聚力和引领力的社会主义意识形态，使全体人民在理想信念、价值理念、道德观念上紧紧团结在一起。"不断增强社会主义意识形态凝聚力和引领力，打牢全党全国各族人民团结奋斗的思想文化基础，是做好新时代意识形态工作的根本任务和基本遵循。而春晚主持人作为每年除夕夜向世界华人发声的重要传播者，他们的语言表达、主持风格甚至服饰妆容都体现了当下我国的主流意识形态和社会价值观。

（一）改革开放之初的春晚主持人

由于我国长期实行计划经济体制，社会价值取向主要体现在集体主义、理想主义和精神至上。80年代初期几乎所有的教育、宣传，都是以引导全民性的共同信仰和理想——实现共产主义、塑造无产阶级人生观、价值观为目的。那个时候的大众审美强调共性，社会更易认同公共价值观念、主流行为取向、大众审美趣味和正统话语方式，这必然使得长期以来以国家和集体为上的文化传统和审美价值牢牢占据着主导地位。大众对未来充满坚定的理想和信念，整个社会氛围是团结一心、朝气蓬勃、奋发向上的。

在此背景下，诞生了1983年第一届春晚，当年的春晚还没有专业的主持人，由马季（已故）、姜昆、王景愚、刘晓庆担任主持人，相声演员马季和姜昆挑起了大梁，他们主要的工作是"串场"，演员刘晓庆和王景愚则担任报幕员。这也是在中国的电视晚会上第一次出现主持人这一特定身份，当主持人这个称谓第一次在晚会现场出现时，还成为了晚会串场的内容，当年的主持稿撰写者姜昆特意将晚会主持和寺庙的方丈住持进行混淆以求观众一笑。

1983年的春晚没有绚烂夺目的舞台，主持人没有华丽昂贵的服饰和慷慨激昂的串词，甚至没有明显的舞台和观众席界限，更像是一个新春茶话会。那时的主持人风格朴实真诚，马季和姜昆用自己的机智幽默赢得了全国人民发自肺腑的笑声，有时甚至分不清他们到底在说相声还是在说串词，活泼的表演形式给当时还显稚嫩的春晚增色不少。

事实上，当年我国改革开放已全面启动，作为主持人的马季在晚会筹备时就提出"咱们春晚别讲太多政治化的词，就让观众笑痛快了，节过好了，这样晚会就成功了"。值得注意的是，主持人马季的这句"别讲太多政治化的词"恰恰表达了另一种新的政治观念——改革开放的合法性在大众文化领域得到里程碑式的确定。自此以后，在晚会舞台上，主持人们可以展现出活泼轻松、幽默诙谐、生活化、娱乐化的风格特色。

整个80年代，春晚主持人都致力于为观众带来欢乐，这开启了中国电视文艺的转折，从单独的宣传教化到可以兼顾娱乐大众的责任，意味着对过去的告别和对未来的向往和拥抱。

（二）90年代的春晚主持人

1992年，党的十四大确立了社会主义市场经济体制的改革目标，我国商品经济开始蓬勃发展，它极大地冲击了原有的经济和文化格局，带来了整个文化潮流的平民化。首先，为振兴中华实现四化的理想而奋斗之类的高调慢慢落下，变为平实的共同努力和开创未来之声，大众文化更多地转向日常生活的书写，平民意识逐步凸显。春晚上越来越多的节目聚焦于日常生活，讲述老百姓的故事，表现普通大众在日常生活中的喜怒哀乐，表达追求美好和幸福生活的理想。

在这个过程中，主持人专业化程度也逐渐加深，央视出现了专业的晚会主持人，赵忠祥和倪萍在这段时期几乎成为了春晚主持的代名词。赵忠祥从1984年到1999年连续12年担任春晚男主持，他持重自然、亲切儒雅的主持人形象，把春晚的家国情怀、宏大叙事用更为“自然化”的方式表达出来，将我国当年的主流意识形态与老百姓审美倾向做了一次良好的衔接与融合。

与赵忠祥的沉稳持重形成呼应的则是倪萍在春晚主持中呈现出的真挚朴实和中国女性特有的柔性之美。在倪萍的主持语言中，官方语言和大众话语可以实现巧妙的对接融合，她以特有的贤淑形象与社会转型期我国人民的焦躁和悸动形成强烈对比，得到了老百姓的广泛认可。倪萍被认为是煽情高手，她以这种情绪激发和调动引导能力以及平民化通俗化的语言，自然地实现了官方主导话语的软着陆，在观众内心最柔软最易引起共鸣之处寻找到切入点，触动了他们的深层情感和民族自豪感、自尊心。

（三）90年代中后期的春晚主持人

社会主义市场经济体制进一步发展并取得阶段性成果，改革开放在经济文化方面的成效凸显，得益于此，各类新兴的娱乐项目在中国迅速普及开来，给流行文化发展带来了全新的契机。好莱坞等国外电影的引进向当时的人们呈现出国门外的生活方式、社会文化、价值理念和政治生态，成为青年人了解与知晓大洋彼岸世界的重要文化载体，影响着青年社群的文化认知与价值认同。 香港澳门也分别在1997年和1999年结束殖民统治回归祖国怀抱，我国的精英文化和大众文化在对传统文化的批判与创新，对西方文化的引进和吸收中不断发展。而广州作为中国改革开放的桥头堡，成为东西方文化交流的前沿，此前一直在广东电视台担任《周末好时光》的主持人程前通过主持人大赛进入央视，并在1994年开始和倪萍一起主持央视春晚。程前外形英俊洒脱，在节目中表现机智幽默，令当年的观众耳目一新，留下了深刻印象。不同于以往央视传统主持人的沉稳端庄，程前带有一种鲜明、锋芒毕露的个人色彩，体现出一种追求自由的不安分，他的受欢迎也从一个侧面反映出当时一部分人的社会审美取向和价值认同。

（四）步入21世纪的春晚主持人

改革开放进入第三个十年，“科学、民主、市场经济”深入人心，中国经济全面融入全球经济，中国也终于在2001年加入世界贸易组织（WTO），开放度、市场化、城市化进程加快。这十年中，得益于改革开放，中国的GDP增速接近10%，高于世界其他经济体，中国开始成为世界经济强国。这一时期，消费文化和后现代主义日益兴盛，文化产业化和全球化也随之袭来，各种因素共同推动了我国社会文化的进一步世俗化和消费化，审美价值观趋向多元化和个性化。

2000年的春晚主持人数量成为史上最多，共有20名：赵忠祥、倪萍、姜昆、赵薇、温兆伦、濮存昕、王思懿、牛群、冯巩、杨澜、周涛、朱军、白岩松、曹颖、文清、赵琳、李小萌、崔永元、文兴宇、鞠萍——数量惊人的主持人规模也从一个侧面体现了进入新世纪，国人对于未来的雄心壮志和对即将来到的盛世繁华的信心。

2000年之后，朱军、周涛、董卿、李咏的搭配成为后“赵倪”时代的黄金组合。朱军延续着国家民族宏大叙事的同时，其语言风格中又多了当代文化领导权味道。周涛延续了倪萍的温婉与谦和，呈现了中国女性的端庄贤淑。而从上海台调至央视的董卿则在呈现典雅大气的同时更多了一分中国女性在新时代变革中具备的国际化气质和视野。她流畅的英文口语表达、丰富深厚的文化底蕴、和而不同的沟通技巧让人印象深刻，可以说，董卿为中国主流意识形态借由春晚舞台向世界表达做了出色的示范。

值得一提的是，2002年李咏加盟春晚标志着这个阶段的中国消费性大众文化的兴起，与赵忠祥、倪萍、朱军、周涛带有强烈政治指向的声音权力相比，李咏的语言样态和主持风格完全不同，他具有无厘头式的幽默、夸张的表达、百老汇风格的华丽服饰，还有一点点玩世不恭，他的荧屏形象不同于以往意义上的庄重沉稳的央视男主持，平添了花样百出的消费快感。由此开始，曾经一度带着严肃意味和宣传教化味道的电视文艺晚会也随着中国经济的腾飞和消费文化的兴起很自然地跳上了消费航船，传统春晚在仪式化基础上开始增添了全民娱乐元素。李咏的出现正是代表着进入新世纪后，中国大众的个体张扬与自我独立在主流文化中开始得到认可。在央视春晚这样的主流舞台，李咏的独特之处在于他风格中特有的时尚化、个性化，这种时尚化和个性化与之前传统春晚主持中的严肃文化形成对比，也从一个侧面反映了这个时期受众对于娱乐化和大众化的追求。

（五）2012—2016年的春晚主持人

2012年起，毕福剑加盟春晚主持阵容，他所代表的舞台形象则是一种草根化的角色定位。毕福剑极其生活化、去官方化的语言表达方式在他主持《星光大道》时就得到很多观众的接受和喜爱，他在舞台上常常自我调侃，举手投足甚至带有些许的市井气息，这反映出时下中国大众文化中平民意识的进一步崛起，媒介传播和日常生活的界限在被逐步填平，曾经电视舞台上高高在上的明星和主持人们被逐步拉下神坛，春晚主持不再只是以精英式人物的形象出现，主持人的权威性和家国象征性逐渐过渡为和每一个受众亲切交流的平民性。

2015年，青年文化逐渐兴起，青年文化倡导感性和张扬、崇尚个性独立，而80后、90后逐步成年，成为拥有社会话语权的人群。尼格买提、李思思等青年主持人开始登上春晚舞台，他们青春靓丽、充满活力，塑造了健康阳光、积极向上的文化形象，得到了更多年轻群体的关注和喜爱。以他们为代表的一批青年主持人逐步登上春晚舞台也意味着青年群体在逐步登上社会主流舞台，大胆发表见解、呈现自我风貌。

2016年，央视开始设置主会场加分会场的方式，以央视一号演播厅为中心，设置了西安、广州、泉州、呼伦贝尔四个分会场。主会场由朱军、周涛、董卿、撒贝宁、李思思、尼格买提主持，西安分会场由朱迅、徐杰主持，广州分会场由任鲁豫、邓璐主持，泉州分会场由李佳明、赵琳硕主持，呼伦贝尔分会场由马跃、欧仁图雅主持。这种央视加当地主持人的方式除了从形式上能够更圆满地表现中华儿女欢庆团圆、共迎新春的美好愿望，更是希望能通过深入东西南北不同风土人情的地域来聚合更多人的注意力。央视春晚如此设计，体现了主创者越发注重突出晚会的全民性与参与感，这是由于时代大背景——随着互联网的普及，人民群众娱乐手段不断丰富，看春晚不再是老百姓，尤其是年轻人除夕夜的唯一选择；另外，我国地域广阔，很多不同地域的人群游离于偏北方文化主导的春晚节目之外，如此设置也是希望吸引这批观众能够参与到节目中来，增强春晚聚合度和吸引力。

（六）2016—2018年的春晚主持人

从2016年到2018年三届春晚的主持人阵容，除了几位综艺主持人，还加入了形象严谨认真、成熟稳重的新闻主播康辉。康辉曾在2015年获得第四届“全国中青年德艺双馨文艺工作者”称号，选择康辉担任春晚主持人也和当下的时代背景有关。近些年面对纷繁的社会思潮，消费主义、享乐主义盛行的文化趋向，以及西方消费文化的侵袭，我国政府更加重视文化建设，党的十六届六中全会明确指出：“坚持以社会主义核心价值体系引领社会思潮”。在此背景下，近些年春晚舞台上娱乐化、消费式的节目正在大幅减少，而回归传统、传递真情、弘扬构建社会主义核心价值观，坚守美好精神家园的节目在强化和凸显。而选择康辉这样屏幕形象成熟持重、德艺双馨的主持人恰恰能够传递和表现这一倡导。

二、民众收看心态转变带来主持人角色定位演变

纵观35年来的春晚历程，不难发现观众对于春晚的收看心态处于阶段性变化中，

主持人的角色定位也在相应发生变化，我们可以把春晚主持人定位分为三个阶段：接受者、观赏者，再到今天的消费者。在这种角色变迁中，观众的审美方式也从过去的凝神观照趋向体验参与、甚至批判吐槽。20世纪春晚播出时的“万人空巷”盛况已一去不复返，如今的春晚更多地成为除夕夜的一种伴随乃至背景节目。而春晚主持人则先后经历了三个阶段——观众充分依赖主持人的初级阶段；主持人作用被淡化，强调节目自身张力的探索阶段；以及强化主持人表意作用，注重主持人与节目融合的现阶段。

（一）80年代至90年代初

此时期中国电视刚刚起步，内容资源有限，电视机是稀缺商品，当时的电视节目内容基本上是按照精英阶层审美倾向生产的，主要承担着教化和宣传作用。那时在人们的观念中，能够上电视是一件光荣神圣的事，普通观众都是“仰着脑袋”看电视的。在这种时代背景下，极度稀缺的内容供给也给春晚披上了“神圣的外衣”。

当年春晚播出时，基本上是电视机前的观众围坐在一起，聚精会神地欣赏整台晚会，即便是节目在播出后很长一段时间还被大家反复品味，成为新年里谈论的热点话题，并制造着当年的流行语。那时主持人定位是党和政府的喉舌，是宣传者、传播者、舆论引导者，按照当时春晚的总导演黄一鹤的说法：“当时我们把这个话筒叫做无产阶级专政的工具。谁拿着这个话筒，就是要用自己的世界观去改造别人。”同时，处于改革开放初期的人民群众渴望欢乐轻松的氛围，相应的，那时的主持人在注重内容上政治正确、价值观正确的同时，表现形式偏向轻松活泼、诙谐幽默，既是表演者也是主持人，既传递正确的思想价值观，也为老百姓带来欢乐和愉悦。

（二）90年代初至90年代中后期

尽管主持人的整体队伍开始发展壮大，出现了专业的春晚主持人，但就春节晚会主持本身而言，这个时候并没有允许主持人有更多的发挥和施展空间。当时几位导演倡导的理念几乎都是“淡化主持人”，整台晚会更注重节目内在情感、逻辑线，强调节目自身艺术张力，尽量减少主持人出场次数，严格把关主持串联词内容，并不完全依靠主持人串联整台晚会。在这种理念下生产出来的春晚，总体艺术风格更加鲜明，一扫春晚初期节目设置的随意性，整台晚会形式相当严密规整，如同一台精密运行的机器。春晚的时间几乎“寸秒寸金”，主持人出镜时长和语言极其简化，主持人在这个阶段的角色定位更像是一个单纯的传声筒和串联人，

到了90年代中后期，市场经济初步发展，世俗文化的兴盛有力地解构了传统的精英文化和权威性，带来平民意识和个体意识的萌芽。电视节目逐步走下神坛，日益关注平民百姓生活，而观众的欣赏水平也越来越高，获取信息和娱乐的渠道开始多元化，春晚难以形成统一的审美认同，过于简单的、拼盘式的晚会结构需要改良提升，对于晚会结构的设计和艺术氛围的营造成为晚会能否成功的关键。此时的主持人定位重新

调整，被认为应当成为重要的晚会组成部分并“融入”整场节目，主持人可以适当带有个人风格特色和性格特点，不再只是报幕员或者节目转换时填充时间的工具，传情达意、娱乐大众、服务大众成为此时期主持人的重要任务。

（三）2000年至今

进入新世纪，中国电视节目在50多年的发展中，经历了从宣传品为主导到以作品为主导，再到以产品为主导的三个阶段。一方面大众文化产品的定位在社会变迁中悄然更迭，经历了从宣传品到艺术品再到强调娱乐功能，相应地，大众的审美方式也在变化，聚精会神的程度逐渐减弱。另一方面，社会价值观日益以人为本，人们对快乐的追逐无限放大，大众更多侧重从审美活动的体验参与中获得愉悦。

此时的观众不会再满足于“被动接受”，而是乐于在节目的参与中展演自我、制造快感、寻求意义，娱乐自己也娱乐别人。受众从被启蒙者、观赏者的角色日益转变为自觉的体验型、参与型消费者角色。受众热衷于主动抉择和积极参与，参与、互动的形式也不断趋向多样化、复杂化。有人将春晚受众的参与类型细分为三类：“旁观性参与”“合作性参与”“支配性参与”，并指出“支配性参与”是观众参与的发展方向。正是在受众主体意识的高歌猛进中，即便隆重如春晚也不得不“开门办春晚”，日益重视受众，让大众参与其中。

因此，近些年的春晚无论在节目播出前、播出时还是播出后都充分利用官方微博、微信等新媒体与网友“零距离”接触和互动，甚至在2015年与新浪微博实现跨平台联动，让网友可以通过手机观看直播并随时参与互动讨论。节目设计上也突出全民性与参与性。近两年新出现的分会场节目设置，目的就是希望引导更多的群众参与到节目中来，春晚演员名单也在向草根阶层抛来橄榄枝，例如2011年草根节目“我要上春晚”大获成功之后，草根演员和平民家庭走上春晚的例子越来越多。不过，尽管近些年春晚团队做出了不少努力，并通过全国综艺主持人大赛选拔新人，但是春晚的吸引力依然在下降，更多的年轻人除夕夜并不热衷于观看春晚，有时整台晚会甚至沦为背景声音；而网友们近些年则更热衷于春晚后的网络“吐槽”，这或许也是互联网时代人们“自我实现的需要”。

在这样的环境下，春晚主持人的主持方式虽然也在调整，但依然还未找到一条更符合当下观众收看习惯的途径，还需要广大电视从业者继续摸索和尝试。我们不妨大胆预测，未来或许会在春晚主持队伍中增设小屏直播主持，这种主持会用更为生活化的语言带着网友收看节目、介绍节目亮点、与网友即时互动，甚至完成网友布置的任务，实现受众的“支配性参与”。

参考文献

1. 郭镇之:《中国电视史》，文化艺术出版社1997年版。

2. 王景愚:《幕后》，新世界出版社1999年版。

3. 战迪:《符号学视域下电视节目主持人的文化想象》,《中国电视》2015年第1期。

4. 师力斌:《逐鹿春晚——当代中国大众文化和领导权问题》，中国言实出版社2014年版。

5. 周志强:《阐释中国的方式:媒体裂变时代的文化景观》，中国言实出版社2014年版。

6. 李林荣:《中国电视娱乐文化批评》，法律出版社2014年版。

论新中国不同时期体育解说创作活动的发展特点

中国传媒大学播音主持艺术学院　徐　力

摘　要： 体育解说是在竞技体育赛事直播或录播过程中，围绕赛事展开的、贯穿全程的有声语言创作。自新中国始，随着我国新闻事业的发展，体育解说创作便作为人民广播的组成部分不断成长壮大。特别是在改革开放后，我国体育解说员队伍的规模不断扩大，解说样态不断丰富，解说员的社会影响力不断增强。当代，体育解说已经成为很多人，特别是青少年关注、追捧甚至是理想的工作职位。

对体育解说进行历史性的回顾，即是通过对新中国体育解说近70年发展过程的追溯，理清体育解说的发展线索，在岁月的洗练中探索这种特殊的有声语言创作艺术的规律，可以使体育解说更好地服务我国当代的宣传工作，为培养优秀的体育解说人才服务。

关键词： 体育解说；竞技体育；解说员

历史的研究总要涉及阶段分期的问题。关于新中国体育解说事业发展时期的划分，许多研究者提出了不同的观点，比如唐棣以解说员梯队为标准，将新中国体育解说事业的发展划分为以张之为代表的第一代、以宋世雄为代表的第二代、以孙正平等人为代表的第三代和以黄健翔、张斌等为代表的第四代。[①]张玲玲则以时期阶段为代表，将新中国的体育解说事业划分为早期探索阶段（1949—1959）、中期成长阶段（1959—1981）和后期辉煌阶段（1982—1999）等。[②]本文以这些不同的分期为参考，以体育解说不同的整体样态为标准，将新中国的体育解说划分为以下阶段：新中国成立初期（1949—1965）、“文革”时期（1966—1977）、改革开放初期（1978—1993）、深化改革时期（1994—2006）和创新探索新时期（2007年至今）。

一、新中国成立初期体育解说创作的发展特点

1949年，新中国成立，社会各领域都被赋予了新的功能和任务。

在大众传媒领域，政府对全国的广播电台进行了重新整编，并规定：新中国之广

① 唐棣：《时代需要全新的体育节目主持人》，《青年记者》2000年第1期。

② 张玲玲：《中国体育解说的历史及发展趋势》，《山西师大体育学院学报》1999年第2期。

播事业，应归国家经营，禁止私人经营，对某些私人经营之广播电台及其器材，可由国家付给适当之代价购买之。[①]至1953年，全国的广播电台基本上实现国家经营。在整编和建设的同时，政府对广播电台的属性和任务进行了重新界定。时任中央广播事业局局长、党组书记的梅益在全国广播工作会议上指出，广播“是用电波来传递声音，通过声音来进行宣传与鼓动的”“特别是在我国目前交通不便、文盲众多、报纸不足的条件下，如果我们善于利用它，它可以发挥极大的作用”“广播电台及其收音网，将是首脑机关用于指挥作战的最灵活的工具，利用了这一现代化的武器，在贯彻首脑机关与下级的两联系，在传达命令、交流经验、掌握运动、端正政策、制止偏向等方面，都可以得到极大的便利”[②]。在此属性界定的基础上，广播在日常宣传工作中担负的任务应包括：“一是宣传马克思列宁主义和毛泽东思想，二是宣传、解释共同纲领和政府的各种政策，三是报道当前政治生活和经济建设中的重大事件，四是传播科学知识和先进经验，五是播送优秀的文艺作品。”而完成这些任务的目的是“启发和培养人民的政治觉悟，提高人民的文化水平以及鼓励人民的爱国热情和劳动热情”[③]。

相较于国民党统治时期，新中国的竞技体育同样发生了很大的变化。20世纪50年代，吴传玉和容国团先后在游泳和乒乓球的世界大赛中获得了冠军，实现了中国体育在运动成绩上的突破，在国内掀起了热潮。新中国政府对体育运动的开展尤为重视，特别强调发挥体育运动在对外友好交流、国际形象展示等方面的社会价值。1952年，第十五届奥林匹克运动会在赫尔辛基举办，由于国际政治因素的干扰，新中国在收到赴会邀请时距离运动会开幕仅剩下几个小时，在此情况下，新中国仍然坚持派出体育代表团，周恩来总理作出批示：“正式比赛参加不上，但可以和芬兰运动员进行比赛，多做友好工作，要通过代表团的工作和运动员的精神面貌去宣传新中国。”

在这样的背景下，赛事转播成为广播节目的组成部分，推动了新中国体育解说的产生。

1950年，苏联男篮到上海访问并计划与上海学联队进行友谊赛。由于现场空间有限，许多市民无法到现场观看比赛。于是，便有人向上海人民广播电台提建议，希望广播电台可以转播这场比赛。时任上海台副台长的苗立沈认为此建议不错且可行，经研究决定转播这场比赛，并由张之和陈述担任解说工作。张之是上海人民广播电台的播音员，除了播新闻，还播故事和广播剧，此前曾担任上海市民庆祝新中国成立大游行活动的转播解说工作，受到听众好评；陈述是著名演员，多才多艺，当时还兼任上海台《邮政常识》节目的主持人，在新中国成立前便时常为各种赛事转播担任解说工作，经验较为丰富。尽管准备时间有限，甚至双方大部分上场队员的姓名尚未知晓，

① 涂昌波：《新中国60年来广播电视发展政策演进初探》，《现代电视技术》2009年第10期。
② 庞亮：《试论梅益的广播观》，《中国广播》2008年第9期。
③ 庞亮：《试论梅益的广播观》，《中国广播》2008年第9期。

但两位同志仍然很好地完成了解说工作。根据文献记载，当时比赛的第一、二和四节是由陈述解说，张之担任了第三节的解说。①张之介绍两个队的技术特点、打法和战术运用，陈述介绍场上的气氛，在解说中，“张之还运用评书的语言，把突破上篮说成‘单枪匹马杀入重围’，把勾手投篮说成‘回头望月’，把比分互相增长说成‘犬牙交错’等等”②。陈述的解说词则是“他抖手把球扔进篮筐，可是球在篮筐里转了几圈又出来了，真可惜啊”③，按照张之的说法，尽管陈述“对篮球的规则不太懂，但是他敢讲，有时候讲得很有趣”④。

这次解说取得了成功，听众在赛后反馈说：“像是看了比赛，好过瘾！”这次解说后，陈述进入了上海电影制片厂，专注于表演事业，但他并没有完全离开体育传播，除经常客串很多比赛的解说外，他还担纲了电影《球迷》的主演。张之则被调派至中央人民广播电台，在其后的岁月中，与黄继辰、宋世雄、陈文清等同志一起，完成了如世界青年联欢节、世界杯足球赛外围赛、全国运动会、新兴力量运动会、世界乒乓球锦标赛等多项赛事的转播任务。时任全国体委主任的贺龙评价他说：“过去有说书的，现在有个会说球的，说得很生动，他也是个专家。”毛泽东在听张之解说的世界乒乓球锦标赛时说：“好紧张，让人听得心都要跳出来了。”张之在世界乒乓球锦标赛中留下的“十二大板”的解说，成为许多人回忆中的经典。

新中国成立初期体育解说的创作主要呈现以下特点：

（一）描述在解说中占据较大比重，注重树立榜样

在这段时期，描述在体育解说员的创作中占据了较大比重，其原因在于广播是赛事转播的主要平台，由于没有画面，解说员只能依靠语言对场面进行描述，才能使受众了解比赛实况。从受众的角度讲，了解赛况是欣赏赛事转播节目的重要动机，解说首先要满足这部分需求，然后在此基础上提供解释、评论、氛围烘托、背景资料及话题互动等内容。

同时，这段时期大众媒体和竞技体育都被赋予了“宣传”的功能和价值，因此解说员的创作多集中于强调中国运动员在成绩上的突破，以及中国运动员顽强拼搏、为国争光的精神风貌，以此为社会的生产建设打造榜样。张之曾明确地指出：“我们搞体育报道，不是简单地宣传运动员拿锦标夺冠军，要宣传运动员胜不骄败不馁的作风，让听众从中得到启发去搞好工作和学习。”⑤

---

① 魏伟：《国际广播电视体育史》，中国广播电视出版社2013年版，第67页。

② 陈文清：《记新中国体育比赛实况解说的奠基人——张之》，《中国广播》2009年第8期。

③ 魏伟：《国际广播电视体育史》，中国广播电视出版社2013年版，第67页。

④ 张之：《球赛实况转播札记》，《现代传播》1980年第2期。

⑤ 陈文清：《记新中国体育比赛实况解说的奠基人张之（下）》，《中国广播》2009年第9期。

（二）解说语言简洁、准确、生动、形象，文学素养高

这段时期的体育解说在遣词造句上比较讲究，表现出较高的文学素养。

这首先表现在语言文本的简洁上。尽管体育解说是现场的即兴创作，但张之等解说员在词语、句子的排列上非常工整，没有任何拖沓，没有不必要的语气助词，从内容与字数上讲，表达效率非常高。这或许与广播赛事转播的特点有关。毕竟，解说员的创作要跟上比赛的节奏，使用简洁的词语是实现这个目标的有效手段。张之在谈到创作体会时指出："为了使球赛的解说不落在后面，除了要提高讲解速度以外，还要学会使用简练的语言……要使解说及时赶上，有时用词简练比讲得快更受听众欢迎，因为说得太快了听众听不清，感到累……我经常使用的词如'边锋沉底传中''带空打门''快半球''四十五度角切入上篮'等等，这些都比较简练，而且形象化，比使用拖泥带水的词节省时间，更容易受到听众欢迎。"①

在追求简洁语言的同时，解说员还尽可能保证词句相对精确地表达内容，这同样受制于广播媒介对传播符号的要求。既然受众无法通过广播看到比赛场面，就要求解说员准确报道比赛的实况。但保证准确并不仅仅是来自受众的需求，广播电台的政治属性和新闻原则也在这方面有所要求。前中央广播事业局副局长（后担任中央人民广播电台台长）杨兆麟就指出："实况广播基本上是一种新闻性的广播、它必须遵守无产阶级新闻学的真实性的原则，体育竞赛的实况广播也不能例外……体育记者……'异想天开''信口开河'，那是绝对不容许的。"②

词句的选择和使用凸显生动性、形象性，体现了较高的文学素养，这是这段时期体育解说语言文本的鲜明特点。在新中国成立初期的赛事转播中，解说员总在尝试使用最具象的词语，使受众能够很轻易地联想到比赛现场的情况和氛围。在这种尝试的过程中，解说员又常常向既有的文学经典作品汲取灵感，逐渐积累了文学素养。陈文清在回忆张之的解说创作时指出："张之在进行比赛实况转播中，他常用李白的词'一夫当关，万夫莫开'来形容足球守门员的严密防守，用李贺的'黑云压城城欲催'形容一方围攻另一方的危急场面，用陆游的'山重水复疑无路，柳暗花明又一村'形容比赛场上的战局变化……张之大胆地借鉴古典小说《三国演义》《红楼梦》《水浒传》等的描述手法，比如对中国第一代足球运动员在比赛中的表现这样形容：'中锋史万春用越过对方头顶的妙传，把球送到禁区空挡，左边锋丛者余单刀直入飞步赶上抬腿猛射，球像炮弹出膛，对方守门员来不及补救，球已经飞进网窝。'把运动员不失时机冲进禁区形容为：'他单枪匹马冲入重围，好像长坂坡前的赵子龙。'介绍举重运动员身体魁梧时说：'他有倒拔垂杨柳的劲头！'对乒乓球运动员发了球就连续进攻的形容

① 张之：《球赛实况转播札记》，《现代传播》1980年第2期。

② 杨兆麟：《关于体育竞赛实况广播》，《新闻战线》1959年第6期。

是：‘他一上阵，就使出了程咬金的三板斧！’”①

（三）解说创作重视吐字发声的基本功

新中国成立初期，以齐越为代表的播音员都认识到，播音员的声音代表着党和政府的形象，因此都非常重视业务水平的锤炼。作为新中国首位体育解说员，张之在走上解说席前是上海人民广播电台播音组的副组长，负责播报新闻。尽管没有查阅到张之在完成新闻播音工作时进行声音训练的资料，但从新中国播音员队伍的整体氛围上看，张之对有声语言创作基本功应该是十分重视的。

在这段时期，广播播音的整体风格沿袭了延安人民广播的风格，声音坚定、端庄、朴实、大方，“既严肃又有感情”②。在这种整体风格的基础上，广播赛事转播又赋予这段时期的体育解说更多的特点。首先，解说员的吐字必须具备一定速度，解说员的描述要与比赛进程基本同步。这是由广播媒介的属性和受众需求所决定的。第二，解说员的吐字必须清晰，这在前文中已有讨论。这些都要求解说员具备良好的有声语言创作基本功。在此时期，许多播音员都在戏剧表演和传统曲艺中寻找适合的训练方法，张之也不例外。在谈到有声语言基本功的训练时，他指出：“在我练习广播球赛遇到困难的时候，也想到从戏剧、曲艺方面寻找借鉴。为了提高解说的速度，我除了在看篮球比赛时练习快速讲以外，还经常快速读报，学绕口令，学山东快书‘武松打虎’，学唱西河大鼓‘玲珑塔’，几乎每天早晨都要练上几段，甚至走在马路上也不停地念叨……为了使声音清脆，就要练习咬字清楚，吐字有力。过去，我喜欢看京剧名武生杨小楼的戏，梅兰芳和杨小楼的唱片‘霸王别姬’、杨小楼和郝寿臣的唱片‘连环套’，我常听常学。杨小楼的武生道白铿锵有力，特别是他的‘喷口’，字是从嘴里喷出来的，好像落在桌子上都能钉住一样。我就这样学发声，注意抑扬顿挫，学杨小楼有力的道白，学赵燕侠的发声吐字清楚。经过不断训练，使解说在人声鼎沸之中，也能听得清楚。”③陈文清在回忆张之的解说创作时也指出：“张之多次买座位偏后的票，看北京人艺的话剧，琢磨为什么演员们不借助话筒也能让各个角落的观众听到台词。他请教了几位演员后了解到，这是因为演员的吐字归音到位，丹田气用得好。于是，张之就苦练发声，注意用词的抑扬顿挫……完全适应了几个小时气不衰嗓不哑的实况解说要求。”④

这段时期，为体现新中国蒸蒸日上的形象，给听众以鼓舞和希望，解说员创作的有声语言激情洋溢，节奏明快。从创作者的角度讲，形成这样的语言样态，既与解说员对竞技体育和现场比赛的感受分不开，也是媒体管理者提出的要求。杨兆麟指出：

---

① 陈文清：《记新中国体育比赛实况解说的奠基人张之（上）》，《中国广播》2009年第9期。

② 关山：《播音的传统与改革断想》，《现代传播》1988年第4期。

③ 张之：《球赛实况转播札记》，《现代传播》1980年第2期。

④ 陈文清：《记新中国体育比赛实况解说的奠基人张之（上）》，《中国广播》2009年第9期。

“体育记者应该善于把各种紧张的场面和观众中的热烈的情绪传达给听众，使身在场外的听众也能感染到场内的气氛……体育记者作为一个体育运动的宣传者和鼓动者……他不但要善于敏锐地观察、鉴别和分析，而且，在广播当中要充满乐观、信心和热情；通过语势、口气和情感的运用，把这些方面完满地表达出来。”①

但是，情感饱满并不意味着解说员要像体育迷那样对竞赛双方持有明显的偏袒或可以肆意地疯狂吼叫。张之在谈到解说员的情感态度时讲：“体育比赛虽然分胜负，本身没有政治性，但是，从事实况解说和体育新闻报道的人是代表国家电台工作，这本身是有政治性和引导性的。因此，解说员和体育记者、编辑必须放弃个人的喜好厌恶，服从国家电台的宣传政策、口径和要求。在这个前提下，再充分发挥语言功力，搞好解说和采编工作。”②

二、“文革”时期体育解说创作的发展特点

随着“文化大革命”运动的开始，阶级斗争成为社会的主题，社会各领域都受到这场运动的影响。

大众传播媒体成为斗争宣传的工具。在“文革”初期，地方媒体甚至停止自办节目，全部转播中央人民广播电台节目。根据某份“文革”时期中央一套节目全天的节目单，当时广播在正常工作日的播出时段是凌晨4:00至次日凌晨0:15，共20小时15分钟。其中预告节目占40分钟，革命文艺占7小时10分钟，新闻占3小时35分钟，广播体操占15分钟，对人民公社社员广播占1小时，学习马列著作和毛主席著作节目占40分钟，国际时事占1小时，人民解放军节目占1小时，对工人广播占1小时，教唱革命现代京剧、革命歌曲占2小时40分钟，红小兵节目占20分钟，红卫兵节目占25分钟，各地人民广播电台联播节目占30分钟。从节目的名称及所占时长可见，当时媒体的“文革”宣传属性已十分鲜明。

竞技体育的发展则遭到更为严重的破坏。1968年林彪、江青、康生等人炮制“五一二”命令，决定对全国体育系统实行军事管制。一批体育界领导干部被打成“资本主义当权派”“反革命修正主义分子”“叛徒”“特务”，被下放、转业，一批运动员在严重迫害下含冤去世，一整套行之有效的规章制度被污蔑为“修正主义货色”而废止。根据历史资料，“1965年后出现的体育战线蓬勃发展、大有希望的局面被扼杀了……全部体育工作都处于停顿状态；相当一部分体委和科研机构被撤销，体育院校停止办学，体育报刊被迫停办，体育设施大量荒废或被捣毁，运动队伍基本上被搞垮了”③。尽管如此，竞技体育在中国的发展并没有完全停滞。70年代，以“乒乓外交”为代表，竞技体育成为政府开展外交工作的手段，在我国外交事业的发展中发挥了重要

① 杨兆麟：《关于体育竞赛实况广播》，《新闻战线》1959年第6期。

② 陈文清：《记新中国体育比赛实况解说的奠基人张之（下）》，《中国广播》2009年第9期。

③ 谷世权：《中国体育史》，北京体育大学出版社2002年版，第361页。

作用。

媒体的“阶级斗争”化和竞技体育受到的严重破坏同样影响到赛事转播节目和体育解说创作活动的发展。

在“文革”爆发后，体育节目，特别是赛事转播，被说成是为“锦标主义”作宣传而受到批判，中央人民广播电台体育组被迫撤编[①]，赛事转播节目被停办，张之受到迫害，离开了解说岗位；宋世雄等同志同样受到“文革”的影响，错过了德黑兰亚运会等赛事的报道活动。但是，由于国际外交事务的需要，在“文革”中后期，广播电台逐渐恢复了赛事转播节目，不过为了避免带有“锦标主义”“修正主义流毒”的色彩，转播节目在内容和形式上都受到了约束，形成极为特殊的形态。

根据中央人民广播电台前台长杨正泉的回忆，“文革”时期朝鲜派出包括著名运动员朴信一在内的乒乓球队到我国进行友谊表演赛，为即将举办的日本第31届世界乒乓球赛做热身。当时中朝双方商定由中央人民广播电台转播这场比赛的开幕式和比赛实况，转播的指导思想是：贯彻毛主席的革命外交路线，局部服从全局，技术服从政治，比赛服从友谊，将政治和友谊放在第一位。因此，在该场比赛转播中，不能报比分、报结果，可以“讲历史、讲友谊，有许多成就好讲”。具体规定为：

（1）双方打到比分15以前（21分制），彼此相差不超过2分时，可以报比分，相差超过2分时不再报比分；

（2）双方打到比分15分之后，快接近比赛结果了，不再报比分；

（3）每一局的结果不报，最后的总成绩不报，不报输赢；

（4）转播中不能使用谁领先、谁落后这种用语。

结果，几个小时的转播，解说员不能说现场实况，更不敢“口若悬河”地发挥，只好播报事先准备查阅好的写有双方国家政治、经济、文化方面成就的记录卡片；听众则感到费解，纷纷打电话质询“为什么不报比分”“打的什么球，算什么转播”。[②]

由于竞技体育在外交工作中具有重要的联系作用，进入70年代后，赛事转播节目逐渐恢复。但是，在阶级斗争主题的影响下，这段时期的体育解说创作仍然呈现了与其他时期不同的特点。

（一）突出政治，突出友谊，淡化竞技色彩

体育解说本应报道赛况，告知赛事的结果，但是在“文革”时期，运动成绩上的差别、赛事的胜负被认为具有反对“平均主义”、体现“锦标主义”的色彩，是不能在作为阶级斗争宣传工具的传播媒体上发布的。因此，在进行解说创作时，解说员只能避开比赛的赛况，纯粹地为该时期竞技体育的主要功能——对外友好交往服务。在解

① 魏伟：《国际广播电视体育史》，中国广播电视出版社2012年版，第163页。

② 杨正泉：《新闻背后的故事》，新世界出版社2008年版。

说中，围绕赛况的描述减少了，更多的是宣讲比赛双方的友谊、比赛双方所代表的国家取得的政治、经济、文化上的成就。

（二）解说语言存在华而不实的现象

浓厚的政治宣传色彩和对华丽辞藻的追求使解说员在选择和使用词句时存在语言表述与实际情况不符的现象。在某次转播后，周恩来总理对解说提出了批评："庄则栋明明打得不好，却还是说好……什么流星啊，闪电啊……那么多形容词，我都记不清了。怎么打就怎么说嘛，不切实际的吹嘘，把人们都带进迷魂阵了。"①

（三）解说的声音样态沿袭传统，表达友好情谊

尽管目前并没有找到"文革"时期体育解说的音频样本，但是考虑到"文革"时期的赛事转播节目有限，且主要是由中央人民广播电台负责制作，可以推断这段时期的解说在声音样态上仍然沿袭传统。关山指出，"文革"时期"四人帮"用假大空理论强制灌输的播音方式，造成播音员声嘶力竭地喊叫，被称为"高平空"②。不排除这种整体的播音创作样态会影响到体育解说创作的声音形式。

同时，既然赛事转播是配合外交工作恢复播出的，可以推断解说员的情感态度可能是热情友好、不偏不倚的。

三、改革开放初期体育解说创作的发展特点

1978年，党的十一届三中全会通过了改革开放的决议，大众传播媒体和竞技体育又有了新的变化，带动体育解说创作进入了新的发展时期。

对大众媒体来讲，最重要的改变可能要属运行经费来源的多样化。新中国建立后，媒体的运行经费基本上都是由政府拨付的。改革开放后，在政府经费支持的同时，媒体还可以争取其他经费来源。1979年，上海电视台播出了我国第一条电视广告"参桂补酒"，开始了电视广告的经营。同年，上海人民广播电台播出了新时期第一条广播广告"春蕾药性发乳"③。几个月后，中宣部下发《关于报刊、广播、电视台刊登和播放外国商品广告的通知》，允许广播电台、电视台播放外国商品广告。政府认可了媒体广告经营行为，媒体运行的经费来源也由单一的财政拨款逐渐向财政拨款、广告收入及其他服务收入等多元渠道发展，且后两者在整个媒体运营经费中所占的比重日益提升。邢建毅指出，在80年代初，政府财政拨款占广电行业总收入的90%，而在90年代初，这一比例已降到50%左右。④广告收入逐渐替代政府财政拨款，成为广播电视媒体运行

① 魏伟：《国际广播电视体育史》，中国广播电视出版社2012年版，第78页。

② 关山：《播音的传统与改革断想》，《现代传播》1988年第4期。

③《建国六十年中国传媒发展大事一览》，《传媒》2009年第10期。

④ 邢建毅：《论改革开放以来中国广电业的十大转型》，《现代传播》2006年第3期。

经费的主要来源，节目的衡量标准逐渐向收视率、收听率倾斜，即是说，受众对节目的审美需要已逐渐成为确定节目内容、形式的重要因素。

除了经费来源上的多样化，媒体在传播内容上还获得了相对的自主权。在第十一次全国广播工作会议上，时任广播电视部部长的吴冷西提出“扬独家之优势，汇天下之精华”的方针，使广播电视媒体在一定程度上可以自行决定播出内容。这为电视媒体日后引入日本、欧美的电影、电视剧、动画片甚至意甲、英超和美国职业篮球联赛（NBA）等海外竞技联赛提供了政策条件。

此外，改革所带来的经济红利使电视机开始在中国社会大范围普及。数据显示，1981年我国城镇居民每百户的彩电拥有量仅为0.59台，至1990年，这个数字达到59.04台。随着电视机保有量的提升，国家开办了更多的电视台。1983年中共中央《关于批转广播电视部党组〈关于广播博电视工作的汇报提纲〉的通知》，调整了事业建设方针，将原有四级办广播、两级办电视、分级覆盖的方针调整为四级办广播、四级办电视、混合覆盖。1989年国家教委下发《地方教育电视台站设置管理规定》，1990年国务院批准发布《有线电视管理暂行办法》。教育电视台、有线电视台的兴起使全国的电视媒体规模不断扩大。1982年全国共有电视台47座，至1996年电视台数量增至2827座，电视人口覆盖率达到86.2%。

电视机保有量和电视机构数量的增多使电视媒体的社会影响力越来越大，并逐步成为我国主流媒体。在20世纪80年代，我国许多重要的赛事转播都是通过电视传递给人民群众的。

竞技体育在“文革”结束后继续发挥着为国争光和对外交往的功能，在改革开放后的经济快速发展期，竞技体育甚至成为某种推动人们投入生产的重要力量。

20世纪80年代初，中国运动员在国际上取得了许多骄人战绩。首先是女排在世界锦标赛中夺冠；其后中国体育代表团在亚运会上首次超过日本排在金牌榜的首位；1983年朱建华两次打破男子跳高世界纪录；1984年洛杉矶奥运会上许海峰为中国夺得首枚奥运金牌，打破了中国运动员奥运史上金牌零的纪录。有数据显示，自1978年至1986年，我国的体育健儿在世界体育大赛中共夺得200个世界冠军，破119次世界纪录，仅1986年一年，就404次打破172项全国纪录，43人76次破49项亚洲纪录，获得26个世界冠军；有4人1队6次破5项世界纪录，6人6次超4项世界纪录。①竞技体育取得的成绩不仅展示了改革开放后的中国形象，更提振了“文革”后人民群众的生产热情。1983年党中央在报告中批示：“希望我们的体育健儿，特别是冲在前面的乒乓球、女排，一定要保持顽强拼搏、奋勇进取的精神。这种精神是对我国人民建设四化的一种极大的力量。我希望在体育战线工作的全体同志认识到自己的这种光荣作用。”②

① 熊斗寅：《我国竞技体育现状和面临的挑战》，《群言》1987年第6期。

② 谷世权：《中国体育史》，北京体育大学出版社2002年，第384页。

在继续发挥原有职能的同时，竞技体育的娱乐功能显著增强。吴冷西提出的“扬独家之优势，汇天下之精华”的方针使电视媒体获得了很大的自由空间，开放的政策则使国外的许多优秀节目得以进入中国的电视荧屏。这其中不仅包括《来自大西洋海底的人》等欧美电视剧、《阿童木》和《变形金刚》等国外动画片，还包括世界足球锦标赛、意大利足球联赛、英格兰足球超级联赛、德国足球联赛、美国职业篮球联赛（NBA）等国外高水平的竞技赛事转播。由于这些赛事没有中国队参与，受众主要是被精彩的竞技场面吸引，更关注比赛的过程。

80年代，张之由于身体原因不再承担解说工作，退居幕后，为满足日益增加的赛事转播需求，除他的学生宋世雄外，孙正平、韩乔生、蔡猛、宋建生、王泰兴、金宝成等人走上解说席，壮大了解说员队伍，也为我国体育解说的艺术创作带来了新的特点。同时，宁欣1985年调入中央电视台体育部，成为目前已知的新中国首位女性体育解说员。在这些解说员中，宋世雄是这段时期体育解说创作的代表。

在20世纪的最后20年，宋世雄作为中央电视台的首席解说员，先后为奥运会、亚运会等国际大型综合性运动会和足球、乒乓球、篮球、羽毛球、网球、冰球、田径、游泳、体操、举重、武术等国际单项赛事进行解说，并获得了代表中国播音员主持人最高成就的金话筒奖和美国广播电视体育节目主持人协会颁发的最佳国际广播电视体育主持人奖。美国奥委会主席勒罗伊·沃克尔在评价宋世雄时指出：“在中国这个世界上最大的国家（之一），宋世雄先生为把体育节目带给那里的男人、女人和儿童作出了贡献。36年中，他是中国人民的眼和耳；他是世界上最受人尊敬的体育节目主持人之一。”宋世雄在1981年至1986年为中国女排所作的解说堪称经典，深深地影响了那个年代的中国人。

在这段时期，我国体育解说的创作呈现出以下特点。

（一）以描述为主向以背景资料为主转变

宋世雄在1984年和1994年分别解说了洛杉矶奥运会女排决赛和世界足球锦标赛决赛。将这两项赛事的解说文本进行对比可以发现，在宋世雄1984年的解说中，描述在解说内容中占据了绝大部分的比重，基本上都是如“中国队发球，中国队杨晓君发球，美国队一传没有到位，美国队一传没有到位，现在把球再反起，3号位，4号位扣球，中国队双人拦网，球打手以后出界；现在换发球。现在是由美国队发球，现在比分是1:0”这样的话语。但是在1994年的解说中，宋世雄的描述明显减少，代之如“意大利足球队坐镇中间的还是6号队长巴雷西，他尽管膝关节有伤，而且作了关节性的手术，这两天还在逐渐地恢复，而且坚持这场比赛，现在您看到这是巴西队在控制球”这种在叙述间插入评论或背景资料的解说。

这种现象与电视媒介成为社会的主流媒介有关。在电视中，观众可以看到比赛实况的画面，不用解说员再对比赛进程加以描述，这造成体育解说的创作目标发生了改变，即解说员不必再为报道比赛过程费心，而要围绕比赛画面提供各种翔实的背景信息，让受众在看到画面时更加满足和愉悦。在这段时期，世界杯、奥运会、亚运会、意甲、英超、NBA等赛事进入中国观众的视野，由于中国刚刚开放，人们对这些赛事还很陌生，需要在观赏这些赛事时了解规则、技战术、运动员、教练员、赛事历史、文化等相关的背景知识。因此，更多的背景知识就成为解说员要向观众提供的信息。

（二）解说语言的设计和雕琢仍然体现高水准

在改革开放初期，解说员们仍然十分注重对解说语言的设计和雕琢，在遣词造句上注重简洁、准确、生动、形象。宋世雄在谈到他的创作体会时指出："体育转播解说是语言的艺术，它要求播音员精密地、准确地、合乎逻辑地使用语言。明明白白地叙述一件事情，清清楚楚地表明一个观点……作为一个体育播音员最忌的是说糊涂话，最怕的是给听众、观众留下糊涂的影子……转播的语言要准确、简练和生动。"① 他也指出："体育，包罗万象，高难技术和新的战术气象万千。一个体育播音员单单知道一点竞赛规则和一般的技术、战术，做古老、陈旧的公式化的报道，是不能满足听众、观众的要求的。它要求播音员具备丰富的体育知识，还要有形象化的表达能力。"

为此，宋世雄继承了张之等老解说员的学习方法，从文学经典作品中汲取创作灵感和经验。他指出："我读了《水浒》中'武松打虎'就很受启发。作者在描写人虎相遇时，没有赋予武松以任何英雄行为，唯一的就是躲闪：'闪在青石边''闪在大虫背后''闪在一边''又闪在一边'……我在琢磨：如果在体育转播中，也能做到捕捉人物特殊动作，不是能够更好地表现人物形象……后来在中古女排比赛时，我报道梁艳就借鉴了这种手法。我抓住梁艳爱笑的特点，做了描述。我说：'梁艳在3号位扣了一个漂亮的快球，她笑了，笑得那么甜，好像是在自言自语：就这么打。在比赛场上，梁艳打了好球笑，拦网成功了笑，接对方扣球，摔救翻滚以后也笑……'这样，就把她那活泼可爱、浑身充满青春活力的性格展现在听众面前了。"②

（三）声音样态继续保持吐字清晰、情感饱满的特点

在声音样态方面，这段时期的解说也承袭了新中国成立初期的风格特点。尽管已经进入电视赛事转播的时代，但宋世雄等解说员仍然注重快速清晰吐字的基本功。宋世雄指出："体育播音员把运动员记住了，把场上的情况说清楚了，这还不行，还要说得快。这是对体育转播表达技巧的特殊要求……话一说快了，嘴就容易'拌蒜'，播音员就要在平日里念念'绕口令'，唱唱单弦，也可以根据自己的艺术爱好，选择多种多样的锻炼方法，练习吐字发声，严格掌握轻重缓急、抑扬顿挫。"③ 通过这样的练习，在

① 张颂：《中国播音学》，北京广播学院出版社2003年版，第631—632页。

② 张颂：《中国播音学》，北京广播学院出版社2003年版，第634页。

③ 张颂：《中国播音学》，北京广播学院出版社2003年版，第630页。

女排比赛的转播中，宋世雄的声音甚至可以与场上运动员的激烈对抗保持同步。

同时，宋世雄的解说也像张之那样充满饱满的情感。在描述比赛时，他的语气和节奏呈现强烈的起伏，营造激烈的氛围；在介绍背景资料时，他的声音又变得很亲切，体现对受众的尊重；在颂扬运动员、树立榜样时，他的声音又变得饱含深情，表达内心对运动员的崇敬。可以说，他的声音契合了改革开放新时期的时代氛围。当然，在对于比赛双方的情感倾向上，宋世雄也像张之那样谨慎，避免个人好恶对解说创作的影响。

需要指出的是，从声音的创作结果上看，宋世雄与张之极为相似。在这点上，宋世雄也不否认他对张之的模仿。宋世雄说："我从十四岁起，就喜爱听体育实况转播。当时，我被老播音员张之同志那轻快流畅、有述有评的播音技巧迷住了。我记录着他广播时的词汇，模仿着他的声调和语气。"① 进入80年代后，由于赛事转播的数量增加，又有许多人加入体育解说员的队伍。这其中，孙正平、韩乔生、蔡猛、金宝成等在解说的声音样态上都与宋世雄极为相似。可见，在80年代，我国体育解说在声音样态上已形成某种标准，吸引年轻的解说员学习模仿。

四、深化改革时期体育解说创作的发展特点

90年代，随着改革开放的推进和深化，我国社会环境发生了新的变化，新型的体育解说创作方式开始大量涌现，大众媒体也发生了新的深刻变化。

首先，专业化频道在电视媒体中涌现。经济的飞速发展使人民群众的生活水平大幅提高，人们对精神文化层面的需求逐渐强烈。同时，技术的发展扩展了原有电视频道频段的范围，提供了更多可以播放节目的频道平台。在这样的背景下，中央电视台在90年代初期先后开办了经济、文艺、体育、电影等专业频道；随后，北京、上海、广州等各地方电视台相继开办各种专业频道。至2000年，全国的电视频道套数已有1206套②，其中大部分是专业类型的频道。其中，专业体育频道的开办使体育解说员队伍的规模迅速扩大，许多体育记者、退役运动员和体育爱好者都获得了走上解说席的机会。这为丰富中国体育解说的样态风格提供了潜在的可能。

其次，电台、电视台开始实行制播分离的运作体制。这种体制的尝试可以追溯至1993年。邢建毅指出："1993年5月1日开播的《东方时空》是一个板块化、杂志型栏目……《东方时空》的特点是人、财、物相对独立，制片人在用人、支配经费和批准选题上与旧体制比较具有相当大的权力；编导多为聘用人员而不是台内正式职工，能上能下。编导的收入与节目质量挂钩，多劳多得，优劳优酬，彻底打破平均主义的分配方式。台里允许栏目带一块广告时段，栏目的全部费用均来自广告费收入……正是

① 宋世雄：《当好体育爱好者的耳目——体育比赛实况转播散记》，《新闻战线》1980年第3期。

② 于鹏：《电视频道专业化缘何"来来往往"——号脉中国频道专业化之嬗变》，《声屏世界》2004年第8期。

《东方时空》的试点，为中央电视台人事制度的改革提供了有益的经验。此后，人员聘用制度、制片人制在台内迅速推开，取得了很好的效果。”[①]给予制片人更多的权限，栏目全部费用均依靠广告费收入，节目的经济收益极大程度上由代表市场效益的收视率决定。从这个角度看，制片人制与制播分离存在相似性。《东方时空》获得成功后，至2004年，中央电视台以《开心辞典》《艺术人生》《同一首歌》等10个栏目为试点，彻底进行制播分离的改革，这10个栏目自负盈亏，央视对节目组不支付任何制作费，而是提供播出时间和广告段，由节目组和广告公司合作，通过筹措广告实现节目运营。[②]同年，国家广电总局原局长徐光春在全国广播影视工作会议上指出：“要推进制播分离，将广电系统中能够剥离的节目制作部门从现有的事业体制中剥离出来推向市场，与社会各类影视节目制作发行机构成为公平竞争的市场主体。”[③]管理者对制播分离体制的明确肯定，对媒体市场主体角色和地位的强化，使电台、电视台在传播内容和形式设计上更加向受众需求倾斜。

再次，电台、电视台以地域为单位组建传媒集团，推行集团化改革。2000年，原广电总局下发《关于广播电影电视集团化发展试行工作的原则意见》，明确规定了广播电视在以宣传为中心的前提下，“可经营其他相关产业，逐步发展成为多媒体、多渠道、多品种、多层次、多功能的综合性传媒集团”。2001年，中办、国办又发出《关于转发中央宣传部、国家广电总局、新闻出版总署〈关于深化新闻出版广播影视业改革的若干意见〉的通知》，对组建广电集团的指导思想、原则、体制、融资等作了全面规定。[④]这些文件均体现了政府对媒体市场角色和地位的肯定。

竞技体育同样发生了深刻的变化。此前，竞技体育的主要作用是振奋民族情感，促进对外交往。改革开放初期，随着世界高水平赛事转播节目的引进，竞技体育在娱乐受众方面的功能逐渐显现。至90年代，体育总局尝试将国外的联赛体制作为提升运动水平的手段运用在国内的竞技训练中。1994年，中国足协在北京西郊红山口召开会议，决定对国内的足球联赛赛制进行职业化改革，改革主要有两个目的：其一是响应党中央改革开放的号召，在竞技体育领域开辟试验田；其二是利用职业化联赛提升中国足球的水平，在国际赛事中取得优异成绩，彰显民族强大，团结凝聚民心。

尽管职业化改革仍然是为了提升运动水平，继续发挥竞技体育在为国争光、友好外交方面的价值，但是职业联赛毕竟与原有赛会制的足球联赛有所不同。最重要的不同之处在于，维持职业联赛的运营需要联赛提供精彩的竞技体育表演，吸引观众到现场掏钱看比赛，或者电视台愿意掏钱购买高价的转播权，这客观推动了我国的国内体育联赛向追求“观赏性”的方向发展，增强了赛事转播节目娱乐受众的功能。

---

① 邢建毅：《对中国电视业改革与转型的思考》，《现代传播》2003年第1期。

② 李新：《广播电视制播分离的规划和推进》，《广播电视技术》2006年第1期。

③ 李新：《广播电视制播分离的规划和推进》，《广播电视技术》2006年第1期。

④ 李景成：《中国广电集团化进程与多元化经营的战略选择》，《决策参考》2004年第7期。

在20世纪90年代至21世纪初，国内足球联赛体制的改革和北京申办2008年奥运会的成功，先后在社会上掀起了两股体育热潮，观赏赛事转播逐渐成为老百姓享受闲暇时光的重要选择。

社会环境的改变引起了体育解说领域的新变革。

这段时期，由于赛事转播数量急剧增加，体育赛事解说员队伍的规模也不断扩大，涌现了许多新人，比如央视的黄健翔、刘建宏、段暄、杨健，地方台的魏翊东、王异等。他们在各自的解说席上展现不同的创作特点，极大丰富了我国体育解说的风格样态。在他们当中，尽管黄健翔在“解说门”事件中存在严重失误，但不可否认，他在这段时期里对全国观众的影响是非常巨大的。

1995年，黄健翔解说央视美洲杯足球赛，获得巨大成功。自此之后，他在1996年奥运会男足预选赛、欧洲杯足球赛以及德甲、意甲联赛转播中对足球比赛的深刻解析并伴随激情喊叫的解说样态成为许多崇拜者甚至从业者的模仿对象。在这段时期，黄健翔成为电视观众非常喜爱的体育解说员。与张之、宋世雄等前辈不同，黄健翔正式开启了体育解说的新的创作方式，即以战术讲解、评论和背景资料的介绍为主要内容，语言中带有明显的情感色彩。

还要注意的是，在这段时期，专业频道的开设使电视台可以播放更多的赛事转播节目，体育解说员逐渐由之前的“全能型”向“专业型”转变，即不再由一人承接全部运动项目的解说工作，而是由不同的解说员专门负责解说少数几个项目的比赛，比如黄健翔只负责说足球，于佳只负责说篮球，洪刚主要说足球，杨健主要说田径等。在那些观众比较喜欢的运动项目中，解说员可能还会有更细致的分工，比如黄健翔主要说德国和意大利的足球甲级联赛，贺炜主要说西班牙的足球联赛，刘建宏主要说国内的足球联赛等。

在深化改革时期，我国体育解说的创作呈现出如下特点。

（一）更加侧重专业的解读和评论

实际上，张之早年已经提出，在电视体育解说中应该“少叙述、多评论、经常穿插背景资料……更需要评论性的内容”[①]。但这种变化出现于90年代中期，主要是由于媒体在赛事转播中更加重视受众体验。

在赛事转播中，单纯的描述和背景资料的介绍已不能满足受众需求、给予受众愉悦体验了。因此，解说员需要在赛事转播中提供新的内容，以娱乐受众。正如前文所述，围绕比赛过程和结果的解释和评论可以实现这样的目的。此时，黄健翔正好可以为受众提供这方面的内容，这得益于他对足球运动的深刻认识和对足球运动员的充分了解。在谈到他在央视的首场解说时，黄健翔指出：“那是95、96年的一场阿贾克斯

① 张之：《球赛实况转播札记》，《现代传播》1980年第2期。

队的电视录像比赛……那帮球员现在大都在欧洲一些大俱乐部里。当时都才十八九岁，非常可爱。在他们还未成名之前，我对他们已经相当了解。比如克鲁伊维特、奥维马斯等等。"[①] 他对足球运动的深刻理解也得到同行的肯定。孙正平指出："体育记者做体育节目主持人对我们是一个挑战，记者们在某一方面有专长，对其所爱好的那一项，水平要比我们高……黄健翔则专攻足球一门，别人无法与之相比。"[②] 媒体为满足受众，需要在赛事转播中提供更为专业和深刻的见解，这正是黄健翔擅长的。在这种情形下，尽管从未受过体育解说的专门训练，黄健翔仍然走上了解说席，并引领了我国体育解说整体风格的转型。

需要指出的是，这段时期媒体管理者仍然强调赛事转播的宣传功能。当时的国家广电总局副局长吉炳轩指出："我们所有的宣传，包括体育节目，都要特别强调维护安定团结的稳定局面，不能因为我们在导向上不慎而诱发矛盾，不能因为我们的工作出问题而造成心理矛盾或激化矛盾。"[③] 但以黄健翔为代表的年轻解说员却并没有正确意识到赛事转播的宣传属性。在黄健翔的认识中，媒体的宣传或许只是"说话要比较谨慎一点"。

（二）遣词造句的整体水平下降

这段时期，受众对体育解说的需求有所变化，他们不再只关注过程，更需要获得专业的知识和分析评论。这样，解说员的行业标准也有所变化，语言基本功不再像以往那样被重视，对比赛项目有深刻专业的认识和理解成为解说员的首要标准。北京广播学院的李强指出："解说员的解说要达到专业型解说的水平……1. 通晓竞赛规则及裁判法；2. 对技术、战术的术语表达准确；3. 熟知各种技术和战术的特点；4. 了解技术和战术训练的方法和过程；5. 具有分析、概括比赛的能力。"[④] 这造成许多人不再按照张之、宋世雄设立的标准锤炼业务，而是开始模仿黄健翔等人，在央视《挑战主持人》和两场解说员选拔大赛的选手身上，都可以看到这种模仿的痕迹。部分主持人在追求内容的深刻和专业性时，忽略了在语言文本层面的设计和塑造。

同时，这段时期央视及地方媒体纷纷成立了专门的体育频道，全国解说员队伍规模也由此扩大。由于当时我国还没有专门培训解说员的机构，这支队伍中的新人或是从事体育报道的记者、编辑，或是毕业于播音专业或体育专业的学生，或是社会上的体育运动爱好者。在走上工作岗位前，他们所接受的专业训练不尽相同，对体育解说的认识也有差异。许多解说员并没有意识到，他们的语言是代表国家和地方形象，因

① 李升科：《追求新时代的体育解说风格——记中央电视台体育节目主持人黄健翔》，《新闻战线》2000年第3期。

② 孙正平：《电视体育工作者面临的挑战》，《中国记者》1996年第3期。

③ 孙正平：《体育节目主持人如何提高自己的综合素质》，《电视研究》1999年第12期。

④ 李强：《专业型解说——电视直播体育比赛的解说原则》，《中国广播电视学刊》2000年第1期。

此，尽管孙正平等解说员仍在强调语言创作的重要性，但许多年轻的解说员已不再重视提高自身的文学修养，甚至有的解说员并不认为语言文本的创作需要简练，或不能使用土语方言。比如说上海台的唐蒙在解说西方足球联赛时，总要称呼外国运动员的全名，即使这样会使语言更加冗长；大连台的焦研峰在解说本土球队的比赛时，经常在语言文本中加入方言词语。还有的解说员只是在使用日常习惯的说话方式，对语言文本不加雕琢。这些都造成我国体育解说遣词造句的整体水平下降。

（三）有声语言基本功整体水平下降，创作上盲目模仿，情感表达欠分寸

正如上文所述的原因，这段时期解说员对有声语言创作的基本功也没有给予足够的重视。在许多赛事转播里，解说员作出大量的评论和解释，却很少考虑声音的音色是否与比赛氛围相适，节奏的安排是否与比赛节奏相配。换句话讲，许多解说员缺乏设计和控制声音使之为比赛增添色彩的创作意识。在比赛极为激烈快速时，他们的声音沉重缓慢；在比赛优雅舒缓时，他们的声音高亢兴奋，解说的声音没有与比赛合上拍。与张之、宋世雄时代相比，这段时期赛事转播的有声语言创作水平整体不高，解说员的基本功较弱。许多解说员存在吐字不清、声音嘶哑、喊破的情况，有些解说员甚至在转播中咳嗽。在普通话语音上，不规范的使用处处可见，黄健翔就经常将“即使”念成“既使”。在用声上，解说员存在明显的喉紧或噎哑问题。

除基本功较弱外，这段时期我国解说员还经常将西方解说员的声音表达形态硬搬到汉语普通话的解说中。改革开放使我国媒体从业人员和人民群众可以更多地接触到海外体育解说的创作作品。由于习惯了张之、宋世雄等人的解说风格，欧洲解说的典雅、美洲解说的疯狂让国内受众感到新鲜。特别是这段时期刚刚走上解说席的解说员，对国外的体育解说较为推崇，认为西方体育解说的创作是好的，甚至认为我国体育解说之所以比不上西方的解说，是由汉语普通话的特点决定的。刘建宏在接受媒体采访时指出：“拉美的解说员一看球进了他就‘goal……’，长音就开始了。欧洲的解说员们会有一些程序性的解说，比如进了一个特别漂亮的进球，他们会说‘what a goal’，翻成汉语还真不好翻译。而我们呢？就只有‘球进了！’。大点声，语气重点，到头了。”①尽管这种见解是我国解说员对民族语言的审美标准认识不够、自信不足造成的，但解说员对西方解说形态的认同，使得他们在解说创作时有意识地尝试用西方的创作方式进行表达。比如黄健翔、焦研峰等人，都曾在足球比赛转播中模仿南美解说员的长音，将“球进了”中的“了”字拖得很长。这种尝试使这段时期我国体育解说的声音创作形态更加复杂。

需要指出的是，这段时期解说员的角色正在悄悄地发生转变。黄健翔留给受众的是具备丰富知识、对比赛充满热情的球迷形象，这与宋世雄的“导游”形象存在差异。

---

① 刘建宏：《“语录”证明有人无知　世界杯在中国是闹剧》，新浪体育，2010年7月31日。

主要不同点在于，后者肩负媒体的宣传职能，不能在比赛中掺入个人情感，在导向上要与党的政策、方针相匹配；前者则将个人情感融到解说创作中，根据个人的好恶确定解说语言的基调。这使得在黄健翔和许多解说员的声音创作中，经常呈现没有任何控制的嘶喊，甚至喊破，在这些解说员的声音中充满带有倾向性的情感态度。

五、创新探索新时期体育解说创作的发展特点

近些年，互联网技术飞速发展，新媒体逐渐崛起。北京奥运会的成功举办让人们对竞技体育的功能价值有了新的认识，以互联网技术为基础的电子竞技成为我国正式体育项目中的新成员。这些都激发了我国体育解说创作方式和样态的多样化发展。

自2007年至今，互联网技术有了新的突破，特别是网络视频技术的发展，使互联网用户可以更快捷、更顺畅地观赏直播或录播的视频。这使得互联网逐渐成为受众接受视音频信息的新主流媒介。同时，互联网技术的飞跃发展使许多互联网、移动互联网公司逐渐壮大，开始从单纯提供技术转向传播内容，比如腾讯、新浪、乐视、阿里等网络信息技术公司纷纷组建内容团队，从电台、电视台挖掘经验丰富的策划、编辑、播音员、主持人，制作各种节目。这其中也包括赛事转播节目必不可少的体育解说员。近些年，有很多解说员从传统媒体转到新媒体工作，还有许多新的解说员在新媒体的平台上找到了机会。雄厚的资本使新媒体公司可以在转播权的竞争上与传统媒体抗衡，比如腾讯体育便获得了NBA的转播权。

在竞技体育方面，北京奥运会的成功举办使体育与我国人民的生活深刻融合。除了更加频繁地参与健身活动外，在许多城市，观看中国足球超级联赛（中超）、中国职业篮球联赛（CBA）、英超、NBA等联赛转播，已经成为许多人度过周末时光的必选方式。竞技体育成为人们茶余饭后、交际应酬的热门谈资，甚至央视的《新闻联播》也时常播发各种赛事新闻。人们对竞技体育的关注空前高涨。当前，竞技体育的价值更多地体现在娱乐受众，帮助人们消磨闲暇时光等方面，这对赛事转播节目及解说员提供娱乐的本领提出了更高的要求。同时，竞技体育在这段时期也成为某种文化象征，将不同的人划入不同的社交群体，互联网技术在其中发挥了重要作用。在新浪微博中，明星运动员的微博会聚拢成千上万的粉丝；在腾讯QQ和微信上，人们以某个运动项目、某位运动员为主题，各自建立网络虚拟群，逐渐的，加入某个社交群体，甚至成为融入某个城市、进入某个社会阶层的标志。比如中超联赛和CBA的球迷协会就经常被视为球队主场城市原住民的群体。在这种文化的推动下，不同地方媒体或网络媒体的解说员在比赛中显现出更加鲜明的倾向性。此外，互联网技术的发展推动了新兴竞技运动——电子竞技的崛起，这为赛事转播和解说开辟了全新的领域。

但是，可以发现，近些年没有哪位解说员可以像之前的张之、宋世雄和黄健翔那样，在全国受众中产生广泛的影响，其中的原因是多方面的。首先，在资讯传播高度发达的时代，受众掌握的竞技体育知识越来越多，甚至超过了解说员。在转播中提供

令人信服的评论和深度专业的解释，已经越来越难。同时，受众观赏赛事转播的渠道也更加多样。当前，许多人不再通过央视体育频道观看英超、意甲、NBA等精彩联赛，腾讯、新浪、乐视成为新的收视选择。这样，个体解说员的受众群也会因此被分流，其影响范围自然也会减小。

转播渠道的增多，队伍规模的扩大，使我国的体育解说创作呈现多种风格并存的状态，决定了这段时期体育解说创作的特点。

（一）评论和解释减少，背景资料和话题讨论增多，存在低俗内容

“解说门”事件使人们开始关注转播中解说员的情感态度对社会舆论的影响。此后，解说员在转播中的评论更趋谨慎，鲜有针锋相对、措辞强硬的言论。在有些转播中，解说员甚至极少对比赛进行评论。同时，受众积累的体育知识越来越多，在观看赛事转播时，不再需要解说员对基本的规则、技战术打法做解释。特别是如今的转播基本上都是由解说员和解说顾问合作完成的，有深度的评论和专业性的解释往往交给解说顾问，在解说员的创作中，这两项的比重就减少了。中央电视台体育频道原总监江和平指出：“评论”的责任应该交给评论嘉宾来完成，因为解说员不管具有怎样的专业造诣，也毕竟不如重量级嘉宾对赛事和赛事中的人物更有发言权，解说员的要求就是：传输信息、传递感受、传播激情。①

专业性的评论和解释减少后，解说员通过提供更多的背景资料与话题讨论充实解说内容。比如目前比较受足球迷欢迎的詹俊，在解说时很少像黄健翔那样对比赛进行深刻的评论和解释，他提供大量关于英超联赛的历史资料，增加联赛的文化感和厚重感。还有些解说员，在比赛中抛出许多赛场外话题，与解说顾问边看比赛边讨论。

由于没有规范权威的解说模式，不同解说员在创作思路和方向上并不相同。有些解说员甚至不再考虑赛事转播的目的，脱离媒体宣传要求、受众需求等解说创作的制约因素，完全按主观意愿进行创作，处在“自我陶醉”的状态。在某些新媒体的赛事转播中，有些解说员在内容中加入了黄色笑话、性暗示等素材，使整个解说创作的品质大打折扣。

（二）语言文本创作水平参差不齐，网络流行语渗入解说语言

不同的解说员语言文本创作的水平不同。有些解说员的语言文本拖沓冗余、欠缺规范，存在明显的语法错误，甚至还有脏话；有些解说员的语言则呈现极深的文化功底。仍以詹俊为例，他的语言创作非常有灵性，有时他会对我国古典文学中的词句进行修改，赋予其风趣幽默的色彩，比如“这位加纳国脚，额有朝天骨，眼中闪灵光，简直就是雷公下凡，金刚在世”“换帅后的曼城磨刀霍霍向‘老狼’”。

---

① 江和平：《央视形象中国声音——浅谈伦敦奥运会的主持、解说与评论》，《现代传播》2012年第10期。

新媒体的崛起也对语言文本的创作产生影响。许多网络流行语进入解说员的视野，被加入到他们的创作中。比如“这场球要取胜，主教练表示压力山大”“这次世界杯外围赛，中国队又打了回酱油”“人们关注卡纳瓦罗，因为他颜值高”等。

（三）声音创作呈现多样化，形象塑造受重视

在这段时期，解说的声音创作存在多种样态。孙正平、金宝成、韩乔生依然沿袭了张之、宋世雄的语言特色；王泰兴坚守着娓娓道来的播讲风格；在央视，刘建宏、段暄、洪刚、杨健、申方剑、贺炜、于嘉等人各自形成了具有鲜明辨识度的声音样态。在地方台，魏翊东略低沉的声音呈现儒雅的北京特色，焦研峰带有方言口音的解说也凸显了大连球迷的风采。在新媒体中，詹俊对气息的控制力强，且擅长使用对偶诗句进行点评，使他的声音充满气势和灵动；苗霖带有评书风味的语言创作，在网络媒体中极具特色。

六、历史环境对体育解说艺术创作的启发

（一）体育解说的艺术创作受到时代环境和技术发展水平的影响

竞技体育、赛事转播、体育解说三者存在逻辑上的连续性。竞技体育充满悬念、富含娱乐元素且具有地域、民族的象征性，因此对人们有很大吸引力；由于比赛场地有限，现场售票的方式往往不能满足全部受众观赏竞技赛事的需求，此时媒体作为跨越时空的信息载体，会通过赛事转播的方式满足不能到现场的人们的观赏需求；在赛事转播中，体育解说员通过有声语言对比赛进行描述、解释、评论、抒情，提供背景资料，与受众互动，将受众拉入虚拟的“比赛现场”，强化受众的体验，使赛事转播充分发挥它的传播功能和价值。可见，人们如何界定竞技体育的功能决定了赛事转播需要完成的任务，赛事转播需要完成的任务又决定了体育解说员在转播中说什么、怎么说。

同时，随着技术的发展，人们接收信息的主流媒介也在不断变化，媒介的不同自然又引起媒介传播活动在内容和形式上的差异。

姚喜双指出：“播音是时代的艺术……不同时代的政治、经济文化、人们的实践活动、社会思潮、价值观念、审美追求，对播音风格都会产生强烈的影响。”[①] 在新中国近70年的发展中，人们对竞技体育的认知经过了从为国争光到“锦标主义”，从为外交工作服务为主导到为娱乐受众服务为主导的过程；赛事转播的功能和价值则经过了由振奋民族情感到宣传阶级斗争，从传讲国际友谊再到娱乐受众的过程；同样，社会的主流媒介经过了由广播到电视，再到互联网的过程；解说员的创作则由以描述为主到以

① 姚喜双：《播音学概论》，北京广播学院出版社1998年版，第158—159页。

解释、评论和背景资料的介绍为主，再到多样化发展的过程。从这个角度上，新中国历史上呈现的各种体育解说的创作形态便可找到产生的缘由了。

（二）任何时期的体育解说都具有引导公众舆论的责任

从新中国成立初期至改革开放初期，老一辈的体育解说员张之、宋世雄都格外注意体育解说内容和形式上的导向性。但是自深化改革时期至今，很多解说员越来越重视解说创作的“娱乐性”，忽视甚至贬低解说创作的“新闻性”，好像赛事转播的娱乐功能变得重要了，体育解说便完全不用考虑其新闻功能了。这样的观点是错误的。

首先，从大众传播的角度讲，无论传播者是有意还是无意，在大众媒体平台上表达的任何言语，都可能给受众带来认知、情感、态度上的改变。如今许多青少年都喜欢模仿所崇拜的体育解说员，试想，当他们在模仿解说员的“声音”时，解说员的言辞以及背后所暗藏的价值取向是否同样会被青少年“模仿”呢？“新闻性”是大众传播活动固有的属性，并不以传播者的主观意志为转移。美国学者梅斯纳、邓肯和扬森指出：“体育赛事是由媒介精心建构的。建构它的核心人物是解说员和技术人员……受众在阅读体育文本的时候，实际上是在解读被建构的创作文本。”[①]可见，无论赛事转播的主要功能是什么，解说员必须有意识地引导舆论、掌控舆论，才能胜任工作；如果轻视或无视传播中的“新闻性”，只会造成社会意识形态的混乱，是配不上解说工作的。

其次，从竞技体育的角度讲，作为人类社会“竞争的缩影”，竞技体育的赛场便像个迷你的社会，展现了人与人竞争中的善与恶、智慧与诡诈、崇高和卑劣。它用现实的情境教导人，特别是青少年，如何面对竞争，如何面对胜与败，如何面对苦练的果实与舞弊的诱惑。澳大利亚悉尼大学文化与社会研究所教授大卫·罗指出，体育可以使一国的民众，无论在阶级、性属、民族、宗教、地域或其他身份认同方式上是否有所不同，都能产生强烈的作为同一国民的“集体意识”。[②]这使得竞技体育不仅作为“个人奋斗”的代表，更成为民族和国家的象征。在进行体育解说时，画面表达了上述象征意义，解说员却熟视无睹，继续说笑话迎合受众，显然是对竞技体育文化厚度的浪费。

尽管当代赛事转播节目的娱乐属性大大提升，好像体育节目与传统的时政新闻已经走上不同的道路，但是大众传媒的属性以及竞技体育的属性都要求赛事转播节目和体育解说员的艺术创作仍然保有新闻的属性。在美国，竞技体育一贯被当作娱乐产业看待，但是在“9·11”事件后的第19届冬季奥运会中，爱国主义成了美国媒体的基调，在全程的赛事报道中，报道者纷纷以弘扬爱国主义为切入点，刻意渲染美国队的战绩，并以此向世界传达这样的信息：尽管美国的世贸中心和五角大楼遭到了袭击，

---

① 魏伟：《体育解说论》，中国广播电视出版社2013年版，第2页。

② 大卫·罗：《体育、文化与媒介——不羁的三位一体（第2版）》，吕鹏译，清华大学出版社2013年版，第26页。

但是美国人民强大的爱国精神和团结凝聚力不可动摇。

（三）体育解说的艺术创作需要科学理论的指导

相对于新闻播音活动在我国的传承和发展，体育解说创作的道路更加曲折。这不仅表现在“文革”时期体育解说所呈现的畸变形态上，还表现在近70年的发展过程中，我国体育解说创作的风格演变并没有呈现完全的连续性。

体育解说的艺术创作是有规律可循的。面对赛事转播的画面，说什么、怎么说存在效率不等的组合。解说员需要以最快的速度判断出哪种内容和形式的组合能够最高效地实现赛事转播的功能和价值，判断的标准即是艺术创作的规律。

但是，早期中国播音学理论的探索主要是围绕新闻播音和文艺播音的实践展开，围绕体育解说创作规律的探索只有张之、宋世雄等前辈解说员留下的数量有限的论文。在改革开放后，播音员、主持人队伍规模急速增长。由于有科学理论的指导，其他类别的节目在选用播音员、主持人方面能够有较为集中的规范标准，在风格演变的过渡上体现了更明显的连续性。但是在体育解说领域，由于缺乏科学理论的指导，在人才选拔和使用上存在不同的规范标准，有的以声音样态为标准，有的以知识储备为标准，不仅破坏了风格演变上的连续性，更为实践创作带来隐患，比如黄健翔在2006年世界杯中的解说事故、周亮在2014年足协杯中的解说事故等。正是科学理论的缺乏才造成深化改革时期解说员对西方解说创作方式的盲目模仿。

科学理论的缺乏还给我国体育解说人才队伍的梯队建设造成阻碍。目前中国播音学的相关理论已经可以指导大部分播音员、主持人基本技能的培养，但是由于缺少相应的理论，体育解说人才的培养目前仍处于尝试性的阶段，缺少效果显著、普适性强的训练体系。

体育解说是在大众传播平台上即兴的有声语言创作活动。相较于新闻播音，它具有更多的不确定性，因此它的行业标准、人才培养标准和选用标准需要更加严格，才能保证赛事转播任务的平稳完成。这要求学界和业界在中国播音学理论知识的指导下，尽快完成体育解说的理论总结工作。

电视字幕发展史初探

中国社会科学院研究生院　许　璐

摘　要： 改革开放40年来，伴随着中国电视事业的快速发展，电视字幕的样式、形态、表现手段、技术等层面经历了从单一发展到繁荣发展的三个阶段。本文梳理了中国电视字幕从最初发展到快速发展的关键时间节点，并对每一个阶段电视字幕发展的代表性事件进行盘点，总结和概括了每个阶段电视字幕发展的主要特征，展示了中国电视字幕的发展历程，侧面佐证了改革开放40年来中国电视事业的繁荣昌盛。

关键词： 电视字幕；历史；发展阶段

电视字幕同中国电视事业一起，受到包括政治、经济、文化、科技等多方面的影响，经历了最初的单一缓慢发展时期，到改革开放后的高速发展期，再到新世纪的全面发展期。字幕的发展不仅是电视产业发展的结果，同时也是社会进步的产物。划分字幕发展阶段的依据可以是政治的发展、科技的发展，但与字幕关系最为密切的还是电视产业的发展，因此，根据中国电视的发展阶段，本文将电视字幕的发展史简要划分为以下三个阶段。

一、1958年至1983年，人写手控电视字幕阶段

电视字幕是伴随着中国电视的发展而产生和发展起来的，其创作来源于早期的电影。字幕的使用最初出现在电影中，尤其在默片时期被广泛使用。乔治·萨杜尔在《世界电影史》中指出，字幕在无声片中占据着极其重要的地位，并且常常是撇开影片作者来写的："卓别林的短片在法国发行时，总是要比在美国上映时长三四十公尺，这是因为巴黎的发行商们出于增加收入的目的，用一些俏皮话或愚蠢的笑话来使影片变长。但是如果影片没有字幕，那就会使一部影片意义不明，或者会改变它的美学效果。"他还提到当时人们为了节省胶卷，只在洗印影片时才把印在纸板上的字幕拍下来。早期的电影字幕为后来电视字幕的形成提供了参考和借鉴。

自1936年英国播出了最早的电视节目之后，法国、美国、苏联等国在20世纪30年代末期相继开办了电视台。到了50年代，电视在世界各国迅速发展，成为技术先进国家新闻娱乐和群众文化生活中新兴的传播媒介。

中国电视的筹备工作始于1953年。当年中央广播事业局派遣干部出国学习电视技

术。1955年2月5日，中央广播事业局向国务院提出计划，拟于1957年在北京建立一座中等规模的电视台。周恩来总理于当月12日批示："将此事一并列入五年计划讨论。"从此，新中国的电视事业进入了孕育期。为了学习和借鉴国外办电视的经验，中央广播事业局派出北京电视代表团，于1957年12月赴苏联和民主德国考察访问。

1958年5月1日晚上7点钟，北京上空出现了中国电视节目的信号，一幅以广播大楼为背景、映衬着"北京电视台"台名的画面展现在电视屏幕上。新华通讯社为此发出电讯："中华人民共和国第一座电视台——北京电视台已在5月1日开始试验广播。"中国的电视事业诞生了。当晚试验播出的节目有：《工业先进生产者和农业合作社主任庆祝"五一"节座谈》、新闻纪录影片《到农村去》、诗朗诵《工厂里来了三个小姑娘》、舞蹈《四小天鹅》《牧童与村姑》《春江花月夜》以及科学教育影片《电视》。从这些播出的节目来看，初建的电视台自办节目的能力很低，主要靠电影厂和文艺演出单位的支持，因此，电视字幕也可以说是电影字幕的一部分。

沿用电影的制作方式，北京电视台建台初期的电视字幕也仿照电影字幕的表现方式和制作手法来进行创作。早期的电视字幕主要用于节目的标题以及片头片尾，在早期新闻节目中运用得最多。《图片报道》是中国电视新闻的最初形态。1958年5月15日，北京电视台第一次播出了自办的电视新闻节目《图片报道》，介绍了制造小轿车的情况，节目长约4分钟。《图片报道》的稿源，有的来自新华社，有的是电视台记者自己拍的，播出时由播音员解说图片内容。《图片报道》属于电视新闻片，是各电视台建台初期电视新闻的一种主要的报道形式。电视新闻的另一种形式是《简明新闻》。这是一种口语形态的消息类新闻节目，始于1958年11月2日，稿件由中央人民广播电台新闻部提供。这类新闻节目安排在晚间电视节目结束前播出，由中国第一位电视播音员沈力在演播室出图像直播，每次约5分钟。由于直播口语形态的新闻节目稿源有保障，制作播出程序简单，所以基本上可以做到每次播出时都有《简明新闻》。在制作电视新闻片时，记者使用16毫米反转胶片拍摄新闻素材，冲洗后剪接成完成片。在每条新闻之间接上空白胶片，以便在空白胶片放映时间内，在电视屏幕上显示新闻的标题字幕。播出时，在机房的墙上挂一张白纸，作为小型银幕，将新闻片图像放映在银幕上，用一台摄像机对着银幕上的图像，另一台摄像机拍摄事先写好的字幕，由导播在导播台上切换，观众在屏幕上看到的则是字幕后即出新闻片的一个连贯的整体，这种新闻每条约两三分钟，每次播出约三四条，总长10多分钟。

早期电视字幕的制作由从事电视美术工作的人员来完成。北京电视台建台初期，从事电视美术工作的专业人员仅五六人，由原从事过舞台美术、其他美术专业和擅长书法的人员组成。随着电视事业发展的需要，北京电视台开始调入电影学院美术系、戏剧学院舞台美术系和美术院校的毕业生从事电视美术工作。此时的电视字幕是电视美术工作的重要组成部分之一，它不仅用于标题、说明，也是播出中"串联"节目的重要一环。建台初期，电视字幕的制作方法完全照搬电影厂的做法，将字幕用白广告色书写在40厘米 × 30厘米大小的玻璃板上。日常播出的《电视新闻》《图片报道》《国际新闻》《少年儿童节目》《戏曲晚会》等均需用大量字幕串联。每次播出时，值班的美工都要抱一大摞写好的字幕玻璃板到直播现场，既笨重又不安全，稍有不慎就会给播出工作造成不良影响。因此，照搬电影厂的做法是不符合电视直播要求的。根据电视屏幕小、直播条件多变的特点，电视美术工作者经过不断实践和摸索，制作出了轻便、灵活、多功能的"圆盘式活动字幕架"。这一工艺的改革，不仅使字幕工作效率有了明显的提高，而且在播出中可以根据节目的内容和需要转换字幕的形式，使电视美术在"电视化"上迈出了可喜的一步。

综上所述，早期的电视字幕，功能较为单一，只是简单地起到传递信息和提示作用，一般用于表现栏目标题和新闻标题，有时也用于节目中的"串联"以及显示节目的演职人员表。呈现方式较为简单，直接呈现在屏幕中央，没有特效的使用；在字体的使用上，一般沿用电影字幕中的美术字，由美术工作人员手写完成。1973年，彩色电视试播后，电视美术进入了一个崭新的阶段，电视字幕也随之有了新的发展。电视美术设计人员一方面要认识屏幕色彩的特性和规律，兼顾黑白电视接收效果；另一方面，在制作字幕时，要考虑到字幕的整体设计，考虑字幕形态与屏幕的搭配。

在电视初期发展的这20多年中，电视字幕的功能逐渐增多，字幕的制作手段也在不断创新，但总体而言，字幕在这一阶段的发展较为单一缓慢。

二、1983年至1995年，字幕机引入，电视字幕迅速发展

进入80年代后，大量高新技术应用于电视设备的生产，促进了电视节目制作工艺的迅速发展，在电视节目制作中出现了多种视频信号处理器件及设备，如数字式帧存储器和数字视频特技等，应用这些设备编辑、制作、加工各类电视节目，使电视节目形式更加生动活泼，出现许多令人惊奇的效果。1983年，中央电视台从美国购进一台数字特技设备，并在1984年建成了一个数字特技机房，配置一台带有三级切换和二级下游键的高级视频切换台和高质量录像机，利用数字特技对电视节目进行制作加工。使用这套数字视频特技设备对电视节目进行编辑、制作和加工，电视图像可以旋转、变形、拖影，显示运动物体在行进中的轨迹，实现了镜像效果和马赛克效果。同时，还可以在图像的任何部位加入白色或各种颜色的字及空心字幕，可以把一幅图像镶嵌到另一幅图像中。

1984年，中央电视台和杭州自动化研究所合作，开发出以解决唱词字幕问题为主要目的的第一台汉字字幕机，结束了人写手控的历史。随着微机汉字处理技术的发展，出现了以通用计算机为基础的字幕机。到80年代末，出现了10余种功能大致相同，可显示多种色彩的字幕机。自1989年以后，由于图像处理技术的引进，特别是专用图形显示技术、软件的引进和微机的普及，字幕机的发展进入了第二个发展阶段。其特征是在原有的基础上增强了作图功能，硬件环境也更加完善。1990年以后，由于图形制

作软件的发展和计算机硬件性能的提高，字幕机原本的含义退居次要地位，图形创作和电子绘画功能发展起来，开始进入电子动画制作技术的发展阶段。这一阶段的字幕机主要有以下几种类型：

（1）普通字幕机。以制作字幕、片名、新闻插播为主，普遍采用矢量字库，占硬盘空间小，字体丰富，字形优美，字型饱满，边缘光滑，高倍放大后也没有瑕疵。

（2）特技字幕机。除了能作字幕外，还具有简单的特技功能，包括字幕特技（字幕的飞拉、旋转、变形等）和电视画面实时处理功能（马赛克、油画等）。

（3）图文创作系统。主要强调了电视画面上叠加文字、图形和抠像功能。

（4）动画字幕机。除了字幕功能外，还具有制作动画的功能。随着计算机技术的发展，电视加入二维动画和三维动画已十分常见。如DS三维动画软件就可以描述极为广阔和复杂的空间。

随着电视技术和电视字幕技术的快速发展，电视字幕在呈现上也有了新的特点，主要表现在以下两个方面。

（一）字幕的功能越来越多样

首先，字幕说明提示的功能加强，用于说明介绍的字幕在电视画面中越来越常见，字幕不仅广泛用于节目标题、片头片尾中，节目中的人物同期声也逐渐配上提示性语音字幕，字幕也常被用来说明节目中的时间、地点、背景等信息。电视从业人员越来越意识到字幕在电视节目中不可替代的作用，从这一时期能查阅到的电视节目中可以发现，电视字幕的使用是呈递增趋势的。1983年，中央电视台播出电视系列片《话说长江》，掀起了观众的收视热潮。这部电视专题片强化了标题字幕的作用，且多处使用字幕来对片中出现的地点进行说明和提示，字幕的功能得到了新的拓展。在每集片头，先呈现“话说长江”的标题字幕，接着打出“电视连续节目”的字样，随后呈现每一集的标题字幕，从节目标题到栏目标题再到小标题，说明制作者认识到了标题字幕的功能并对其加以充分运用。节目中出现的每一处地点都用字幕加以标注，画面中的内容也用字幕进行说明提示，以加强观众的理解。如第一集《源远流长》中提到随县的编钟，电视画面切到编钟时，屏幕下方打出了“随县编钟”的字样，告诉观众画面中的内容正是随县编钟。字幕的说明提示功能在这一时期不断加强，在1988年拍摄的电视专题片《望长城》中，说明提示性字幕的使用更为广泛，对人物、地点的说明更为详尽。在《话说长江》中，对人物的说明一般只是简单的名字，而到了《望长城》中，不仅有人物的名字，还会对人物做一个简单的介绍，呈现内容更为细致（如图1）。同时，在《望长城》的人物采访中，人物的同期声都加上了语音提示字幕，对片中人物的现场同期声进行说明，观众通过字幕，可以更清晰地了解人物的采访内容。

图 1　《话说长江》与《望长城》中的人物介绍字幕对比

其次，补充功能出现。在这一时期的字幕中，不仅有说明提示性的字幕，补充性的字幕也逐渐发展起来。这类字幕主要是对节目中提到的一些数据、文献等较难理解和记忆的内容作出补充，从而加强观众的记忆。这一时期使用较多的是对节目中提到的数据的补充以及一些文献的补充。如在《话说长江》第一集《源远流长》中，在介绍长江的概况时，就在屏幕上打出了“6380多公里”“流域面积180万平方公里”“年水量1万亿立方米”等字幕，这一系列数据让观众对长江概况有了更具化的理解。第二集《巨川之源》中，在提到历代帝王对长江源头的考察时，解说说道：“1720年，清朝康熙皇帝派使臣考察长江之源，这位使臣到达青藏高原以后，面对密如渔网的众多河流，不知所以，只有望洋兴叹，他在奏章里写道‘江源如帚，分散甚阔’，这就是说那里的河流多得就像扫帚一样千头万绪，真不知长江的源头究竟在哪里。”在解说对“江源如帚，分散甚阔”做出解释时，屏幕上就用字幕将这八个字呈现出来，观众可以看着这两句古文听解说解释其意。在《望长城》中，这样的字幕也多处可见。第一集介绍司马迁与长城的故事时，解说说道：“正是他第一次在《史记》中记载了万里长城。”此时，画面上便用字幕呈现出《史记》中对长城的文字记载：“《史记》中这样记载万里长城：西起临洮，东至辽东，延袤万余里……”很好地对解说的内容作了补充。

再次，字幕作为信息传播主体的功能得到加强。在一些节目中，字幕被用作画面解说以外的传播信息的手段，它既不是对画面的说明，也不是对节目内容的补充解释，而是独立承担传播信息的功能。在新闻节目中，新闻标题进一步凸显，不仅在主持人口播时在屏幕下方标上导语字幕，在新闻报道中，也会有新闻标题字幕穿插，告知观众新闻的主要内容。这类字幕在这一时期的新闻节目中较为常见。如在1986年1月15日的《简明新闻》中，就出现了“卡扎菲说同美的战斗随时可能爆发”的字样穿插在新闻片中。此外，在电视专题片中，独立传播信息的字幕也越来越多。在电视系列片《望长城》中，就多处用字幕代替解说来传递信息，如第一集说到秦始皇陵时，画面中飞机的航拍镜头缓缓地移过秦始皇陵，背景音乐厚重沧桑，此时，画面上打出整屏的字幕“秦皇陵边长各500米 地面以上封土高76米 地面以下深24米 墓顶至墓底100米”，这段字幕没有配合任何背景解说，独立承担了传递信息的功能。又如，第一集（下）的开头是一段清曲，字幕随之出现：“公元十五世纪，大明帝国一片歌舞升平，历史却走到一个关键时刻。”伴随着背景的唱曲和字幕，这一集的内容缓缓展开。在1994年的电视纪录片《龙脊》中，开头第一个画面是黑底白字的字幕：“1994年4月至9月，我们用两台摄像机，在广西北部山区记录了这样一段生活。这个地方叫——‘龙脊’。”这是用字幕形态对拍摄背景的简单介绍。这些例子都说明，越来越多的节目重视对电视字幕表意功能的运用，用电视字幕来传递信息有时能达到意想不到的效果。

电视专题片逐渐注重字幕渲染氛围的作用，用字幕代替解说来表达情感在电视节目中越来越常见。字幕代替解说出现在节目中，不仅起到传播信息的作用，同时也是一种对节目氛围的渲染，字幕配合画面与背景音乐起到一种此时无声胜有声的作用。在电视系列片《望长城》中，解说词很少，12小时的节目容量，解说词只有2万多字。片中多处使用了电视字幕，其中一些无解说词的字幕，往往在节目中显示出迷人的光彩，尤其在节目的末尾，短短的几行字，不仅收住上文，还能产生一种动人心魄的力量。如在第二集《长城两边是故乡》（上）的结尾处，节目组和片中的大娘告别，主持人焦建成让大娘别送了，但当摄制组要乘车离开时，大娘出现了，此时，画面上大娘瘦小的身影孑然独立在山坡上，画外响起大娘唱的陕北民歌，屏幕上打出字幕：“当我们要走时 山梁上出现一个身影 大娘来了……”离别的不舍情绪顿时涌现，令观众不禁心酸，节目的气氛也随之达到高潮。这一集（下）的结尾处，摄制组拍摄新疆锡伯族群众西迁节大会。会场上，主持人焦建成的母亲到处寻找儿子，最后在热气球边见到了儿子，一家人激动地互相拥抱，在背景音乐的渲染下，气氛达到一个小高潮。此时，节目并没有用同期声来展现一家人所说的话，而是用字幕加音乐的形式给出了三句话“你烧着这个东西要去哪儿”“我到空中拍摄”“还能回来吗”，这是焦建成与其父母的对话。音乐一直在响着，直到定格在结尾处画面：母亲的背影，儿子在空中招手，母子隔空对望，字幕打出“妈妈 无论我走到哪儿 都是您的‘米儿’”，节目到此收住，感情和气氛停留在了高潮处。这一段字幕，达到了此时无声胜有声的境界。

（二）字幕的表现形态逐渐丰富

字幕的表现形态在这一时期有了较大的发展。将80年代初的《话说长江》与80年代末的《望长城》相比，就能发现字幕的表现形态在逐渐丰富。从字幕的颜色上来看，80年代初期的字幕以白色为主，很少配上边框，一般直接呈现在屏幕上，到了80年代后期，字幕颜色更加多样，节目中也会通过不同的颜色来区分不同种类的字幕。如《望长城》中使用了一些彩色的字幕，每集开头“望长城”三个字的标题字幕使用的是红色，在片中也多处使用红色字幕，如第二集《长城两边是故乡》（中）的最后一幕，屏幕上出现了一个月亮，字幕缓缓出现“人们常说 月是故乡明 明月之下 长城两边是故乡”，这几行字使用红色字体与片中其他字幕区别开。在这一时期的字幕呈现中，制作者已经有了初步的设计意识，尽管一些节目中，字幕的颜色与节目画面并不相配，但这仍是一项显著的进步。

这一时期字幕的字体一般采用宋体、黑体以及美术体，一些节目中也会出现行书、楷体，字幕的字体种类已经较为齐全（如图2）。对字幕呈现的位置没有特殊的规定，一般是制作者根据个人的意愿与需要来决定字幕的位置。在80年代初，节目中的字幕多在屏幕的下方；到了80年代后期，字幕在屏幕上出现的位置就较为灵活，有下方、左右两边、画面中间、画面上方等，根据节目内容来安排字幕的位置。此时，字幕也有了一些简单的出入方式，如硬切、淡入淡出、旋转、化入化出等。

图2　电视专题片中对字体的选用

总而言之，这一时期的电视字幕在呈现方式上，已经初具设计的雏形，制作者已经初步认识到字幕的重要作用并在节目中加以设计。我们也应注意到，这一时期的字幕表现形式没有统一的标准与规范，更多地由制作者的主观偏好决定，这也导致一些字幕的设计不符合节目的内容，不符合观众的收视需求，过多的特技使用也使得字幕呈现较为生硬，字幕在发展的大前提下仍需进一步改进和提高。

随着字幕的快速全面发展，字幕在电视中的地位被肯定，其学术价值也逐渐被认识，业界和学界都开始对字幕进行学术摸索和探究，对字幕的学术研究成果也不断涌现。早在1986年，就有关于电视字幕的文章出现，不过大多与电视字幕机技术有关。真正掀起电视字幕学术研究热潮的事件发生在1994年。在当时的广电部领导及部总编室、科技司、科技委的大力支持下，由广电部科技信息研究所和广电部科技委电视专业委员会联合主办的季刊《电视字幕、特技与动画》经国家科委和国家新闻出版署批准，正式发行。当年5月份的《广播与电视技术》杂志刊登了该刊的书讯，上面写道："该刊旨在推动计算机技术与多媒体技术在广播电视领域的应用，普及计算机节目制作知识，提高计算机节目制作设备的档次和水平，沟通字幕、特技、动画制作等设备厂商与用户之间的联系，促进学术交流和规范、标准的统一。”可以看出，该刊物是以介绍技术为主，但其中也不乏一些对字幕的学术思考，在当年的《电视字幕、特技与动画》中，就有郭荣春的《电视字幕和书写的一般规律》、白晓云的《电视字幕设计与制作中的色彩运用》等文章对电视字幕的制作进行了探讨。这本杂志的发行掀起了当年业界学界对电视字幕研究的一个小高潮，仅一年就出现了十余篇与电视字幕相关的文章，包括王云翔的《电视字幕刍议》和王泉的《略论电视字幕》，这两篇文章为后来电视字幕的研究提供了初步的理论模型。不过也应当指出，这一时期对电视字幕的学术研究仍处于起步阶段，大部分研究者主要从电视制作的技术方面进行研究，而没有看到字幕在电视节目中的其他功能和重要作用。

三、1995 年至今，数字网络技术下电视字幕发展的新阶段

1995年，中央电视台在电视节目的技术制作系统中引进了部分数字电视设备，为实现电视从模拟向数字的过渡奠定了基础。在引进数字电视设备的同时，中央电视台还与深圳索贝科技有限公司联合开发出实用的数字字幕机，集字幕、特技、图文和动画于一体，可以输出数字信号，填补了中国数字字幕机的空白。

1996年初，在多媒体技术迅速发展的形势下，中央电视台与深圳索贝科技有限公司再次合作，开发出多媒体电视后期制作非线性编辑设备。这次研制开发的多媒体非线性编辑设备具有实时切换、二维实时特技、真彩色图文字幕制作功能，更适合中国国情的素材标准和管理办法。

2001年，央视九套正式启用网络化制播系统，该系统原名为中央电视台无磁带制作、播出、文稿系统，由制作、播出、文稿传送三个子系统构成，利用素材采集工作站、快编工作站、串编工作站、预编文稿工作站、配音工作站、审片工作站、播出工作站及卫星收录工作站等各种专业工作站，完成新闻节目制作过程中的不同编辑工作，涵盖新闻节目制作过程中的写稿、音视频编辑、配音、字幕、特技、节目串编、审片、直播和节目存档等关键环节，实现了新闻制作和播出的数字化、无磁带化和无纸化。

2004年，中央电视台决定引入新的在线包装制作技术，以适配频道发展的需要和国际化的趋势，形成统一的风格，并适应专业频道各自特点，贴近直播的标准化包装制作流程。各频道在线包装系统是一个适用于本专业频道整体包装、节目内容包装、栏目宣传等要求的高效、灵活的节目包装制作播出系统，与全台新闻共享系统、体育频道网络制播系统在元数据、节目素材和制作元素等方面进行交换，并保证数据的一致性。该系统作为各专业频道节目包装制作播出的主系统，同时尽可能地将各频道原有的美工制作、播出设备并入，形成了统一的包装风格。

新的数字化网络化系统的引进为电视字幕的新发展奠定了技术基础。

首先，电视字幕的功能得以全面发展。字幕在原有功能的基础上，更注重对信息

传播功能的挖掘，最显著的标志是滚动新闻字幕和整屏新闻字幕的出现。新闻字幕最早可追溯至80年代的新闻标题字幕，1987年，世界羽毛球锦标赛在北京举行，当时的中央电视台因频道有限不能转播全部比赛，只是在正在播出的《红楼梦》中插播了字幕新闻："在刚刚结束的世界羽毛球男子单打比赛中，我国选手赵建华以2:0淘汰了印尼选手蔡祥林。"这是早期的新闻字幕的雏形。这一时期，新闻字幕极少，到了90年代后期，新闻字幕才得以广泛运用，《新闻联播》也将整屏字幕纳入到常规新闻报道形态中。2003年，中央电视台新闻频道开播，滚动新闻字幕被纳入常规报道形态，新闻字幕24小时滚动播出。随着新媒体的不断发展，观众对信息量和传播速度的需求增加，字幕制作的方便快捷与可随时插入的特性正符合了这种需求。除了新闻传播，滚动字幕还用于传播天气预报、各类节目信息、互动信息、政府公告、生活小常识、广告等。滚动字幕的广泛运用，增大了电视屏幕的信息量，传统电视的信息传播渠道也更加多元化，随着新媒体不断发展，电视字幕的信息传播功能也在不断被发掘，字幕已成为当今电视屏幕上越来越不可缺少的重要元素。

其次，频道字幕的统一性得到提升。90年代后期，电视发展迅速，电视节目在传播信息的同时，越来越注重观赏性和艺术性，在设计和制作字幕时，越来越多地考虑到字幕的设计是否与节目内容和定位相符，将字幕制作的各元素放在整个节目与画面中综合考虑，如字幕的颜色、字体、出入方式是否与节目内容和基调相符，字幕出现的位置是否能与画面形成完美构图等。随着电视频道专业化的兴起，频道包装意识增强，电视字幕的设计被纳入到频道包装体系中，与频道的其他设计元素一起为频道专业化服务，呈现频道统一的趋势。在此背景之下，电视字幕的设计有了可参照的标准和规范，电视字幕设计要与频道的主要定位和主打基调相适应。当前电视台的字幕设计都遵循着这样的原则，如浙江卫视定位中国蓝，其一整套的包装系统都以蓝色为主基调，字幕形态也围绕着中国蓝进行设计；央视新闻频道也有一整套字幕呈现体系，标题字幕该如何呈现，整屏字幕该如何呈现等都有统一的标准。频道风格的统一虽然使得字幕的设计在频道内趋向统一，但也会因节目及自身功能的不同而有不同的设计，在整体统一的同时也体现自身的特色。

再次，这一时期对字幕的学术研究也进入了新的领域，对字幕技术的研究正在渐渐减少，大多数学者都转向研究字幕本身的功能和意义。如1997年张志方的《电视字幕涵义初论》，较为系统地对字幕的内涵、分类、功能、美学意义进行了梳理和总结，在字幕学术研究历程中具有重要意义。进入新世纪后，研究电视字幕的学者更关注字幕在新闻中的传播价值及其在电视中的美学意义，对新闻字幕的研究不断扩大。同时，也有一些学者对字幕的规范性进行了研究并提出了良好的建议，如许之民的《电视字幕的规范性研究》，对电视字幕的规范做了较为系统的界定。虽然对于电视字幕的学术研究不断发展，但仅限于期刊论文，没有关于字幕的专著，字幕的学术研究仍然亟待深入。

最后，这一时期字幕的规范有了一定程度的提升。相关部门逐渐意识到字幕规范的重要性，并颁布了一系列通知和法令对字幕加以规范。1997年8月1日，国务院第61次常务会议通过《广播电视管理条例》，自1997年9月1日起施行。其中第三十六条规定："广播电台、电视台应当使用规范的语言文字。广播电台、电视台应当推广全国通用的普通话。"这对字幕语言文字的使用规范首次提出了要求。

2005年3月，广电总局下达《关于加强电视节目字幕播出管理的通知》，针对电视节目中的错别字问题进行了规范，该《通知》中提道："一、各级广播电视管理部门和电视播出机构必须高度重视电视节目字幕播出管理工作，牢固树立政治意识、大局意识和责任意识，牢记电视推广使用规范语言的重要使命，切实加强电视节目字幕播出管理。二、各级电视播出机构要采取有效措施，加快制定有关管理规定。要明确控制电视节目字幕错别字指标，并纳入工作绩效考核。要配备专门人员，加强电视节目字幕的校对和把关，使电视节目字幕的校对把关程序化、制度化。要明确责任，奖优罚劣，进一步强化对电视节目字幕的播出管理。三、各省、区、市广播影视局（厅）要切实履行职责，进一步加大对电视节目字幕的监看力度，抓紧研究制定电视节目字幕播出管理规定，强化监督，加强管理。要加大对广播电视工作人员的业务培训力度，尽快提高有关工作人员的语言文字能力，切实维护各级电视播出机构良好的公众形象。"这是国家广电总局第一次就电视字幕问题单独发出通知。

2011年2月25日，国家广电总局发布《关于进一步加强电视剧文字质量管理的通知》。该《通知》中指出："电视剧制作机构应对所制作的电视剧进行文字质量检查，确保电视剧用字用语正确、规范，避免出现字幕错别字。""中央电视台和省级电视台卫视频道应当在电视剧文字质量方面发挥表率作用，如发现黄金时段拟播电视剧单集字幕错别字达两处，应退回制作机构进行修改，并可根据合同条款要求制作机构承担相关责任，文字质量不达标不得播出。""已经播出的电视剧，如被发现仍存在较多的文字错误，广电总局将依法对有关制作机构、播出机构给予相应处理、处罚。"

2012年7月10日，国务院公布《无障碍建设条例》，《条例》规定，在播出电视节目时应配备字幕，公开出版发行的影视类录像制品应当配备字幕。

从以上条例、通知中可以看出，国家对电视字幕的规范已经有了一定的重视，在此基础上，各电视台针对字幕规范也采取了一些奖惩措施，这些都在一定程度上提升了电视字幕的规范性。但这些规定大多与电视字幕的语言规范有关，关于电视字幕呈现方式的规范目前还没有一个统一的标准。

参考文献

1. 王泉:《略论电视字幕》,《中国电视》1994年第2期。

2. 项仲平：《电视栏目与频道策划研究》，中国广播电视出版社2007年版。
3. 许之民：《电视字幕的规范性研究》，上海师范大学出版社2007年版。
4. 赵化勇：《中央电视台发展史》，中国广播电视出版社2008年版。
5. 赵玉明、王福顺：《广播电视辞典》，北京广播学院出版社1999年版。
6. 高鑫：《电视专题片制作》，中国广播电视出版社1998年版。
7. 乔治·萨杜尔：《世界电影史》，中国电影出版社1982年版。

改革开放以来我国电视戏曲节目播音主持发展研究

中国传媒大学播音主持艺术学院　章晓杰

摘　要： 自我国电视戏曲节目诞生以来，电视戏曲节目播音员主持人队伍经过多年的发展，已成长为中华优秀传统文化瑰宝——戏曲文化不可或缺的弘扬者和推广人。本文拟通过对我国电视戏曲节目播音主持的研究，探析其形成的时代背景，梳理其成长的脉络，指出其发展中的问题，总结其发展的规律。

关键词： 电视戏曲；播音主持；发展探析

党的十九大报告指出："没有高度的文化自信，没有文化的繁荣兴盛，就没有中华民族伟大复兴。"[①]传统文化是文化自信的基石，是涵养文化自信的源泉。中国特色社会主义文化，源自中华民族五千多年文明历史所孕育的优秀传统文化，弘扬中华优秀传统文化是我们坚定文化自信的核心。戏曲艺术是中华优秀传统文化的瑰宝，是表现和传承中华优秀传统文化的重要载体。保护传承戏曲艺术，赓续发扬戏曲文化有利于我们传承中华优秀传统文化，坚定文化自信。

一、电视戏曲节目播音主持的概念

电视戏曲节目播音员主持人或对戏曲信息进行播报，或为戏曲晚会穿针引线，或与戏曲名家名角儿访谈交流，或对戏曲表演进行解析，甚至成为一些电视戏曲节目的"核心"和"灵魂"。电视戏曲节目播音主持是指：电视戏曲节目播音员主持人依据节目需要，按照电视戏曲节目的策划和预设，运用有声语言和副语言，通过电视所进行的戏曲文化传播的创造性活动。电视戏曲节目播音主持的特点主要有以下几点：

（一）以社会发展为时代背景

首先，以政治文化为背景。1956年5月，毛泽东在中共中央政治局扩大会议上提出"百花齐放、百家争鸣"的方针，这一方针极大地推进了我国戏曲工作的发展，也为1958年电视艺术在我国诞生之后戏曲文化的传播打下了坚实的基础。1978年12月，

① 习近平：《决胜全面建成小康社会 夺取新时代中国特色社会主义伟大胜利——在中国共产党第十九次全国代表大会上的报告》，人民出版社2017年版，第41页。

党的十一届三中全会在北京举行，会议作出把工作重点转移到社会主义现代化建设上来和实行改革开放的决策；进入新时代以来，党的十九大报告指出要“繁荣发展社会主义文艺”。[①]可以说，我国电视戏曲艺术任何阶段的发展，无不与国家文化政策的发展直接相关。其次，以科学技术为背景。从1926年世界第一台电视机诞生，到1958年中国电视事业的诞生，再到如今互联网技术的普及，传媒环境愈发多元化。电视戏曲节目从最开始播出梅兰芳的《穆桂英挂帅》等原生态实况录像，到现在的转播、录播、直播、融媒体互动传播等各种形式，其载体和形态随传媒技术的发展而不断丰富和变化。

（二）以戏曲文化为主要内容

无论电视戏曲节目的形式如何变化，万变不离其宗，从本质上来讲，都是以戏曲为主要内容。作为电视戏曲节目的播音员主持人，无论是播报戏曲信息、主持戏曲访谈、驾驭戏曲晚会，都与戏曲息息相关。电视戏曲节目播音主持的主要任务就是向广大受众传播中国戏曲文化这一世界文化宝库中的璀璨明珠。因此，电视戏曲节目播音员主持人一定要了解中国戏曲文化的历史渊源、丰富内涵，清晰地认识当前时代背景下戏曲发展的状态。只有充分地了解戏曲文化并以传播中华优秀戏曲文化为己任，才能在主持电视戏曲节目的过程中给予受众充分的戏曲文化滋养，使观众在观戏获得乐趣、赏戏提高审美的同时，也充分汲取戏曲文化中的真善美，陶冶情操，获得精神上的愉悦感。

（三）以服务受众为最终目的

受众是电视戏曲节目的信息终端接收者，尤其是戏迷票友和戏曲节目爱好者更是关注电视戏曲节目的主力军，电视戏曲节目播音员主持人是节目与受众之间的桥梁和纽带，必须以服务受众为最终目的。服务受众必须以“了解受众”和“尊重受众”为前提，知己知彼，靶向服务。尤其是在当今报纸、杂志、广播、网络等媒体相互融合的情况下，只有充分了解受众、尊重受众、服务受众，才能使电视戏曲节目赢得受众的青睐。随着经济社会的发展，人民生活水平的提高，受众的审美层次提升明显，同时电视戏曲节目的受众有其独有的“爱戏”特点，了解了这一系列前提，我们就能掌握当今的电视戏曲节目受众需要什么样的内容，并尊重受众的意愿，满足其对电视戏曲节目播音主持的期待。

---

① 习近平：《决胜全面建成小康社会 夺取新时代中国特色社会主义伟大胜利——在中国共产党第十九次全国代表大会上的报告》，人民出版社2017年版，第43页。

二、改革开放以来我国电视戏曲节目播音主持发展历程

虽然改革开放以前我国就存在电视戏曲节目，但它们大多属于原生态的直播或实况转播。我国电视戏曲节目真正的大发展是在改革开放之后，与我国社会的时代背景、技术革新等息息相关。结合时代背景及技术革新等因素，本文将改革开放以来我国电视戏曲节目播音主持的发展历程划分为以下三个阶段：

（一）改革开放时代（1978—1996）

1978年12月，党的十一届三中全会在北京举行，会议作出把工作重点转移到社会主义现代化建设上来和实行改革开放的决策。这一时期，我国政治、经济、文化等各个领域全面发展，电视戏曲节目也得以蓬勃发展。如1979年陕西电视台《地方戏》（即现《秦之声》）开播，1984年上海电视台《戏曲大舞台》开播，1985年中央电视台《戏曲欣赏》（1993年改版为《九州戏苑》）开播，1991年中央电视台第一届春节戏曲晚会开播，1994年河南电视台《梨园春》栏目开播，此时的电视戏曲节目呈现出一派欣欣向荣的发展态势。播音员主持人在节目中的作用也愈发凸显，从改革开放以前节目"报幕员"似的边缘角色逐渐向节目"代言人"的核心角色转变。如陕西电视台戏曲节目《秦之声》主持人陈爱美，就是一位非常优秀的电视戏曲节目主持人，她的主持风格稳重成熟而又青春勃发，端庄大气而又谦恭随和。这一阶段，电视戏曲节目播音主持较改革开放以前逐渐呈现出专业化特征，表现为越来越多的电视戏曲节目主持人是"懂行的、固定的、专职的"。①

（二）专业戏曲频道时代（1996—2012）

1996年1月1日，中央电视台"戏曲·音乐频道"正式开播，2001年7月9日，中央电视台戏曲频道（CCTV–11）开播，专业戏曲频道的开播为我国电视戏曲节目的发展提供了广阔的平台。戏曲频道开播之初，专职的电视戏曲节目主持人只有白燕升，白燕升几乎担任了当时该频道所有戏曲节目的播音主持工作。中央电视台戏曲频道开播以后，很多地方台也纷纷效仿，开办专业戏曲频道，如2005年8月15日，河南电视台开办梨园频道；2006年4月11日，广东岭南戏曲频道开播；2007年10月，吉林电视台开办东北戏曲频道。这一时期，电视戏曲节目逐渐走上规模化、集群化发展的道路。1999年安徽电视台开播的《相约花戏楼》，2001年山西电视台开播的《走进大戏台》都是这一时期的典型代表。与此同时，电视戏曲节目播音员主持人队伍不断成长壮大，且播音主持风格愈发灵活、多样、富于变化，播音主持能力愈发丰满，除了基本的有声语言表达之外，主持人还要深入了解戏曲知识，广泛涉猎其他知识，掌控驾驭节目进程等。代表人物有中央电视台戏曲频道的白燕升、董艺，河南广播电视台的关枫、

---

① 杨燕：《中国电视戏曲研究概览》，北京广播学院出版社2002年版，第145页。

庞晓戈等。

（三）进入新时代（2012年之后）

2012年11月8日，中国共产党第十八次全国代表大会在北京召开。我国社会发展处在了一个新的历史起点上，中国特色社会主义进入了新时代。进入新时代，媒介环境也发生了巨大变化。融媒体背景下的受众已不再是被动接收信息，而是可以主动参与信息制作和传播。此时的电视戏曲节目也开始积极与网络媒体进行融合，如中央电视台戏曲频道开通的官方微博和微信公众号成了节目不可或缺的延伸和补充，中央电视台的《角儿来了》，山东卫视的《金声玉振》和天津卫视的《国色天香》也都在媒体融合上进行了有益的探索。新时代的电视戏曲节目播音主持更加注重融媒体传播的特点，播音员主持人在节目中主动与其他平台的受众进行积极的交流，随时接受来自新媒体受众的即时反馈，从而提高了播音主持质量和节目观赏效果。在这一阶段，部分电视戏曲节目的播音员主持人开始从单一播音主持身份向多重身份转型。如白燕升在离开中央电视台之后，多次与河南台、河北台、山西台等电视媒体合作，除了担任电视戏曲节目的主持人之外，还逐渐向戏曲节目评论员、特邀嘉宾或是节目发起人转变，不但在舞台上展示其播音主持风采，还在节目的创作、策划、导演等方面发挥自己的优势。

三、我国电视戏曲节目播音员主持人的素质与修养

（一）政治素养

政治素养是新闻宣传战线从业者的首要素养。广播电视节目播音员主持人作为广播电视语言传播者、作为党的“喉舌”，要在思想上、政治上、行动上始终与党中央保持高度一致。新闻属性是播音主持的根本属性，艺术属性是播音主持的重要属性。电视戏曲节目播音员主持人要坚持马克思主义新闻观，认真践行党的新闻舆论工作的职责和使命，“高举旗帜、引领导向，围绕中心、服务大局，团结人民、鼓舞士气，成风化人、凝心聚力，澄清谬误、明辨是非，联接中外、沟通世界”①。

（二）戏曲·文化素养

戏曲素养是指电视戏曲节目播音员主持人要爱戏、懂戏，具备一定的戏曲行业功底，知晓相应的戏曲专业知识，这是区别于其他类型节目播音员主持人特有的素养。兴趣是最好的老师，电视戏曲节目播音员主持人如果不了解戏曲、不热爱戏曲，就无法胜任这项工作。“我们不妨设想一下：假如不热爱、不喜欢戏曲，这么多剧种、流

① 习近平：《习近平谈治国理政》第二卷，外文出版社2017年版，第332页。

派、剧目、唱腔、唱词、演员等知识，紧靠照本宣科、死记硬背是很难融会贯通的，也瞒不了戏迷，终究会露马脚。因为戏曲的专业性太强了。”[①]电视戏曲节目播音员主持人作为戏曲传播的重要角色，在戏曲传承、戏曲推广等方面发挥着重要作用，这就从根本上决定了其文化素养的重要价值。电视戏曲节目是戏曲信息的集散地、戏曲知识的汇集处、戏曲活动的联结点，这就要求电视戏曲节目播音员主持人必须具备较为广博的文化知识、较为深厚的文化底蕴，肩负起弘扬中华优秀传统文化的神圣使命。

（三）业务素养

电视戏曲节目播音员主持人的本质身份是播音员主持人，是我国播音员主持人队伍中的重要组成部分，业务素养是其安身立命、在岗位立足的职业要求。电视戏曲节目播音员主持人一定要坚持正确的播音主持创作道路，夯实专业基本功，保持良好的业务状态；不断锤炼语言表达能力，熟练掌握播音主持技巧；提升临场应变能力，及时解决镜头前和舞台上的突发情况；加强逻辑思维和语言组织能力，以在播音主持的过程中掌控场面、驾驭节目。与此同时，播音员主持人的形象在一定程度上代表着节目的形象甚至整个电视台的形象，播音员主持人形象的优劣对受众的节目接受度有着直接的影响，因此，电视戏曲节目播音员主持人一定要善于自律，保持良好的形象。

电视戏曲节目播音主持以整个时代为背景，以广大受众为传播对象，以电视戏曲节目播音员主持人素养为本体，一直在不断发展变化中。相信在一代又一代电视戏曲节目播音员主持人的共同努力下，电视戏曲节目播音主持一定会取得更加优秀的成绩，戏曲艺术一定会重新焕发生机，冷门不再冷。

---

① 白燕升：《好雨知时节 当春乃发生——2001年全国青年京剧演员电视大赛断想》，《中国京剧》2001年第4期。

改革开放以来我国少儿广播电视节目的发展、瓶颈与突破

赣南师范大学新闻与传播学院　陈　芝

摘　要： 改革开放以来拥有世界最大市场的我国广播电视少儿节目虽然取得了长足发展，但目前正经历着巨大的挑战与冲击。少儿广播电视节目存在的问题有：缺乏创新思维、节目成人化严重、主持人发展不平衡、不能满足残障儿童和农村留守儿童的心理需求以及公益性和商业性之间存在矛盾。根据少儿节目特有的规律，结合融媒体时代的创作环境和受众特征，可以从理念、节目、主持人、受众以及新媒体技术和产业化几个方面找到我国少儿广播电视节目创新发展的路径。

关键词： 改革开放；少儿节目；发展；瓶颈与突破

改革开放以来，我国少儿广播电视节目有了长足的发展。进入新时代，少儿节目更是发展提速，前景可观。习近平在2015年6月召开的中国少年先锋队第七次全国代表大会上指出，培养好少年儿童是一项战略任务，事关长远。一个民族的文明进步，一个国家的发展壮大，需要一代又一代人接续。人生观、世界观是“总阀门”，要在全国人民中培养和弘扬社会主义核心价值观，特别要注重从少年儿童抓起。习近平寄语全国少年儿童从小学习做人、从小学习立志、从小学习创造，今天做祖国的好儿童，明天做祖国的建设者。现代少年儿童在大众传播的环境中长大，少儿节目创作者有责任帮助和引导少年儿童树立正确的世界观、人生观和价值观。然而，网络时代，新媒体对传统媒体造成了巨大冲击，越来越多的孩子沉迷于电脑、手机等便捷的娱乐方式，拥有世界最大规模少儿市场的我国广播电视少儿节目在取得巨大成果的同时，也经历着残酷的挑战与冲击。

一、少儿广播电视节目的发展成就

新中国成立以来，我国少儿广播电视节目从蹒跚学步到风华正茂，用爱心、童心和专心为少年儿童打造出纯净的视听空间。1956年9月4日，新中国广播史上第一个面向学龄前儿童的少儿节目《小喇叭》开播。1985年，中央电视台推出面向学龄前儿童的固定栏目《七巧板》，设置了专职主持人——“鞠萍姐姐”。1995年，中央电视台开

办第七套卫星电视少儿节目。2003年12月28日，中央电视台少儿频道的正式开播完成了中国少儿电视栏目由综合频道栏目化向专业频道广泛化的转变。现如今，随着互联网的发展，网络改变了少年儿童的成长和生活方式。

少儿节目的属性包括：第一，大众传播的属性。它是信息传播的载体，具备传播者制作信息、采用某种机器复制信息、拥有广大接受者这三大要素。第二，少儿传播的属性。少儿节目面向大众，但受众具有强烈的针对性、专一性——少年儿童，或承担着养育少年儿童成长责任的家长和老师。在少儿传播属性中，少儿节目是直接为人类的未来和希望服务的神圣载体。第三，有益传播的属性。大众传播具有无限制性，少儿传播具有独特的专一性，少儿成长是一个需要关爱和呵护的过程，是一个从自然人转变成社会人的社会化过程，因此少儿节目具有有益传播的属性。根据“有益于少儿”的原则，少儿节目具有启蒙认知、审美陶冶、娱乐愉悦等职责。国家新闻出版广电总局2013年下发了关于净化荧屏的一系列通知，各播出机构对优秀少儿节目的需求量大大提升。

（一）少儿节目的数量和质量大幅提高

少年儿童是民族的前途，优秀的少儿节目可以帮助少儿树立正确的三观，同时“寓教于乐”，让孩子在有意义的娱乐中学习知识和技能，引导少儿身心健康成长。改革开放后，中国少儿节目迎来了美好的春天，许多老牌少儿广播电视节目纷纷改革，以适应时代需求，突出的变化是设立了少儿节目主持人，如《小喇叭》《星星火炬》等。大批新的少儿节目诞生，并呈现出栏目化的特征和民族化特色，如《童谣列车》《七巧板》《动画城》《大风车》等。2004年，国家广电总局印发了《广播影视加强和改进未成年人思想道德建设的实施方案》，《方案》要求全国副省级以上的电台电视台，必须在三年内开办少儿节目。截止到2004年底，全国31个省级广播电台已全部开办了少儿栏目、节目，开办率达到100%；全国31个省级电视台共有30家开办了少儿栏目、节目，开办率达到了96.7%。全国253家地（州）市广播电台开办了少儿栏目、节目，占总数的91%；已有268家地（州）市电视台开办了少儿栏目、节目，占总数的89.3%。国家非常支持少儿节目的发展，孩子们在电视上能找到完全属于自己的频道，在广播里能听到全天只为自己播出的电台频率。

（二）少儿节目播音主持队伍的媒介素养进一步提升

少儿节目的播音主持有其自身的发展规律，改革开放以来，少儿节目内容、节目类型、节目主持人的风格也越来越成熟，越来越多元化。随着时代的不断进步和发展，我国的少儿节目播音员主持人的媒介素养得到显著提升。少儿节目主持人遵循教育与娱乐相得益彰，认知与审美并重的发展理念不断提升自身的业务能力和文化竞争力，推动少儿节目高质量发展，引导少年儿童健康成长。主持人是节目的灵魂，是节目的定位和风格的集中彰显。每一位节目主持人，由于经验、气质、相貌、兴趣、专长、习惯等因素的不同，其主持风格也各有特色。我国少儿广播电视节目主持人中，鞠萍姐姐、董浩叔叔、金龟子、小鹿姐姐、月亮姐姐、红果果、绿泡泡、博士爷爷、春天姐姐等都给不同年龄阶段的小朋友留下了不同的个性化印象，并通过主持人自身的“言传身教”，帮助孩子塑造积极向上的心理状态和性格品质。

（三）新媒体环境下少儿广播电视节目创作呈现出新的特点

随着网络、手机APP等新媒体的兴起，少年儿童的收视习惯发生变化，少儿节目在当今社会又多了新的形式，少儿节目创作也呈现出了新特点。通过调研发现，在新媒体时代，少年儿童中手机的拥有率随年龄的增长而升高，手机的功能也逐步开发，少儿节目在传播范围、渠道、内容和载体方面更加丰富和多元。互联网上为儿童提供服务的“自媒体”越来越受到关注，当传统媒体还在与出版社和作家谈论版权问题时，一些私人电台或播客已经把自制的节目放到了网上。“巧虎乐智小天地”“凯叔讲故事”“若虹妈妈讲故事”等依靠微信、微博、喜马拉雅等APP软件走进家长和儿童的视线，收听方便、更新迅速、内容新颖等特点都更加迎合现代父母的喜好。也许这些节目没有广播那么清晰的音质，没有电视节目制作精良，一个人就能完成录制、上传、更新等工作。但是，这种“短、平、快”的制作方式加上强大的网络平台推广，让传统广播电视媒体的态度从不屑、关注、忧虑到学习、联合、融入。

二、少儿广播电视节目存在的问题

相较于轰轰烈烈的频道升级和红红火火的栏目改版，我国媒体行业对于少儿节目及主持人还存在一定程度的忽视，少儿节目还存在一些亟须解决的问题。

（一）缺乏创新思维

面对传统广播电视少儿节目受众规模缩小，影响力下降，主持人表达方式单一，内容缺乏针对性和可视性等情况，应该认识到广播电视少儿节目缺乏创新思维，缺乏思想性和娱乐性于一体，经济效益和社会效益相统一的高质量、高水平的节目。新一代少年儿童的媒介使用习惯和信息接收方式发生变化，少儿节目需要采用最先进的传播形态满足其需求。首先，少儿节目需要从中华民族优秀传统文化中汲取养分，弘扬中华民族优秀传统文化和社会主义核心价值观，坚守责任和品质，讲好中国故事，传递中国精神，营造让少年儿童健康成长的绿色文化空间，用创新思维打造少儿广播电视精品内容，使少儿节目不仅能为孩子们提供丰富的娱乐生活，还能使孩子们感兴趣、增长知识，更能引导少年儿童的健康成长，润物无声地影响孩子们的认知形成，发挥少儿节目的价值导向作用。其次，创新是广播电视媒体发展的不竭动力，尤其是传播手段的创新。少儿节目应结合新时代新特点，用多样化的传播手段，传播具有启迪性和趣味性的内容，在轻松的氛围中实现媒体的社会效益和经济效益。新媒体与广播电视媒体相互融合、相互促进、共同发展，要真正从战略高度充分认识到少儿广播电视节目必须在媒体融合中以创新求发展。

（二）节目成人化倾向严重

大多数少儿节目由成人主持，主持人虽然一直在努力接近孩子，但依然缺乏童真童趣，虽然模仿孩子的神情，学孩子说话的腔调，但语气依然是成人风格；有的节目虽然有孩子参与讨论，但是成人主持人有一种居高临下的感觉，在节目中故意让孩子出洋相，加以调侃；还有的节目提倡完全由少儿主持，但是孩子们的主持台词已经事先设置好了，听完之后觉得失去了少儿的天性和个性。一些少儿动画的内容主题也体现成人化和暴力化。例如孩子们喜欢的动画片《熊出没》，里面打架斗殴、偷鸡摸狗的事儿不在少数，孩子们看了之后，会不会觉得这些都是正常的，从而影响到自身的生活观、价值观呢?《喜羊羊与灰太狼》这部动画片非常火，但是，这部动画片中深入人心的灰太狼和红太狼是一对夫妻，所以每一集中都能听到双方“老婆”“老公”地叫个不停，这是很平常的家庭成员关系，但懵懂的孩子很容易被影响，他们会不自觉地在心里定位自己的“红太狼”或者“灰太狼”。另外，故事中红太狼用平底锅暴力对待灰太狼的情节，也容易给孩子造成心理阴影和不良影响，使孩子过早地进入成人世界。

（三）少儿节目主持人发展不平衡

主持人的男女比例不平衡。全国少儿广播电视节目主持人中“小姐姐”形象偏多，而“小哥哥”的形象偏少。“小姐姐”亲切和蔼，温柔甜美，适合中国少年儿童的传统教育方式。“小哥哥”形象应该阳光活力，机智幽默，带给孩子们敢于挑战的精神熏陶。少儿广播电视节目应正视男女主持人发展的不平衡，应该积极扩充男主持人队伍，改变“哥哥”少，“姐姐”多的现状，这也是发展中国少儿广播电视节目的重要一环。以少儿广播为例，目前活跃在一线的少儿男主持人有中央人民广播电台《小喇叭》节目的博士爷爷、重庆文艺广播《大头小当家》的大头哥哥、长春故事广播《90故事城堡》的志远哥哥、宁波老少广播《小星星擂台》的大脸哥、安徽音乐广播《星星梦工厂》的彭可哥哥等。少儿广播电视节目需要有更多积极向上、幽默快乐、知识丰富的“哥哥”“叔叔”和“爷爷”的形象出现。

少儿广播主持人与电视主持人发展不平衡。全国少儿广播的专业频道只有云南少儿广播、甘肃青少广播、武汉少儿广播、广州青少年广播四家；全国以少儿广播和其他专题节目共同命名的频道有宁波老少广播、黑龙江老少频率、湖北省妇女儿童频道三家。其他全国各地的广播频率中，少儿节目只有一两档，有的电台甚至早已取消少儿节目。大家熟知的中央人民广播电台《小喇叭》栏目从1956年开播至今已有62个年头了。即便如此，《小喇叭》节目现在也就四位主要工作人员，这几个人除了承担日播节目，还要制作周播节目。每天的节目时长仅有30分钟，几乎没有节目包装、没有经营推广、没有资金投入、没有版权采购、没有决策者的重视。在一轮轮节目改革中，《小喇叭》只剩下他们四个人在孤独地默默坚守。全国各地其他少儿广播节目的情况大都如此。电视方面随着专业频道的广泛发展，各省台相继开办了少儿频道，比如湖南卫视的金鹰卡通、北京卫视的卡酷动画等，为少儿电视节目主持人的发展提供了良好的平台，主持人和节目发展相得益彰。可见，少儿广播节目如果长期不受决策者重视、没有专业的创作团队，没有充足的资金和人力支持，少儿节目也就缺失了持续发展的原动力。

（四）节目不能满足残障儿童和农村留守儿童的心理需求

大多数少儿节目的内容面向普通孩子，缺乏对特殊群体孩子的关心，比如残障儿童和农村留守儿童。少儿广播电视节目应该是面向所有儿童的，让更多的孩子茁壮成长是其重大的功能职责。

当前，针对残障儿童和农村留守儿童的少儿广播电视节目很少。残障少年儿童在残障总人口中占相当比例，他们的身心健康和个性需求是当下社会高度重视的课题。作为残障少年儿童，他们与普通儿童一样，天真、单纯、充满想象力，但与此同时，他们又是独特的。面向中国残障儿童的多元化少儿广播电视节目严重缺失。农村留守儿童的问题是随着打工浪潮而产生的社会现象，少儿节目具有普适性，也必须了解这一群体的需求。《2017年中国留守儿童心灵状况白皮书》调查显示，中国农村共有超过2300万留守儿童。他们是一个数量庞大的群体，成长中父母关怀的缺位，给留守儿童的心灵留下了难以弥补的伤害。留守儿童正处在成长发育的关键时期，如果他们既无法享受到父母的关心与呵护，又得不到媒体的引导和教育，极易产生认识上和价值上的偏离，个性和心理发生异常，甚至有人会因此走上犯罪的道路。目前残障儿童和农村留守儿童的成长模式、思维模式、行为模式，随着时代的变化发生了深刻的改变，他们的求知欲变得更为强烈。如果仍采用过去传统说教式的节目形式解读国家助残政策，给农村留守儿童讲解支持父母外出务工的大道理等，已不能满足他们的内心需求。

（五）公益性和商业性的矛盾

国家一直大力倡导加强未成年人的思想道德建设，因此非常注重少儿节目的公益性。国家新闻出版广电总局（现国家广播电视总局）也要求各个少儿频率和少儿频道以公益性为主。但现在大多数少儿频率和频道选择了以广告创收为主的经营模式，这是市场化发展模式下出于生存的需要。我国少儿广播电视的运营主要依靠政府政策的推动，带有公益性质，而公共财政提供的财政资源是有限的，仅依靠政策发展显然动力不足，所以在实际运营中，少儿广播电视不得不选择公益性与商业性相结合的运作方式。但如果尺度拿捏不准，过度追求经济利益，往往违背少儿节目的属性，形成少儿广播电视节目公益性和商业性之间的矛盾。我国少儿节目的制作运营处在起步阶段，宏观上存在很多制约因素；微观上少儿节目制作团队缺乏教育学或儿童心理学方面的教育背景，导致节目制作难以满足少年儿童的真正诉求。所以，怎样推动少儿广播电视节目持续健康发展，解决公益性和商业性之间的矛盾，是少儿节目管理者和制作者亟待思考的问题。

三、少儿广播电视节目发展对策

2018年3月，原中央电视台、中央人民广播电台和中国国际广播电台合并为中央广播电视总台。对于少儿广播电视而言，这是一个新的开端和契机。如果能用互联网思维统领和推进工作，广播、电视、新媒体积极配合，充分运用大数据和网络技术，汇集央广、央视、国际台优秀人才，少儿广播电视节目将得到跨越式发展。

（一）理念

1. 各方给力，积极担当

目前，媒介融合深入发展，少儿广播电视节目应该发挥主流媒体的优势，与新媒体“合纵连横”，发挥所长、积极担当，形成合力打出组合拳，用新理念拥抱新媒体，在主动融合的过程中不断提高节目的竞争力，完善频道频率的增值服务，增强媒体影响力，探索属于自己的生存之道；传播渠道上，少儿广播电视节目可以进校园、进社区、上舞台，形成优势互补；传播手段上，可以线上交流、线下活动，达到有效互动；传播方式上，广播、电视、网络、手机等传统媒体和新媒体建立共享共赢；传播技术上，移动端的便捷性使“口袋广播电视”成为可能，广播电视节目可以下载，不再是稍纵即逝的单向同步传播，实现了交互异步传播。微博、微信、客户端的互动交流，流量的可靠供给也为少儿广播电视节目的即时互动模式提供了可能。从广播电视节目的社会责任而言，少儿教育更加受到关注——“教育从娃娃抓起”。教育并不是单纯地指学业能力的提升，而是全面提升孩子的综合素质。这就必须得借助更多样化的手段去丰富和发展孩子们的精神世界，开发孩子的想象力和创造力，做到“教儿不墨守成规，育儿不强制固化”。新理念下的少儿广播电视节目是丰富教育形式的不二选择。

2. 树立“儿童本位”理念

“儿童本位”理念为少年儿童广播电视节目创作发现和考察儿童心理特征、思维模式、审美欲望提供了一条有效的路径，其本质是尊重儿童的心理特征和思维特点，把它们真正融汇到节目创作中。这是少儿节目赢得受众的根本准则。“儿童本位”理念是经历几番波折后，在改革开放、思想解放的洪流中重新浮现并确立的。1996年，中国社会科学院新闻研究所（现中国社会科学院新闻与传播研究所）组织了以电视、书籍、电子游戏为代表的儿童媒介重要性的调查研究，发表的《关于儿童媒介需要的研究》报告开辟了以儿童媒介需要为本位的新角度，引发了“儿童用媒介做什么”的大讨论。

目前，“儿童本位”理念成为广播电视媒介研究者、从业者的指导方针，给少儿节目的创作实践以指导。“儿童本位”涵盖了三个方面的内容：其一，作品需要契合孩子的心理特征；其二，作品要有独特的艺术内涵；其三，特别强调作品要有益于儿童生理和心理成长。因此，少儿节目的创作编排需要立足于孩子的内在需求，只有少儿需求得到了满足，少儿节目才算迈出了成功第一步。

3. 形成创新思维、用户思维

广播电视所发布的内容具有权威性和真实可靠性，这是当今自媒体相对欠缺的，但广播电视也缺乏内容和信息的筛选创新机制和可信、高效的内容二次制作的能力。过去主持人的工作更多是落在节目内容本身，而现在需要的是用创新思维、用户思维打造品牌产品。好的内容仅仅只是开始，在品牌产品的生产过程中，要和用户有更好的交互，要有更好的运营模式。

少年儿童是国家和民族的希望，如何让少年儿童对少儿节目乐于接受并积极参与，既是社会转型中少年儿童学习主体性的呼唤，也是少儿节目的价值体现。目前，移动媒体被认为是除家庭、学校教育和同龄群体之外的影响少年儿童社会化的第四个重要因子。因此，少儿广播电视节目首先可以借助移动媒体呈现，通过移动端的点击扩大传播效果。第二，少儿节目应该从少年儿童感兴趣的领域进行润物细无声的传播，比如故事、网络游戏、动画、娱乐产业等，崇拜偶像、追逐明星是青少年的共同特点，使偶像为少儿节目所用，会达到事半功倍的传播效果。第三，少年儿童喜欢社交媒体，并热衷分享，少儿节目在制作传播环节如何有效利用社交媒体，也值得探究。

（二）节目

少儿广播电视节目不应是“小儿科”，不是“哄着孩子玩”的文化餐点，而应该是有文化品位，符合少年儿童审美情趣，起到启蒙认知作用的高质量作品。

1. 专业化

如今是一个内容泛滥成灾、而优质内容却极其匮乏的时代。少儿广播电视节目对内容的关注程度远高于形式。内容的专业性、创新性是传统媒体之于新媒体的优势所在，也是广播电视树立权威性的重要因素。《小喇叭》节目从20世纪60年代开始就进行节目内容的探索创新，走过了“三毛故事”“魔方大厦”等广播剧、儿童剧、快板剧的年代，也做过与祖国大好河山名胜古迹相关的祖国专栏，现在的模式有讲故事、放儿歌、科普、聊天等，板块简单清晰。例如，博士爷爷的科普专栏解答小朋友们提出的“小问号”，春天姐姐的“奇妙的博物馆故事”向小朋友们介绍科普知识，满足小朋友们的求知需求，而睡前的“抱抱熊故事时间”则由甜美的春天姐姐和温柔的郑晶姐姐来陪伴孩子们。节目形式简明，内容选题紧扣时代需要又不一味迎合，这是品牌树立的关键。

少儿广播电视节目应当专业化，要打造品牌栏目，应成为少年儿童喜欢的传播平台，让他们在栏目中健康、快乐、平等地交流。同时，注意在栏目中设置互动环节，或者可以设立儿童剧团等，成为节目的延伸。其次，少儿节目要打造品牌主持人。主持人将说教式传播改为参与式传播，面对不同年龄段的少年儿童，尊重其主体性，让孩子多说话、说孩子们的话、为孩子们说话，减少成人的话语霸权。主持人要引导孩子们发挥潜力、锻炼能力，才能成为受孩子们欢迎的品牌主持人。

2. 分众化

广播电视节目对少儿受众的细分也是专业化发展的必然要求。坚守分众化原则，清晰精准的受众定位能够使少儿广播电视节目在媒介融合中保持自己的特色。中央人民广播电台的《小喇叭》节目创办之初，节目对象是3~6岁的学龄前儿童，根据低幼孩子的特点，讲故事板块成为节目的重头戏。少儿部主任李晓冰回忆，20世纪五六十年代出生的孩子听孙敬修爷爷讲故事10分钟甚至20分钟都能聚精会神；七八十年代出生的孩子，由于受到电视声画的吸引，广播电台的主持人讲故事最多只能吸引孩子8分钟；2000年以后国外动画引进以及国产动画产业发展突飞猛进，对于进入动画天地的孩子们来说，传统故事节目最多只能吸引他们3分钟的注意力；而如今全媒体时代，语言、音响和音乐配合精妙的一分钟故事才是最受孩子关注和青睐的。①

孩子们能轻松地接受形象化的教育，接受新事物最快、最多，不同年龄段的少年儿童想法和需求不一样。不能要求8岁和3岁的孩子看一样的节目，一档节目不能同时涵盖所有被定义为少年儿童的受众。只有采用受众细分策略，考虑不同阶段孩子们的需求变化，才能生产出符合少儿心理、趣味及需要的节目。很多少儿电视媒体开发了动画节目，动画与低幼儿童的心理特点相符，并且可以全面刺激儿童的各种感觉器官，因此得到了低幼儿童的喜爱，同时也带动了动漫产业的发展。比如湖南金鹰卡通频道、北京卡酷动画频道将自己的收视人群定为7岁以下的儿童。12岁以上的儿童心理得到了一定的发展，喜欢明星和音乐，因此与音乐和偶像相关的各类有声节目比较吸引这个年龄段的青少年。日本的动漫杂志在中国拥有一大批青少年粉丝，就杂志出版方面而言，他们针对小学一年级、二年级都有一个细分。吸取经验，中国的少儿广播电视节目应该仔细研究每个年龄段孩子的特点和心理诉求，运用专业的分众化策略，才能制作出专业的少儿节目。

3. 多样化

茅盾先生曾说过："儿童文艺比任何种类的文艺更需求艺术性和技巧，因为儿童是不能容忍丝毫的枯燥无味的概念化及无聊的做作和虚伪。要把丰富的生活内容和深刻的真理，通过最浅显易懂、有趣的形式表现出来。"② 少儿节目是儿童文艺中最常见的一种形式。从孩子的角度来说，制作少儿节目需要用趣味来打破说教、寓教于乐，用多

① 李晓冰口述。

② 戚树生：《儿童节目应尊重孩子的"未成熟"》，《电视研究》2001年第2期。

种元素和形式来丰富内容表现，引人入胜，多元化的少儿节目才能真正地发挥其对孩子健康成长的引导和教化作用。

少儿节目异彩纷呈，根据题材、形式、年龄和制作方式可以划分很多类型，根据制作方式不同，分为少儿直播节目和录播节目；根据题材不同，分为少儿新闻、科普专题等；根据年龄可分为幼教节目、学前节目等；根据形式不同，有智力竞赛、游戏节目、短剧小品、少儿歌曲、动画片、儿童电视剧、儿童广播剧、少儿综艺等。例如，少儿游戏节目深受孩子的喜爱。做游戏是儿童的天性，而角色扮演、情景再现是孩子们最喜爱的游戏方法。2011年起，《七巧板》栏目推出系列趣味游戏节目《亲子总动员》，以0~5岁的孩子及家长为主要参与对象，设计多个创意十足又各具特色的游戏，深受观众好评；少儿新闻节目，代表性的有中央电视台少儿频道的《新闻袋袋裤》，这个节目主要是报道孩子们关心的新鲜事、身边事，并以孩子的视角解读成人世界的新闻事件。电视少儿真人秀节目近年来在国内广播电视媒体中脱颖而出，一些优秀的节目例如《爸爸去哪儿》《中国新声代》等获得了观众的青睐，少儿真人秀节目让天真可爱的儿童走到电视荧屏前，以游戏的方式，展示少年儿童的世界，同时节目针对少儿群体进行合理的信息引导，既让观众享受收视乐趣也净化了荧屏。

4. 公益化

中央广播电视总台以“主旋律更响亮，正能量更强劲”为总基调，有规划、有目的地创作与整合节目内容，实现广播电视及网络内容供需平衡，使社会主义核心价值观得以传递。通过中央广播电视总台的传媒影响力，可以迅速、广泛、持久地传播社会公益理念，带动所有主流媒体，即在少儿广播电视中开办公益性节目，为孩子们树立正确的价值导向。少儿广播电视节目在策划制作阶段，立意和内容的公益性是根本属性，这是由其功能和定位决定的。商业化可以是运作模式，是公益性的现实保证，不实施商业化运作，少儿广播电视的公益性无法得到有力和充分的保障。少儿广播电视节目公益化不仅要内容美，也要形式美，还要兼顾未成年人的心理特征，使孩子们易于接受。节目的主题可以是绿色环保、诚实守信、尊老爱幼、扶贫济弱、预防灾难、关爱生命、社会治安、文明和谐等，既体现关注、理解、支持，也符合少年儿童的认知能力。形式上除了各种节目，还可以是弘扬中华文化、传承文明礼仪的公益广告，也可以是宣传自我保护、传播安全知识的公益广播剧目。广播电视媒体也可以组织和少儿有关的公益活动，例如社区服务、法治教育等。公益广告也是少儿节目公益化的组成部分。选题新颖、娱乐性强并与少年儿童互动的公益广告能满足少儿的情感诉求，进而产生行动实践。例如公益广告《保护动物——姚明篇》和《绿色网络》就受到少年儿童的欢迎。另外，以少年儿童为定位的媒体可以进行一些产业链的开发。著名的尼克罗迪恩儿童频道在1947年开播时提出，向那些过分沉溺于商业电视节目的美国儿童们提供适合其年龄特点的丰富多彩的高质量娱乐节目和衍生产品，促使广大少年儿童摆脱商业主义的影响。结果这一品牌在后来的发展中所开发出来的产品收入超过10

亿美元，涉及主题公园、服装、视频游戏、书籍、音乐、服装等。

（三）主持人

主持人作为贯穿节目始终的引领者、制作者和参与者，承担着引导和教育孩子的责任。少儿节目主持人应以孩子为本，了解孩子，保持童心，和孩子们一起成长。

1. 平等和尊重

（1）摒弃说教，把平等和尊重放在首位。有了平等和尊重的主持意识，才能把说教变成引导。平等交流是少儿节目中不可或缺的要素。主持人要站在孩子的立场思考，了解他们的需要。跟孩子交流，主持人更需要真诚，需要用心。孩子们非常敏感和聪明，主持人与他们交流时眼神应专注、热情，不要东看西瞧，要让他们感觉到自己很重要。遇到年龄小或者个子矮的孩子，主持人可以弯下腰、蹲下，甚至跪在地上和他们交流，这样，在视觉上的平等、没有压迫感，拉近了主持人与孩子之间的距离，沟通起来也更顺畅。少儿节目主持人在主持过程中除了说话，更需要观察和倾听，以便更准确地发现孩子的困惑和问题，进而深入启发和满足孩子的心理需求，这也是平等和尊重的表现。

（2）改变主持人的“话语霸权”。在节目中给孩子足够的话语权，这种话语权是在主持人的正确引导下，在适宜的范围之内给予的。在传播姿态上，鞠萍曾经说过：“与小朋友们交流时要蹲下。”[①] 其实“蹲下”一词不仅是指行为上的蹲下，更是一种心理上的平等。主持人只有走在孩子中间，才知道孩子们真正的所思所想所需。中央人民广播电台《小喇叭》节目主持人常态化地深入幼儿园和小学给孩子讲故事，已经形成优良传统。如今博士爷爷、春天姐姐和郑晶姐姐还经常通过暑期实践来到孩子们的身边，与孩子们充分接触，这样才能做出更好的节目。

2. 亲和力和互动性

亲和力最初是化学领域的概念，是特指一种原子与另外一种原子之间的关联特性，但现在越来越多地被用于人际交往。少儿广播电视节目中的“亲和力”绝不是说出来的，而是少儿节目主持人内在美的外化，表现为待人真诚、热情、亲切。

（1）主持人要具备亲和力必须拥有“少儿视角”。主持人应该用少儿的眼光去打量世界、以少儿的心理去洞察世界、以少儿的语言去解读世界。学会与少年儿童交朋友，时刻倾听他们的想法，了解他们的心理。只有读懂了少儿，才能真正把握好少儿节目视角，只有从恰当的少儿视角去主持节目，将孩子看作是平等的伙伴，才能具备亲和力；主持人具备了少儿视角才能更加准确、生动地展现出儿童眼里和心里的世界，才能真正做到尊重儿童和引导儿童，从而提高节目的品质和收视收听率。

（2）主持人的亲和力体现为与观众形成良好互动。亲和力能让孩子感到亲切和放

① 鞠萍：《儿童节目主持人的形象塑造》，《电视研究》1997年第2期。

松，作为主持人来说，与少儿有交集有互动，更能产生亲和力。主持人是节目的引领者、参与者，应该保持童心与孩子们真诚互动，真正了解他们的所思所想，让节目充满童真、童趣，让孩子在互动中受到教育，学到新知识，才能使节目功能最大化。主持人要加大节目的互动性，给孩子充分的发言权展现他们的内心世界，主持人可以和孩子们一起聊天、学习、做游戏，成为孩子们的知心朋友。节目形式得到孩子们的认可，孩子们有了积极性才会接受节目，使节目可持续化发展。

3. 角色化和故事化

在少儿广播电视节目中主持人要用故事来引导教育孩子，将人生道理融入有趣的角色中，这样既满足了孩子对趣味性的追求，又发挥了少儿节目的教化功能，相得益彰。

（1）角色意识。少儿节目主持人是少儿节目以及整个广播电视媒体的形象，少儿节目主持人应时刻警醒自己的角色意识，努力找寻并保持好自我角色定位，最终建立起个人的主持风格。少儿节目主持人应具有扎实过硬的专业素质，同时，必须遵循少年儿童的认知和心理规律，找到自身气质与节目有机融合的角色感，努力成为给孩子们讲故事和听孩子们讲故事的教师、伙伴、朋友并形成自身鲜明的个性魅力。《小喇叭》节目中，“故事爷爷”孙敬修、“故事叔叔”曹灿、“故事老师”康瑛等故事家们，正是用艺术化的故事影响了几代中国儿童。孙敬修爷爷的民间故事和曹灿叔叔的民间故事，从选择到讲述各有特色。孙敬修爷爷娓娓道来，既有“故事爷爷”的本色，又有博学多识的智慧。曹灿叔叔讲故事绘声绘色，活灵活现，让孩子们有身临其境之感。两位故事大师根据自己的特点来演绎故事，形成了独特的风格，因此有很强的吸引力。

（2）角色定位。主持人是电视节目的灵魂，是节目定位和风格的集中体现者。主持人的风格是否鲜明，直接影响到节目兴衰。少儿节目因受众群体的特殊性，对主持人的角色定位有着更为特殊的要求。主持人要根据自身的性格特点、爱好、文化修养等因素与节目宗旨相结合来设定角色定位。中央电视台少儿频道的《大风车》是一档形式很独特的节目，包括戏剧、谈话、游戏等诸多元素。主持人在此节目中的定位更像是一个住在剧场里的精灵，每天请孩子来剧场里看演出，不光跟孩子分享剧中人物的喜怒哀乐，还让孩子帮助自己把故事继续演下去。主持人的形象角色化，语言有角色特点，说话方式上有戏剧化的处理，主持人经常以唱代说，表达方式舞台化。主持人这种角色定位符合节目风格，因此获得了孩子们的喜爱。

（3）故事元素。“尽管学龄期儿童的形象思维占据着主导地位，但他们的形象思维正逐步向抽象思维过渡，很容易被各种形象的外观所吸引，有很强的学习能力，尤其善于模仿大人的言行。”[1]所以，太复杂、太抽象的事物会让孩子们感到困惑；他们不可能像成人那样集中注意力，单调缓慢、拖沓冗长的节目很难让他们感兴趣。听故事

① 林崇德：《儿童电视学》，人民教育出版社2018年版。

是少年儿童间接模仿的最佳途径。少儿节目因此针对孩子们的好奇心理，把故事融入其中，让他们在听中长智，在乐中得益。在听故事的过程中，少年儿童很容易被带入到精彩的故事情节中，不知不觉获得了丰富的知识，这是寓教于乐的最佳方式。《小喇叭》节目从开播至今一直是以讲故事为主要内容，已成为中国少儿广播的品牌栏目。孙敬修、康瑛、曹灿等老前辈在栏目中不仅用故事的形式生动刻画出孙悟空、猪八戒、白雪公主、神笔马良等经典人物，更塑造了黄继光、邱少云等革命英雄形象。少儿电视节目主持人在演绎故事时要注意有声语言和副语言的配合。少年儿童正处于一个知识积累的阶段，对于一些语言的理解还不是很精准，不能完全理解一些成人化的思想和书面化的语言。主持人在主持节目时尽量使用简单的词汇、单句及通俗的语句，同时还要充分利用表情和肢体语言吸引孩子们的注意力，增加他们的兴趣，也便于他们理解节目所要表达的内容。例如，在讲述小马过河的故事时，主持人不仅在语调、语气上要表现小马过河时的心理变化，脸上的表情也要因情节而变，还可以用肢体语言来配合，这样更为形象生动，孩子们理解起来也相对容易。

（4）故事创新。通过对故事的倾听，孩子的语言表达能力会有所拓展，思维模式不会被固定的画面所限制，天马行空的发散思维会得到自由发展，甚至超出故事本来的情景范围。所以，很多栏目特别欢迎少年儿童复述故事时，根据自己对故事的理解进行“特定”改编，甚至鼓励孩子们把自己也加入到故事之中。制作方式上可以用立体化呈现，以拓展故事的内容。不仅传统的儿童广播剧和电视剧正在寻求创新，“凯叔讲故事”“妈咪故事屋”“宝贝故事会”等有声读物更是如雨后春笋般涌现，它们利用网络平台、手机终端大大丰富了故事市场，为孩子提供各种快捷新颖的故事形式。但是，故事来源还亟须增加本土故事。目前我国本土儿童文学作品不能满足几亿少年儿童的需求，大量外国绘本故事涌入各种“讲故事”的平台。面对巨大的“讲故事”市场，需要弥补中国故事的来源缺口，不断提升中国本土故事的写作和播讲质量。

4. 真情和技巧

少儿节目主持人需要具有儿童化的形象、过硬的表达能力、扎实的专业知识和丰富的思想内涵。少儿节目主持人喜欢孩子、理解孩子、宽容孩子，才能有亲和力，更重要的是主持人的行为表现应当真实自然，不伪装，不迎合。主持人播讲语气应亲切、大方，不能幼稚地“装小”“扮嫩”，也不要故作老师或长者跟孩子们打交道。一个用真情实感尊重孩子、有过硬业务功底的主持人自然会吸引孩子，成为他们的良师益友。

（1）主持人要从思想上与孩子真诚沟通。少儿主持人应该从内心出发，想孩子所想，把孩子当作熟悉的朋友，真诚沟通，让孩子感受到主持人的关爱。例如，主持游戏节目时，主持人要表现出对这个游戏很有兴趣，并完全投入其中和孩子们一起游戏，孩子们才能玩儿得更开心更放松。主持人无论是与参与节目中的孩子沟通，还是与屏幕前的小观众沟通，都应以真诚为基本，以技巧为重心。

（2）主持人外在形象要亲切自然。少儿节目主持人的妆容不宜太浓，活泼大方就好。主持人要穿孩子易于接受的服装，并根据不同的节目类型而改变服装风格。例如，游戏类少儿电视节目中，参加节目的孩子都穿运动服，主持人的衣服也应该偏休闲，不能穿套裙和高跟鞋，否则和节目内容格格不入，会让孩子产生距离感，不利于沟通。

（3）主持人语言要符合少儿的接受习惯。为孩子制作节目，首先要让他们听懂，那些华丽的辞藻远不及“大白话”来得更直接、更有效，而且“白话”要有一定的思想内涵。第二，少儿节目主持人要根据不同年龄段孩子的特点采取不同的主持和对话方式，态度诚恳，语气亲切，和孩子们像朋友一样无障碍交流。主持人在语言表达时既不能居高临下地说教，又要表达目标明晰，要敢于、善于引导。第三，主持人不能一味地滔滔不绝来表现自己，还要引导孩子们开口说话，把他们的情绪调动起来。

（4）主持人的知识储备要丰富厚重。作为常常与孩子打交道的少儿节目主持人，学习积累丰富的儿童心理学和教育学的知识是非常必要的。不同年龄段的孩子有不同的心理特征，如果能够针对不同性格、不同年龄段的孩子们用不同的沟通方法，那么就会得到事半功倍的效果。幼儿上直播节目对主持人是很大的挑战。一般半小时的直播节目，嘉宾最低年龄不低于4岁。节目环节的设置可以灵活改变顺序，对于外向主动的孩子可以让他们先表达，展示特长；而害羞的孩子，可以带着他们先一起唱歌、念童谣、玩游戏，让他们逐渐放松，接下来就会比较顺畅。少儿节目的对象是孩子，嘉宾是孩子，因此需要尊重孩子，在录制节目时孩子如果不知该如何表达，主持人可以提醒引导，不能因为孩子年龄小就忽视孩子的感受。主持人还需具备强大的临场应变能力，能够妥善回答孩子的提问以及安抚过度兴奋的孩子。

（四）受众

1. 精准定位，加强仪式感

少儿节目主持人真正在节目中起作用跟受众定位和节目定位息息相关。以广播节目为例，目前，广播是窄播，走类型化广播的道路，少儿广播节目就是一种具有特色的类型化节目，频率的类型化运作模式是细分受众市场后产生的，有了精准的受众定位，一个频率就能明白无误地告诉受众其归属类型。一个类型化广播电台集合了喜欢这个类型的受众，主持人在其中运用个人魅力和个性特长建立自己的品牌特色。当少儿广播节目主持人根据精准的受众定位，将自己的特色与少年儿童需求相契合，就更能凸显少儿节目的定位和少儿频率的定位，频率和节目又不断地包装、推广主持人，从而更加吸引少年儿童，产生一个良性循环。

从仪式感来看，媒介融合带来了更多节目形式的选择，这使得受众“更不专一”了，受众群体好不容易积累下来的仪式感土崩瓦解。但少儿广播电视节目却没有出现受众大范围出逃的仪式感锐减现象。少年儿童虽然缺乏耐心、注意力难以集中，但他们智力发育快且并未饱和，他们较为单纯的世界里没有成人世界中那么多选择和变数。孩子习惯享受设定目标并达成目标的契约关系，生活中比较注重仪式感，因此少儿节目需要不断强化这种仪式感，让它成为少年儿童的一种习惯。例如，每天只要熟悉的“嗒嘀嗒，嗒嘀嗒……小喇叭现在开始广播啦”音乐一响，就会让小听众们产生期待和兴奋，“小喇叭”的品牌已成为一种仪式存在于一代又一代少年儿童心中。

在媒体变革中，少儿广播电视节目应当抓住精准受众，研究其心理特征和行为特点，用多元化的方式陪伴少年儿童成长。此外，少儿广播电视也可以唤起家长们内心的怀旧感，从而对孩子进行引导。

2. 满足受众心理需求

关注少年儿童的学习和生活，尊重他们的心理发展是少儿节目主持人的必修内容。当今社会，许多人更关心孩子的智力发展，而忽视了其思想、情感和情绪的健康发展。少儿节目从形态到内容不能只关心孩子们的智力，他们的内心情感世界也必须高度关注。少年儿童的内心需求有多方面，包括强烈的平等意识、丰富的想象力、乐观主义精神以及追求快乐等与生俱来的天性。他们的心理认知需求也很广泛，即对大自然和人类社会一切事物保持好奇，而不仅仅是成人社会赋予他们的“教育”所包含的内容。

满足残障少年儿童的身心健康和个性需求成为当下重要的课题。相较于20世纪，残障人士如今也是不出茅庐便知天下事，残障孩子们的认知水平和能力明显增强，对不同领域的求知欲也更为强烈。所以，广播电视媒体不能墨守成规，需要创办符合当今残障儿童心理需求的节目。节目要办得有针对性、能达到预期效果，就需要节目创作者经常走进残障群体，真诚与残疾儿童交流对话，走进他们的内心，了解他们的具体需求。例如，视觉障碍儿童无法直观感受到外界的人事物，对节目的认同较为困难，这就需要广播电台创建平台，发挥这些孩子的听力优势，为他们提供学习和认知的机会。随着时代的发展，当今的视障儿童已不再甘愿躲在角落，而是具有极强的表现欲，于是节目从提升视觉障碍儿童的写作能力和朗诵能力出发，请这些儿童在广播中朗诵自己的原创文章、讲故事等，邀请才艺小嘉宾走进直播间，现场表演他们的特长。这些形式为满足残障儿童的心理需求，更早实现社会化起到了有力的推动作用。

3. 符合受众行为习惯

少儿广播电视节目要根据少年儿童的作息时间、年龄特征和喜好精准定位，科学编排。以3~6岁的孩子为例，他们在这个阶段喜欢展示自己，要别人承认自己的长处，甚至会有一点自以为是。他们的注意力集中时间短，比较容易分散，兴趣关注点也各不相同。在节目中，可以安排鲜艳的图画、动听的音乐、生动的故事、好玩的游戏吸引这个年龄段孩子的注意力，使他们自然地融入节目中。

少儿节目还要根据每天不同时段和不同年龄层目标受众的特点安排不同的内容。小学生每天下午放学时间较早，一般情况下3点多就放学了，可以利用下午4~5点安排针对小学生的节目；初中生放学时间较晚，5点半以后才能到家，而且需要一定时间写作业，一般情况下要9点以后才有空闲时间。从每天早晨8点到下午6点，中学生都处于紧张的学习状态，没有时间听广播和看电视，所以以少儿广播节目为例，针对中学生，需要注意下面这些特点：一是收听地点，一般情况下在公共汽车上、骑自行车、走路时；二是收听时间，一般在晚上8点到11点之间；三是收听喜好，音乐、新闻时事、文艺是中学生较为喜欢的节目，还有一部分中学生喜欢收听外语类节目。据此，中学生广播节目可以设置一定比例的音乐和英语节目，并利用多样元素吸引听众的注意力。

4. 关注受众的反馈与评价

少儿节目需要积极关注受众的反馈与评价，应重视与受众的交流，为受众建立相互交流沟通的平台渠道。在搭建受众交流平台方面，可以充分运用网络新媒体的优势，建立多个受众交流微信群、QQ群。通过受众交流群，聚拢节目忠实受众，受众可以在交流群中对节目内容进行探讨和评论，也可以通过交流群和主持人、专家、节目组成员进行沟通，将自己的疑问和建议直接反馈给节目。节目还可以建立亲子俱乐部和家长沙龙，在此分享信息、进行讨论和开展活动。通过大数据，可以建立一个完善的受众数据库，对受众信息有更全面更具体的了解，这可以为节目服务受众带来良好的指导作用。在节目现场，参与节目的受众可以和主持人、专家进行面对面的交流，这种交流既包括对节目内容的咨询以及对节目的感受，还包括意见反馈。多渠道的受众反馈和交流平台，可以更好地使受众凝聚在节目的周围，维持忠实受众群体，更好地获取受众对节目的评价，为节目发展提供指导。

（五）新媒体技术和产业化

广播电视终端移动化是广播电视传播模式的完美呈现。各类智能终端的广播电视APP，可以使用户对数字化、网络化的广播电视内容进行方便的接收和消费，让受众能够随时任意收听收看和点播所有节目，节目能够多点面多层次接触用户，有效提高了少儿广播电视节目的受众到达率。目前，经中央广播电视总台授权，下属中国国际电视总公司正式启动与中国移动在5G技术研发、4K超高清频道建设、内容分发、大数据以及资本等六大领域的全面战略合作，实现资源共享、优势互补和互利共赢。技术、内容和资本的合作为少儿广播电视提供了广阔的发展前景。

1. 进驻不同类型 APP

进驻不同类型的APP，例如聚合型网络APP，由软件开发公司开发的聚合各类电台的平台类APP。目前受众较多的聚合型网络广播APP有喜马拉雅、蜻蜓FM等。这类APP的优势是拥有国内外多家电台资源，内容丰富；弊端是原创性低，鲜有独家品牌节目，节目同质化严重。传统广播电视拥有专业的播出设备和专业的主持人，传统媒体在聚合网络APP上可以依据不同主播的个性特点、语言风格为其量身打造脱口秀节目。传统媒体的少儿节目在聚合型网络APP上还应大力开展PGC(Professional Generated Content)+UGC(User Generated Content)的生产形式。PGC是指专业生产内容，即经由传统广电从业者来制作节目；UGC是指用户生产内容，即用户将自己原创内容上传并分享给其他受众。广播电视媒体可以在聚合类APP上开辟互动专区，让用户可以自由上传分享自己制作的节目，再从UGC中筛选出优质节目，由专业人士再次对这些内容进行后期剪辑组合，制作出新的节目。这样不仅增加了节目的多样性，同时赋予了用户参与感，有利于培养受众黏性。以云南少儿广播电台与喜马拉雅、蜻蜓FM、荔枝APP进行的合作为例。云南少儿广播电台与喜马拉雅的合作为单个节目合作模式，主要通过“1017声音工厂”品牌上传该频率制作的优质广播剧。《狄仁杰断案集》上传仅一个月点击率就突破了100万。与蜻蜓FM的合作为整频率合作模式，用户通过此APP可随时点播收听该频率的所有节目。该频率在荔枝APP上也注册了自己的账号，专门用于发布该频率制作的一些少儿节目，属于PGC的类型。聚合类APP还分为新闻、咨询、社交、音乐、影视、汽车等类型。以音乐聚合类APP为例，安装手机音乐APP的用户占手机用户总数的62.17%，其中83.3%的用户每天使用两次以上音乐类APP，具有巨大的市场容量。传统广播电视媒体的少儿节目也可以融入专业类型APP，一方面音乐类APP可以签约广播电视媒体知名少儿节目主持人，开辟私人专属频道；另一方面，两者进行产品交换，例如，传统电台将优秀的少儿音乐节目移植到音乐APP中播出，音乐APP也可以将自制节目推送给传统电台，在电台中播放。

2. 开辟移动互联即时通信APP

移动互联即时通信APP指QQ、微信公众号、小程序等移动社交平台。微信公众号和小程序运用图文、音视频、超链接等多种表现形式，展现丰富信息，可以吸引众多粉丝。少儿广播电视节目可以以频率或频道、栏目、主持人等不同主题入驻手机微信平台，开通微信公众号和小程序，扩大传播途径，增强传播力度。目前市面上开辟微信公众号和小程序的广播电视媒体，都在微信平台上开发了音频或视频功能，受众可以随时随地通过微信公众号在线同步收听收看直播节目。用户还可以根据自身喜好和收视听习惯对特定节目进行检索、分类、筛选，受众由被动接收转向个性化定制的主动接收。目前，O2O（Online to Offline,线上到线下）的微信商业模式已通过小程序的形式得到实现。少儿广播电视媒体不妨大胆尝试，根据自身定位，给其微信会员提供一些相关活动和福利，同时完成少儿节目的再次传播和少儿节目延伸产品的售卖。

3. 多平台联动

移动互联网可以依托自媒体的传播平台，在最短的时间完成分享和扩散。少儿广播电视节目通过新媒体技术得到立体化呈现，收获更多的关注后，要更加注重品牌的建设与维护。

少儿广播电视节目可以打破收音机和电视机的壁垒，以用户为中心，用创新思维来铸造新的媒体节目内容，多平台联动，推出衍生产品和服务，形成一个全新的少儿节目产业链。云南少儿广播电台就利用最新的传播形态，充分与微信联动，把微信传送文字、图片、语音和视频的各项功能运用到最大化。首先，微信的语音功能与广播的声音功能天然契合。该频率开展的云南省少儿经典诵读大赛初赛全部运用微信的语音功能完成，方便、快捷、节省成本。其次，微信的后台承载与广播的高互动性相匹配。该频率在微信公众号中推出《小故事大学问》儿童广播剧音频节目，既解放孩子的眼睛又激发他们的想象力和创造力，孩子们热衷收听，家长们也纷纷关注。稳定和特定的受众群，加之与新媒体的联动，为各类商家提供了良好的宣传平台，从而受到了儿童素质培训机构、亲子产品、食品企业的青睐。依托《小故事大学问》吸引的粉丝也成为频率线下活动的主要参与者，儿童广播剧培训班、舞台剧培训班、周末亲子游、体验迎风活动得以开展。围绕此剧可以产生演员培训表演收入、剧中植入、音视频节目版权销售、商演收入、冠名、赞助、衍生产品收入和移动客户端等收入，把广播升级为融媒体时代的“在播—在线—在场—在商”的运作模式。

汪国真曾经说过：“没有比人更高的山，没有比脚更长的路。”在孩子的眼里，少儿节目是一座高山，如同人生指路的坐标；在创作者眼里，少儿节目的发展任重而道远，如同一条漫漫长路。少儿广播电视节目要不断推陈出新，传递正能量，才能更好地承担起对孩子的教育责任，也才能让更多少年儿童在信息爆炸时代找到一个属于自己的纯净快乐的世界。

参考文献

1. 姚喜双：《新媒体时代广播电视语言问题研究》，语文出版社2013年版。
2. 姚喜双：《播音主持概论》，高等教育出版社2012年版。
3. 赵玉明：《中国广播电视通史》，中国广播电视出版社2014年版。
4. 刘京林：《大众传播心理学》，中国传媒大学出版社2014年版。
5. 陈舒平：《儿童电视学》，北京广播学院出版社2003年版。
6. 余培侠：《塑造孩子的未来形象》，中国广播电视出版社1993年版。
7. 张娣：《童年的消逝与绽放——30年中国少儿电视研究》，山东大学博士论文，2017年。
8. 王丽娜：《传播学视域下的电视少儿节目主持人研究》，四川师范大学硕士论文，2016年。
9. 张玉枝：《浅谈儿童节目和儿童广播节目主持人的特质》，《文化创新比较研究》2017年第15期。
10. 左小群：《充分了解受众特点 全面贴近受众需求——主持人应如何从受众特点出发做好儿童广播节目》，《视听》2016年第3期。
11. 肖丹丹：《少儿节目主持人的角色定位与需求》，《新闻传播》2015年第13期。
12. 张浩：《二孩政策下少儿节目主持人的危机与对策》，《青年记者》2017年第29期。

广播电视财经类节目主持表达模式的创新发展

经济日报－中国经济网　龙煦霏

摘　要：改革开放以来我国广播电视财经节目经历探索初创期、爆发增长期、繁荣发展期以及成熟提高期4个发展阶段。本文通过典型案例研究了随着不同时期财经节目的变化，其主持呈现的创新表达模式。在此基础上，以SWOT方法分析了在融媒体时代传统财经节目主持模式的优劣势，提出传统媒体财经节目主持人在融媒体时代的主持模式创新应以马克思主义新闻观为指导，持续构建跨学科主持语料库，并基于彼得·德鲁克的创新理论“简单原则”设计融媒体财经节目的创新表达模式。

关键词：财经节目；改革开放；融媒体；马克思主义新闻观

中国历经40年的改革开放，已经成为世界第二大经济体和第一大贸易国。随着改革开放的不断深入，人民的生活水平得到了持续提高，人们对经济形势信息和投资理财知识的需求与渴望使财经新闻报道的重要性日益显现，广播、电视、网络成为人们获取财经信息的主要途径，从而使我国财经类节目的开发与进步获得了难得的成长机遇。从创立到逐步完善，再到百花齐放、繁荣发展，我国财经类节目涌现出多种形式，如新闻信息类财经节目、访谈类财经节目、评论类财经节目、专题报道类财经节目、服务类财经节目等，丰富了我国广播电视节目类型，也逐渐形成了财经节目独有的主持特征。本文对我国财经节目及主持模式的发展创新历程进行了梳理，探讨了不同经济发展时期财经节目主持的表现特征，以期对传统财经节目及主持模式在融媒体时代的发展进步作出贡献，从而更好地服务中国经济发展。

一、媒体呼号意义的“经济”与“财经”异同

“经济”一词最早含义是“经国、经邦”和“济世、济民”，简称为经世济民，含有“治国平天下”的意思。近代对于“经济”的含义说法也很多。《现代汉语词典》（商务印书馆2008年版）释义“经济”是集合性词，包括两层意思：（1）经济学上指社会物质生产和再生产的活动；（2）国民经济的总称，也指国民经济的各部门，如工业经济、农业经济等。“财经”则更多涉及现代经济中的核心问题，将与经济生活、货币、投资等相关的行为归纳为“财经”。因此，“经济”的含义更加宽泛，与财经是从属关系，而财经所涉及的、关注的经济领域内核更为复杂和专业。

自20世纪90年代后，我国社会主义市场经济建设初见成效，以往的经济类节目已经无法满足人们的需求，财经类节目逐渐进入人们的视野。“财经节目”的概念在我国出现较晚，直到近年才被受众所熟悉并普遍使用。相对于传统的经济新闻，财经新闻以更敏锐、更时尚的特征吸引着人们的关注，如2009年央视将“经济频道”改称“财经频道”就是要构建一个专业化的、权威的国际财经媒体。然而在实际工作中，对“财经”和“经济”两个词没有真正区分，以《21世纪经济报道》《中国经济网》《经济观察报》等为代表的纸媒和网媒均以“经济”命名，实际报道的内容都是人们关注的财经类话题。因此，本文涉及的财经就是“泛财经”“大经济”，出现的“经济”与“财经”二词同义。

二、财经节目特征及主持特征

我国广播节目和电视节目在分类体系上基本一致，主流划分为4分法，以电子媒介具有的社会功能属性作为划分标准，将广播电视节目大致分为新闻类节目、教育类节目、文艺类节目和服务类节目。基于财经节目专业性强的特殊性，本文采用5分法，将财经节目类型划分为新闻信息类财经节目、评论类财经节目、专题报道类财经节目、访谈类财经节目、服务类财经节目，基本覆盖了所有的节目类型。

（一）财经节目特征

财经节目既有一般节目的共性，也因为内容的特殊性和专业性，具有自身的特点。财经节目的特点表现为以下几个方面：

1. 时效性、准确性要求更高。财经节目与广大投资者的利益息息相关，商场如战场，财经节目帮助受众判断经济形势，准确、高效地把握经济动态，为投资者提供经济信息。

2. 服务对象具有多样性，需要细分受众市场和准确定位。理论上财经节目的受众包括所有人群，然而受众不同，所需要的经济内容也不尽相同。例如，做资本市场投资的受众更关注A股的走势、基本面、外围市场的影响等，而农民更关注取消农业户口后对自己的经济权益有哪些影响。

3. 节目内容十分广泛而且层次复杂。“大财经”概念下的节目内容涉及农业、工业、商业、金融、保险等国民经济的各行各业，影响的范围广、层次繁多，囊括范围大到国家的宏观经济政策，微观具体到每一位公民、每一件商品。其选题具有广泛性、层次多、关联度高等特点，需要在庞大而复杂的信息库面前，精心筛选出更贴近受众需求的选题，同时要注意节目之间的关联性，有必要将大背景的关联信息作为一个整体展示给受众。

4. 制作人员专业水平要求较高。财经节目关乎受众的切身经济利益，播出的内容涉及国民经济的各个行业、社会生活的方方面面，需要制作人员从策划、制作到播出全流程深入挖掘经济现象的实质。主创人员不仅要具备新闻学和传播学方面的知识，还要对经济学常识、金融学、马克思主义政治经济学、财政学等有所掌握。

5. 注重实用性。区别于其他节目以满足受众好奇心和娱乐休闲为播出目的，财经节目受众的目标更明确、更直接，目的就是获得财经资讯、理财技巧、资本市场行情、经济政策权威解读等，因此财经节目首先要满足实用性，然后再考虑观赏性。

（二）财经节目主持特征

财经节目的专业性决定了其主持人足以成为主持类型的一个重要分支，而且是必不可少的一个支脉。首先，从节目分类角度看，财经节目主持是指主持财经节目的工作，区别于主持其他类型节目如娱乐、生活服务类节目的工作。其次，从节目创作维度看，财经节目主持是财经节目创作中的重要一环，主持人水平直接影响节目的播出效果，尤其是访谈类主持人。再次，从主持方式看，财经节目主持覆盖了所有主持形式，如新闻信息类财经节目采用播报的方式，访谈类财经节目采用谈话方式，评论类财经节目采用评论方式等。随着受众需求的提高和节目的多样化，结合节目类型划分、主持人主持方式划分标准、主持人工作职责，本文将财经主持人划分为访谈类、专题报道类、新闻信息类、评论类、服务类。

1. 访谈类财经节目主持人，主要是通过交谈的方式与受访对象进行直接、平等的交流，如中央电视台财经频道的《对话》、上海第一财经的《波士堂》等。

2. 专题报道类财经节目主持人，通过视频、图片、数据等方式，对近期发生的热点经济事件进行分析，具有权威性、独立性、前瞻性和培育性，如央视的《经济半小时》《中国财经报道》等。

3. 新闻信息类财经节目主持人，以演播室播报为主，如央视的《经济信息联播》。

4. 评论类财经节目主持人，主要是针对股票、证券市场的变化进行分析点评，如中央电视台的《交易时间》。

5. 服务类财经节目主持人，主持人通过演示、讲解为受众的经济生活提供方方面面的具体服务，例如，如何挑选性价比高的产品，如何创业致富，提供房地产信息、家庭理财、经济案例分析等，代表性节目有中央人民广播电台的《消费主张》《生财有道》《经济与法》等。

以上5种类型的财经主持并非是完全独立的，可以互为融合。现在很多财经主持人既可以播报，又可以做访谈，还可以做评论类型的节目。这种全能型主持人的专业技能固然值得肯定，然而财经节目涉猎广泛，对于专业性和实用性要求很高，更需要具有个人特色或对某一领域深耕细作的主持人，以满足不同财经节目和时代发展的要求。以进行现场报道为例，主持达沃斯论坛这类的大型财经论坛的主持行为既有新闻信息类属性，又有访谈、专题属性。

三、财经类节目主持表达模式的创新发展

我国财经类节目从创立到逐步完善，再到百花齐放、繁荣发展历经了30多年的时间。十一届三中全会后，全国工作的重点转移到经济建设上来，出现在电视屏幕上的经济方面的内容逐渐增加，或是反映经济建设中出现的问题，或是为经济建设提供可以借鉴的经验，但是这个时期的经济节目还只是分布在新闻节目和新闻评论节目之中，经济新闻在新闻节目中的占比为三至四成。1981年7月1日后，《新闻联播》里必有“国内经济新闻”，各大新闻节目评选中获奖的经济新闻也随之增多，经济节目或栏目独立时机成熟。如今全国有几十个财经频道、几百档财经节目，中国的财经节目已经走出了自己的发展模式。

纵观我国经济节目发展的历史，在20世纪80年代经济节目尚未形成之前，财经节目处于缺失状态。到了20世纪90年代，随着社会主义市场经济的发展，我国开始出现独立的综合性财经节目，后期财经频道逐渐成立。进入21世纪，新媒体发展迅猛，催生了种类繁多、形式多样的财经节目。相关研究表明，我国财经节目的发展经历了“探索初创期、爆发式增长期、繁荣发展期、成熟提高期”4个阶段，各时期的财经节目不仅内容采编紧跟经济形势发展，主持表达也没有墨守成规。

（一）探索初创期的经济节目主持特征（1981—1991）

经济节目探索初创期分两个阶段，1981—1986年经济节目雏形阶段和1987—1991年经济频道探索阶段。改革开放初期，经济节目处在记录经济生活的层面，主持人以播报为主，电视新闻多由播音员配解说画面。同一时期，央视尝试了主持人对话串场的演播方式，广东珠江经济台尝试了主持人直播方式，上海电视台尝试了评论方式，这些都是在努力拉近与受众的心理距离，摒弃经济节目严肃有余的刻板印象，开创亲切自然的节目风格。

1. 经济节目雏形阶段（1981—1986）

（1）1985年前上海、广东引领，出现主持人直播模式。1981年10月，我国第一档经济节目《市场掠影》首先在上海诞生（周播，时长2~3分钟），之后国内开始出现了报道市场的经济节目，如1982年广东电视台的《市场漫步》，1983年之后中央人民广播电台推出的《大众经济》《经济信息》等栏目，这些尝试为中央电视台经济节目开发铺平了道路。同一时期，珠江经济台于1983年尝试以“板块节目”为特点，以主持人直播方式，通过热线电话与听众在节目中直接互动，产生了极大的社会效益和经济效益，收听率和广告收益得到大幅提升。“珠江模式”带动了各地电台开设经济频道。在国家主管部门的大力支持下，1984年央视组建了经济部。

（2）1985年后国家层面促进央视构建经济节目版图。1985年1月1日，央视推出了《经济生活》栏目，主要报道国内外经济形势和科技发展新动态，并提供各类社会服务

（时长20分钟，每周在中央一、二、四频道播出），播出后获得社会各界好评，其中反映唐山大地震后唐山人重新过上幸福美好生活的节目《啊，唐山人》等引起强烈的反响，张宏民、卢静等主持人的主持风格受到广泛关注。

根据中央“办一个经济电视台，着重传播经济新闻、经济信息、商业行情和广告”“中央电视台开办一套经济信息节目，以适应四化建设需要”等指示精神，原广播电影电视部提出央视2套节目以传播综合经济信息为主向全国传送。1987年2月1日，央视正式通过国际卫星向全国传送经济节目，自此全国经济节目的发展迎来了春天。

同一时期上海电视台将《市场掠影》更名为《经济之窗》（周播，时长增至20分钟），不仅有经济新闻，还增加了经济专题和评论，在财经专业深度探索方面领先一步。

2. 经济频道的探索阶段（1987—1991）

改革开放初期的经济节目停留在被动记录经济生活的层面。央视1991年在《关于改进经济报道的几个问题》的总结中自我评价为“九多九少”，概括起来就是动态新闻多，典型新闻少；空洞新闻多，具体新闻少；办公室新闻多，生活新闻少；会议新闻多，基层新闻少；工作汇报新闻多，新意新闻少；见物新闻多，先进人物新闻少；解说画面新闻多，采访新闻少；结论报道多，进行式报道少；两张皮新闻多，新闻式报道少。

（1）央视2套开启探索模式。1987年2月1日，在《经济生活》基础上创办的《综合经济信息》开播（时长增至40分钟），增加信息量后该栏目获得的社会影响更广泛了，如《北京沙子口货场哄抢西瓜》《首都海关货物积压严重》等播出后，经中央有关领导直接过问，问题得到妥善解决，收到了很好的报道效果。这一时期主持人敬一丹、王红蕾等受到关注。

1989年12月18日《经济半小时》开播。为了满足受众不断变化的需求，节目开播以来经过了多次改版，增删了很多内容，先后推出了《经济信息》《看市场》《消费者之友》《世界经济窗口》《经济博览》《经济透视》等多个组合板块。《经济半小时》紧紧围绕与人民切身利益相关的经济话题展开，较早采用了主持人对话串场的演播方式，摒弃了经济节目严肃有余、人文关怀不足的刻板印象，拉近了节目与观众的心理距离，开创了亲切自然的节目风格。除了敬一丹、王红蕾外，主持人赵赫、王晓真等受到关注。

1990年央视首次举办的“关注消费者权益”大型经济节目引起广泛关注，这是“3·15”特别节目的前奏，开启了演播室以外的主持模式。次年3月15日，央视再次举办此专题特别节目，在全国观众中引起强烈反响，自此“3·15”成为了消费者权益保护的代名词保留至今。

（2）地方台争先恐后作出探索，主持人专业化要求日趋清晰。随着政策逐渐松绑和央视的带动作用，各地纷纷办起了经济电台、电视台，1988年12月1日，全国首家经济电视台——湖北经济电视台正式上线。各省、市级电视台相继开办经济类栏目，如《经济信息总汇》(上海电视台)，《经济信息》和《市场信息》(北京电视台)，《每周一富路》和《市场信息》(福建电视台)，《市场漫步》(广东电视台)，《经济与生活》(山东电视台)，《经济博览》(辽宁电视台)，《科技与信息》(新疆电视台)等。经济节目的不断增加对主持人专业化的要求日趋清晰。

(二)爆发式增长期经济节目的主持特征(1992—1999)

经济节目爆发式增长期分两个阶段：经济节目大量涌现阶段(1992—1995)和财经节目专业化发展阶段(1996—1999)。1992年以后，电视经济报道对人们生活的影响大大加强，经济报道开始直接参与社会活动，主持具有了记者特征和娱乐特征，如1993年“3·15国际消费者权益日”专题晚会推出的《93质量万里行》系列报道，“全国证券知识竞赛”“商标法知识竞赛”等活动，这些报道直接服务经济生活，推广普及了经济知识，扩大了媒体影响。

1. 经济节目大量涌现(1992—1995)

尽管这一时期经济节目还是以宣传经济政策导向为主，但是节目采编更关注消费、投资、市场以及热点经济现象，一批内容鲜活、手法新颖的报道相继涌现。1993年至1994年出现了一批有影响的优秀经济报道，如《牡丹集团厂庆新办》(中央台)、《城里人下乡购时装》(浙江台、桐乡台)、《外滩：悄然崛起的上海金融街》(上海东方电视台)等。这些报道虽是经济内容却充满生活气息，老题材体现出了新角度，主持人接地气的表达方式深受观众喜爱。1992年证券类节目进入初创期，平和亲切的节目表达方式开始上线。

(1)大经济环境促成经济节目增量发展，主持人表达趋向自然平和。国内方面，1990年深市、沪市两大交易所先后成立，1992年邓小平南巡讲话鼓励尝试证券、股票；国际方面，亚洲金融危机之后中国经济的较快增速吸引了外商纷纷在华投资建厂。1992年党的十四大进一步明确了坚定不移地推进改革开放的发展方针，各类经济电视台、电台应运而生，经济节目彻底告别了呆板、机械、冰冷的宣传，主持人表达趋向自然平和。随着我国股份制和股票市场改革试验推进，股市成为普通民众争相谈论和参与的投资平台，证券类报道应运而生，萌生了早期财经节目雏形。

(2)“国家队”“央视、央广”奠定引领地位，首个证券节目诞生。十四大召开前夕，1992年8月31日央视《经济信息联播》开播，与《经济半小时》组成了经济报道团队，带动了全国电视经济信息传播网络的形成，标志着我国电视确立了以经济建设为中心的宣传宗旨，成为又一座里程碑。《经济信息联播》对国内外最新经济信息按宏观、财经、服务、国际、新产品的大类划分，每类下设小栏目，虽然每期时长仅30分钟，但内容丰富、节奏快，播出后反响不俗，对我国社会主义市场经济培育起到了积极作用。次年《经济信息联播》开辟了《市场指南》《中国名牌之窗》《观商海》《质量评议指南》等板块。1994年首个证券节目《本周证券》开播。与此同时，1993年央广报道A股行情的《股市传情》栏目上线，1994年10月新增《证券广播网》，将B股和法人股市场、国债市场等纳入采编。

（3）地方台的跟进促成了经济宣传大格局，首个电视+网络直播模式上线

在“国家队”的带动下，各省市区电视台也创办了类似的经济栏目，1992年底全国各地批准建立了经济电视台9家，1993年新增15个经济栏目。1993年上海东方电视台《东视经济传真》栏目开播，广东电台开办了全国第一个专业股市台——珠江股市台；1994年上海电视台创办了全国第一家使用计算机网络同步报道股市行情的直播节目《今日行情》。至此，舆论造势经济的局面在全国形成。

2. 财经节目专业化发展（1996—1999）

20世纪90年代中期以后，电视经济报道在内容上呈现出专业化、生活化的特征，报道手法也日趋成熟、多样化，经济节目凸显指向性和服务性要求。随着经济体制改革的纵深发展，经济领域的专业化分工越来越明显。

（1）细分受众，满足不同阶层的需求，主持模式设计针对性强。社会阶层的丰富性和多样化使受众对经济类节目提出更多的要求，社会地位较高和资源富有的强势集团、掌握专业知识技能和受过高等教育的中间阶层、社会弱势群体，不同群体对经济节目有不同需求。除了体现专业化的趋势外，经济节目在此时期更体现出人性化的特点，以往经济节目注重对经济政策、大政方针的分析，充满数字和经济术语，对与群众密切相关的经济生活关注不够。1996年央视经济频道成立后开始重视受众的个性化需要，其中《商务电视》栏目将受众定位为工商界人士，将市场信息细化为金融、市场、交通、旅游等。

（2）央视2套完成频道专业化，经济服务类节目上线。央视台2套节目以经济节目为主，围绕财经报道、经济评论和经济服务等设计频道内容。1996年7月1日，央视2套节目全面改版，将《经济半小时》和《经济信息联播》分化出9个栏目，即《中国财经报道》《环球经济》《企业家》《经济半小时》（新版）等，经济报道结构更合理，内容有了质的提升。次年5月5日，央视2套节目再次全面调整，将品牌节目《中国财经报道》《经济半小时》《生活》放在黄金时段播出，《生活》周播增加到6期，《中国财经报道》日播增加到6次。内容定位更加专业化，《中国财经报道》报道中国及世界的重要经济新闻；《经济半小时》关注经济生活中的重点、难点、焦点，展开深入的追踪报道；《世纪经济报道》（改版前为《环球经济》）为介绍世界经济的新闻杂志型栏目。9个全新栏目的形成和两次大的改版，使央视2套由经济综合频道向经济专业化频道转型。与此同时，90年代中后期全国开办生活服务类节目和频道已经形成了一种潮流。不同于传统的“为您服务”模式，央视的经济服务性栏目《生活》由《背景》《消费驿站》《百姓》《生活留言》《都市印象》板块组成，专门讲述百姓生活中的大事小情。

（3）地方台增加人性化经济节目，英语财经主持模式上线。同一时期，上海电视

台制播了《财经报道》《世界经济纵览》《Business Report》等经济新闻栏目，其他台生活类节目有《居家购物》（上海有线台）、《电视商场》（云南经济电视台）、《电视购物》（天津电视台）等。

（三）繁荣发展期经济节目的主持特征（2000—2008）

经济节目的繁荣发展时期可以划分为三个阶段：尝试树立“大经济观”阶段（2000—2002），财经媒体步入快速成熟期（2003）和步入调整时期（2004—2008）。这一时期，经过近20年的发展，我国的经济节目已经走向专业化、生活化，但是与综艺节目和其他类型节目相比还是属于小众，经济类节目对于没有职业背景或相关经历的受众的影响力还是比较局限。以“大经济”为核心，经济信息、生活服务、益智娱乐为三大板块的频道基本格局确立，这就使这一时期的节目主持表现出财经+服务+娱乐的综合表达特征。

1. 尝试“大经济观”阶段（2000—2002）

通过调查发现，当时的收视人群占比为大专以下观众达到90%，人均收入不足1000元，证券市场能达到每月交易一次的人群约为37万，央视据此进行了战略调整。

为了培养观众、提高观众的收视率，央视广告经营管理中心（以下称广经中心）于2000年7月3日对所属时段的节目进行了全面的调整，调整遵循三大原则：内容设置与目标观众要求相统一，加大经济生活服务类节目比重；播出时间与电视观众收视规律相符合，调整原有名牌栏目播出时间；节目形态与观众欣赏习惯相一致，新栏目更具平民性和服务性。

为了准确把握受众、获得更好改版效果，央视将经济信息受众分为4类：13%的成熟群体主动获取经济知识和最新的经济资讯；25%的次成熟群体具备一定的知识储备，对经济知识及信息处在学习、理解、消化程度，是最值得关注的群体；44%的群体被动接受经济知识及信息；随意收看一族约占18%。

按照收视习惯差异，10档老节目搭配了9档新节目，《经济半小时》《中国市场信息》《中国财经报道》《商界名家》等重新包装定位，《证券时间》《证券之夜》《对话》《互联时代》《中国房产报道》《地球故事》《开心词典》《清车风影》《艺术品投资》9新则迎合观众喜好和时代需要，从制作手段到节目内容都让人耳目一新。其中，《对话》《开心辞典》《幸运52》等栏目迅速蹿红，王小丫俏皮的笑靥、李咏“小坏”的幽默成为人们茶余饭后的谈资，关于主持人的话题达到了现象级。

随着央视经济信息、生活服务、益智娱乐三大板块的频道基本格局确立，地方财经频道也走上了快速崛起之路。2002年，北京电视台成立了财经频道，在打造财经资讯和证券节目的同时，还开发了经济深度报道《首都经济报道》《天下财经》和理财节目《财经五连发》《天天理财》等。

2. 步入快速成熟阶段（2003）

2003年是我国财经媒体发展专业化持续深入的一年。央视再次出发，放弃了精英路线和完全专业化路线，让经济新闻重新走入公众的视野，打造出一个崭新的经济频道；上海文广新闻集团成立了“第一财经”，为跨媒体融合树立了典范；央广“经济之声”在开播一周年之际，再次全面升级，明确了专业化定位；依托《经济日报》的中国经济网正式成立，成为“国家队”经济新媒体的典范。

（1）新专业化经济频道突出经济资讯。在“大经济观”理念下，央视致力于把央视2套建设成为经济资讯频道，2003年10月频道定位由“经济·生活·服务”改为“经济资讯”，剔除了影视和娱乐节目，对栏目的设置与编排进行了全新的整合。

对不符合频道新定位的节目进行调整，《东方时空》《新闻30分》《新闻调查》《实话实说》《中国新闻》不再重播，《精品赏析》《正大综艺》《人民子弟兵》《夕阳红》等栏目从2套调出，《体育赛事》调为非常规节目。

以大经济观、大资讯观、实效信息观为基础，以“三贴近”为原则，将旧王牌栏目和新推出的强势栏目相结合，使央视2套形成“龙头突出、主干强劲、枝叶丰满、底座宽厚的节目格局”；放弃精英主义和完全专业化路线，通过一些轻松的资讯节目如《第一时间》《全球资讯榜》等打造“大经济”“泛财经”的模式，让经济新闻重新走入公众的视野。主持人欧阳夏丹上线，厚实的女中音、邻家女孩的笑靥、自然流畅的表达，深得观众喜爱。

（2）财经跨媒体融合初露端倪，“第一财经”成为融媒体“第一人”。建立跨媒体财经新闻集团是财经媒体实施集群化、产业化发展的有效形式，美国的道琼斯公司、彭博通讯社等财经媒体的发展为我国提供了参考。2003年上海文广新闻集团“第一财经频道”正式揭牌成立。

具备高标准和国际化视野。“第一财经”成立之初就准确定位于专业化电视财经频道，办台宗旨是向国内的广大投资者、全球的华人经济圈提供高水准的财经新闻和深度评析，实现全天直播，成为专业财经资讯供应商的行业龙头。借助全球性财经有线电视卫星新闻台（CNBC），上海文广将中国财经信息发往美国，虽然每期仅有3分钟，却开启了我国财经节目步入国际电视网的新纪元。“第一财经”与“道琼斯指数”联合制作了“道琼斯—第一财经—中国600指数”“道琼斯—第一财经—中国600行业领先指数”等产品，这些节目开拓了投资者的国际财经视野。

试吃融媒体“螃蟹”。《第一财经》搭建的跨媒体平台，形成了电视、广播、报纸、网站、出版资源共享的综合体，这是当今融媒体的雏形，其中电视包括“第一财经”（地面频道）、宁夏卫视（卫星频道）和东方财经（数字频道）等。《第一财经》还对自己拥有的丰富品牌资源和专业一手的财经资讯加以利用，出版专业的财经书籍，为自己争取除了广告以外的其他收入，并积极布局互联网，利用大数据建立自己的数据库，发展各类依托于自身品牌的增值业务、开发衍生品，从而摆脱了靠单一广告收入来维持运营的局面。

（3）经济广播专业化显现，“经济之声”奠定王牌“经广地位”。“经济之声”是央广21世纪初创办的专业频率，在国内经济广播频率中的位置举足轻重。2003年12月，“经济之声”在开播一周年之际全面升级，明确专业化定位，强调频道专业化、听众目标化，撤销了与经济、财经无关的栏目，实现“立足经济、关注民生”的目标。经过几次重要改版后“经济之声”的定位目标是：①唯一覆盖全国的一流专业财经频率；②面向成熟的社会消费人群，以及所有关心财经、产经的社会人士；③在组织形态与操作模式上充分体现现代广播的特征，将节目经营转入频率经营，频率大于栏目，流程重于节目，树立频率的整体意识。

（4）财经新媒体横空出世，国家经济门户网站——中国经济网上线。2003年7月28日，《经济日报》集团创办的国家经济门户网站——中国经济网正式上线。作为国家级新媒体，中国经济网络电视（简称中经电视）以经济立台，制播了《我财经》（日播）、《经济热点面对面》（周播）、《中经在线访谈》等一批财经专题节目。主持人的主持表达在传统财经节目的严谨、端庄的基础上，语气更温和，使嘉宾（多为行业专家）与观众感觉轻松亲切。

3. 步入调整阶段（2004—2008）

随着有线电视技术的发展和广播电视体制改革的深入，丰富的电视资源催生了经济频道（栏目）的进一步裂变。在央视、第一财经等专业财经媒体的带动下，当时以“财经”“经济”“商务”或“资讯”命名的电视频道共有23个，其中经济频道16个、财经频道3个、资讯频道3个以及商务频道1个。2005年，在“专业频道品牌化”新理念下，央视经济频道进一步扩大品牌影响力，推出《超市大赢家》《财富故事会》《交换空间》等栏目，提升了自身的竞争力。《超市大赢家》主持人朱轶的“近乎光头的小平头”形象颠覆了固有的主持人形象，“评书式的表达”达到了吸睛效果。伶牙俐齿的王小骞不做作和恰到好处的煽情开创了一种服务类财经节目的表达模式。

2006年中国财经频道发展再次进入爆发年。“第一财经”全媒体的成立和央视经济频道几次大的变革，标志着财经节目、财经频道逐渐走向专业化，如果以时长和内容划分，大致可以分为4类。

（1）经济频道/泛财经频道

经济频道或泛财经频道定位是“大经济”和“大资讯”，栏目设置并没有完全遵照专业化模式，节目创作以“大众、综合兼顾实用”为原则，不仅有经济信息、证券资讯、深度财经，还有生活服务类栏目和娱乐游戏类栏目。这类设置模式一直沿用至今，如央视经济频道（2009年改版前的CCTV-2）、北京电视台财经频道、香港凤凰卫视资讯台等。

（2）专业财经频道

这类频道在创立之初就把投资者作为栏目受众，实行全天候不间断的财经资讯直播，为投资者提供国际国内的财经资讯（一手资讯）。频道在内容上只涉及财经和产经两大类，主要由证券资讯、金融评论、深度访谈、投资指南等专业内容组成，这一类财经频道是我国未来发展的趋势，以上海“第一财经”频道为代表。这类节目主持人基本以“无表情脸”传达节目内容的严肃、高深和所谓的客观。

（3）商务信息频道

这类频道定位更加细分，主要关注商业相关的选题，例如商人、商业模式、投资机会等资讯，能够为海内外的经商人士提供商业往来、贸易交流等投资信息，比如济南电视台商务频道。这类频道服务意识比较强，受众定位相对较窄。

（4）综合资讯频道

在所有财经类频道中有不少频道以财经专业化为宣传口号，实际在节目的编排中依然是综合频道的运营思路，即包括新闻信息、生活服务、娱乐节目、电视剧等，这类频道主要存在于地方电视台，比如内蒙古电视台经济频道、宁夏电视台经济频道、湖南经视综合频道等。

（四）成熟提高期经济节目的主持特征（2009 年至今）

全新亮相的财经频道使国际市场与本土市场无缝连接，以国际经济形势为背景结合本土情况发出权威的、有深度的声音，形成了专业而完整的财经频道框架。与国际知名财经媒体的合作又一次提升了我国电视财经频道国际化程度，开启了财经频道的国际通道。这一时期的经济节目主持出现了国际化特征，带入模式、仿制模式在节目中大量出现，主持风格多样化。

1. 央视完成“经济频道”到“财经频道”变革，国际化视野考验主持人的英语表达能力

随着经济全球化的不断加剧，世界经济的变化也时刻影响着中国，各国家之间媒体话语权的争夺也日益激烈。2008 年全球金融危机，央视经济频道制播了特别节目“直击华尔街风暴”，101 天全面、持久地报道了全球金融危机。2009 年 8 月 24 日，经济频道更名为财经频道，凸显“全球市场、全球视野、全球资源、全球智慧”的国际化战略。全新财经栏目《全球财经连线》立足国内、放眼全球，财经频道《经济信息联播》开通了与美洲中心记者站、沪深证券交易所、国内外点评嘉宾的全球连线，财经频道还在纽约、伦敦、东京、新加坡、上海等重点资本市场设立了直播间。2010 年 6 月 24 日，央视启动了与 CNBC、路透财经的合作，推出了实时播报、解读全球资本市场的节目《每日亚太财经》（与 CNBC 合作）和讲述欧美故事的节目（与路透财经合作）。通过与国际知名财经媒体的合作，财经频道国际化程度又一次得到提升，开启了财经频道国际通道。

2. 央广构建经济广播第一品牌“经济之声”

现如今经济已经具备了强烈的渗透性，宏观经济、区域经济、证券投资、理财、民生等各个方面都相关联，都能够找到结合点。广播经济频率的主体内容本质上要体现服务性，这种服务性不仅仅是传统的“三贴近”，而是一种战略上的全新部署。2009年改版升级的“经济之声”为构建国家广播的新格局奠定了良好的基础。自2010年起，央广针对“经济之声”提出了“顶天立地”的改革目标：（1）高端要权威，做出国际级财经媒体应有的水准；（2）低端要突出服务性，服务要具体入微；（3）在内容上确立了“宏观经济、证券投资理财、百姓民生”的三条主线，专业内容大大拓展。改革后的“经济之声”实现了全景财经，24小时全天候不间断播出，呈现了国家经济广播的专业特质。

3. 《经济日报》构建新媒体第一品牌“中经电视”，主持人体态语和媒体语言表达日趋成熟

进入21世纪以来，媒介融合的浪潮席卷了全世界，全媒体的融合共生成为必然趋势。在这样的背景之下，传统财经媒体不得不面对媒介融合所带来的机遇与挑战，财经新媒体则以互联网为平台，紧扣时代脉搏，以用户体验与感受为第一位布局发展自身。这一时期的节目必然会更加注重节目品质及品牌的塑造，以此凸显自身的竞争力。据相关统计显示，各大综合门户网站浏览量最大的部分是财经频道，中国财经新媒体已经形成了多样化、内容多元的丰富体系。然而，综合门户网站虽然信息量大、更新及时，但是消息难辨真伪，又缺乏深度的分析。中国经济网经过几年的沉淀后，开始自己制作原创的视频节目，运营模式如下：（1）依托集团纸媒和门户网站，独立制作每日新闻信息类财经节目《我财经》、访谈类财经节目《经济热点面对面》等，2015年随着国内证券市场沪港通、深港通的开启，推出每日与韩国电视台进行连线直播的《中韩财经连线》、周播节目《一周财经综评》等；（2）与地面电视台、省级卫视建立合作关系，每日将优秀的节目传输到全国各地；（3）2016年，为了配合国家“一带一路”倡议的部署，将王牌财经访谈节目《经济热点面对面》输出到巴基斯坦、俄罗斯等“一带一路”沿线国家。主持方面以《中经在线访谈》为例，主持人在实际工作中承担了部分编导和审查的工作，贡献了采访点和问题，基本达到了采编播于一体的主持效果。

四、融媒体时代财经节目主持表达的创新原则

（一）融媒体时代财经节目及其主持特征

“融媒体”就是将报纸、广播、电视、互联网等媒体的优势进行整合利用，使其功能、手段、价值得以全面提升的一种运作模式。融媒体时代各种媒介之间的边界不再清晰，意味着“你中有我，我中有你”。广播电视作为传统视听载体是相对孤立的，财经节目制播基调定位是“政策、形势多一些”，表达“正式一些”，进入网络平台的财经节目基本上是传统平台节目的“搬迁”。反观新媒体财经节目，诞生于互联网媒介，

除了中国经济网财经节目平台、“第一财经”网络平台外，各大门户网站的财经节目或采访类直播节目始终在“打擦边球”，在监管滞后和审批宽松的情况下获得了“野蛮生长”的机会或称之为“散养大的”。

融媒体时代财经节目创新的关键是“打通”，除了理念上的创新之外，还有一系列的模式创新。新媒体概念是宽泛的，就是利用数字技术和网络技术，通过互联网、宽带局域网、无线通信网、卫星等渠道，以及电脑、手机、数字电视机等终端向用户提供信息和娱乐服务的传播形态，在新媒体上信息传播速度之快、范围之广是超乎想象的。因此，传统广播电视财经节目如果仅仅是“位移”，那么所获得的社会效益和经济效益一定十分有限。事实也证明了这一观点，《吴晓波频道》《秦朔朋友圈》等目前火爆的财经视频节目点击率不断攀升，而内容枯燥、形式单调的传统财经类节目收视率不升反降，央视财经节目收视率比同期其他节目要差得多。

不同传播渠道要有不同的表现形式，但都要有流畅表达的能力。因此，除了要有基本的播音主持技巧之外，还要有适合不同播出平台的表现形式，如果是不上星的电视节目，考虑到受众范围要有相对的亲和力。

（二）融媒体时代财经节目主持的创新原则

1. 融媒体时代传统财经节目主持模式的 SWOT 分析

（1）优势（strengths）：主持技巧专业娴熟；

（2）劣势（weakness）：黏性差，受播出条件限制，不利于与受众互动；

（3）机会（opportunity）：借助新媒体技术，获得更大的发展空间，传播效果更佳；

（4）威胁（threats）：新媒体主持具有灵活性，审查相对宽松，言论更轻松自由，吸睛度高。

2. 融媒体时代财经节目主持的创新原则

在融媒体环境下，正统科班出身的广播电视节目主持人在新媒体上的吸睛度远远不及无专业背景的所谓财经达人。吴晓波、叶檀、马红漫等财经媒体达人的走红除了因其具有财经专业评论或作家背景外，差异化、人格化或略带夸张的表达也是吸引网民追捧的原因之一。然而，传统财经媒体主持人首先是国家媒体工作者，宣传国家大政方针、为国家经济发展保驾护航是必须担当的责任。因此，融媒体时代财经节目主持的创新目标不是“哗众取宠”，而是要基于马克思主义新闻观展开创新活动。

（1）必须始终不移地坚持马克思主义新闻观。“要根据事实来描写事实，不能根据希望来描写事实。”“报纸是社会舆论的纸币，具有流通和中介作用。”“报纸是社会的耳目和社会的捍卫者。”这是马克思和恩格斯对新闻传播基本原理和一般规律的概括和总结，它的形成是一个与时俱进、包含继承与创新的长期发展过程，是指导媒体发展的科学、系统的理论体系。媒体具有事业性、社会性属性，不能过分追求产业化发展。传统媒体在与新兴媒体融合发展的过程中，主持模式创新更要恪守马克思主义新闻观，遵循新闻传播规律，引导新闻舆论，做党的政策的传播者、国家经济发展的推动者、人民经济生活的守望者。

（2）基于“简单原则”的表达设计。美国著名学者彼得·德鲁克认为，通常意义的创新是一种平常的、稳定和持续的活动，获得一种易于掌握或容易操作的技术或模式，满足人们日益增长的对美好生活的需求，创新一旦失去大众认知，就很难达到一定的规模和取得一定的市场地位。针对SWOT分析的优劣势，未来的财经节目可以尝试通过以下原则设计主持表达。

放松、热情原则。年轻人是国家的未来，“少年强，则中国强”。针对互联网受众群体年轻化的特点，节目主持表达设计要围绕激发年轻人的兴趣展开，不需要“危襟正坐”，主持状态要相对放松和更加热情，形成媒体与年轻人互动的局面，在互动中传播主流价值观。

舒缓原则。移动媒体的节目播放具有伴随性，因此主持人语言应是悦耳的、舒缓的，达到“如沐春风”的效果以便于用户接收。

精练原则。快速发展的媒体技术带来了更多渠道的“碎片信息”，驱赶着人们不得不进入“快餐阅读”，人们无力或不情愿阅读长篇大论。针对摘读式播报节目，主持过程中要随时提炼观点，言简意赅，文字传播信息要搭配图片。

（3）构建跨学科主持语料库。融媒体时代的财经节目主持首先需要了解互联网基础知识，除了要有播音员主持人专业素养外，还应涉猎新闻传播、语言应用、经济与金融、管理学、社会学、心理学等学科，在构建跨学科主持语料库的同时学习提高专业素养，学研并举，事半功倍。

结　　语

传统财经节目的采编与表达始终相生相伴、如影随形，“一年民生、三年时政、八年财经”，这是业界普遍认同的培养一个深度财经记者的说法。传统财经节目历经30多年的发展，已经从“懵懂少年”步入了“壮年”。然而，随着融媒体时代的到来，传统财经节目面临着新媒体财经节目的挑战，传统主持模式与新媒体主持模式“正面交锋”，传统财经节目唯有将专业核心能力和基础知识“两手抓”，主持模式不断创新，才能再立船头，准确把握国家经济发展舆论导向，为经济建设保驾护航。

参考文献

1. 柴璠：《融媒体时代财经节目主持人的成长路径》，《湖南师范大学社会科学学报》，2017年第5期。

2. 陈伟鸿:《惊鸿一瞥——CCTV首席财经主播陈伟鸿自述》，江苏文艺出版社2013年版。

3. 黄会林:《电视受众社会阶层研究》，北京师范大学出版社2010年版。

4. 雷蔚真:《名牌栏目的策略与衍变——〈经济半小时〉透析报告》，中国人民大学出版社2005年版。

5. 马谛:《娱乐节目主持艺术》，中国传媒大学出版社2016年版。

6. 吴郁:《当代广播电视播音主持》，复旦大学出版社2008年版。

7. 王求:《整合——中央人民广播电台战略转型改革纪实》，中国广播电视出版社2010年版。

8. 王纪春:《浅析财经评论节目主持人的必备之功》,《中国广播》2017年第2期。

9. 王强:《财经节目跨界创新的三个逻辑维度初探》,《中国广播》2018年第7期。

10. 徐立军:《中国广播收听年鉴》，中国传媒大学出版社2016年版。

11. 徐舫州、徐帆:《电视节目类型学》，浙江大学出版社2006年版。

12. 姚喜双:《新媒体时代广播电视语言问题研究》，语文出版社2013年版。

13. 俞虹:《节目主持人通论》(修订版)，中国广播电视出版社2007年版。

14. 张颂:《播音主持艺术论》，中国传媒大学出版社2008年版。

15. 张海潮:《中国电视节目分类体系》，中国传媒大学出版社2007年版。

16. 赵化勇:《传承文明、开拓创新——与时俱进的中央电视台》，东方出版社2003年版。

17. 中国广播电视年监编辑委员会编:《中国广播电视年鉴》(1986，1988，1989)，中国广播电视出版社1987、1989、1990年版。

18. 中国广播电视年鉴编辑委员会编:《中国广播电视年鉴》(1990、1991、1992—1993、1994、1996、1997、1999、2000、2001、2002)，北京广播学院出版社1991、1992、1993、1995、1997、1998、2000、2001、2002、2003年版。

19.《中国中央电视台年鉴2004年》，中国广播电视出版社2005年版。

改革开放40周年气象节目播音主持研究历程

中国社会科学院研究生院　尹素伟

摘　要： 气象节目是以气象信息为主体，依托气象元素所构成的相关节目，是气象信息服务公众的主要窗口。气象节目播音员、主持人是气象节目与大众之间的桥梁，值得研究。本文以“气象节目”“天气预报节目”等相关词语为主题，检索了中国知网1978—2018年的文章110篇，通过对这些文章的梳理，揭示改革开放40年来我国气象节目播音主持研究发展脉络与规律，并思考存在的问题。

关键词： 气象节目；播音主持；学术发展史

引　言

（一）研究背景

2018年是我国改革开放40周年。1978年以来，中国社会的各个领域取得了长足进步。我国的广播电视事业也在这一时期飞速发展，其中播音主持创作实践活动尤为活跃。自1940年12月30日中国共产党领导的第一座广播电台——延安新华广播电台开播以来，广播电视事业走过了从萌芽到成长，再到壮大的发展道路。

气象节目播音主持创作活动是播音主持创作活动的重要组成部分，研究改革开放40年以来的气象节目播音主持创作活动发展历程，能使我们更全面地了解这一时期我国播音主持创作活动的发展。1980年7月7日中央电视台首次在《新闻联播》后播出《天气预报》，1993年《天气预报》开始拥有固定主持人，2006年中国气象频道正式开播。气象节目的发展时间不长，相关的学术研究仍处在起步阶段。陈平原认为，“学术史的主要功用，还不在于对具体学人或著作的褒贬抑扬，而是通过‘分源别流’，让后学了解一代学术发展的脉络和走向；通过描述学术进程的连续性，鼓励和引导后来者尽快进入某一学术传统，免去许多暗中摸索的功夫。”因此，对现有研究有一个清晰、客观的把握，不仅可以“以史为鉴”，还可以发现不足，提出创新。

（二）研究目的

以改革开放这一历史时期作为一段学术发展史的研究起点，被广泛应用于学术史研究中，成为学术史研究的分期概念之一。这是源于有研究者认为，“新时期学术发展的真正起点是1978年”“历史在1976年10月开始调转船头，1978年底正式确立新的运转方向”。“实践是检验真理的唯一标准”“解放思想，实事求是”等思想路线的确立，以及“百花齐放，百家争鸣”方针的重新提倡，为我国学术界的发展奠定了决定性的政治基础。另外，从“文革”结束到1978年中国共产党十一届三中全会召开，正规的播音主持专业教育尚处在恢复阶段，1974、1975、1976年，北京广播学院播音专业招收了三年工农兵学员，但是这些学员在学校除了学习专业之外，大量的精力用到了学工、学农、学兵上。直到1977年9月，教育部在北京召开全国高等学校招生工作会议，北京广播学院对播音主持人才的培养才重新步入了健康发展的轨道。

因此，以改革开放这一历史转折点为始，梳理我国40年来气象节目播音主持的研究成果（即1978—2018年），对广播电视气象事业发展具有重要的历史意义。本文搜集整理了气象节目播音主持相关的研究专著、硕博士学位论文以及期刊学术论文（以中国知网数据库中期刊论文为主），以此为对象开展相关研究工作，旨在系统、全面、客观地梳理和描述我国气象节目播音主持的发展历程及现状，揭示其发展规律，并对其中反映出来的问题进行思考和阐释。

一、关键概念界定

（一）气象节目相关概念

基于现有的资料，关于气象节目、气象节目播音员和主持人的定义如下：

华风集团原董事长秦祥士对电视气象节目的评价是：“电视气象节目是具有丰富科学内涵的服务性节目。”

阮水根等将气象节目视为气象服务产品，认为电视气象服务产品是以电视栏目或节目的形式表现气象预报信息和为公众服务的，是气象部门重要的服务窗口。

中国气象局于2011年8月16日发布了《气象节目播音员主持人气象专业资格认证》（QX/T 145—2011），并对相关术语和定义进行规范。认定气象节目即以气象信息为主体及依托气象元素所构成的相关节目。而气象节目播音员、主持人就是在气象节目中承担播音和主持工作的人员。

马辛宇认为，电视气象节目是集气象、电视、计算机、数据通信以及传播技术为一体的公众气象服务手段。

总的来看，这四种定义从不同角度解释了气象节目的内涵。秦祥士强调节目的科学性、服务性；阮水根等将气象节目视为气象服务产品的一种；《气象节目播音员、主持人气象专业资格认证》强调的是节目的内容——“气象信息”和“气象元素”，该定义外延较大，囊括了所有气象节目。马辛宇从广播电视学方向出发，强调气象节目的技术手段。笔者认为：气象节目是以大众媒介为传播载体，为公众提供气象信息和科普知识的服务性节目。气象节目播音员、主持人即在气象节目中承担播音和主持工作的人员。

（二）播音主持相关概念

狭义的播音主持指播音员和节目主持人运用有声语言和副语言，通过电子媒介进行的信息传播的具有创造性的活动。广义的播音主持是指电台、电视台等电子传媒所进行的一切有声语言和副语言的信息传播活动（包括各种声音、音响、音乐、语言、文字、图像等信息传播活动）。如“中央人民广播电台，现在开始播音”“今天全天的播音到这里结束”。张颂认为：播音就是把文字稿件变为有声语言的再创造劳动。他的“大播音”的概念包含了“播音”和“主持”两种创作活动形式，本研究遵循张颂的“大播音”的概念，将播音主持视作一体进行研究。

（三）播音主持史相关研究

总的来说，中国人民广播事业开始于1949年，播音主持的研究在近70年的发展中取得了较大的进展。

张颂将中国播音主持学术研究的发展历程划分为萌芽、草创、形成和发展四个时期。喻梅从“创作”和“历史”上，分析了广播电视不同历史时期的播音主持典范作品，对播音主持创作史进行了比较综合系统的研究，并进行了历史分期，即萌芽期（1940—1949），奠基期（1949—1966），曲折期（1966—1976），恢复期（1976—1989），发展期（1990—1999）和成型期（2005—2015）。

综上可以看出，在1978年改革开放前后，不论是播音主持创作活动，还是播音主持研究都处在一个历史转折期。

二、改革开放以来气象播音创作研究发展轨迹

“个体学者的研究也只有放在一定的学术史背景下来考察才可能研究得透彻和深刻一些。”本研究将各个时期的研究成果放入气象节目发展的大环境中进行考察，以学术观照现实，用更加客观的、具有时代感的眼光对既有成果进行评价研究。综合考虑，本文以气象事业的大环境为研究背景，以气象节目播音创作活动的发展轨迹为主线，以播音主持学术分期为依托，把改革开放以来我国气象节目主持研究的发展分为以下4个阶段。

（一）1978—1979年：学术研究孕育期

在这一时期，受到技术条件等方面的制约，节目制作和传播手段非常落后，人们只能通过广播收听气象信息。自1978年起，在改革开放的大背景下，各行各业都迎来难得的发展机遇。1979年，中央气象台领导随团到日本等国家考察国外气象事业发展

情况，回国的路上，考察团一行就“电视气象预报”这种公共气象服务方式展开了讨论，此后就有了开办电视气象预报节目的想法。

这一时期与气象预报相关的学术论文主要研究对象为气象业务，其中为农服务、对国外气象预报现状及发展的介绍是气象研究关注的主要内容。“努力做好气象工作，为高速发展农业服务”是当时气象公共服务的主要任务；学习、引进国外气象预报先进经验、成果，成为气象研究的一项重要内容。这一时期国别研究的主要对象为美国、苏联、日本等一些发达国家，相当一部分国别研究对象为日本。笔者搜到有关日本气象学研究的期刊论文共6篇，特别是1979年较多，这应该与中央气象台考察团开始有意识出国考察、学习密不可分。

遗憾的是，这一时期欠缺与气象节目相关的有价值的学术论文。但总的来说，改革开放之初，气象预报事业发展、研究得以恢复。这一时期，广播电视宣传的大环境发生变化，给播音创作的整体风格注入了新的血液，其中最主要的变化就是“降调”。“文革”结束的几年中，播音创作经历了一个过渡调整和适应渐变时期，这一时期的播音创作在思维方式、创作风格上依然带有“文革”时期“高、平、空”的特点，基本上是对“文革”时期的延续，但其中也包含了对新中国成立以后优良播音传统的继承、恢复，这个“降调”不仅是语言形态上的“降调”，更是创作观念上的直接反映。这一时期，气象事业逐步恢复，促使我国气象节目发展进程出现重要转折，为我国气象节目播音创作研究播下种子。

（二）1980—1992年：学术研究起步期

中央气象台与中央电视台多次协商，经过将近一年时间的精心筹备，电视气象预报节目于1980年7月7日在中央电视台实现首播。节目采取《新闻联播》的样式，主持人出镜播报全国天气形势和少数大城市天气预报，改变了以往天气预报仅以报纸、广播等媒介传播的形式，这也使得电视气象节目成为公众气象服务的主要手段之一。

这一时期与天气预报节目相关的学术论文笔者见到6篇。骆继宾于1981年记录了作者在伦敦天气中心的所见所闻，第一次对国外天气预报节目主持人的播报状态进行了介绍：预报员“讲解时神态自若，语调轻松。既讲预报，也讲实况和解释原因。一天次数很多，有时讲得详细，有时讲得简单”“预报的针对性较强，对不同的对象讲不通的内容有不同的重点”……总之，当时伦敦的气象节目发展已较为成熟。骆继宾于1983年介绍了欧洲一些国家在广播电视中天气预播节目的经验，强调提高天气服务效果的重要性。骆继宾于1988年对当时国内电视天气预报节目作出描述：“播送的方式比较陈旧、刻板，缺少吸引力”；对广播中天气预报节目的播音状态也有所记载：“广播中天气预报节目，已经连续了30多年，虽然内容有所改变，次数有所增加，但总的来看，内容、方式改进不大，比较死板。基本上是广播员念稿。”

这一时期，我国陆续出现关于气象节目播音员、主持人的相关研究。总的来说，对气象节目的研究主要集中于以下两方面：1. 学习、引进国外气象节目先进经验、成果；2. 探索电视气象节目的制作技术。其中对国内外广播电视气象预报播音员主持人的工作状态的介绍弥足珍贵。这些研究都得益于1980年后，气象预报节目的快速发展，特别是电视气象节目的诞生，给气象节目的发展提供了新的平台，给未来气象节目播音创作研究奠定了基础。

（三）1993—1998年：学术研究发展期

1993年3月1日，伴随着新一代广播级电视天气预报制作系统的建成，全新改版的《天气预报》节目正式播出，宋英杰等五位首批“气象先生”“气象小姐”亮相天气预报节目，同时也改变了以往播报时窗口仅显示基本气象信息如温度、风力等形式，增加了当地城市风貌作为背景。

1994年5月1日，CCTV–4《中国新闻》天气预报节目开播。CCTV–7《天气与农业》节目于1994年6月7日开播……但纵观1998年以前中国电视气象预报节目主持人的角色表现，可以看出，主持人尚停留在探索阶段，靠本色和自己的领悟来主持电视气象预报节目，处于一种比较幼稚和本真的状态。另外，1996年10月22日，全国首届电视天气预报节目观摩评比活动在北京举行，此类行业间的评比为节目播音创作的深入研究提供了肥沃土壤。

这一时期出现了直接对气象节目播音主持创作进行研究的学术论文，虽然数量有限且研究路径较为相似，但对于该领域的学术研究起到重要的推动作用。如申永红、王参美主要结合作者从事电视天气预报节目播音创作的实践经验，探讨了如何“突破吐字发声关，提高语言表达能力”“掌握语言的表现方式，提高语言艺术效果”；郜惠萍根据自身两年多的电视天气预报节目播音创作经验，提出作为一名天气预报节目播音创作主体，“要掌握最基本的气象知识，理解和熟悉播出的内容”“语言要朴实，节奏要明快”，基本功要扎实，要具备一定的文学素养，等等。

这一时期气象节目播音创作研究集中在对播音创作主体的语言表达等基本素质方面，同时也涉及对主持人综合素质的探讨。研究者们多结合自身经验对气象节目播音创作进行研究，这种研究方法具有一定的优势，可对一线从业经验及时总结，迅速将研究成果反哺于业务实践，符合了气象节目播音创作实践性强的特点。但这种研究方法存在的最大缺憾则是：不太注重规范化，“如果说80年代是学术史上充满激情和想象的变革时代，‘跑野马’或者‘学风空疏’都可以谅解；那么，90年代或许更需要自我约束的学术规范，借助于一系列没有多少诗意的程序化操作，努力将此前产生的‘思想火花’转化为学术成果，这种日趋专业化的趋势，对许多缺乏必要的学术训练、单凭常识和灵感提问题的学者，将会是严峻的考验”。但总的来说，该时期业界已经开始出现对气象节目播音创作的专门研究，拉开了气象节目播音创作研究的序幕。

（四）1999年至今：学术研究繁荣期

这一时期气象事业的发展蓬勃而迅速。

从政策法规层面上看，1999年10月31日颁布的《中华人民共和国气象法》对电视气象预报节目制作和通过传播气象信息获得的收益做了明确规定。2015年3月6日，中国气象局局务会议审议通过新的《气象预报发布与管理办法》，自2015年5月1日起施行。这一系列政策法规的颁布是气象事业健康稳步发展的坚强后盾。

另外，社会的关注、相关部门的大力支持也为气象节目播音创作活动提供了发展平台。2001年5月1日起，中国气象局相关负责同志建议中央电视台将《天气预报》节目时间由现有的4分钟延长为4分半钟。后来，经过2005、2006年连续两年全国人大、政协提案，最后中央电视台采纳提案意见，节目时长增加至5分钟。

从平台发展层面看，也取得了很好的成绩。2002年8月28日，为加强天气预报业务的发展，北京华风气象影视信息集团有限责任公司（简称华风集团）正式成立。成立后的华风集团以气象影视制作和播放为主要业务，积极争取建立中国气象专业频道，发展综合影视制作业和多元化的媒体经营。2006年2月16日，国家广播电影电视总局批复同意中国气象局开办中国气象频道。5月17日，中国网通集团、中国电信集团的IPTV平台开通了中国气象频道。5月18日，中国气象频道正式开播。福建气象专用电视频道的运营，以及新版青海卫视全天候气象节目的开播，为中国气象频道的正式开播积累了经验。现如今，中国气象频道已在全国大部分地区落地，并实现在地化插播。

这一时期的气象节目有两个显著特征：一是气象节目如雨后春笋，陆续在各广播电台、电视台开播；二是节目呈现出多元化特色。随着科技的进步，可采用的天气预报节目制作形式更加多样，各电台、电视台，各频道可根据自身优势、特点制作节目，节目的针对性增强。同时，电台、电视台也结合其他（包括新媒体在内）平台，对气象预报节目进行整合营销传播。

这一时期，气象节目播音创作研究成果较为丰富，研究切入点也更具创造性。首先，从学术专著看，笔者检索到与气象节目主持相关的著作共6部，主要从三个角度开展研究。

一是专门论述气象节目主持业务，如：宋英杰《气象节目主持纵论》（1999）是作者用多年时间专心研究国内外有关成果后的丰富总结，是我国第一部系统研究气象节目主持的理论性和实践性的专著，是我国气象节目主持成熟与发展的标志。马辛宇结合各地气象影视发展的宝贵经验并结合观众反馈编写出《浙江省电视气象节目服务手册》（2013），内容较为系统全面。其中阐释了电视气象节目的定义及分类，分析了国内外电视气象节目的现状，介绍了电视气象节目的制作方式、流程及人员要求，对气象节目和气象新闻的相关要求进行了详细解析，同时介绍了节目质量评价体系。两本著作对（准）气象节目主持人的日常工作起到了很好的参考作用。

二是记录了气象节目的发展、气象节目主持人的工作、生活状态点滴。这些著作多是由具有丰富一线从业经验的主持人、编辑等完成的，如：宋英杰、杨丹（2004），宋英杰、章芳、丁莉莉等（2009）以及秦祥士（2011），三本著作将节目开播以来发生的一些具有代表性的事件，从不同的角度通过一个个小故事展现出来，将丰富的主持经验融进一个个生动的例子中，对人们进一步熟悉气象节目发展历程，了解气象节目主持人的台前幕后有很大的帮助。

三是阮水根等从节目用语、常用的符号、信号和图标方面，对气象服务的标准化和规范化进行了研究。研究主要集中在气象术语的规范问题上，其他的规范化研究还有进一步深入挖掘的空间。

对气象节目播音创作进行专门研究的硕士学位论文可见21篇，主要分为下面4类：1. 气象节目及气象频道的创新发展研究，如王美玲对电视天气预报节目开播以来的情况进行梳理总结；2.气象节目的主持风格及技巧研究，如宋璞从气象节目主持创作活动入手，对气象节目的发展现状和存在问题进行较深入的分析。3.气象节目中的语篇分析研究，如蒋翠影对中英两种语言的天气预报的预料进行了对比分析，总结了主持人的语言在语篇模式和语言特征上的异同点。既有历时的研究，也有共时的研究，研究成果比较丰富。4.气象信息传播研究，如平悦阐述了农业、军事、经济社会发展以及人们的生产生活与气象的密切关系，梳理了气象信息传播的发展历程，对比了不同媒介气象信息的传播模式，提出电视气象节目的改进路径。

这一时期与气象节目播音主持高度相关的学术论文可见104篇，比90年代的研究成果更加丰富、更加多元化。除了对气象播音创作中主持人的基本素质（包括播音创作技巧、语言表达艺术等）进行探讨外，还有下列研究成果：1. 以创作主体的“品牌价值”为切入点进行研究，如游立杭主要阐述了气象节目主持人品牌塑造的方法和路径。2. 以创作主体的“角色定位”为切入点进行研究，如滕达对气象播音创作主体在节目中的定位进行探析，提出创作主体在节目中科学准确的定位，是充分体现其独特性，提高不同角色针对性的关键。3. 以创作主体的“心理”为切入点进行研究，如张欣、杨莹在总结直播气象节目播音创作实践的基础上，结合直播电视节目和信息服务类节目的特点，从创作主体在直播节目中的心理状态入手，探讨一种更真实、可信，更具美感，更易让受众接受的节目创作形式。4. 以创作主体“人才培养”为切入点进行研究，如金雨萱阐述了播音与主持艺术专业人才的差异化定位与同质化人才培养之间的矛盾，提出海洋与气象节目主持专业人才的培养应立足现有资源，发挥自身优势，形成专业特色。5. 以受众群体为切入点进行研究，如刘旭通过对气象节目受众群体的调查，为气象类节目的改进提供意见和建议。6. 对创作主体进行语篇分析研究，如张德禄、袁艳艳探讨了电视天气预报多模态话语体系中各模态之间的协同原则。

总的来说，这一时期气象节目播音创作研究的发展蓬勃而迅速，研究主题趋于多元化，并朝着纵深化方向发展，为今后该领域研究迈向成熟打下了坚实基础。

结　语

改革开放为气象节目的发展打开了一扇大门，气象专业人才、播音主持专业人才踊跃投身于广播电视气象事业，为其注入青春活力。气象节目播音主持研究的发展也紧跟步伐，其播音创作研究经历了孕育期、起步期、发展期和繁荣期。

就目前国内的研究现状来看，我国气象节目播音主持研究历经了从单纯的创作实践经验的总结到多学科交叉研究的过程，研究成果不断丰富，但仍存在很多不足。从研究内容上看，缺乏深度研究，大部分研究还是停留在实践总结的层面，缺乏理论高度；研究方法较为单一；大多数相关论文都收录于气象技术相关期刊，发文数量受到较大限制。

另外，本研究仅仅将出版著作、学位论文和期刊论文作为文献资料，忽视了对会议论文、专业学会、专业人才培养方面的研究，因此本研究还不够全面，笔者会在以后的研究中继续跟进。

总的来说，相较广播电视事业中其他方面的研究成果，气象节目播音创作研究较少，但由于气象节目与人们的生活息息相关，再加上专业人才培养力度的加强，气象节目播音创作研究在今后会更上一个台阶。

参考文献

1. 陈平原：《学术史研究随想》，《学人》1991年第1期。

2. 郜惠萍：《电视天气预报播音收获点滴》，《河南气象》1996年第4期。

3. 蒋翠影：《中英天气预报语篇对比分析——以韩礼德的元功能为视角》，苏州大学硕士学位论文，2017年。

4. 金雨萱：《海洋与气象类节目主持人才培养模式初探》，《戏剧之家》2017年第8期。

5. 刘立成：《电视天气预报节目主持人的角色异化与回归》，《气象科技进展》2017年第3期。

6. 刘旭：《浅析气象类电视节目的受众群体》，《科技传播》2017年第23期。

7. 骆继宾：《伦敦天气中心访问记》，《气象》1981年第6期。

8. 骆继宾：《欧洲广播电视中的气象预报节目》，《气象》1983年第3期。

9. 骆继宾：《利用现代新闻媒介 增强气象服务效益——纪念1988年世界气象日“气象与新闻媒介”》，《气象》1988年第3期。

10. 马辛宇：《浙江省电视气象节目服务手册》，气象出版社2013年版。

11. 平悦：《电视气象信息传播探析》，广西大学硕士学位论文,2006年。

12. 秦祥士：《镜头背后的记忆——电视天气预报30年》，气象出版社2011年版。

13. 阮水根等：《电视气象服务与标准化研究》，气象出版社2005年版。

14. 申永红、王参美：《浅谈如何提高电视天气预报节目播音的艺术效果》，《河南气象》1996年第3期。

15. 宋璞：《地市级气象节目主持人口播特点研究》，河南大学硕士学位论文，2014年。

16. 宋英杰：《气象节目主持纵论》，气象出版社1999年版。

17. 宋英杰、杨丹：《天气真好——天气预报主持人宋英杰、杨丹的气象情结》，群言出版社2004年版。

18. 宋英杰、章芳、丁莉莉等：《咱们的天气预报》，机械工业出版社2017年版。

19. 滕达：《浅谈气象主播在天气预报节目中的定位》，《黑龙江气象》2013年第1期。

20. 王美玲：《中国电视气象节目发展研究》，哈尔滨师范大学硕士学位论文,2014年。

21. 姚喜双：《播音导论教程》，中国广播电视出版社2001年版。

22. 游立杭：《浅谈电视气象节目主持人的品牌塑造及推广》，《东南传播》2007年第9期。

23. 喻梅：《新中国播音创作简史》，中国传媒大学出版社2016年版。

24. 余三定：《学术的自觉与学者的自立——20世纪八、九十年代中国学术一瞥》，《开放时代》1998年第5期。

25. 余三定：《新时期学术发展的回瞻》，北京大学出版社2005年版。

26. 张德禄、袁艳艳：《动态多模态话语的模态协同研究——以电视天气预报多模态语篇为例》，《山东外语教学》2011年第5期。

27. 张颂：《中国播音学发展简史》，《媒介研究》2007年第6期。

28. 张颂：《播音主持艺术论》，中国传媒大学出版社2011年版。

29. 张欣、杨莹：《谈直播天气预报节目的主持心态》，《科技传播》2016年第5期。

实务篇

齐越教育馆的研建及功能研究①

沧州师范学院齐越传媒学院　陈西峰

摘　要： 齐越是我国人民广播事业的第一位著名男播音员，新中国播音事业的奠基人之一，也是新中国第一位播音学教授。本文以齐越教育馆和齐越研究中心的研建与运行实践为例，阐述了红色教育馆史料的挖掘与功能的发挥，力图丰富完善齐越教育研究的成果，继承和弘扬老一辈播音艺术家的革命精神与艺术品质。

关键词： 齐越教育馆；齐越精神；社会功能；发展方向

齐越是中国共产党的第一代播音员，在解放战争炮火硝烟的洗礼中，他与老一辈优秀播音员一道，用自己的声音传达了党的声音，传递了人民的感情，反映了新中国成长艰苦而辉煌的历程。1949年10月1日，他与丁一岚女士向全世界现场直播了开国大典的盛况，他播送的《谁是最可爱的人》《县委书记的好榜样——焦裕禄》等作品曾感染和激励了几代人。齐越与沧州人民有着深厚的感情。他于1958年下放到沧县姜庄子村参加劳动锻炼，去世后，按照他的遗愿，他的骨灰埋在了姜庄子这片土地上。

齐越的人格风尚和艺术成就彪炳史册，是我国广播播音事业一座丰富的宝藏。为深入贯彻落实习近平总书记在全国新闻舆论和文艺工作座谈会上的讲话精神，积极对接京津冀协同发展战略，沧州师范学院经过反复咨询、论证，依托齐越曾在沧州工作生活的资源，创建了“齐越教育研究中心”，建成了“齐越教育馆”，并以中心建设为契机，立足于齐越精神，着力深入齐越播音艺术的研究，通过开办相关学科专业，举办培训，传承齐越播音艺术，培养适应新时代发展的播音主持人才，为我国的新闻传播事业作出了一定的贡献。

一、齐越教育馆的建设背景

齐越是我国人民广播事业的第一位著名男播音员，几十年来，在中国共产党的领导下，他把全部心血倾注到人民广播和播音教学工作之中，成为当代中国杰出的播音艺术家和播音教育家，为发展我国广播电视播音事业和培养广播电视人才做出了突出

① 本文为2018年河北省高等学校人文社会科学研究项目《河北高校博物馆育人与社会服务功能互动研究——以齐越教育馆的研建实践为例》的阶段性成果。

贡献。

1958年1月27日，一个滴水成冰的冬日，齐越与中央广播事业局的一批干部一起，下放到河北沧县姚官屯乡姜庄子村劳动锻炼，与村民吴长法一家住在一起。当队长将齐越带进干净的院落时，迎接他的是一家人真诚朴实的笑脸，从此，齐越有了生命中难以忘怀的第二故乡。

入住姜庄子以后，齐越和纯朴、勤快、踏实的村民一样，每天挑沟、挖渠、抬粪，与村民同吃同住同劳动，很快融入到了百姓的生活和劳动中。他为村民办了许多实事，比如为村里建立起广播站，方便了群众的生活，还用当时非常罕见的相机为村民们留下了珍贵的影像。这个一点官架子也没有的北京干部，让村民们刮目相看，爱戴有加。齐越被抽调赴山西学习土化肥技术，村民们百般不舍，临行前房东为齐越准备了豆面饼子。这饼子是房东家用省吃俭用攒下的口粮做成的，令齐越感动终生。他专门留了两块饼子教育他的学生，这两块饼子至今还保存在中国传媒大学。后来的三十多年，每次房东去北京，齐越都会为他们安排衣食住行，像亲戚一样。

短短八个月，齐越爱上了沧州这片热土，更爱上了这片土地的人民。这份感情，一直持续到他生命的最后时刻。80年代，齐越下放沧州时的房东身患重病，齐越诚挚地邀请他来北京看病，并周到地安排好了衣食住行。当得知房东所需药品紧缺时，他专门托人从西藏带回了救命药。1989年，齐越立下遗嘱，要将自己的骨灰撒在沧州，他说："生前没能报答沧县姜庄子村父老的恩情，死后愿化作肥料，撒在我深深眷恋的土地上，栽活一棵树，肥沃一片田。"1993年，齐越先生去世；1994年，他的骨灰埋在了姜庄子村。从这一年起，每逢过年过节，村民们都会自发地到齐越墓前扫墓，25年来从未间断。虽然曾经和齐越一起劳动的老人们很多已经离世，但是这份感情依然在年轻一代的村民中传承着。现在，沧州师范学院的师生也成为了齐越精神的传承者。

齐越一生奉行"延安精神"，不忘初心，深入生活，扎根人民，毕生对党忠诚，敬业、爱民、奉献、清廉，坚持"为人民发声、为百姓说话"，是老一辈革命家艺术家的优秀代表。他对事业的不懈追求与习近平总书记在党的新闻工作会议上提出的"坚持党的领导，坚持正确政治方向，坚持以人民为中心的工作导向"高度一致。他对人民群众的深厚感情和为人民发声的责任感与习近平在中国文联第十次全国代表大会、中国作协第九次全国代表大会开幕式上要求的"一切有抱负、有追求的文艺工作者都应该追随人民的脚步，走出方寸天地，阅尽大千世界，让自己的心永远随着人民的心而跳动。要始终把人民的冷暖和幸福放在心中，把人民的喜怒哀乐倾注在自己的笔端，讴歌奋斗人生，刻画最美人物"高度契合。为深入贯彻落实习近平总书记在全国文艺工作者座谈会和新闻工作座谈会上的讲话精神，沧州师范学院创建了"齐越教育研究中心"，建成了齐越教育馆。

二、用齐越精神建设齐越教育馆

（一）用最大诚意取得支持

2015年10月28日，沧州师范学院党委书记陈西峰因为专业论证事宜前往北京拜访时任教育部语用司司长姚喜双。姚喜双指出，简单地增设一个专业难以提升学术档次，难以有更广阔的发展空间。建议沧州师院借助齐越在沧州扎根人民、深入生活的经历，成立齐越教育研究中心，建设齐越教育馆，以此带动学校专业建设，提升学校的学术水平，并实现三个目的：一是建设革命传统教育基地；二是打造师范学院传媒专业集群，并形成新闻、传媒、播音主持人培训基地；三是申报国家级科研项目，从而拉升整个学校的学术研究档次。

学校党委经过反复论证，决定争取这个项目。学校派人修葺了齐越的墓地，并在11月7日齐越忌日这天扫墓献花，还按照当地给已故亲人送上过冬“寒衣”的习俗，给齐越买了一套“纸衣”烧去。

与此同时，为了表达最大的诚意，陈西峰书记忍着腰椎间盘突出的剧痛，躺在面包车的后座上九个小时，前往北京见到了齐越的女儿齐虹。齐虹和家人深受感动，在还未对沧州师院有任何现场考察的情况下，就将建馆大事定了下来，并当场签订了部分资料捐赠协议。

（二）用敬业精神对待工作

2016年4月，姚喜双司长率教育部语用司全体成员来沧州开展“两学一做”学习教育活动，同时考察齐越教育研究中心的建设情况。经过认真的沟通和联系，沧县县政府承揽起齐越墓地的修缮任务。

活动当天，沧县政府积极配合，姜庄子村民前来欢迎，学生们在齐越墓前朗诵诗歌《声震寰宇　情驻人间》。此时，学校培训处正进行“国学经典诵读班”的培训，中央人民广播电台播音指导方明老师为学员们即席朗诵了三首长诗，又详细讲解了诵读技巧，学员们受益颇多。

2016年7月，现当代中国新闻播音主持发展史暨齐越播音创作和播音教育思想研讨会在沧州举行。老师们积极筹备，连夜布置展品，并一对一地接待来自全国各地的专家学者。老师们尽心竭力，毫无怨言，圆满地完成了此次会议任务。

（三）用奉献精神重现历史

为了收集一手的历史资料，为了最真实地还原历史，最透彻地了解当年的情况，学校老师从2015年起多次探访姜庄子，向齐越当年的房东一家、队长、会计等人征询和收集材料。村民们毫无保留地贡献出齐越在姜庄子村留下的老照片，并讲述了当年齐越在姜庄子村劳动的故事。学校还通过实地走访，获取了沙河村新华电台齐越当年第一次播音时的窑洞场景，为齐越教育馆做模拟场景留下珍贵资料。

老一辈著名播音艺术家关山无偿捐赠了两大包关于齐越的资料；原沧州市委宣传部副部长白中月捐赠了一张有齐越出席的全国优秀新闻工作者代表大会的合影；曾任中央人民广播电台编辑的崔守禄，在河北姜庄子村和山西大建安村先后两度与齐越共同劳动，他讲述了齐越当年在中央人民广播电台工作时的情景，和在姜庄子村劳动的场景。

展馆中最重要最珍贵的资料，都来自齐虹。其中有齐越的亲笔遗嘱，在中国传媒大学教书时使用过的老式录音机，参加802军演时邓小平同志指示部队送给齐越的军大衣，齐越在延安时期发表的文章剪报集以及大量图片文稿，1958年13岁的齐虹寄给正在姜庄子村劳动的父亲的信件，齐越生前使用过的小收音机，齐越书桌上摆放的鲁迅相框与黑马笔架，写有巴金给齐越赠言的《随想录》，每件都堪称镇馆之宝。

（四）用节俭奉献精神迎接胜利

虽然是举全校之力建设齐越教育馆，但秉承着“好钢用在刀刃上”“能省则省”的原则，学校在建馆事宜上力行节俭，确保资金都能用在教育馆的尽善尽美上。

学校相关人员数次到北京拜访姚喜双司长，一直不舍得使用公车，而是选择乘坐地铁。在外地住宿，同样是住最廉价的快捷酒店。有几次由于酒店小而偏僻，一行人拖着行李走了许久也没有找到。房间的条件多半也很差，阴暗潮湿，管道漏水，墙皮脱落，斑斑驳驳。但大家为了工作，都毫无怨言。

（五）用党员品质攻坚克难

齐越教育馆是一座可以看得见的丰碑，学校师生自编、自导、自演的讲述齐越在姜庄子村下放劳动生活的话剧《热土难离》，则是一座无形的丰碑。这部话剧历时四个月完成，是一部经过精心策划、倾力打造的艺术佳作，一部根植热土、令人难忘的好戏。话剧的上映折射出剧组的“三种精神”。

在巨大的困难面前，体现“永不言败、敢于胜利”的“亮剑”精神。剧组不分日夜，数易其稿，不断推翻重来，最终确定了剧本的构架，独幕增为四幕，添加广播找鸡、果园夯歌、小村夜话等故事，改序幕和尾声，增加独白等手法。毫无表演经验的演员们更是以“舍我其谁”的姿态融入了角色之中。

在薄弱的基础面前，体现“没有条件，创造条件也要上”的“铁人”精神。由于缺少道具，老师们或驱车几十公里去借，或自己动手制作；当老师家里遇到各种情况时，老师们或委托他人帮忙，或一日数次奔波往返在家校之间；由于没有演出经验，老师们观看了大量的话剧，悉心学习，用心体会，并阅读了很多关于齐越和姜庄子村之间的故事资料，细心揣摩人物心理。

在繁重的任务面前，体现“五加二，白加黑”的“拼命三郎”精神。为了排戏，

"演员们"牺牲了晚上和周末，加班加点成了常态。台前幕后的工作更是繁重。为了给一个小片段选取配乐，老师们连续听了三百多首小提琴曲；为了制作三维动画视频，老师们把每秒分为25帧画面逐帧渲染，连续工作了十几个晚上；为了赶制宣传片任务，排练间隙，老师们撰稿、拍摄、搜索素材、剪辑制作，又熬了十几个晚上。

（六）用细致严谨打造精品

做一个好展馆必须先有优秀的设计方案与展陈大纲。由于设计公司要价不菲，陈西峰书记和研究中心的老师们便承担起这项任务。四个月三易其稿，才交到教育部。专家审阅后指出，细节上仍然需要打磨，比如内容上对齐越精神的体现尚需加强、齐越的教育思想需要进一步挖掘、齐越学生中本科生资料太少等等。得到修改意见后，学校老师查阅资料，字斟句酌，反复推敲，严格把关，终于做出了令专家满意的陈展方案。

为了制作一尊能够体现齐越风貌的齐越塑像，陈西峰书记和有关同志去广州美术学院商讨塑像制作事宜。美院院长黎明教授受齐越高尚人格的感召，受到沧州师院艰苦卓绝建设齐越教育馆精神的影响，齐越塑像只收材料制作费，不收设计费。

齐越教育馆从2015年10月28日启动，到2016年11月15日竣工，仅用1年零19天，完成了这项在中国播音历史上具有里程碑意义的工程。

综上所述，可以说齐越教育馆的建成正是沧州师院学习齐越精神最生动的体现。

三、齐越教育馆的特色

齐越教育馆的建立，无论是在展馆建设方面，还是在高校文化建设方面都具有开创性和里程碑式的意义，填补了多项国内空白。

首先它不只是个人展馆，更通过齐越的经历展示了人民广播的发展历程。展馆中珍藏的关于中国广播事业的照片、录音、遗物、图书、报刊、研究文献等，弥足珍贵，对研究新中国播音事业的发展有深远的意义。齐越教育馆的落成，汇聚了全国新闻宣传、广播电视播音与主持的前沿信息与成果，为我国新闻事业和教育事业的发展发挥了重要的作用。

其次，齐越教育馆不只有展览功能，还配套建设了虚拟演播厅、朗诵厅、录音棚、资料研究室等多功能体验厅，可容纳1500人的齐越大讲堂和可容纳150人的中型会议室，齐越教育馆所在的18 000平米的教学楼，也被命名为齐越楼。这是一所独创的融参观、体验、教学、科研、培训为一体的馆室合用型教育馆，对学校的学科建设、学术研究都起到巨大支撑推动作用。

四、齐越教育馆德育功能与社会服务功能

（一）学院与学科建设

以齐越教育馆为依托，学校于2017年4月27日成立了齐越传媒学院，并整合了网络与新媒体、广播电视编导、播音与主持艺术、传播与策划四大专业。齐越传媒学院严格贯彻党的教育方针，以服务京津冀地方经济发展为出发点，以齐越教育馆的资源优势为依托，以素质一流的教师队伍、先进完备的教学设施、严格健全的教学管理为保障，为社会培养高素质全媒体新闻传播应用型人才。

齐越传媒学院运用“选择确定用人单位，有的放矢培养人才”的新思维，先后与沧州报业集团、河北圣基影视传媒有限公司、沧州磐石文化传媒有限公司、盐山电视台、印尼泗水新中三语学校等单位签订了产学研合作共建协议。

齐越传媒学院积极推行青年教师导师制，通过多种方式提升青年教师的教学水平。学院现有一名教师在中国传媒大学读博士，两名教师赴韩国进行博士深造。学院还聘请了播音主持名家名师为客座教授，又聘请全国多家媒体的资深从业人士担任兼职导师，定期到学院进行讲学和专业指导。他们与院内教师合理搭配，形成打造高水平专业的有效合力。

齐越传媒学院专门成立了以齐越命名的“齐越班”，根据专业特点进行特色培育，倾力打造德艺双馨的新一代播音主持人才。学院师生还制作了网上齐越教育馆，成立全媒体中心，开办校园电台、电视台、全媒速递等新媒体平台，进行多种形式的校园实践活动；组织策划“大学生新媒体创意”活动；开展拍摄消防公益广告，开设运营公众号等校外实践活动，提高学生对新媒体的认知和应用水平。

（二）德育先行，特色培育助力成长

目前学校已申办网络与新媒体、播音与主持艺术、广播电视编导三个本科专业，在教学管理方面坚持继承和发扬齐越精神，利用齐越教育馆优势开展多维度德育宣传工作，通过创建“齐越班”的模式，引导学生养成忠诚、敬业、爱民、奉献、清廉的高尚情操，培养社会主义事业的合格接班人。

齐越传媒学院深入开展十九大及社会主义核心价值观的学习。成立“马列学习小组”，积极参加红色经典诵读大会；每天通过晨诵与夜读的方式学习十九大精神；深入农村宣讲十九大精神内涵；开展学习十九大主题团课以及征文活动，组织入党积极分子参加党课学习。学院组织召开“诚信考试”动员大会，通过微信、宣传板、壁报、主题团课及班会动员等多种形式进行宣传动员，有效提升了师生的诚信意识。

举办特色文化讲坛——齐越大讲堂，先后邀请全国政协副主席、民进中央常务副主席罗富和，原国家教育部语用司司长姚喜双，著名播音艺术家陈醇、关山、方明等

10余位知名专家教授来校讲座，并被河北省委宣传部评选为第一批河北省高校十大优秀论坛。围绕继承和弘扬齐越精神，学校组织开展“马克思主义经典万人诵读”等活动，中央电视台《新闻直播间》《文化十分》栏目，《中国教育报》《环球时报》《河北日报》予以报道。

（三）服务地方文化，提升社会美誉

继承与发扬革命文化。齐越教育馆与学校生物标本馆、美术馆以及文博馆四馆合一，自开馆以来接待大中小学校、新闻媒体、社会团体、国培学员、毕业校友参观人数达两万余人次，向新时代的人们全面展现了老一辈革命家崇高的道德情操，极大地丰富了沧州市红色文化资源。

进行廉政文化的宣传与教育。齐越教育馆还接待了来自党政机关、企事业单位团体参观数十次，先后被定为中央人民广播电台革命传统教育基地、京津冀语言传播教育基地、中共沧州市纪委反腐倡廉教育基地、中共沧州市委组织部干部培训教育基地和中共沧州市教育工委革命传统教育基地。

（四）搭建科研平台，助力高端成长

2016年4月7日，学校承办了教育部语用司在沧州市举行的“两学一做”活动暨京津冀语言文字事业协同发展研讨会，7月15日承办了现当代中国新闻播音主持发展史暨齐越播音创作和播音教育思想研讨会，11月15日承办了京津冀语言传播教育暨齐越精神研讨会。来自国家教育部语用司、国家新闻出版广电总局、中央电视台、中央人民广播电台、中国传媒大学的领导和专家，北京、天津、河北、上海、广东、江苏、浙江等省市的播音主持界名家参加会议。2018年9月12日，全国语言文字和教育界的领导、专家齐聚狮城，第21届全国推广普通话宣传周河北省重点宣传活动启动仪式暨经典诵读大会在沧州师范学院隆重举行。与此同时，学校成立了“齐越研究中心语言文字培训测试站”，并将陆续开展语言文字工作暨暑期“推普脱贫”活动展览与“我为‘推普脱贫’做贡献”报告会，以及钢笔字、粉笔字书写比赛等形式多样的后续活动。

随着齐越教育研究中心的建立，京津冀语言传播教育基地落户沧州师范学院。越来越多的国内知名播音艺术家、学者来沧宣传讲学和讲座。已完成齐越精神研究论文20余篇，申报立项国家语委课题一项，省社科基金两项，省社科联课题一项，正在申报国家社科基金课题三项。

（五）积极拓展功能，展开多方合作

齐越教育研究中心还利用自身优势积极拓展专业培训等工作。为落实习近平重要讲话精神，完成好党的新闻舆论工作的职责和使命，中央人民广播电台把播音员主持人培训安排在我国第一代播音员齐越曾经下放参加劳动锻炼的沧州，主题确定为“坚

定信念，敬畏话筒”。2017年5月31日—6月1日，全台98名播音员、主持人通过两天学习参观，弘扬齐越精神、传承齐越播音艺术，努力提高政治意识和业务水平。全国政协副主席、民进中央常务副主席罗富和出席开班仪式并授课，他以《推广普通话 圆梦大中华》为题，用典型的事例、鲜活的语言，系统讲解了当前推广普通话的重要意义。他强调，新闻媒体要贯彻全面依法治国方略，提高依《宪法》推广普通话的自觉性，加大推广力度，创新宣传形式，进一步增强各族人民对中华民族、中华文化和国家的认同感。要在报道中明确双语教学中“双语”（民族语言和普通话）的正确含义，使少数民族学生基本熟练掌握并使用国家通用语言文字和本民族语言文字。要在对外宣传、教育和文化交流活动中统一使用“中文推广”，采用“制定对外中文教学标准”“开发和推广对外中文教材”等标准表述。时任教育部语用司司长、齐越教育研究中心主任姚喜双作了《学习齐越精神 坚持正确的播音道路》主题讲座，齐虹作了《父亲教我如何做人》的专题报告。中央人民广播电台台长阎晓明指出，中央人民广播电台作为党的重要新闻舆论阵地，作为国家电台，是名副其实的中国声音。播音员、主持人是中央人民广播电台的声音载体和声音形象，是中国声音最直接的呈现，塑造新时代的中国声音，必须具备坚定的政治意识和优良的业务素养，坚定信念，敬畏话筒。

自齐越研究中心成立以来，教育部专项资助“国培计划”——河北省乡村中小学紧缺领域教师经典诵读集中培训项目就永久落户在沧州师范学院。近年来，随着诵读热潮的兴起，广大农村小学迫切需要提升诵读技能。一些语文教师虽然积累了一定的教学经验，但由于工作压力大、硬件设施落后、视野受局限等原因，中小学诵读课堂教学质量堪忧。学习专业诵读技巧，掌握新的教学理论方法，进而提高语文课堂教学水平成为他们最迫切的需求。因此，为了切实提高农村地区中小学教师指导诵读的整体素质和水平，缩小城乡教育差距，为促进各地区基础教育均衡发展、内涵发展提供师资保障，使参训教师在国学积淀、经典解读、朗诵指导等方面具有较高的水平，在教学实践中能够发挥经典诵读示范、指导作用，推进社会主义核心价值观教育和弘扬中华民族传统文化，齐越研究中心着眼于强化中小学语文教师前沿教育理念、教育理论和道德素养，拓宽知识视野，掌握探索未知领域的方法。设置了发声学、普通话语音、朗读学、朗读教学法等相关课程，丰富中小学教师国学知识，更新知识结构，提高指导经典诵读的能力。通过专家、名师引领和教师自主学习，促进经典诵读校本教研活动的开展，在推进学生文化素质养成教育和社会主义核心价值观教育方面发挥示范辐射作用。目前已培训学员5期近千人，受到了参训学员的一致好评。《中国教育报》《河北日报》《燕赵都市报》《沧州电视台》《沧州日报》《沧州晚报》、凤凰网、搜狐网、新华网、中青在线、中国教育新闻网、中国教育在线等新闻媒体对培训工作进行了广泛报道。

五、齐越教育馆的发展方向

建馆之初，根据党中央五大发展理念和京津冀协同发展规划，各级领导专家经过研讨给予齐越教育馆的定位是：国内新闻从业人员革命传统教育基地、播音艺术教育研究基地、中小学教师汉语口语表达技能培训基地、京津冀协同发展综合实训基地。现今这些功能都已经实现，下一步齐越教育馆和齐越教育研究中心将被打造为“四地”。

（一）为党治国理政服务的阵地

齐越教育馆利用馆藏优势已对一大批新闻从业人员和党政机关、企事业单位政工干部和员工进行了党性教育和革命传统教育，这里已成为了反腐倡廉和培训党的干部的坚强阵地。

（二）为国家战略服务的基地

除了承办“第21届全国推广普通话宣传周河北省重点宣传活动启动仪式”等大型会议，积极开展“国培计划”中小学教师培训项目外，齐越教育研究中心还围绕“双语教学”的国家战略，充分发挥口语教学的优势，努力争取承接少数民族地区的双语教育项目；同时，积极促进与港澳台地区的语言文字学术交流和语言文化交流，争取为港澳台同胞学习使用普通话提供培训和服务。

（三）培养社会主义事业合格人才的高地

齐越教育馆作为播音艺术教学研究基地，以语言文字应用、播音主持艺术、广播电视编导等学科为基础，进行齐越播音思想艺术的研究，通过举办学术论坛、专业研讨等形式，广泛开展相关学术交流和理论研究，力争形成一系列高端研究成果，高端科学研究也为学校播音与主持艺术专业的教育教学活动增添了新的活力。目前，齐越教育研究中心已聘请了葛兰、方明、陈醇、关山、虹云、敬一丹、朱军等国内新闻播音主持界一大批顶级的知名专家、教授为研究员，定期到沧州师院讲学，为沧州师范学院的莘莘学子以及各地前来接受培训的学员带来一场场知识的盛宴。在此基础上，以京津冀为依托，逐步辐射全国，组织开展新闻传播从业人员培训，举办各类社会活动，进而为增强中华文化的影响力作出贡献，将齐越教育馆真正建设成“培养社会主义事业合格人才的高地”。

（四）新闻从业人员仰慕的圣地

齐越是播音艺术的一代宗师，是广播电视工作者的楷模。高山仰止，风范长存，其艺术生命之树常青。参观齐越教育馆的人们被齐越高尚的品格所感染，使心灵得到洗礼，精神境界得以升华。参观者尤其是播音员主持人通过近距离感受齐越思想，不忘初心，砥砺前行，提高了从业道德修养。

结　语

习近平在2016年2月19日召开的党的新闻舆论工作座谈会上的重要讲话中提出了“三个坚持”，即：坚持党的领导，坚持正确政治方向，坚持以人民为中心的工作导向。作为一名优秀的共产党员，齐越的毕生追求与“三个坚持”高度契合。

在中国特色社会主义进入新时代的今天，齐越教育馆正逢其时，可以大展宏图，展馆集展品保护、革命教育、科学教研为一体，在河北和全国范围内产生一定的文化影响力。齐越教育馆的建设，是新时代讲好河北故事、传播河北文化的重要实践，也是红色基因在新时代的重要体现。齐越教育馆的运行经验，是高校展馆博物馆进行思想道德教育、专业教育及服务地方文化等方面的有益尝试。目前，沧州师范学院正在进一步完善齐越教育馆馆藏设置，丰富教育实践内涵，拓展国内老一辈播音艺术家个人资料馆藏，力争使教育馆达到国内一流水平，将培训范围拓展到全省乃至全国，更好地继承和弘扬齐越精神，为实现中华民族的伟大复兴提供精神力量。

求实创新、与时俱进

——改革开放40年播音主持人才选拔之路

中国传媒大学播音主持艺术学院　喻　梅

摘　要：改革开放四十年以来，经过几代人的不懈努力，我国逐渐选拔培养出了一支政治立场坚定、业务素质过硬的播音主持人才队伍。一路走来，播音主持人才选拔经历了调整恢复、发展巩固、成型稳定三个时期，尽管在选拔方式和评价标准上呈现出不同的时代特色，但始终坚持将政治素养放在人才考核的首要位置，选拔和培养政治合格、立场坚定的语言传播工作者。同时，选拔过程秉持求实创新、与时俱进的原则，顺应时代发展、结合行业需求，拓展人才选拔渠道、丰富人才选拔手段，并在人才选拔过程中不断注入新的职业精神内涵，不断提升新的业务技能标准，不断拓展新的职业形象定位，从而推动我国播音主持人才队伍各方面能力与素养日益提升，并不断使播音主持人才选拔工作更加专业化、规范化、制度化。

关键词：播音主持；人才选拔；选拔方式；评价标准

新中国的播音事业从金戈铁马、硝烟弥漫的战场走来，在热火朝天、群情高涨的建设时期发展，经历“文化大革命”十年的停滞与压抑，在改革开放的新时期重获新生并快速发展，在新世纪百花齐放、大放异彩。事业的发展离不开队伍建设，由于受到时代背景、媒体环境、技术发展、人才需求、认知水平、审美取向等各个方面的影响，在每一个不同的历史时期，播音员主持人的选拔方式、评价标准、考核体系都不尽相同，表现出不同的特点，不仅体现出播音事业在不同历史时期的发展特征，也折射出整个媒体行业的发展走向，同时反映出广播电视播音主持人才挖掘、培养、成长的历史轨迹。改革开放40年以来，经过几代人的不懈努力，我国在播音理论建设、播音业务创作、播音事业管理、播音人才培养等方面都取得了令人瞩目的成绩，不仅形成了完整的播音理论体系、规范的播音学科建构、科学的播音创作理念，更逐渐选拔培养出了一支政治立场坚定、业务素质过硬的播音主持人才队伍，他们在传媒一线发挥着重要的舆论宣传作用。

在只有广播的年代，播音主持人才选拔架构比较单一，选拔标准简单直接，以满足业界急需大量播音员的诉求；电视出现以后，对播音员主持人增加了形象气质的要求，考核内容更加灵活多样，选拔体系更加全面立体，开始重视对播音员主持人的综合实力考察，不仅满足数量上的需求，在质量上也有了更高的要求；进入网络新媒体时代，对于播音主持人才的挑选注重系统架构、多元维度的考量，从业务素养、能力内涵、个性专长、风格特色等方面进行全方位考核，以满足受众对播音员主持人的深层次需求。一路走来，播音主持人才选拔始终坚持将正确的政治立场放在第一位，将政治素养放在人才考核的首要位置，坚持马克思主义新闻观，坚守党和人民立场，坚持中国特色社会主义，选拔和培养政治合格、立场坚定的语言传播工作者。同时，在播音主持人才选拔中坚持求实创新、与时俱进，顺应时代发展脚步、结合行业发展需求，拓展人才选拔渠道、丰富人才选拔手段，并在人才选拔过程中不断注入新的职业精神内涵，不断提升新的业务技能标准，不断拓展新的职业形象定位，推动广大播音员主持人自我提高、自我完善，使我国播音主持人才队伍各方面能力与素养日益提升，成为党和人民信赖的新闻工作者。

一、调整恢复期（1976—1989）

“文化大革命”结束以后，国家经历了一段调整恢复期，各项事业慢慢开始重新恢复生气。1977年冬天，已经停止了10年的全国高等院校招生考试恢复，为我国在新时期的全面发展和腾飞奠定了良好的基础。1978年3月18日全国科学大会召开，5月11日，《光明日报》评论员文章《实践是检验真理的唯一标准》公开发表，全国掀起了真理标准大讨论，成为打破精神枷锁、解放思想的开端，推动整个国家形势的转变。1978年12月18日至22日，中国共产党第十一届中央委员会第三次全体会议在北京举行，会议实现了思想路线、政治路线、组织路线的拨乱反正，冲破了党在指导思想上存在的教条主义和个人崇拜，把邓小平提出的“解放思想、开动脑筋、实事求是、团结一致向前看”作为全党工作的指导方针，并做出了把全党工作的着重点和全国人民的注意力转移到社会主义现代化建设上来的战略决定。会议以后，中国进入了社会主义事业发展的新时期。随着改革开放的推进，人们逐渐从“文化大革命”给心灵和精神上造成的伤害中走出来，重新开始追求人的尊严、价值和权利，思想解放、人性开放。良好的社会大环境为广播电视事业的发展提供了良好的发展机遇，播音事业也逐渐走出低谷，恢复生机，播音主持人才迎来自身发展的春天。

（一）选拔方式

1. 专业院校分配

1977年恢复高考后，北京广播学院对“编采”“播音”和“电视新闻摄影”三个专业进行招生，其中，“播音”和“电视新闻摄影”两个专业按艺术院校招生办法招生。在77级录取的103名学生中，编采专业39人，播音专业33人，电视新闻摄影专业31人。从77级开始，播音专业改为四年制本科培养，播音教育实现了按计划教学，回到了比较正常的道路上，“实现了从‘粗放型’到‘集约型’，从‘计划型’到‘自主型’的转变。这期间，播音专业采用了‘教学组老师’面对‘全班每一个学生’的整合思路，教学过程中更加注重因材施教，发挥学生的积极性和主动性”①。此外，山西、辽宁、湖南、山东等地的广播电视学校在“文化大革命”后陆续恢复办学，浙江、四川、云南、新疆等地也陆续开办专门的广播电视学校，广播电视人才培养走上正轨。

1983年召开的第十一次全国广播电视工作会议就广播电视人才培养问题作了专门的讨论，提出要加速建设一支德才兼备的广播电视工作队伍，并根据30多年的经验，决定从三个方面着手：“第一，由中央和地方广播电视机构分级负责对在职干部实行分类培训；第二，增办培养中央和各级专门人才的广播电视专业院校，同时争取在其他大专院校增设与广播电视业务对口的专业，委托他们代培各种专业人才；第三，改革人事制度和职工录用制度，使之更有利于人才的吸收、交流和合理使用。”②第十一次全国广播电视工作会议以后，广播电视人才培养、播音事业队伍建设积极开展起来并且成效显著。到1984年底，全国广播电视系统职工总数达到271 218人，其中播音员9563人，③专业队伍日益壮大。1986年，广播电影电视部在杭州开办了浙江广播电视高等专科学校，设立了两年制播音专业并开始招生，播音专业人才培养得到加强。

从1951年开始，国家实行高等学校毕业生工作由政府统一分配的政策。20世纪80年代，播音专业院校的人才培养模式逐渐稳定，电台和电视台选择播音员主持人的一个重要的途径就是专业院校毕业生分配就业。在计划经济体制下，本科生或专科生就业按国家下拨的计划指标进行统一安排，播音专业的学生毕业后根据电台、电视台的需要由学校进行统一分配。“文化大革命”之后，广播电视事业恢复发展，专业院校毕业的学生受到各个电台电视台的欢迎，供不应求。

2. 地区间、行业间人才流动

“文化大革命”结束后的两年间，我国广播电视行业经历了一段“恢复期”，逐渐回归正确的播音评价标准，恢复正确的播音创作道路，同时开始重建遭受重创的播音员队伍。除一些“文化大革命”期间被下放的播音员回归工作岗位以外，还从基层选拔了一批播音员，如中央电视台的孙正平、刘璐等，以填补急需的人员空缺。

20世纪80年代，广播电视迎来了发展的高峰期，对人才的需求大幅增加。1979年，邓小平就解决返城青年就业问题提出“解决这类问题，要想得宽一点，政策上应灵活一点”，为我国人力资源发展提供了新思路。我国的广播电视媒体属于事业单位性质，广播电视行业的人才管理机制沿袭着计划经济时代的模式，即干部由上级委任、中层干部从内部培养选拔、人才管理实行单位所有制等模式，这一方面制约人员积极

① 徐树华：《关于播音主持专业教学模式继承与创新的思考》，收入《播音主持艺术 12》，中国传媒大学出版社2012年版。

② 左漠野主编：《当代中国的广播电视》(上)，中国社会科学出版社1987年版，第54页。

③ 左漠野主编：《当代中国的广播电视》(下)，中国社会科学出版社1987年版，第279、281页。

性和创造性的发挥，一方面导致人才流动性比较弱。从20世纪80年代开始，人力资源管理概念、理念、方式被引入，广播电视行业在人事管理制度上，逐渐由事业单位管理模式向企业化组织的管理模式转变，人员使用、人才流动更合理有序。广播电视行业从电影界、文艺界，以及其他各行业吸纳人才，各省、市、地区间的人才流动也得到加强。

3. 大赛选拔起步

1980年7月12日，中央电视台《观察与思考》栏目由播音员出身时任记者的庞啸担任主持人，屏幕上正式打出了“主持人”这一称谓，对主持人节目进行了一次有益尝试和探索。1981年元旦，中央人民广播电台由徐曼主持的对台湾广播节目《空中之友》开播，每天播送10次，每次15分钟，无论从内容还是形式上都产生了质的飞越，开创了中国国内广播节目采用主持人的先河，标志着广播电视中一种新节目形式——主持人节目的出现。节目开播不到20天，就收到台湾听众经美国寄来的信件，向节目主持人徐曼表达敬意，之后信件数量越来越多。1983年1月1日，中央电视台推出《为您服务》栏目，栏目的主持人沈力成为中国电视史上第一位固定节目主持人。主持人节目的出现是广播电视改革的一个突破，是遵从广播电视发展规律的成果，它突破了我国广播电视节目的固有模式，使受众耳目一新，给广播电视带来了新的活力。

由于主持人节目形式在全国广播、电视中的推广，“主持人”这个角色得到了越来越多的关注。1988年，中央电视台首开先河，举办了第一届“如意杯”主持人大赛，反响热烈。比赛提前半年在《中国电视报》上开展观众投票，为主持人大赛造势，一时间，“主持人”成为大家热议的话题，“主持人”这个职业角色也引起了广泛关注。程前、鞠萍、张泽群等人在比赛中表现精彩，给大家留下了深刻印象。鞠萍在回忆当时的比赛情形时说：“当时的比赛分为专业组和业余组，不光考播报，还有表演节目、现场展示等，另外，还有《中国电视报》的观众评票。我当时讲了童话故事，表演了魔术，由于我主持的《七巧板》节目已经播出了三年，所以观众评票我占了优势，当时最后的比赛是12月30日晚上直播，赵忠祥、沈力等老师现场打分，谁得第一、谁得第二全都不知道，最后我很幸运地获得了第一。”从1988年“如意杯”主持人大赛开始，中央电视台人才选拔机制逐渐形成，从此，除了院校分配、媒体间人员流动，组织大赛进行播音主持人才选拔的方式开始出现，并逐渐发展成为一种重要的发掘播音主持人才的方式。

（二）评价标准

在“文化大革命”结束的几年中，播音创作经历了一个过渡调整和适应渐变时期，这段时期的播音创作在思维方式、创作风格上虽然依旧带有“文化大革命”时期的特点，但其中包含了对新中国成立以后优良播音传统的恢复、继承、延续，包含了适应新的历史时期的思考、总结，从此播音事业逐渐回归到了正确的道路上。

1. 恢复巩固原有标准

改革开放初期，在全国拨乱反正、实事求是、解放思想的大形势下，播音员的选拔标准也开始逐渐恢复到正常的轨道上。延安时期以及新中国成立以来，在实践过程中形成的人才选拔标准得到了恢复和继承，在此基础之上，结合新的时代背景进行了调整和延伸。

首先强调的是播音员主持人的政治立场问题，要求具有较高的政治觉悟和政策素养，立场坚定，爱党、爱国、爱民。这一点是对播音事业诞生以来优良传统的继承和发扬，也体现了改革开放时期的时代需求。其次是业务选拔标准，嗓音好、吐字清、表达准，基本功扎实，且应用能力强，有一定的播音经验。经历了“文化大革命”，播音业务衡量标准是最迫切需要重新调整的内容。由于“文化大革命”的影响，播音调门变得特别高，情绪高亢，缺乏变化，因此在业务创作上开始要求“降调”。这个“降调”不仅是语言形态上的“降调”，更是创作观念逐渐变化的直接反映，它是建立在整个宣传指导思想变化的基础之上的，稿件的内容、节目的形式有了变化，创作方式也随之改变。在播音员选拔过程中，开始要求语言表达不一味求高求亮、生硬强势，而是能有虚实结合、轻重缓急、抑扬顿挫的自如变化，能够更好地传达内容，和听众、观众进行平等交流。第三是文化程度的要求，播音员主持人要具备一定的文化水平，知识面要广。在当时播音人才急需的情况下，一般要求具备高中及以上文化水平，后来随着全国教育水平的提升以及播音主持专业教育的发展，对播音员主持人的学历要求逐渐提高。

1980年，时隔14年之久，第十次全国广播工作会议召开。这次会议总结了新中国成立30年以来广播电视工作经验，对广播电视的宣传工作明确了新时期的宣传方针、任务和奋斗目标，并重新提出要坚持“自己走路”的方针，广播电视开始从内容、结构、形式到编排进行全面改革。1981年8月，第二次播音经验交流会在北京召开，着重讨论了新闻播音的特点和要求以及当前新闻播音存在的主要问题。会议认为，“发布新闻”是电台的首要任务，播好新闻是播音员的重要职责，播音工作必须根据改革的需要，勇于创新，探索新的播讲方法，在语言表达上有新发展，在播音理论上有新建树；会议还指出播音语言要“降调”，提出了“大胆创新，百花齐放”的口号。会后，全国各地播音员贯彻会议精神，认真学习和实践，播音业务研究和语言实践活动开展起来。1987年，中国播音学研究会正式成立，各省市、自治区之间，各城市电台、电视台之间也纷纷成立了研究会、协作会，为播音理论研究和业务学习实践建立了良好的平台。一系列会议的召开和业务活动的开展，使播音员主持人的选拔标准在一次次的学习、研讨中更加明确清晰。

2. 探索建立新标准

我国电视事业在20世纪80年代得到了很大的发展，电视播音员主持人的选拔标准也在不断完善。最初的电视播音创作主要是对广播播音的借鉴，语言的规范、语调的处理、语流的顺畅都是以电台的播音为标准，人才选拔也是以广播播音员主持人的选拔标准为基础，主要从政治素养、文化素养、专业素养三方面考察，在业务素养方面，重视声音条件，要求普通话标准，音色圆润集中，表达清晰流畅，充满表现力和感染力。除此之外，依据电视传播的规律对播音员主持人提出了新的要求，其中重要的一点就是对播音员主持人屏幕形象和镜头前表达状态，即“副语言”的要求，这里面包括眼神、表情、体态、服装、发型、配饰等。20世纪80年代对播音员主持人整体形象的要求是端庄大气、朴实无华，男播音员主持人要稳重有内涵，多数是浓眉大眼国字脸，女播音员主持人要落落大方有亲和力，多数为短发圆脸，发型整齐不夸张，也没有太多配饰，给观众踏实可信的感觉。同时，在镜头前与受众交流时，要求播音员主持人表情自然，态度亲切，真情流露，做到声画和谐，形神兼备。

另一方面，20世纪80年代初，中央电视台《观察与思考》《为您服务》、中央人民广播电台《空中之友》节目以及地方省市电台开办的一些节目，拉开了我国主持人节目发展的序幕。1986年12月15日，广东人民广播电台二台正式更名为珠江经济广播电台并开始播音，采用了主持人串联直播的大板块节目形态，最大限度地调动主持人的主观能动性，加强了主持人在节目中的功能，改变了过去带说教色彩的传播模式，树立了一种全新的交流模式，使广播电视有声语言创作有了新发展，同时也标志着广播电视改革向全面过渡，进入了一个全新的阶段。主持人节目的发展、“珠江模式”的出现丰富了播音主持的语言样态，同时也使播音员、主持人选拔的业务标准有了“创作与生活”“主体与受众”的新维度。

传统的广播电视节目以录播为主、分类清晰、风格相对单一，缺少及时的受众反馈，从20世纪80年代开始，广播电视节目开始尝试更多的直播，并让听众更多地参与到节目中，贴近生活、平等交流，从而改变了广播电视的宣传方式，开拓了广播电视的社会功能，丰富了广播电视为人民服务的内容。这样的转变为播音员主持人提出了三方面的新要求：第一，播音员主持人的传播心态要转变，和听众、观众做知心朋友，体现出真诚平等的交流态度；第二，播音员主持人的传播语态要转变，语言从生活实践中来又高于生活，轻松自然，呈现出口语化的特点；第三，播音员主持人的传播状态要转变，直播的增加、信息量的增加、深度报道和评论报道的增加，要求播音员主持人有更积极兴奋的传播状态，并具备更强的语言组织能力和快速反应能力。

1986年3月，广播电影电视部颁发了《广播电视播音专业职务试行条例》，《条例》根据广播电视宣传所承担的任务、实际工作需要和现有播音专业人员水平等情况把播音专业职务名称定为：播音指导、主任播音员、一级播音员、二级播音员、三级播音员。播音指导、主任播音员为高级职务，一级播音员为中级职务，二、三级播音员为初级职务。条例明确了播音专业职务的任职条件和岗位职责，对评审组织及聘任权限做出了更严格更细化的规定，并强调聘任制和任期制的推行。《条例》的出台为播音员主持人规划了个人成长不同阶段所应掌握的基本技能和达到的工作要求，使播音人才培养标准、发展目标更加明晰，这对充分发挥广播电视播音人员的积极性、创造性，提高播音水平，搞好广播电视宣传起到了积极作用，播音人才队伍的素质也由此不断提高。《广播电视播音专业职务试行条例》在更大程度上推进了广播电视单位绩效考核制度的改革，政策制定从实际情况出发，如允许“三线、边远地区和实行聘任有困难的单位，可暂时实行任命制，待条件成熟时再实行聘任制”，又如“在广播电视系统中少数人才密集的单位，对确实符合相应高级职务任职条件的中年业务骨干，由于限额已满，未受聘任的可有控制地确定‘待聘高级播音专业职务’”[①]，这些规定使职务晋升方式显得更为灵活、机动，在极大范围内调动了播音主持人才的积极性，促进了播音主持水平的提升。

二、发展巩固期（1990—1999）

20世纪90年代，广播、电视齐头并进，节目上星、产业化经营、网络传播等新方式的出现推动了广播电视的大发展，全国形成了比较完整的广播电视节目传送网和覆盖网，广播电视技术装备也逐渐向国际先进水平靠拢，引进了先进的采、录、编、播技术设备，大量采用数字电视技术，播出系统由模拟改为数字播出，播出方式由半自动转变为全自动播出。广播电视的覆盖率、影响力不断扩大，从1995年到2000年，我国广播电视的人口覆盖率分别从77.4%、88.3%增长到92.74%、93.65%，覆盖人口达十亿左右[②]，广播电视作为一种现代媒介，已经深入了人们的日常生活，影响着人们的生活方式、价值观念甚至思维方式。广播电视事业的高速发展给播音事业发展提供了良好的环境和肥沃的土壤，播音主持事业迎来了广纳八方人才、异彩纷呈的黄金时代。

（一）选拔方式

1. 自主择业、双向选择

我国早期的人事制度强调的基本原则是“服从国家”，对个人的兴趣爱好、能力特长及就业需求等不太重视。20世纪80年代末期，根据中央关于教育体制改革决定的精神，“竞争机制”被引入高等教育，高等学校的招生计划分为国家任务招生计划和社会调节性计划，高等教育培养费拨付办法也相应作出改变，建立了各种奖学金和某些收费制度，毕业生计划分配就业制度逐步改为社会选择就业制度。1993年实行高校毕业生分配制度改革后，毕业生开始自主择业，毕业生与用人单位实行双向选择制度，越来越多的人才进入广播电视行业，广电从业人员的文化水平得到整体提升。毕业生分配制度的调整，促进人才培养机制和人才选拔机制不断改革完善。

20世纪八九十年代，北京广播学院、浙江广播电视高等专科学校等专业院校播音

① 余佳：《改革开放以来中国广播电视人力资源政策研究》，河南大学新闻与传播学院硕士论文，2009年。
② 赵玉明：《中国广播电视通史》，北京广播学院出版社2004年版，第424页。

主持专业毕业的学生供不应求，专科、本科、研究生，各个学历层次的学生毕业之后几乎都能走上播音主持工作的一线。随着高校毕业分配制度改革的不断深入，以前由学校为学生安排工作，学校决定权过大，学生和用人单位脱节，甚至完全不见面的情况逐渐得到改善，学校在学生毕业分配工作中从学生的政治立场、学业情况、操行表现、社会活动等方面把关，提供客观真实的材料，学生最后的工作去向由学生和用人单位双方决定。这样的方式扩大了学生在选择工作地域、工作岗位的自主权，增强了用人单位挑选所需人才的针对性和自由度。20世纪90年代，广播电视行业对播音员主持人的需求非常大，除播音专业本专科、硕士毕业生之外，研究生进修班、短训班等面向社会人员以及在职人员的培训也非常受欢迎，播音员主持人的专业化程度不断提高。

2. 面向社会、公开招聘

20世纪80年代末期，广播电视事业单位就提出“面向社会、公开招聘、择优录用”的口号。进入90年代，广播电视系统全面推进人事制度改革，任命制变为按需设岗和岗位竞聘制、终身制变为形式多样的聘任合同制、身份管理变为岗位管理。1993年，中央电视台、上海东方电视台和北京电视台引入新的用人机制，开始员工合同制试点，我国的广播电视系统由此进入用人的双轨制时期：即终身制与聘用制并行。此外，制片人制度的推行，使制片人在主持人聘用、栏目人员配置、节目经费使用等方面都有了很大的自主权。后来，还试行了台外聘用人员的新用工方式，解决了播出量增大，节目制作人员短缺的困难。

20世纪90年代是广播电视行业广纳人才的黄金时期，由于广播电视飞速发展，节目类型、节目样态推陈出新，广播电视对播音主持人才不仅有量的需求，还提出了多样化的要求，一些非专业出身的播音员主持人也有了用武之地。首先，记者、编辑参与节目采访编辑，对广播电视比较了解，对节目流程比较熟悉，他们在制作节目中对播音主持环节接触比较多，触类旁通，比较愿意尝试播音主持工作，也比较容易上手，因此，一些人转行当起了播音员主持人。报纸杂志的编辑记者也开始大量参与广播电视工作，不少平面媒体的从业人员走到话筒前、镜头前从事播音主持工作。还有一些人从剧团、歌舞团转行而来，如演员、歌手，他们熟悉话筒前、镜头前的状态，有一定的语言功底和大量的演出经验，这为他们转行从事播音主持工作提供了条件，这其中的代表人物就是中央电视台的倪萍。此外，还有从事法律、经济、外语、教育、医学等专业的人才加入播音主持队伍，这些人一般都是凭着自己对播音主持行业的喜爱或者是机缘巧合、误打误撞入行，杨澜、鲁豫、张越、撒贝宁等人都属于这种情况。吸收各行各业的人员从事播音主持工作，可以借助他们的学科背景和专业知识，使节目更加深入，专业性更强，这些非专业的播音员主持人凭借着他们对播音主持艺术的热爱以及自己的刻苦努力，在播音主持工作岗位上也做得有声有色，受到了广大受众的喜爱。同时广播、电视之间的人才流动，地域之间的人才流动也非常活跃。

3. 举办大赛、评奖评优

经过十几年的磨炼和积累，“主持”这种创作方式在20世纪90年代迎来了高速发展时期，尤其是直播兴起以后，主持人的参与程度、主导意识不断增强，创作空间进一步扩大，越来越多的“主持人”逐渐成长为家喻户晓的“名嘴”。中央电视台继1988年成功举办“如意杯”主持人大赛之后，1995年，举办了第二届“金士明杯”主持人大赛，涌现出了王志、张恒、袁鸣、曹可凡、叶惠贤等选手，给电视观众留下深刻的印象，他们也逐渐成长为我国新一代的节目主持人。从20世纪90年代开始，主持人大赛这种人才选拔模式开始得到电台、电视台的认可，除中央电视台外，各地方台也开始尝试举办播音员主持人大赛，以及各种演讲、朗诵比赛，为人们搭建起展示自我的平台，以发掘更多的播音主持人才。此外，1993年，中国广播电视学会主持人研究委员会举办全国广播电视“百优双十佳”节目主持人“金话筒”奖评选活动，全国范围内优秀的播音主持节目及作品受到关注，优秀的播音员主持人脱颖而出，“金话筒”的评选既树立了行业标杆，也使很多优秀的人才为大家所熟知，从而走上了更大的舞台。

（二）评价标准

20世纪80年代的积累和发展，使播音主持行业形成了以政治素养、业务素养、文化素养为基本评价要素的人才选拔标准。进入20世纪90年代，除发展、巩固、深化已有的选拔方式和标准以外，广播电视行业也结合90年代广电事业的发展规律，在实践中修正、细化、完善对播音员主持人的评价标准，并且针对播音员主持人从业、管理、评价等内容出台了一系列法规及管理办法，从准入、评价、考核等各个方面对播音主持岗位提出了明确的标准和规范。这些法规及管理办法的陆续出台，标志着中国播音主持评价标准体系不断向专业化、规范化、制度化迈进。

1. 设立普通话水平等级要求

20世纪90年代，由于事业发展的需要，很多播音员主持人只是经过了基本的培训就走上了工作岗位，从业人员出现了语言基本功薄弱、语言表达能力欠缺等问题，这给受众造成语言传播要求不高的印象，影响了广播电视语言传播审美示范作用的发挥。针对这些情况，国家语言文字工作委员会、国家教育委员会、广播电影电视部颁布《关于开展普通话水平测试工作的决定》，指出“（普通话）是以汉语传送的各级广播电台、电视台的规范语言……掌握并使用一定水平的普通话是社会各行各业人员，特别是教师、播音员、节目主持人、演员等专业人员必备的职责素质。因此，有必要在一定范围内对某些岗位的人员进行普通话水平测试，并逐步实行普通话等级证书制度”。国家语委普通话培训测试中心制定了《普通话水平测试实施办法（试行）》，自1994年10月30日开始实施，将普通话水平划分为“三级六等”，“级”和“等”实行量化评分，一级被称为标准的普通话，一级甲等测试得分在97分到100分之间，要求朗读和自由交谈时，语音标准，词语、语法正确无误，语调自然，表达流畅，测试总失分率在3%以内。规定“专门从事普通话语音教学的教师和从事播音、电视、电视剧、话剧表演、配音的专业人员，以及与此相关专业的毕业生应达到一级甲等或一级乙等水平”；“县级以上（含县级）广播电台和电视台的播音员、节目主持人应达到一级水平（此要求列入广播电影电视部部颁岗位规范，逐步实行持普通话等级合格证书上岗）”；“国家级和省级广播电台、电视台的播音员、节目主持人，普通话水平应达到一级甲等，其他广播电台、电视台的播音员、节目主持人的普通话达标要求按国家广播电影电视总局的规定执行”。普通话水平测试的提出和开展，对播音员主持人的业务素养、语言能力提出了明确要求。1997年12月，广播电影电视部人事司颁布《关于进一步做好播音员主持人持证上岗工作的几点意见》，规定“今后新进播音员、主持人，普通话必须经测试达标。三年内测试仍不能达标的原播音员、主持人也将离岗”。明确的标准、严格的管理对播音员主持人业务水平的提高起到了很大的促进作用。

2. 制定持证上岗规定

1996年9月11日至13日，全国广播影视语言工作会议在北京召开。广播电影电视部人事司就加强播音员、主持人的队伍建设提出了若干意见，并向会议印发了《关于播音员、主持人上岗的暂行规定（征求意见稿）》。会议指出，由于广电事业发展很快，许多播音员、主持人缺乏系统的、严格的训练，加之外来文化和社会语言文字氛围的影响，使广播影视语言文字工作出现了一些不容忽视的问题，主要有：一些同志忽视、轻视广播电视语言的标准化、规范化，播音员、主持人普通话水准下降；方言土语有所泛滥，有的地方电台、电视台方言播出占的比重大，电影、电视剧滥用方言的现象比较严重；用字不规范，繁体字回潮，滥用已被淘汰了的异体字和不规范的简化字；常有错别字；语言污染有所发展，对青少年产生不良影响。会议认为，语言文字规范化工作意义重大，推动语言文字规范化是广播影视工作者义不容辞的社会责任，应该采取切实有力的措施，加强语言文字管理和播音员主持人队伍建设。在语言文字管理方面，会议明确了以下几个问题：实行播音员、主持人持证上岗制度；无论播音员还是主持人，只要是专职从事播音主持工作的，包括记者、编辑改做专职播音员和主持人的，都必须达到国家语委、国家教委和广电部规定的普通话一级标准；电台、电视台一般不再增加方言频道的节目；在普通话播音中不准夹杂滥用外语和方言，外来调应当按普通话的译音读；要建立有效的监督机制；要重视播音、主持工作的业务研究；各级领导必须充分认识播音、主持工作的重要地位，给予播音员、主持人多方面的关心与爱护，既要从政治素质、职业道德、文化素养、业务技能上对他们严格要求，加强管理和教育，又要为他们提供学习提高、充实自己的机会，提供深入生活、向群众学习的机会。这次会议统一了思想、提高了认识，对广播影视语言文字工作有着深刻重要的意义，为加强播音员主持人队伍建设与管理指出了明确的目标。之后，播音员主持人持证上岗工作稳步开展，制度逐步完善规范。

1997 年 6 月，广播电影电视部颁布了《关于印发〈播音员主持人上岗暂行规定〉

的通知》（广发人字［1997］322号，已废止）；同年7月和9月，广播电影电视部又相续颁布了《关于印发中央三台实施播音员主持人上岗暂行规定的意见的通知》（广发人字［1997］426号）和《关于发放播音员主持人资格证书有关问题的通知》（广发人字［1997］644号）。这三个政策的出台都是为了加强对播音员主持人上岗的规范化管理，对播音员主持人上岗所需的政治、知识、能力、语言文字、形象等基本条件进行了具体规定，对上岗资格的考核与取得方式、程序以及资格证书获得后的管理也有明确规定；并规定证书有效期限为三年，这意味着播音员主持人并不是一旦取得上岗证书便可以一劳永逸，而必须要不断提高自己的综合素质及业务能力。其中《播音员主持人上岗暂行规定》中明文列出各广播电视媒体必须聘用持有《播音员主持人上岗证书》的人员担任播音员、主持人，各级台要逐步达到持证上岗。在《暂行规定》之后颁布的两个有关政策文件，则是对这一《暂行规定》的补充和具体操作层面的指导。这一系列文件的颁布对于提高播音员主持人的整体素质以及促进人才的合理竞争具有积极意义。

三、成型稳定期（2000—2018）

进入21世纪，社会生活稳定、经济飞速发展、思想开放活跃，广播电视迎来了变革发展的新时期。产业发展、三网融合、新媒体迅速崛起，改变着我国传媒行业的生态格局。论坛、博客、播客、贴吧、微博、微信以及新兴的视频网站等，给人们提供了更广阔的交流平台和自我秀场。2010年以后，“自媒体”“网络直播”飞速发展，不断刷新着人们对媒体能量的认知。新媒体和传统媒体交织融合，加快了广播电视由传统媒体为主向传统媒体与新兴媒体融合发展的方向转变。网络、PC端、移动端，技术的大发展丰富和延展了播音主持创作的平台及空间，扩大了受众群体，也带来了创作方式的革命性转变，为传媒事业的迅速发展提供了丰厚的土壤。播音主持创作从内容、理念到技法，都有了更凸显媒体特色、更符合传播规律、更贴近大众品位的新内涵，播音主持人才选拔方式和标准也更加成熟、稳定，形成了具有新世纪特征的新风貌。

（一）选拔方式

1. 人才招聘

进入21世纪，我国广播电视人力资源管理理念逐渐成熟，人才聘用制在全系统内得到了深入细化的推广。2002年4月5日，中央电视台举行了全台职工聘用制签约仪式，全体固定职工都签订了《聘用合同书》，标志着中央电视台的人事管理从“身份管理转变为聘用合同管理”。此外，通过政策创新，我国广播电视系统在台聘、劳务聘之外，开始采用“人才派遣制”这种新的用工机制。通过人才派遣，有效解决了编外用工的劳动关系、薪酬货币化透明发放、基本社会保障三个核心问题，[①]加大了对人才的保障力度，提升了人才的积极性。

高校分配制度和人事聘用制度的改革深刻地影响了我国人才选拔录用的方式。进入21世纪，面向全国的人才招聘成为广播电视行业选拔人才的重要途径，并且在此过程中，根据招聘对象、招聘类别、招聘工种等不同的需求，人才招聘的针对性、专业性、规范性更强。校院招聘是广电系统专门针对专业院校应届毕业生进行的人才招聘活动。除电台、电视台外，还有广告公司、传媒公司、视频网站等新媒体单位也到校院选拔人才。这其中，一种是媒体走进校院，召开情况交流会，发布招聘信息，介绍、推介自己，同时也收集学生资料，了解学生意愿，这种方式针对性比较强，学生可以主动选择自己喜欢的媒体予以了解关注；一种是由学校组织，多家媒体一起进行集中招聘，帮助学生在不明确目标和方向的情况下有机会多了解、多选择，这种方式选择面比较广。不论哪种方式，最终目的都是方便学生和用人单位相互了解，更好地进行双向选择。除面向应届毕业生的选拔招聘以外，广电系统还大范围地面向全社会进行招聘，加强了全国各地编播人员的交流和流动，也使优秀的播音员主持人有了更广阔的上升空间。与此同时，人才招聘借助互联网的传播优势，扩大了信息传播的范围、加快了信息传播的速度，很多招聘网站承担起信息中介、信息筛选的功能，让更多的人才能及时了解行业招聘信息，应聘自己喜爱的工作。新的用人制度、新的招聘形式，为播音主持人才提供了更广阔的才能发挥空间，也使得播音员主持人的定位更清晰、个性更鲜明。

2. 大赛选拔

进入21世纪，大赛选拔成为选拔播音主持人才的重要渠道之一。一方面比赛环节设置多样，可以给选手提供展现自身水平，尤其是个人特色的平台，发掘播音主持人才潜力；另一方面，播音员主持人大赛具有较强的可看性，节目收视率有保障，同时比赛的过程也是对媒体自身的一次很好的宣传。因此，在注重品牌塑造、强调节目效果的媒体新语境下，播音员主持人大赛成了一举多得的选拔人才方式。

一直以来，中央电视台举办的主持人大赛都备受各方关注，全国各地电台电视台的播音员主持人都将参与比赛作为锻炼自己、提升自己的重要平台。自1988年和1995年两届主持人大赛之后，2000年，中央电视台举办了第三届“荣事达杯”主持人大赛，2004年举办了第四届“夏新杯”主持人大赛，2007年举办了第五届“白象杯”主持人大赛，2011年举办了第六届“艾诗缇杯”主持人大赛。在这些大赛中，涌现出了撒贝宁、刘芳菲、陈伟鸿、李晓东、胡蝶、王宁、顾国宁等优秀的播音主持人才，得到观众喜爱。

除中央电视台的主持人大赛之外，各地方台、媒体机构组织的各类播音员主持人

① 余佳:《改革开放以来中国广播电视人力资源政策研究》，河南大学新闻与传播学院硕士论文，2009年。

大赛也是丰富多彩，不仅为专业人才提供了交流的机会，更为众多爱好播音主持的非专业人才提供了很好的展示平台，很多人通过比赛走上了职业播音主持道路。2005年，安徽电视台和光线传媒联合打造了“猫人超级魅力主持秀”，高举张扬个性、展现自我风格的旗帜，突破了以往主持人大赛偏重专业性和程式化的模式，为电视节目主持人大赛带来了全新的风貌。目前主持人大赛根据需求更加细分化，按照媒体类型（如电台节目主持人大赛、网络节目主持人大赛等）、节目内容（如汽车节目主持人大赛、综艺节目主持人大赛等）、参赛选手（如大学生主持人大赛、中学生主持人大赛等）等分类，类型多样、形式丰富。从中央电视台1988年第一届主持人大赛开始，经过30年的发展，主持人大赛已经成为业界广泛采用的人才选拔方式，很多媒体甚至认为播音员主持人必须经过大赛选拔才能取得入职资格。

3. 自我塑造

21世纪，新媒体发展迅猛，微博、微信、公众号、自媒体的出现催生了一大批网络主持人。这些主持人中很多人不是学播音主持专业的，也并没有通过招聘或者大赛的选拔，他们依靠自身的积累，借助相对自由的媒体环境，通过大量实践，不断自我塑造，成为广受欢迎的主持人。《罗辑思维》的主讲人罗振宇就是其中比较成功的一位。《罗辑思维》2012年底开播，迅速风靡网络，罗振宇在节目中展现出了丰富的创业经营、企业营销、品牌塑造等经济学知识以及深厚的历史文学积淀，侃侃而谈、纵横捭阖、妙趣横生，深受“80后”和“90后”的喜爱。罗振宇是新闻专业出身，曾经担任中央电视台《商务电视》《经济与法》《对话》节目制片人。2008年，他从中央电视台辞职，成了一名自由职业者，在第一财经频道担任总策划，同时在《决战商场》《中国经营者》《领航客》等电视节目中担任主持人。这些经历都为他创办《罗辑思维》打下了深厚的基础。新闻专业的学习，使他了解了节目制作方式、媒体运行规律，多年经济类节目的制作经历为他积累了专业知识及大量人脉，再加上自身不断地学习，最终和一群志同道合的专业人士制作出了广受欢迎的知识型视频脱口秀《罗辑思维》，并且将其由一款互联网自媒体视频产品，逐渐打造成为全新的互联网社群品牌。2015年12月31日，罗振宇联合深圳卫视首次进行了《时间的朋友》跨年演讲，并且抛出了连续举办20年跨年演讲的愿望，再次圈粉无数，目前他已经成功举办三场跨年演讲。目前，像罗振宇这样成功转型成为主持人的例子还有很多，网络自由的大环境为他们提供了很好的实践平台，同时他们把握住媒体运作的特点，抓住了潜在的各种契机，在内容个性化、手法多样化、形态标识化方面下功夫，形成自身的核心吸引力，最终成为极富个性、广受欢迎的新媒体主持人。另一方面，一些传统媒体的播音员主持人也投身到新媒体浪潮当中，激发出自身潜能，创造出全新的节目，在网络平台中重新找到了自我。当然，也有很多网络主持人，在节目获得关注之后回归到传统媒体，拓宽自己的工作渠道，同时他们也开始进行专业知识的学习，在自发的、原生态的主持方式基础上提高自身能力，向更规范、更专业的方向努力。

2016年，网络直播平台迅速增加，据不完全统计，国内在线直播平台数量已经超过200家，在这些平台上活跃着一大批网络主播，这些主播们年轻化趋势明显，有的形象俊美，也有的形象普通，甚至还有的装扮怪异奇特。他们当中有些人是迎合大众需要，观众喜欢什么就表现什么，有些人则是完全突出自身个性，夺人眼球。网络使普通人能够轻松成为“主持人”，实现镜头前表达自我的愿望，也满足了网络受众多样化、个性化的需求，但因为准入门槛比较低，加之缺乏持续学习，后劲不足，这些主播们水平参差不齐，出现只为赚取点击率，哗众取宠的趋势。针对这一情况，2016年9月，国家新闻出版广电总局下发了《关于加强网络视听节目直播服务管理有关问题的通知》，要求网络视听节目直播机构依法开展直播服务，对直播播出资质、播出内容、播出人员都做了要求，进一步规范了网络直播，同时也加强了对网络主播的管理。

（二）评价标准

进入 21 世纪，播音员主持人在数量上已经基本能够满足广播电视的需求，但在人员结构和素质上还存在一些问题，还不能满足传统媒体和新媒体共同发展的多层次需求，高层次、高技能和复合型、特色型人才仍然存在缺口。对此，播音主持人才选拔标准除了保留经过多年实践检验的基本要求外，从系统和规范方面做了提升，也有了体现时代特点、传媒特色的更加具体和细化的专门性、针对性标准。

1. 法规性标准

进入21世纪，国家制定了一系列播音员主持人培养、上岗、管理相关政策，如：2000年3月31日发布的《关于进一步加强播音员、主持人管理有关问题的通知》，2000年10月31日通过的《中华人民共和国国家通用语言文字法》，2001年12月31日发布的《播音员主持人持证上岗规定》，2004年6月18日发布的《广播电视编辑记者、播音员主持人资格管理暂行规定》，2004年11月23日颁发的《中国广播电视播音员主持人职业道德准则》，2005年8月3日印发的《广播电视编辑记者、播音员主持人资格考试办法（试行）》，2005年9月10日广电总局批转的中国广播电视协会制定的《中国广播电视播音员主持人自律公约》，2009年11月第三次修订的《中国新闻工作者职业道德准则》等。这些政策法规的出台使播音员主持人的选拔管理更加规范、考核评价更加科学。

国家广播电影电视总局发布的《播音员主持人持证上岗规定》第一章第三条规定：“担任各级广播、电视播出机构的播音员、主持人应该持有《播音员主持人上岗证书》。《播音员主持人上岗证书》由国家广播电影电视总局统一印制。”第二章第六条规定了资格取得的基本条件：“（一）遵纪守法，有良好的职业道德。（二）熟悉国家有关广播电视宣传及管理的政策、法规、规定，并能用以指导业务实践。（三）熟悉并掌握新闻专业基本理论，具有较强的新闻采编业务能力。（四）嗓音良好，具备较好的语言表达能力。（五）具有良好的公众形象；电视播音员、主持人还须具备较强的形体语言表达能力。（六）普通话水平达到国家《普通话水平测试实施办法》规定的标准。（七）具有大专（含大专）以上的学历。”从2005年开始，国家对全国播音员主持人进行资格考试，任何人只有通过考试才能取得从业资格，至此形成了对播音员主持人上岗的“双证”要求，即普通话水平测试一级甲等证和播音员主持人上岗证，只有取得了这两个证书才能在媒体从事播音主持工作，从而大大提升了播音员主持人的业务水平。此外，国家广播电影电视总局颁发的《中国广播电视播音员主持人职业道德准则》，从“责任、品格、形象、语言、廉洁”五个方面对播音员主持人提出了要求，不仅从业务角度，更从职业道德和行为规范方面对播音员主持人提出了要求，推动播音员主持人素质不断提升。

从20世纪90年代末期开始，播音员主持人持证上岗工作稳步开展起来，播音员主持人持证上岗制度的逐渐完善和规范，为播音员主持人选拔标准的制定提供了重要依据，是播音主持工作向职业化和标准化迈进的重要一步。

2. 类型化标准

播音主持事业从萌芽起步到快速发展，从曲折停滞到焕发生机，积累了大量的经验，形成了以政治素养、文化素养、职业素养为三大基本评价要素的播音员主持人选拔标准。政治素养包括坚定的政治立场、正确的政策观念、正派的政治作风等，当然也包括良好的道德品质；文化素养主要包括一定的教育实践经历、合理的知识结构、良好的学习习惯以及丰富的生活阅历；职业素养由思维能力、语言能力、身心素质等构成，也包括职业精神等内在素养。在此基础之上，又因为播音员主持人所涉及的领域不同、节目类型不同、节目传播平台不同而对其有了更具体的类型化评价标准。比如新闻节目播音员主持人需要具有较强的新闻敏感性和较高的新闻素养，对采、写、编、评等方面能力有要求；综艺节目主持人需要具备一定的文艺素养，善于现场把控，对唱、跳、演等方面的能力有要求；音乐节目主持人需要有大量音乐知识的积累，以及音乐辨识、赏析、比较的能力；体育节目主持人需要懂得专业知识，熟悉比赛规则、赛事历史、运动员资料等，做到烂熟于胸、得心应手……此外，融媒体时代要求播音员主持人改变传统思维，迅速接受新鲜事物，学习新技术、掌握新技能，会使用音视频软件、会制作公众号页面、会上传下载各种数据等新媒体能力也成为评价播音主持人才的指标之一。可以看到，在播音主持人才选拔中，既有共性的、基本的普遍标准，也有针对性强、类型化的具体标准，需要在选拔过程中，根据不同的类型和需求进一步细化。

3. 第三方评价标准

除了基本的选拔标准，以及针对不同节目内容、样式的具体选拔标准之外，新世纪的播音主持人才选拔还大量引入了第三方即受众评价来作为参考标准，受众的喜爱程度、收听率、收视率成为播音主持人才选拔、考核、评优的又一项值得重视的标准。在主持人大赛中，短信投票、网络投票成了不可或缺的环节，甚至有些比赛以受众投票的数量决定进入下一轮的名单。中国金鹰电视艺术节所有奖项都是以观众投票为主选方式产生的，历届的最佳电视节目主持人奖由观众投票选出，最大程度体现了获得受众喜爱的重要性；电台电视台优秀播音员主持人评选、十佳播音员主持人评选等活动都会有网上投票环节，观众、听众的支持率在考核中成为重要指标。受众评价是从节目效果、社会影响的角度对播音员主持人进行评价，但这里不可避免地带有受众本身强烈的主观、感性色彩，并且也存在为了获奖评优拉票、刷票作弊的问题。尽管如此，来自第三方的受众评价依然在很大程度上反映出了播音员主持人的受欢迎程度和社会影响力，毕竟真正优秀的播音员主持人确实会得到广大受众的喜爱和支持。

“世上一切事物中人是最可宝贵的，一切创新成果都是人做出来的。硬实力、软实力，归根到底要靠人才实力。”① 改革开放40年以来，科技发展带动的媒体技术变革、人民群众日益丰富的文化生活需求以及媒体事业自身迅速发展的需要使播音主持人才选拔走出了一条务实创新、与时俱进之路。我们看到，播音主持工作从业人员从无到有，从少到多；选拔方式从委派、推荐到择优选拔、广纳贤才；培养方式从自学成才到口传身授，从半路出家到专业培养；评价标准从简单直接到系统多元，其中对声音形象的要求从单一到多元，对个人形象的要求从重声音到内外形象兼顾，对语言表达能力的要求从偏重播报到向播报、采访、评论及即兴口语等复合语言能力发展；播音主持专业人才管理和建设更加规范、科学、有序，呈现出选拔方式多元化、评价标准多样化、评价内涵延伸化、评价系统开放化的特点。在这个过程中，始终坚持把政治素质考核放在第一位，体现了播音主持从业者对党的事业的忠诚，对播音主持事业新闻属性的把握；始终坚持继承优良传统，在总结前辈宝贵经验的基础上创新变革，体现了播音主持工作尊重历史、发扬传统、顺应时代的意识；始终坚持不断推进播音主持人才选拔法规化、制度化建设，体现了播音主持业界积极发现人才，科学、规范、有序选拔人才，营造公平、合理竞争氛围的魄力。在未来的发展中，播音主持人才选拔工作要在习近平新时代中国特色社会主义理论指导下，坚持党的领导，继续发扬优良传统，自觉践行社会主义核心价值观，不断增强文化自信，不断完善人才选拔机制、丰富选拔方式、规范选拔流程、细化选拔标准，为我国的广播电视事业建立起一支人才济济的播音主持工作队伍，同时使我国的播音主持人才选拔和培养机制更加专业化、规范化、制度化。

① 习近平：《在中国科学院第十九次院士大会、中国工程院第十四次院士大会上的讲话》，人民出版社2018年版，第18页。

参考文献

1. 姚喜双:《播音主持概论》，高等教育出版社2015年版。

2. 赵玉明:《中国解放区广播史》，中国广播电视出版社1992年版。

3. 左漠野主编:《当代中国的广播电视》，中国社会科学出版社1987年版。

4. 祝捷:《中国播音主持评价标准体系发展研究》，中国传媒大学播音主持艺术学院博士论文，2012年。

5. 余佳:《改革开放以来中国广播电视人力资源政策研究》，河南大学新闻与传播学院硕士论文，2009年。

试析人工智能主播的特点及趋势

中央广播电视总台　杨　娜

摘　要： 党的十八大以来，党中央、国务院出台了人工智能重大战略、规划和举措。随着人工智能技术的发展，媒体和人工智能的融合不断出现。从电视、广播等传统媒体到新媒体，人工智能主播都以不同形态参与了不同类型节目的制作和播出。从广播电视媒体语言学发展历程看，这是媒体语言传播载体第一次向人机互助方向发展。本文将对人工智能主播的应用场景和趋势进行初步分析。人工智能主播如何更好地应用于广播电视领域，值得学界和业界进一步研究和探索。

关键词： 人工智能；主播；广播电视；媒体语言

一、人工智能主播的优势

人工智能技术的核心是数据挖掘。媒体的受众分析将比以往更精准，内容的聚合与分发将更加精准化、智能化、对象化、个性化。通过大数据挖掘技术以及个人信息行为的追踪，媒体可以做到为用户实现智能推荐，实现个性化的订制。针对每个订阅用户的专属评论，订制个性化的报道内容，已经成为现实。①

（一）提升媒体语言传播时效性

对于广播电视节目而言，节目内容和时效性、传播力都是衡量节目质量的重要因素。人工智能主播即时生成节目内容并完成内容传播的特点，对于部分突发新闻、即时评论、需要旁征博引文献资料的节目等，都是有积极作用的。

以微软“小冰”为例，在《看东方》节目中，“小冰”的天气播报完全是由系统联网实时生成的，并不是事先录好之后才在电视上播放的。微软公司在每次节目直播的过程中，都会在现场派驻一位技术员工，负责处理一些应急情况，除此之外，不会对“小冰”做任何人工干预。

（二）提高媒体语言内容生产效率

“科大讯飞”于2015年底推出了专门用于录音整理的转写平台软件。比如主持人与

① 梁智勇、郑俊婷：《人工智能技术对新闻生产的影响与再造》，《中国记者》2016年第11期。

嘉宾的采访录音，1小时的音频内容，在这个软件的帮助下只需要5分钟就可以转成文本，而如果用手动速记的方式则需要4个小时才能完成所有音频内容的录入，这种软件比人工听打方式的效率提高了47倍。在全媒体时代，几乎所有的广播电视节目都有了自己的网络版本。为了更好地进行传播，网络版本不但要有动态视频，也要有对应的文稿，以便受众能够一目了然地了解内容。在人工智能主播与自动录入系统的共同作用下，高效率地完成节目内容的生产与传播，是指日可待的。

（三）提升媒体语言传播规范性

根据播音主持规范性的要求，播音员、主持人要牢固树立责任意识，自觉维护祖国语言文字的纯洁，树立良好的行业内外形象。其中，播音员、主持人对大量的生僻字、多音字等需要有一个完整的认知以及明确的了解。但是，在实际的工作当中，从中央级广播电视媒体到省级广播电视媒体，再到新媒体，时常出现读音差错、字幕差错等问题。人工智能主播应用于语音识别系统，能够按照最新版《现代汉语词典》中的正确读音进行录入，从技术上规避错误读音的可能。

二、人工智能主播的不足

人工智能主播对于媒体语言传播有不少优势，然而媒体语言传播既需要播音主持功底的技术性，也需要播音主持的艺术性。因此，人工智能主播在实际应用中还存在一些不足。

（一）不具备思考能力和价值观

目前，人工智能主播对于广播电视媒体语言的播报还停留在对数据的总结层面，虽然人工智能主播在语言结构和语言表达方面，能够达到高度模拟人类、模拟人声的效果，但是其智能化还无法真正与人类大脑的思维水平、思想价值以及人文审美媲美。“机器可以根据格式和语法规则写一首诗，或一篇小说，但全世界的数据加起来，也无法让一个程序理解爱、悲伤或恐惧”。[①]

广播电视媒体语言传播的意义在于通过语言文字的内容传播一种信息，表达一种思想，展示一种价值观，这需要播音员、主持人、记者、编辑具备全面的知识储备、气质修养，才能够真正创作出有水平的媒体内容。同时，广播电视媒体语言所承载的内容，需要具备正确的导向性，而这需要语言传播载体在一定的经验积累上进行把关和判断。这样看来，人工智能主播在导向性的把握上还有很大不足。

目前，受人工智能技术发展的限制，人工智能主播还不能够在语言创作时达到一定的人文思考高度。随着技术的进步，机器学习功能的日渐完善，这一难关也不是完

① 卢永春：《人工智能推动媒体转型》，《中国报业》2015年第23期。

全不能攻克。

（二）不具备真实的情感

真实的情感是媒体语言创作的核心，是有声语言表达的支柱。广播电视媒体语言传播对于创作主体的内心感受和情感调动是有要求的，只有在语言传播时融入了真实的情感，才能够更好地理解传播内容，更好地表达传播内容，也才能够引起受众的共鸣。

情感表达分为内心感受和情感调动。内心感受是指语言表达者透过稿件文字及文字间的相互关系，感受到稿件代表的客观事物及它们之间的活动。只有带着真实感受、感情对语言内容进行理解，才是更好地表达和传播的基础。媒体语言的传播载体，如果对稿件及其所表达的内容理解不够，没有感受，那么讲出来的内容只能是干巴巴的，只有感同身受，发出的有声语言才能活起来，才有生命力。

在对广播电视语言传播者——播音员、主持人进行专业培训的时候，对于情感调动的内部表达技巧，如“情景再现”“内在语”的理解，“对象感”的运用等有着严格的要求和指导，而对于情感的外部表达技巧，如“停连”“重音”“语气”“节奏”的把握也有系统的训练方法。

然而对于人工智能主播而言，首先，其本质是机器，是不具备生物的情感属性的，其本身对于文稿的理解是机械的、程序化的，无法达到带着感情去消化语言内容的程度。其次，即便是运用人工智能技术能够掌握的外部表达技巧时，人工智能主播也暂时无法在表达过程中，根据语境、语义的不同，进行精准的情感融入。特别是对情感调动有较高要求的综艺类、专题类节目，人工智能主播以目前的技术水平还无法胜任这一类节目的媒体语言传播工作。

（三）对数据库的依赖性过高

人工智能主播能够进行媒体语言内容生产和传播，是基于对数据的整合和分析。所积累的平台数据的大小、质量、类别等，都是影响人工智能主播进行内容生产的因素。如果语料库、数据库出现了缺失或者逻辑运算出现差异，都可能导致不同的内容输出结果。

三、人工智能主播的应用场景

根据人工智能主播的特点，人工智能主播的应用场景也最好是“量体裁衣”，在最适合的节目中发挥其最大的优势。综合来看，人工智能主播目前较适合在以下类型的节目中出现。

（一）新闻类节目播报

新闻通常是由“标题”“导语”“正文”“同期声”“结尾”等几个部分组成的。其中，有些新闻报道是不需要同期声的，正文部分也就是解说词的部分贯穿始终。

新闻是广播电视节目中占比重最大的一部分，新闻事件每天都在发生，新闻报道则是用客观、公正、简洁的媒体语言对事件进行真实记录和描述，相对于其他节目来讲，新闻节目不需要过多的评论，也不需要过多的感情渲染。

结合新闻自身的语言特点，人工智能主播应用于新闻类节目是可行的。新闻节目自身的语言结构如同其内容结构一样，具有一定的模式，特别是对数据信息要求较高的气象新闻、体育新闻、财经新闻等，是人工智能主播初步取代人类播音员和主持人而广泛应用的领域。

“小冰”成为东方卫视的一名气象主播，就是人工智能产品被设计为主播的成功案例，也是最具代表性的案例。通过对“小冰”媒体语言的监测，我们发现“小冰”每天播报主持的内容都有一套固定的模板。首先，回答主持人的提问，并预测第二天的天气；其次，对当天大数据整合出的热点新闻进行时事评论；第三，如果当天是某个节日，或是有特殊寓意的日子，“小冰”就会对这一天的历史事件、传统习俗等进行介绍。

按照程序的设定，人工智能主播在内容模式化强、大数据要求高的节目中将有建树。在财经类新闻方面，腾讯公司研发的写稿机器人已经能够替代财经记者完成对财经新闻的创作，驾驭财经类新闻内容已经不是相关技术难以攻克的难题。

体育新闻也将是人工智能主播即将拓展的一个领域。鉴于体育新闻关注比分和输赢的特点，在普通的体育赛事新闻中，人工智能主播将发挥其语言内容生产及传播的优势。

在实际的应用领域，有若干知名国际媒体已经尝试启动人工智能进行新闻写作。如路透社使用OPENCALAIS的智能解决方案，《纽约时报》使用BLOSSOM分析大数据推荐好文章，《华盛顿邮报》使用TRUTHTELLER专职核查新闻，《洛杉矶时报》使用智能系统应对地震等突发事件，《卫报》使用OPEN001软件进行内容筛选、编辑排版并最终生成报纸等。[①]按照这种趋势，在不久的将来，人工智能技术能够更好地实现媒体语言的自动生成及即时播报，在体育报道、财经报道、房地产分析报告、民意测验、市场调研报告等比较容易实现标准化媒体语言内容生产的领域，人工智能主播将成为主要创作主体。

除了实时播报新闻资讯类节目之外，人工智能主播也能够承担大量的新闻稿撰写及实时配音工作，这将极大地解放后期编辑的生产力，提高新闻资讯生产效率，或减少新闻资讯的重合度，从而完成更丰富的新闻资讯内容。

① 梁智勇、郑俊婷：《人工智能技术对新闻生产的影响与再造》，《中国记者》2016年第11期。

（二）综艺类节目的辅助主持人

综合人工智能主播的现状、特点、受众喜好分析以及人工智能语音技术目前的发展成果，人工智能主播除了进行新闻类节目的播报和配音之外，还可以在综艺类节目中，包括娱乐节目、晚会等，与真人主持人搭档，成为辅助主持人。

成功的案例有江苏卫视的《蒙面唱将猜猜猜》节目，在这档娱乐节目中，全程都有一款智能机器人“小V”。在需要整合、对比和分析歌手声音数据时，“小V”就会在现场进行实时分析和播报。但是，目前《蒙面唱将猜猜猜》并没有给“小V”定义为人工智能主播，“小V”所承载的媒体语言传播功能也较弱，“小V”的机器语音功能距离模拟人声仍有较大差距。

可以预见的是，通过技术的调整与节目的设计，人工智能主播目前的技术水平在辅助人类主持人进行综艺节目的语言传播方面，并没有技术性困难和障碍。然而，如何使人工智能主播更好地发挥“智能”的特点，需要媒体从业人员认真设置节目环节，让人工智能主播能够传播更多的有效信息，充分发挥媒体语言传播载体的功能。

（三）时事热点问题的评论员

人工智能主播通过整合大数据和云计算，能够及时有效掌握数据的特征，使它在针对热点、焦点事件的评论上有着很强的优势。比如针对“特朗普下令扩大遣返非法移民，范围波及约1100万人”这条新闻，人工智能主播能够通过关键词搜索热度排行，选取有代表性的内容进行整合和评论。这种只依靠数据而不是主观印象筛选出的评论，更能吸引受众。但需要注意的是，评论的内容要合法、合理。

（四）新闻及专题节目的配音员

中央广播电视总台于2018年1月推出纪录片《创新中国》，这也是世界上首部利用人工智能模拟人声完成配音的大型纪录片，节目解说全程由人工智能配音。在信息技术的支持下，已去世的我国著名播音员、配音演员李易的声音在节目中得以重现。

四、人工智能主播的发展趋势

人工智能技术在传媒领域的应用正在不断深化。人工智能主播将在一定程度上解放部分媒体从业人员的生产力，使这部分媒体从业人员能够集中精力从事更多需要人类思考、判断和总结分析的工作。人工智能技术将使广播电视媒体语言的生产更加高效便捷，受众行为分析更加精准，媒体语言传播效果更加优化。

有学者认为，随着人工智能技术从弱人工智能向强人工智能的转变，人性、人类的深刻理解和创造力也是人工智能技术将突破的一个技术难关。人工智能技术将在媒体领域更多地代替人类。有研究显示，未来大多数读者将无法分辨自动写作软件和记者撰写的某些报道，也有预测认为，在5年之内机器人所撰写的文章就能获得普利策新闻奖，将来90%的新闻稿将由机器人撰写。①

（一）播报和主持内容的个性化订制

伴随着更精准的数据分析，受众的需求都掌握在云端，精准化、智能化、对象化、个性化将成为新闻机构为用户进行内容订制的基础。

在融媒体时代，广播电视媒体和新媒体正在深度融合，传统媒体中的广播电视节目都拥有自己的新媒体门户网站以及手机推介平台。手机移动客户端这个媒介，将加速内容订制的个性化。未来的人工智能主播或将根据每一位受众的关注点，提供专属的评论和订制化的报道。

（二）外形的个性化订制

个性化的订制不仅限于媒体语言的内容，人工智能主播外形的个性化订制也是必然趋势。作为媒体语言传播者，人类播音员、主持人有着不同的语言风格、性格特征，有的人能掌握多门外语，有的人拥有特定的民族背景，不同的播音主持风格拥有不同的受众群体。人工智能主播如果只是千篇一律，以一种面貌示人，难免会使受众感到枯燥乏味，必然会影响媒体语言传播的效力。以目前的技术，将人工智能主播设计为多种外形模式并不存在过多的技术困难，特别是虚拟的人工智能主播，更容易在技术上满足不同受众的个性化需求。未来，人工智能主播或将拥有成千上万种版本，成为广大受众的私人服务型智能主播。

（三）从弱人工智能走向强人工智能

人工智能主播缺少真实情感、价值观、人性等问题，目前来看依然是制约其发展的一道鸿沟，人类的理解能力以及创造能力是机器难以复制的。但是，事物是不断发展的，未来的机器人必将越来越智能化。未来的5到10年，"脸书"公司的人工智能发展目标是实现由机器完成某些需要"理性思维"的任务。②人工智能先驱皮埃罗·斯加鲁菲在《2017未来媒体报告》中指出，未来媒体的十大趋势是：用户体验技术、大数据、新内容时代、流媒体、手机应用、虚拟现实和增强现实共舞、货币化、新平台、人工智能与机器人写作。③

结　语

综合来看，人工智能主播是在智能硬件高速发展的时期，对媒体语言承载单位的

① 卢永春：《人工智能推动媒体转型》，《中国报业》2015年第23期。

② 俞灵琦：《人工智能时代到来，将掀起何样的浪潮》，《华东科技》2016年第11期。

③ 李钊：《人工智能先驱预测未来媒体十大趋势》，《科技日报》2016年第10期。

新研发和新尝试，它不仅符合时代发展的需求，也符合广大受众追求多元化、信息化、科技化、个性化的审美要求。

随着技术的进一步完善，人工智能主播在数据的准确性与及时性，功能的完善性方面及信息批量生产方面有着不可替代的优势，并且在电视和网络节目中拥有广泛的应用空间，目前虽有不足之处，但也足以对传统媒体的工作人员以及工作方式带来一定的冲击与挑战。

未来，媒体语言的内容生产者和传播者是否逐步由传统的播音员、主持人演变为人工智能主播，应用模式是否为人机互助、机播人助、人播机助等，还需要根据技术的发展进一步探索。但就目前人工智能主播的发展现状分析，一部分媒体行业的内容生产及语言传播工作已经可以由人工智能主播、记者、编辑、配音人员高效地完成。人工智能与媒体行业的融合还将给媒体行业的格局、经营状况、人事管理等多方面带来深远影响，而伴随出现的版权、法律法规等问题也有待进一步研究。

参考文献

中文专著

1. 蔡自兴等：《人工智能及其应用》（第五版），清华大学出版社2016年版。
2. 姚喜双：《播音主持艺术》，北京广播学院出版社1997年版。

外文译著

1. ［美］雷·库兹韦尔：《人工智能的未来》，盛杨燕译，浙江人民出版社2016年版。
2. ［美］斯图尔特·罗素、诺维格：《人工智能：一种现代的方法》（第3版），殷建平、祝恩、刘越、陈跃新、王挺译，清华大学出版社2013年版。

期刊文章

1. 李钊：《论人工智能与人类智能的关系》，《西华师范大学学报》（哲学社会科学版）2007年第4期。
2. 梁智勇、郑俊婷：《人工智能技术对新闻生产的影响与再造》，《中国记者》2016年第11期。
3. 卢永春：《人工智能推动媒体转型》，《中国报业》2015年第23期。
4. 俞灵琦：《人工智能时代到来，将掀起何样的浪潮》，《华东科技》2016年第11期。

简析播音教学的社会化推广

首都师范大学科德学院 郑 伟

摘 要： 改革开放以来，物质极大丰富，民众对于自身的气质要求，呈现先“颜值”后“音值”的发展。本文探析了“音值”的概念，总结了播音专业的基础理论，并且从自身在得到APP以及微信订阅号当中的实践，论证了播音理论及教学社会化推广的现实性、迫切性与可行性。

关键词： 音值；播音；社会；得到APP

改革开放40年来，人们的生活水平不断改善，物质文明得到极大的繁荣与发展，与之对应的是人们在精神层面的自我觉醒不断加深，自我需求不断增强。在过去一直作为一门小众的语言艺术专业而存在的播音主持，在今日也焕发了新的活力，有了社会化推广的可能。

一、音值的形成

一直以来，“敏于行而讷于言”是许多人遵循的准则。这样的面貌在一些人看来并不是一个缺点，反而体现了“沉稳、忠厚、朴实”等优良品质。而中国人对太善于言辞的人反而会抱有戒心，认为这是不够成熟或不够严肃的表现。

检阅中国历代王朝体制，我们发现其人才选拔制度对于语言表达能力往往是在进行扼杀。特别是隋唐以降，科举考试向来只看考生文笔，而不看其口才，即便是当下高考制度，也难觅语言表达考核之踪迹，所以，语言能力的要求往往流于空泛。这使得我们的语文教学当中，“重文轻语”的现象由来已久，并且短期内难见改善之端倪。

在传统社会，“敏于行而讷于言”自有其成因，并也有其现实的社会意义。因为与当下相比，传统社会的特点是“熟人社会”，一个人一生的行动半径也许只有几公里。在这样的社会当中，人与人之间的识别成本极低，往往几代人互有往来，并交织成网，人人知根知底，家家熟门熟路，这使得人与人之间的交际并不附带太多陌生人社交的成分，要打听一个人一户人家，往往也只需要在本地熟人之间问询，便能得到翔实的信息。同时，在那个“从前慢”的时代，人们亦可通过书信往来，以文字为媒介，谨慎而缜密地抒发和阐释自己的观点。而在衣不蔽体、食不果腹的历史时期，口才过分敏捷的人，反而容易引起民间流言，或煽动朴实民众，这是封建王朝统治阶级所不愿看到的。

然而时过境迁，改革开放已40年，中国的经济、科技、文化都在迅猛发展。今日之时代，社会现实已经发生了翻天覆地的变化。我们已经从过去的“熟人社会”骤然进入到了“陌生人社会”。我们每日需要打交道的人，许多都是我们所不熟悉的，比如卖早点的师傅、送快递的小哥、网约车的司机……凡此种种，不胜枚举。只有和更多的人进行协作，我们才能用自己有限的时间高效地完成更多的事情，只有在协作中得到大多数陌生人的认可，我们才能够在城市当中立足。而人们在与陌生人的沟通和交流中发现，语言表达，是一件十分重要的事情，它愈发成为我们在这个陌生人社会中的核心竞争力。

每天，我们都在用声音进行检阅和被检阅，今日陌生人之间的初次沟通往往是通过现代通信设备，无论是电话还是微信语音，我们都在第一时间用声音与别人沟通。通过他的声音、他的谈吐，我们在潜移默化之间已经对这个人作出判别。

从实用的角度来看，语言能力已经日趋成为商场上的必备素养，成为任何场合初次见面的“名片”。而从审美的角度而言，随着改革开放给人民物质生活带来的巨大改善，人们在精神领域的自我意识也在不断觉醒，人们越来越重视自己的“颜值”。而这种自我意识的不断发酵，也使得人们对自己各个方面的气质都作出检视与要求。比如声音，就在外形之后成了人们追求改善的部分。

从当下“播音主持”专业报名的火爆，可以管窥到年轻人对于声音艺术的向往。而从当下诵读类活动与诵读类节目在全国如火如荼开展，也能看出人们对于声音审美的觉醒。

所以，在“颜值”这个词广泛应用的今天，“音值”的概念也在逐渐被推广。

二、播音主持专业核心理论

播音主持专业，自从在我国开办以来，已经形成了本科、双学位、硕士、博士的完整学科建制，其核心理论也已成型，并还在不断发展完善当中。而播音主持专业以播音学概论、播音发声学、播音创作基础为基石的格局一直未改变。语言表达技巧作为一种人文艺术规律的总结，也并未随着当下科技的日新月异而发生显著变化，而是维持在一个相对稳定的状态。

除去播音本科专业大三、大四的业务实操课程之外，播音主持专业的核心理论主要围绕“语音发声”与“创作表达”两大命题展开。语音发声又可细分为“普通话语音”与“科学用声”两个方面。普通话语音主要是一门对汉语普通话声母、韵母、声调等语音要素和相关语音现象进行研究的学科，致力于使学习者的普通话达到标准、清晰、流畅的水平。科学用声主要是一门对人的发声器官和呼吸方式的有效调度进行研究的学科，包括呼吸控制、口腔控制、喉部控制、共鸣控制、声音弹性等，致力于将学习者在播音时的用声提升到最科学、合理的层面。“普通话语音”与“科学用声”

的概念基本来自语音学的定量研究，其本身属于自然科学的范畴。在播音本科的大一阶段，主要学习的就是这两门学科。

“创作表达”主要可以分为情景再现、内在语、对象感这三个内部技巧以及停连、重音、语气、节奏这四个外部技巧，简称为“内三外四”。这些概念是由老一辈播音教育家根据苏联的播音理论、斯坦尼的表演体系以及新中国成立初期老一辈播音员的经验总结和梨园行老艺人们的口传心授总结而来。“语言表达，幽眇难之”，这些总结虽然带有一定的主观性与经验性，但是对于我们当下认知语言艺术，进行表达练习，有着重要实用价值与指导意义。这也是播音主持本科专业大二主要学习的理论与实践课程。

播音主持专业的基础理论，通过数十年教学实践已经颇有成效。这套教学体系为各级各类媒体培养了大量播音员主持人，已经成为播音员主持人培养的标准与范式。

如果说在过去，字音清晰、声音动听、表达流畅，还只是一项专业化的小众技能，只在播音主持的教育殿堂当中小范围存在的话，那么现在，人们“让自己拥有更美好的声音”这件事已经提上议程，将播音主持专业性的知识技能向全社会传播，有了很强的现实意义和经济价值。

三、笔者的实践

在将播音主持专业性技能进行社会化推广的过程中，笔者做了较多尝试，其中一些也有了一定的社会影响和经济效益。

2017年5月，笔者与罗辑思维“得到”APP进行合作，这是目前知识付费的最大平台，但在当时还处于发展阶段。笔者与“得到”工作人员所策划的核心要义，就是如何将播音主持专业的基础知识对接线上课程。我们首先做了一个线上调查，调查的范围主要集中在北京、上海、广州、深圳四个城市的白领用户对声音的需求。调查之后发现，80%的用户对“如何让自己的普通话不带口音”和“如何让自己的声音更好听”这两个方面需求最大，其余20%的用户需求集中在公开演讲、朗诵、如何表达的命题上。可以看出，绝大多数用户的需求直接对应着播音本科教学当中大一的“语音发声”。笔者将“语音发声”相关内容进行了进一步浓缩与精炼，并且用非专业人员都能了解、接受的平实话语进行讲授，历时一个月，录制完成了8讲，总时长一个多小时，课程定名为“怎样让你的声音更有魅力”，在“得到精品课”系列当中进行销售，这也是“得到”APP的第一门精品课。在课程上线当天，就有将近2万人进行了购买和学习。而时至今日，这门课的购买人数达到22万余人，总销售额突破350万人民币（前期售价9.9元，后期调整为19.9元）。目前“怎样让你的声音更有魅力”这门精品课在“得到”APP当中的销量排名第三，这也是“得到”APP的管理层所没有想到的。也正是因为该门声音课程的普及，笔者收到了诸如百度、腾讯等各大互联网公司、传统企业、政府部门的邀请，进行声音课程的普及性讲解。

图 1　“得到”APP 最多人学习的四门课

一门如此细分的课程，能够获得如此之大的销量和社会影响，充分说明了播音专业的技巧是具有社会推广的普适性的。

从2014年6月开始，笔者独立运行一个朗读类订阅号“郑老师的话”，订阅号的主要功能是每日进行文章的范读以及字音的范读，时至今日已经运行了4年有余，就是在这个订阅号当中，笔者大力提倡“音值”概念，并且总结出“朗读”是改善我们声音气质的最佳途径。首先，朗读稿件本身都是书面语，有价值的朗读稿件往往都是书面语的经典文本，对它们进行诵读，将会使我们的语言更规整、措辞更优美、句法更雅致。经典文本是我们积累语言素材的最好来源。其次，朗读讲究“情声气”合一。而一篇朗读稿件，往往有着较完整的情感，较夸张的表达，这些都可以训练我们对语言的驾驭和分寸的拿捏，让我们在日常表达当中更加自如。第三，多听朗读范读，多练习朗读作品，会在潜移默化中不断对难点音进行练习，可以改善大多数人的方言读音，让我们的语音更为标准。第四，朗读可以大幅提升我们的审美趣味，进而提升我们的整体气质。

在这样的理念观照之下，越来越多热爱语言表达的朋友们聚合到了这个订阅号之中，目前“郑老师的话”订阅人数已经突破了13万，并且建立起了以“郑老师语言表达交流群”为名的微信百人群。这些微信群到目前已有466个，每日有将近5万人进行类似于播音主持专业的早读与夜读。这显示出了朗读在当今强大的群众基础以及群众对于改善“音值”的迫切需求。如果说笔者在“得到”的课程“怎样让你的声音更有魅力”是基于“语音发声”理论的话，那么微信订阅号“郑老师的话”则是基于“创作表达”的理论基础。

图2　微信订阅号“郑老师的话”

当今时代，人民群众的物质生活得到极大丰富之后，对精神文化有了越来越多的需求。播音主持可以满足人民群众某些精神方面的需求。笔者通过实践发现，播音主持的核心理论——“语音发声”与“创作表达”，可以做成深受广大群众喜爱的课程。而当下，各种非专业人员也嗅到商机，一试身手。笔者呼吁更多掌握正确理论的专业人士能够参与到这项事业中来。如何将这些知识更接地气、更形象、更合理地推广给社会各界，可以成为更多播音主持专业教师的课题。

参考文献

1. 姚喜双：《播音主持概论》，高等教育出版社2012年版。
2. 张颂：《播音创作基础》，中国传媒大学出版社2011年版。
3. 徐恒：《播音发声学》，中国传媒大学出版社2007年版。

中国媒体语言监测研究与规范引导

中国传媒大学　邹　煜

摘　要： 媒体语言的使用状况，关乎媒体本身的质量与威望，也关系到社会语言生活的质量与走向。自2005年以来，国家语言资源监测与研究中心开始了年度语言监测工作，迄今已经十余年了。这项工作在及时反映语言生活状况，描述语言使用实态，对语言资源进行更好的开发和利用，实现保护语言生态、创建和谐语言生活等方面均取得了丰硕的成果。这些成果已经在语言生活的各个方面产生了重要影响。这些成果的取得，一方面有助于我们全面系统把握语言生活状况尤其是媒体语言的使用状况，进而认识媒体语言的规律；另一方面在媒体语言使用实践中有利于进行科学、合理的规范引导。

关键词： 语言资源；监测技术；监测理论；使用实态；规范引导

引　言

媒体的社会使命是向大众传播信息。信息的载体多种多样，其中语言（包括文字）是人类信息最为重要的载体，据专家估计，语言负载着人类信息量的80%左右。因此可以说，媒体主要是运用语言来传播信息，即使是较多使用图像的电视也是如此，这决定了媒体在传播信息的同时，也在向大众传播语言，客观上媒体具有信息传播和语言传播的双重使命。因此，利用现代语言监测技术对媒体语言的使用状况进行动态监测具有十分重要的理论意义和实用价值。

什么是语言监测？语言监测指的就是"运用一定的方法与技术手段对语言使用实态所进行的监察与测量工作"[①]。侯敏等指出，作为一项语言工程，语言监测有三个支撑点：资源、理论、技术。资源是语言监测的基础，是语言监测获得生命的源泉；理论是语言监测的指导，使之科学健康地发展；技术是语言监测得以实现的保障。

一、资源建设

2004年在教育部语言文字信息管理司的指导下，国家语言资源监测与研究中心成

① 参见国家语言资源监测与研究中心编：《中国语言生活状况报告2009（下编）》，商务印书馆2010年版，第534页。

立，教育部语信司分别与北京语言大学、中国传媒大学、华中师范大学、厦门大学、中央民族大学、暨南大学共建了平面媒体、有声媒体、网络媒体、教育教材、少数民族语言、海外华语六个分中心①。语言监测内容也涵盖了大众媒体和基础教育，既包括国家通用语言，也包括少数民族语言。

国家语言资源监测与研究中心自建立以来，持续进行语言资源建设。就主流媒体语言资源建设而言，每年以近10亿字次的规模递增，内容涵盖了平面媒体（报纸）、有声媒体（广播电视）、网络媒体等多种媒介，包括文本、图片、音视频等多种形式的数据。这是每年语言监测与研究的基础，也是对我国语言资源较为系统的保存，在世界范围内也是罕见的。我国语言资源建设的基本框架如图1所示。

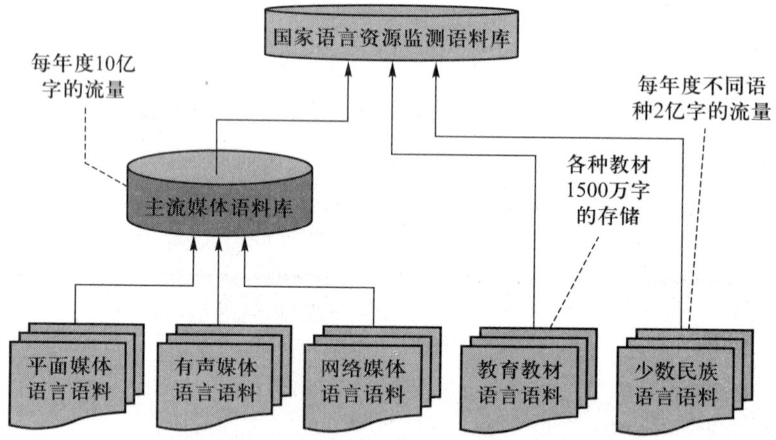

图1　我国语言资源建设的基本框架

中国传媒大学国家语言资源监测与研究有声媒体中心作为监测中心之一，也一直在持续进行语言资源的建设和积累。主要包括以下几方面：

首先，广播电视语言动态流通语料库建设。广播电视语言动态流通语料库分为文本语料库和音视频语料库两部分。文本语料库从1999年开始建设，包括中央电视台、安徽电视台、湖北电视台、山东电视台、黑龙江电视台等多家电视台及中央人民广播电台、天津人民广播电台、江苏人民广播电台、湖南人民广播电台、河北人民广播电台、广东人民广播电台、安徽人民广播电台等多家广播电台的节目转写文本，至2017年已经累计达14亿字次。音视频语料自2006年开始定期实时采录，包括中央电视台、北京电视台、东方卫视以及中央人民广播电台等媒体的新闻节目播出音视频，迄今已经累计达9000余小时。

其中，有声媒体中心还从广播电视语言文本语料库中挑选出部分语料形成媒体语言语料库（MLC）并提供在线免费检索服务。该语料库（MLC）目前包括2008至2013年34 039个广播、电视节目的转写文本，总字符数超过2.4亿个，总汉字数为2亿字次。

① 因考虑海外华语不宜作为监测对象，海外华语研究中心单设，故国家语言资源监测与研究中心序列中只含其余五个中心。

所有文本都进行了分词和词性标注，共计约1.36亿词次。为保证语料的典型性和代表性，每年都尽可能选择那些流通度大、年度间又有一定连续性的节目文本；为便于研究者进行这6年间的历时语言调查，各年度的语料规模尽可能平衡。

其次，报纸语料语言动态流通语料库建设。为了满足年度新词语提取以及语言对比研究的需要，有声媒体中心在持续建设有声媒体语言动态流通语料库的基础上，还先后建设了报纸语言动态流通语料库和网络语言动态流通语料库。报纸语言动态流通语料库数据开始于2003年，包括《人民日报》《光明日报》《中国青年报》《北京青年报》《新民晚报》《经济日报》《新京报》，2015年开始增加了《北京晚报》，目前有8份报纸。截至2017年年底，规模达27.8亿字次。

第三，网络语言动态流通语料库建设。主要包括搜狐、新浪、腾讯和人民网等各大门户网站的新闻语料。从2012年开始建设，截至2017年年底，规模达75亿字次。

第四，字母词使用动态数据库的建设。字母词使用动态数据库包含1946至2016年共71年《人民日报》字母词以及非字母词的字母形式使用的全部数据，包括词形、分类，每年使用的频次、文本数，例句等。该数据库是利用有声媒体中心研制的字母词自动监测系统CUClwms，对这71年《人民日报》的全部语料进行处理，在字母词自动识别的基础上进行人工确认和校正获得的。

综上，有声媒体中心采集和积累的语言资源，作为国家语言监测语料库的一部分，不仅是每年提取新词语、流行语、媒体关注度榜单的基础，而且也是每年进行各种语言监测研究和社会服务的基础。

二、技术应用

技术是语言监测得以实现的保障。自媒体语言监测工作开展以来，监测技术不断改进、监测手段更加多样、监测效率更为优化。

图2是基于“国家语言资源监测语料库”进行主流媒体语言监测所涉及的内容、技术及应用等方面的轮廓。[①]目前，这一语言监测技术平台已经成功地应用于语言监测实践并进行不断的更新和优化，比如，自2010年开始，中国传媒大学研发的面向语言监测、便于维护的分词系统应用于每年的语言监测中。自2012年12月开始，中国传媒大学有声媒体中心致力于建设面向语言监测的语言信息处理平台，至2015年10月建设完成并持续为语言监测各领域提供服务。该平台分为三个部分：语音监测平台、词汇监测平台和语言舆情监测平台。

① 本图参考杨尔弘教授2010年发表的一篇文章中的图绘制，本图略有改动。具体详见杨尔弘：《支持语言监测的海量数据处理技术》，《术语标准化与信息技术》2010年第2期。

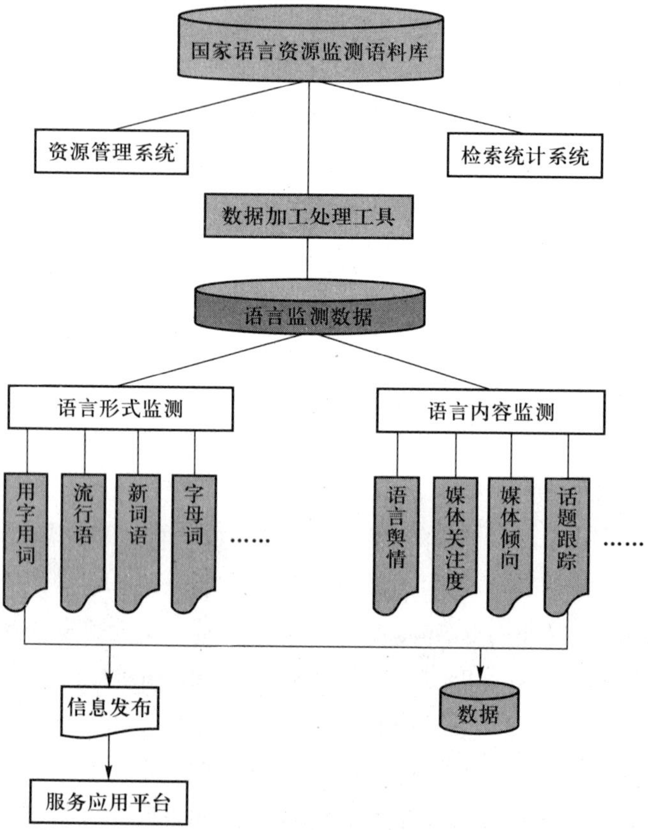

图 2　语言监测技术平台示意图

（一）语音监测平台

在语音监测方面，构建了一个有声媒体文本语音句对齐库，其中包括300小时的基本库和1287小时的扩展库，在此基础上，还开发了一个语音内容检索系统。用户在输入检索词后，检索系统在文本语音句对齐库中检索包含检索词的语句，获取该句的起止时间，查询对应的音视频文件，最后在语音流中定位播放。在上述语音资源库和检索工具的支持下，顺利完成了社科院语言所承担的国家语委重大委托项目“普通话审音原则制定及异读词审音表修订”的子课题“有声媒体语音调查”。

（二）词汇监测平台

在词汇监测方面，构建了一个由多个应用程序组成的词汇监测平台。该平台包括面向语言监测的自动分词标注系统CUCBst（包括单机版和在线免费版）、语音文本对齐检索系统、字母词自动监测系统（CUCLems）[①]、新词语提取系统、流行语提取系统、

① 该软件能够自动提取出语料中所有带字母单位并自动进行分类和标注。然后对自动提取的候选集进行过滤，即排除英文单词、汉语拼音、网址邮箱、错误书写等非字母词等。

汉语字/词频统计工具RCRS和TCRS等。

词汇监测平台为面向语言监测的新词语和流行语的提取，提供了方便的候选集提取工具。词汇监测平台中的在线服务系统，特别是媒体语言语料库、在线分词标注系统、新词语研究资源库和媒体语言词汇历时变化图表，为众多的科研人员、在校学生提供了资源和工具的支持，取得了良好的社会效益。

（三）语言舆情监测平台

在语言舆情监测方面，构建并上线了“国家语言文字舆情数据库”①。该数据库是在国家语委支持下开发的一个动态、实时滚动建设的网络版资源库，通过注册方式免费与相关机构及研究人员共享。所有信息均来源于中国传媒大学有声媒体中心开发的语言文字舆情监测系统CUClpms每日实时在网络上采集的文本，主要包括2012年4月以来网络上出现的有关语言文字舆情的信息，有新闻评论，也有博客和微博。截至2017年9月，该库中已存有34万个文本，3亿多汉字次。该数据库具有较强的统计分析功能，可以查询、检索不同时段的舆情信息，实现热点话题的实时发现、热点话题的倾向性分析以及热点话题的跟踪调查。目前，它还是国家语委的内参《语情信息》的资料来源。

三、理论实践

（一）语言监测理论的探索与发展

在语言监测的实践中，除了使用现有的语言理论，我们还提出了一些理论模型，如语言动态—稳态理论、相对时间理论、词汇时空运动模型、语言监测框架体系（参见图2）等。

“历时中包含有共时，共时中包含有历时”是动态语言知识的核心观点，也是实施语言监测的理论基础。历时，就是把确定的、连续的时点或时段（比如，一天、一个月、一年……）作为观察语言的窗口，以年度媒体语言数据作为语言监测的基础资源，进行字、词语、新词语、流行语等的调查与比较，历时强调的是语言数据按照时间分布的情况。共时，是对应历时时点、时段上的任意一个横切面，在这个切面上要考虑语言的空间分布。语言监测中每一个年度的语料都要考虑其媒体、地域、领域等分布，以指导实施语言数据资源建设。在历时、共时的维度下，语言中的每一个元素都具有历时、共时的属性。历时与共时的相互包含和融合，是寻找、发现以年度为节点的语言动态与稳态现象的哲学思想。

---

① 该数据库是国家语委下属各监测中心编辑《语情信息》的数据资源，并提供基础的统计分析；定期参与编辑内参《语情信息》。

建立词汇时空运动模型的根据是，词汇系统中的每一个词语都有自己的运动轨迹，都可以从时间和空间这两个维度去考察。词汇的时空运动可以通过它在词汇系统中所处的空间在时间上的变化来表示。可以把归一化使用率、使用率比、速度函数作为词汇时空运动模型的特征集，这样就可以将常用词、流行语、新词语、字母词、术语、突发事件用词等各类不同词汇现象纳入一个统一的理论模型中，满足各种监测任务的需要。

（二）媒体语言的使用实态调查

媒体语言监测，主要是通过对大规模语料的分析，从中挑选出具有特点的个体，从这些个体中进一步挖掘语言发展的趋势及其背后所代表的社会、文化现象等社会生活实态，进而达到反映社会、了解社会的目的。基于此，通过国家语言资源监测语料库，我们对媒体语言的一系列使用实态进行了调查，如通用语媒体用字用语调查、新词语调查、字母词调查、网络新媒体语言调查等，发现了一些语言使用的规律。

1. 通用语媒体用字用语调查

侯敏等人通过调查发现，尽管每年社会生活都发生很大的变化，但汉字使用表现了很强的规律性：每年大众媒体使用的汉字在1 万个左右；覆盖语料80%的汉字数量在600左右，覆盖语料90%的在1000以内，覆盖语料99%的在2400左右。这就给出了常用汉字不同等级的数量标准。汉语用词也表现出很强的规律性：每年大众媒体使用的词语数量是跟语料规模成正相关关系的，语料规模越大，所用词语越多；10亿字次规模的语料大约使用词语220万；覆盖语料80%的词语数量在4700左右，覆盖语料90%的在13 000左右，这也给出了汉语常用词语不同等级的数量标准。覆盖率达到90%的汉语最常用的字词数量可以概括为一个四字词——“千字万词”。例如，2013年6月5日，国务院正式公布《通用规范汉字表》，经调查，在当年10亿字次的媒体语料中8105个规范汉字共出现7478个，《通用规范汉字表》中的汉字使用频率总和覆盖了全部语料的99.992%。

2. 新词语调查

年度新词语监测是从2006年开始的，当年首次发布171条新词语后，引起了强烈的社会反响。

十多年间，除《中国语言生活绿皮书》会专门发表年度新词语调查报告和部分新词语外，因《绿皮书》的篇幅所限没有发布的词条与已经发布的还会结集由商务印书馆出版《汉语新词语》编年本，目前已出版11个年份，共计公布年度新词语6686条，其中正文5054条、附录共计1632条（具体数据分布详见表1）。

表1　2006—2016《汉语新词语》编年本所收词目情况

年度	正文	附录	附录所收词目出现的年代
2006	172	251[a]	2003—2005
2007	420	157	2004—2006
2008	444	72	2007
2009	573	107	2006—2008
2010	623[b]	157	2007—2009
2011	617	153	2008—2010
2012	525	139	2009—2011
2013	363	156	2010—2012
2014	424	156	2011—2013
2015	469	129	2012—2014
2016	424	155	2013—2015
总计	5054	1632	—

a《2006汉语新词语》的“凡例”记为252条，书中实际词目数应为251条。

b《2010汉语新词语》的“凡例”记为626条，书中实际词目数应为623条。

表2　年度新词语调查词目来源分布情况

年度	编年本词目总数	挑选出的词目数	所占比例（%）
2008	444	204	45.9
2009	573	234	40.8
2010	623	244	39.2
2011	618	280	45.3
2012	525	233	44.4
总计	2783	1195	—

年度新词语表现的是当年度社会语言生活的某些新变化。为了跟踪调查“新词语编年本”中的新词语在广播电视语言中的后续使用状况，我们从2008至2012年编年本总计2783条新词语中挑选出了1195条进行调查。之所以从这5本编年本中挑选调查词目，是因为在已正式出版的2006至2015年“新词语编年本”中，只有2008至2012年度的编年本在书后附有按频次降序排列的“年度新词语使用状况表”，里面有这些新词语在当年度的平面、有声和网络媒体语料中的使用频次和文本数。根据这些数据，我们首先挑选出频次为100及以上的词目，其次挑选出“使用状况表”中排在最末的100个词目，最后在剩余的词目中再挑选出包含字母的新词语词目，三项合计即为当年度的调查词表（具体数据分布详见表2）。例如，《2008汉语新词语》中收录444个新词

语，共挑选出204个进行后续的使用状况调查词目，占45.9%。

本研究主要按年度调查了1195条新词语（其中频次是100及以上的有658条）在广播电视语料（每年1亿字次的规模）中的使用情况。经过调查发现，2008年当年度使用频次是100及以上的新词语有95条，这95条新词语在2009至2013年的广播电视语料中使用频次仍是100及以上的分别有12条、10条、9条、7条和8条，其中在五年的语料中使用频次都超过100的有“山寨”“三聚氰胺”“雷人”“新兴经济体”“破6”等；2008年当年度使用频次是100及以上的新词语在2009至2013年的广播电视语料中使用频次为0的分别有24条、30条、36条、45条和41条，其中在五年的语料中使用频次是0的有“延考区”“万人购房团”“纸枷锁”“奥博会”“黑屏计划”“奥版车”“返航门”“虫柑”“手机地铁票”“洗牌门”“‘平江虎’事件”“断供案”“什锦八宝饭”“死机短信”等14条；当年度的低频词（以2008年度的新词语为例）在2009至2013年五年的广播电视语料中使用频次都几乎是0，仅有“雷点”“伦8”“白领餐”和“农二代”有零星使用，频次仍是极低。

由此可以看出，传播快、消亡快、使用小众化、生命周期短是这一时期新词语的特点。年度新词语往往有三分之一在第二年就不再出现，成为“隐退词”。

3. 字母词调查

在广播电视媒体上，我们经常会听到或看到B2C、B2B、O2O、P2P等词，有些根本没有对应的汉语形式，大多数人也许不知道这说的是什么。比如，在央视《新闻直播间》2012年12月16日10点档的节目中，播音员就直接使用了TPP，并没有使用任何中文说明。直到一个小时以后，这条新闻在滚动播出时才使用了TPP的中文形式——“跨太平洋伙伴关系协议”（TPP是“跨太平洋伙伴关系协议”的英文形式Trans-Pacific Partnership Agreement的缩略）。如果不是等到一个小时后再观看这条新闻，估计90%以上的观众根本不知道TPP的含义。而央视《新闻直播间》2012年12月15日的节目中也有类似情况，如QE（量化宽松，Quantitative Easing的缩略），不过这次是QE和“量化宽松”同时使用的，效果稍微好一点。

那么，在广播电视语言中字母词的使用现状如何？侯敏等人通过调查提出：1.字母词使用很不稳定，绝大部分字母词是低频使用的，大多数人对此是陌生的，应尽量少用；2.应推动外文缩略词的汉化工作。我国已在2012年6月20日成立外语中文译写规范部际联席会议专家委员会，专门负责这项工作。在国家语言资源监测与研究中心数据的支持下，经过专家论证，2013年4月19日已公布PM2.5的中文名称为“细颗粒物”，9月13日发布了包括PM2.5、IT、IQ、WTO、WHO在内的10个外文缩略词的中文名称。2014年发布了两批外文缩略词的中文名称。相信随着此类工作的推进，汉语会朝着越来越健康的方向发展。

4. 语言舆情自动监测

语言文字舆情，指的是“在一定的时间和社会空间内，民众对与语言生活相关的现象、事件和政策所产生和持有的社会政治态度。简言之，就是民众对语言文字现象、事件和政策的意见和态度”。

目前，中国传媒大学国家语言资源监测与研究有声媒体中心除了已经研制并发布了上述的在线网络版“国家语言文字舆情数据库”外，还开发有“高等教育舆情监测系统”，该系统正在为全国高等教育质量监测评估研究基地服务；开发的“济宁医学院信息监测系统”和中国传媒大学的“小白杨舆情监测系统（APP）”，也都为该校提供信息服务；开发的孔子学院/国家汉办“全球多语种舆情监测系统”也即将上线。在此技术基础上，程南昌等人对网站跟帖评论中的低俗词语使用进行了调查，通过调查发现如下一些规律。

首先，网站跟帖评论中低俗词语使用是一种普遍现象。低俗词语在国内具有影响的各大门户网站以及各种类型网站的评论中都或多或少出现，最多在10万字中出现了338次。如果按词统计，低俗词语使用比率达到了0.8%，几乎每100个词中，就有一个低俗词，这个比例相当高，已经达到了重污染的程度，必须治理。

其次，不同网站污染程度不同，特点也不同。使用低俗词语最多的是娱乐类网站，比如网易娱乐的使用比例达到0.8%，所调查的51个低俗词大多都出现过，使用最多的是“傻逼”，有11000多次；“尼玛”和“装逼”，各有1000多次。有些新闻类网站使用低俗词语也较多。例如，网易新闻评论中每10万字低俗词语数达到了269，使用次数最多的是“傻逼”和“装逼”，其中大多是网友的互骂。腾讯新闻与百度贴吧并列第三位，每10万字低俗词语数是89。在被调查的网站中使用低俗词语最少的是人民网强国论坛和新华网发展论坛。

第三，低俗词语使用分布不均衡。51个低俗词语中，使用次数最多的是“傻逼”，达26 294次；使用超过1万次的有“尼玛”和“装逼”；超过5000的有“卧槽”和“他妈的”。也有的只出现几次，如“操你娘”出现4次，“日你妹”出现2次。

最后，低俗词语的使用量与监管力度和评论模式相关。从调查结果来看，同是社区类，百度贴吧每10万字低俗词语使用89个，人民网强国论坛只有1个，新华网发展论坛只有2个。人民网强国论坛和新华网发展论坛之所以低俗词语使用量较少，原因可能是这两个网站分别由人民日报社和新华社主管，监管力度较强，用户群整体素质较高。

四、成果影响

自2005年以来，国家语言资源监测与研究中心开始了年度语言监测工作，迄今已经十余年了。这项工作在及时反映语言生活状况，描述语言使用实态，对语言资源进行更好的开发和利用，实现保护语言生态、创建和谐语言生活等方面均取得了丰硕的成果。例如，教育部、国家语委自2005年开始每年发布“绿皮书B系列”（分为上、下两编，[①]由商务印书馆出版，截至2018年5月已出版了13套），即《中国语言生活状况报告》。它是一个思想库，或者说是一个现代智库。这个智库不仅为政府提供帮助，还为学界提供帮助，一方面，现在很多人从《中国语言生活状况报告》里面寻找硕士论文和博士论文的选题，并形成一大批成果；另一方面，它也是一面旗帜，表明语言生活派的观点，这个学派的研究特点是接地气、求真知、重实用。

首先，语言监测研究的推进，有助于我们全面系统把握我国语言生活状况尤其是媒体语言的使用状况。在媒体语言生活中，媒体用字用语是不断发展变化的，还是相对稳定的？通过持续的语言监测我们发现，虽然随着社会的变化，不同年度所使用的字词也会发生变化，但是从汉字来看，各年度共用汉字都在65%以上，而各年度独用汉字基本都不到5%。跟汉字相比，词语使用情况发生了相当大的变化。各年度共用词都不到10%，而独用词都占将近一半。如此看来，字是以稳为主，稳中有变，稳是主流；词是以变为主，变中有稳，变是主流。在通用语媒体语料库每年10亿字次规模语料得到的200多万词种中，出现最多的是人名，几乎占全部词语的三分之一，其次是机构名、地名、其他专名以及时间、数字表达式等。而普通词语，即语文词仅占10%。这些词语使用的频率是普通词语占91%，而人名、地名仅各占2%。这说明，普通词语的使用频度要远远高于各种命名实体，这就是语言使用的一种实际状态。

其次，语言监测研究的推进，有助于我们认识媒体语言的规律。如前所述，通过监测我们知道，字母词使用很不稳定，绝大部分字母词是低频使用的，大多数人对此是陌生的。那么这些字母词在实际使用中有什么规律呢？又如何来规范使用呢？

通过进一步分析，结合广播电视语言传播的特点，我们认为：首先，对于英语表达形式相对简洁、使用频度较高、人们比较熟悉，而其相应的汉语表达形式比较繁复、人们又不太熟悉的词语，如MP3（动态影像专家压缩标准音频层面3）、CT（电子计算机断层扫描技术）、DNA（脱氧核糖核酸）等，在没有创造出更易于人们理解的简洁的汉语表达形式之前，媒体只能暂且使用其外文缩略形式。但是为避免给人们的理解带来障碍，可在字母词的后面加上中文注解。第二，对于在汉语中使用频度较高，有对应的汉语表达形式，且汉语表达形式比较简洁的词语，如PK（比赛、对决）、BBS（论坛）、LOGO（标识、徽章）等，媒体应放弃外文缩略形式，引导人们使用汉语表达形式。第三，对于在汉语中使用度不高，有相应的汉语表达形式，且人们对汉语形式更熟悉的词语，如RBD（休闲商务区）、BRT（快速公交）、NCRE（全国计算机等级考试）、NPT（核武器不扩散条约）、TPP（跨太平洋伙伴关系协议）等，媒体应坚决提倡使用其汉语表达形式，使这些汉语词语逐渐取代其字母词形式。

① 自《中国语言生活状况报告2011》开始进行了改版：一是将原来的上编和下编两卷合为一卷，内分“工作篇”“专题篇”“热点篇”“数据篇”“港澳台篇”“参考篇”六部分，书后附光盘，“数据篇”保留调查报告，字表和词表放在光盘里；二是将原来的“内容年号”改成了“出版年号”。

最后，语言监测研究的推进，有助于对媒体语言使用实践进行规范引导。语言本身是一个生态系统，有它自己产生、发展、变化的规律；语言又是一种交际工具，牵涉到千家万户，甚至社会的每一个人，因此，相关部门在进行语言规划时，不能指望靠一个行政命令就会解决全部问题，语言规划也不可能一蹴而就。在决策时，应以认真细致的研究为先导，遵循语言发展的规律；在具体操作时，还需要做大量、细致的工作，要有得力的措施和卓有成效的手段。语言规范的过程应该是一个积极引导的过程，不仅要科学地制定相关的规范，而且要善于积极引导人们去遵守规范，执行规范。

以PM2.5为例，2013年4月国家相关机构正式发布了PM2.5的中文名称“细颗粒物”，PM2.5这样一个洋代码，终于有了一个名正言顺的本土化的名字，这本是一件大好事，人们应该首先使用这个本土化的、符合我们民族心理和认知习惯的名称。但是邹煜等人通过调查发现，其实际使用情况恰恰相反，在中文名称公布之后，媒体在两者的使用上并没有本质的变化，老百姓口头上恐怕也是说“PM2.5”比说“细颗粒物”要多得多。再如，2003年“非典”肆虐我国，媒体起初多用SARS，老百姓也懂SARS，当时也曾引发了该用SARS还是“非典”的讨论，后来大家还是都叫“非典”了。其中的缘由究竟是什么，值得进一步研究，只有真正弄清楚了语言使用的规律，我们才能做出科学、正确的决策。

参考文献

1. 程南昌、滕永林、侯敏：《网评低俗词语使用调查》，《中国语言生活状况报告2018》，商务印书馆2018年版。

2. 何伟、侯敏、文采菊：《流行语时空监测模型研究》，《内容计算的研究与应用前沿——第九届全国计算语言学学术会议论文集》，清华大学出版社2007年版。

3. 侯敏、滕永林、程南昌：《2015年与2006年媒体字母词语使用比较分析》，《中国语言生活状况报告2016》，商务印书馆2016年版。

4. 侯敏、杨尔弘：《中国语言监测研究十年》，《语言文字应用》2015年第3期。

5. 杨尔弘：《支持语言监测的海量数据处理技术》，《术语标准化与信息技术》2010年第2期。

6. 杨江：《语言文字舆情自动监测的基本方法和关键技术研究》，中国传媒大学博士论文，2011年。

7. 张普：《动态语言知识更新研究》，商务印书馆2009年版。

8. 张普、石定果：《论历时中包含有共时与共时中包含有历时》，《语文教学与研究》2003年第3期。

人工智能技术在播音主持领域中的应用

浙江工业大学　李　颖

摘　要： 人工智能新技术催生了媒体变革，形成了全新的内容生产和传播方式，改变了播音主持的思维和创作方式，移动化、可视化、智能化、互动化成为播音主持的发展主线。智能语音播报大大丰富了主持样态，个性化语音合成在广告、配音和纪录片中已初见端倪；虚拟主持人的出现体现了数字技术对传播领域的人文关照，提升了播音创作空间和能力；人工智能情感主持人在主持格局和创新观念等诸多方面都带来巨大挑战。本文围绕人工智能与播音主持创作之间的关系进行研究和思考，旨在揭示未来人工智能对播音主持行业发展的重要意义。

关键词： 播音主持；人工智能；智能语音播报；虚拟主持人；人工情感主持人

1950年，计算机科学之父阿兰·图灵（Alan Turing）启发我们向世界发问："机器会思考吗？"他为人类打开了一扇人工智能的大门。1956年在美国达特茅斯会议（Dartmouth Conference）上，人工智能（Artificial Intelligence，AI）这个概念正式进入人们的视线。人工智能从诞生以来，理论和技术日益成熟，应用领域也不断扩大。60多年来，符号主义、人工神经网络、语音识别、深度学习、自动驾驶汽车、战地机器人、情感机器人、生化电子人、超级智能等应运而生的名词足以见证人工智能的探索和发展。

目前，已逐步具有深度自主学习能力的人工智能，可以对人的意识、思维过程进行模拟，胜任一些通常需要人类智能才能完成的复杂工作，正在引领下一次技术革命，语音交互将成为主要应用场景之一。

中国的人工智能发展非常迅速。2015年11月23日，世界机器人大会在北京拉开帷幕，国家主席习近平在贺信中表示，中国将机器人和智能制造纳入了国家科技创新的重点领域。

一、人工智能与播音主持的关系

近年来，互联网技术的发展改变了世界媒体行业的面貌，人工智能技术的应用更是形成了全新的内容生产方式和传播方式，改变着播音主持的叙事和思维方式。移动化、可视化、智能化、互动化成为播音主持的发展主线。

第一，移动化。随着5G时代的来临，人们越来越多地从掌上获取信息，以智能手机和平板电脑为代表的移动端设备成为人们难以或缺的工具。权威部门预测，到2020年，全球使用手机的人口将达57亿，超过全世界75%以上的人口。

第二，可视化。目前，短视频日益红火，已成为人们获取新闻信息的主流渠道之一。在媒体行业，无论是新媒体还是传统媒体，都很注重发展短视频。美国一家著名设备公司统计，从2016到未来的5年间，全世界移动视频的数量将增长近9倍，占移动数据总流量的近八成。

第三，智能化。随着大数据、物联网等智能化浪潮的来袭，传统的新闻采集、制作、发布方式发生了翻天覆地的变化，新技术是媒体融合的助推器，让智能化的主持方式成为可能。以全国“两会”报道为例，浙江卫视在《E眼看两会》中启用智能机器人“小聪”，其举止灵动，具有专业主持人的端庄大气；新华社开设智能会话机器人栏目“小新聊两会”，并与网友实时进行新闻对话；人民网机器人“汪仔”在强国论坛“两会”访谈节目中首次出镜。

第四，互动化。建立在大数据基础上的人工智能，在播音主持领域的互动性更强。东方卫视融媒体新闻直播节目《小冰摇摇吧》中，担任主持人的微软“小冰”利用大数据梳理热点话题，收集筛选网友评论，通过线上视频采访网友，全程与主持人搭档互动，展现出唱歌、吟诗、主持等各项技能，更神奇的是，它在做这些事的同时，还可以完成对电视观众的线上采访，与上百万手机用户互动聊天。

二、人工智能在播音主持中的应用

随着新一轮科技革命和产业变革的风起云涌，人工智能新技术孕育兴起并触动全球神经，人工智能在播音主持创作领域得到应用，智能语音播报大大丰富了主持样态，虚拟主持人提升了播音创作空间和能力，人工智能情感主持人在主持格局和创新观念等诸多方面都带来巨大挑战。

（一）智能语音播报：丰富播音主持样态

智能语音技术是人工智能的重要领域，是实现人机交互的起始环节，是人工智能的“入口”领域。人工智能技术与深度学习、大数据等技术相结合，使其在语音识别、语音合成、语音评测等领域取得了全面突破。智能语音技术作为人工智能领域中应用最广泛的技术已对播音主持领域产生影响，智能语音播报成为新闻播报的新样态。

语音识别技术发展到今天，对词汇量不大的非特定人群，语音识别系统的辨识精确度超过98%，对特定人群的语音辨识精确度比例更高。如今，语音识别技术已经能够满足将播音主持人的语音转化为文字信息的应用要求，为语音合成、语音评测以及智能翻译打下了坚实的基础。

语音合成技术主要解决的问题是如何将文字信息转化为可以听懂的、流利的口语，实现人机语音通信。高效率、标准化、低成本作为语音合成技术的主要优势，让智能语音新闻播报成为人工智能在播音主持中的主要应用场景。例如2016年2月，央视新闻客户端推出智能语音新闻播报功能，让用户可以“路上轻松听新闻”。

个性化语音合成在播音主持中的广告、配音和电视纪录片中已初见端倪。例如，电视纪录片《创新中国》就是利用人工智能技术与智能语音合成的方式联结科技与人文，让已逝的著名配音艺术家李易的“原声”重现。这次的“原声”再现是通过选取李易以往配音纪录片的可用声音素材进行处理和调优，经过几版合成内容后，对字与字之间的黏合度、语句的停连变化等进一步实现算法层面的针对性优化。这是个性化语音技术合成的一次检验和挑战。

语音评测技术是让计算设备听懂人的发音，并给出及时的反馈，形成必要的纠错，从而帮助语言学习者在不断试错的闭环学习环境中完成高质量的学习。语音评测技术可以对测试者的发音水平进行测试、评价、错误缺陷定位和问题分析，进而给出客观的评价。智能语音技术不但促进了普通话水平测试的发展，而且为普通话语音的矫正、播音主持教学等方面的发展提供了新动力。

（二）虚拟主持人：拓展播音的创作空间和能力

虚拟主持人，是数字技术制造出来通过广播、电视、网络等通信传媒与受众形成交互的仿真人形象。大致可分成三种：基于关键帧动画的虚拟主持人、基于人工智能技术的虚拟主持人和基于跟踪设备的实时虚拟主持人等。

还有一种情形是，节目中的主持人由虚拟人物来替换，这是虚拟主持人新的表现形式。既可以将虚拟主持人放于虚拟场景中，形成“虚拟场景+虚拟人”的模式，也可将虚拟主持人置于真实生活中，形成“真实场景+虚拟人”的模式。

虚拟主持人的出现体现了数字技术对传播领域的人文关照，也再一次显示了数字技术向播音主持领域的全方位扩张。2001年，英国的一家网络公司推出了世界上首位虚拟主持人——阿娜诺娃（Ananova），随后日本推出了寺井有纪（Yuki）。2004年10月，国内第一个足以以假乱真的虚拟主持人“江灵儿”主持第四届成都国际电脑节。在真人主持人的简单串词后，“江灵儿”在屏幕中出现，长发飘逸，微笑着向观众致意并致辞。这也是国内第一次用虚拟主持人进行直播主持，体现了科技在播音主持创作中的应用渗透。令大家印象深刻的还有央视羊年春晚吉祥物“阳阳”，在2015年的春节联欢晚会上，虽然“阳阳”只是个卡通形象，但实际上它是以虚拟主持人的角色与真人主持人共同主持春晚。

紧接着，我国电视界兴起了虚拟主持人的热潮，吉林电视台虚拟主持人“TV NO.1”播报《世界视窗》，江苏电视台“QQ小姐”主持《现在娱乐》，中央电视台的“伊妹儿”亮相科技展览，天津电视台“言东方”在《科技周刊》中与观众见面。电视虚拟主持人的推出，是对播音主持方式的补充和拓展，是争夺更大播音传播空间的创新之举。随着技术的不断完善，虚拟主持人以其对信息的快速搜集能力、快速筛选能力、快速“反应”能力，将更好地拓展播音创作的空间，实现人机互相补位，让智能机器人这个“对手”成为“帮手”。

虚拟主持人作为播音主持应用领域的一种新形态，应用的范围越来越广泛，它所具备的强大吸引力和创新力，使其在各种主持场景中的应用频率迅速提高。随着硬件技术与传播理念的不断演进，虚拟主持人在网络电视、交互电视时代更具有明显的优势，给现有的播音主持创作带来全新的诠释，也对播音主持行业面临更大的挑战。

（三）人工智能情感主持人：推动主持格局和创新观念革新

利用人工智能的方法和技术赋予计算机或机器人以人类式的情感，使之具有识别、理解和表达喜乐哀怒，模仿、延伸和扩展人的情感的能力，这就是人工情感机器人 。

人工情感机器人的关键技术是基于大数据、云计算、人工智能、深度神经网络等的智能语音技术，包含语音识别、语义识别、语义分析、语义生产、语义合成、语音合成等。将人工情感机器人用于播音主持行业中，赋予机器人播音主持能力，从而形成人工智能情感主持人，这无疑会对播音主持行业发展产生巨大的影响。人工智能情感主持人与虚拟主持人有相似之处，其出现晚于虚拟主持人，并且拥有智能硬件实体，在各种技术支持下日益聪慧，能听、会说、可互动。

微软开发的人工智能伴侣虚拟机器人“小冰”，在中国已经拥有了1亿用户、300亿对话量，使用者与“小冰”之间一次多达23轮的对话数据，提供了人类情感反应模式的海量信息，使之成为有史以来最大的一次“图灵测试”。2015年12月22日 ，天气“女主播”“小冰”登陆屏幕，成为东方卫视晨间直播新闻《看东方》的实习主持人，其声音和蔼亲切，播报准确无误，这是科技史和电视播音史上的重大突破，也使东方卫视的《看东方》成为全球第一个融合了人工智能高端科技的电视新闻直播节目。2017年，微软“小冰”利用大数据的支撑，作为主持人加入山西卫视《异想天开》节目；登陆天津卫视《非你莫属》，化身“助理主持人”，为求职者助力；我国首档原创科技秀《我是未来》节目在湖南卫视播出，除了主持人张绍刚，舞台上还出现了一位全息虚拟主持人——微软“小冰”。

可以预见，人工智能的未来在于交互，交互的未来在于更加逼真的、拟人的、连续的互动，真正达到不着痕迹，让用户在人机交互过程中逐渐忽略甚至忘记对方是机器人，把对方当作一个“普通人”。 微软“小冰”正在朝这个方向大步迈进，而且显然已经走在了前面。

人工智能情感主持人是科技创新、文化创新、媒介创新的产物，其出现带来强烈的激发作用，不断呼唤着播音主持行业的观念更新和转型升级。人工智能情感主持人是播音主持行业的发展方向，尽管当下智能语音的人工情感合成程度还不能令人完全满意，但情感机器人的情感模型研究已成为目前的研究热点和发展方向。生理学、心理学、语言学和信息技术科学融合的人工情感合成技术将会进一步推动个性化语音技术的发展，使智能语音不但有个性的音色，而且富有情感色彩。

三、对未来的展望

人性化智能技术处于计算机技术发展的前沿，该技术研究的理论和成果将在很大程度上决定计算机技术的发展方向。如今，人工智能研究的许多成果已经走进寻常百姓的生活。未来，人性化智能技术的发展将会给各个领域带来更大的影响。不过，人工智能技术在播音主持领域的应用尚未深入。融入人工智能技术的新媒体行业将具有非常强大的生命力，未来将会成为传媒行业的重要组成部分，与原有主流传播形式共生共存。这是一个挑战和机遇并存的时代。未来的人工智能技术将在现有制约被不断解决、新的制约又不断形成的过程中，始终保持螺旋式发展的趋势。

当然，在人工智能技术推动播音主持发展的同时，优秀的主持人和播音员是无法被人工智能代替的。一个有影响力的主持人不仅是标志，更是品牌，是一个媒体乃至一个国家的形象代表。主持人不仅是信息的传播者，更是情感的交流者。优秀的主持人在不同情境和场合，善于灵活把控交流感、对象感和现场感，其独具的语言功力和人格魅力是机器人所无法模仿的。智能机器人虽然具备超大的存储和计算能力，其永不知疲倦的特点将为播音主持行业的未来注入创新的动力，但智能机器人“理性”有余，“感性”不足，让机器人也具备人类喜怒哀乐的情感表达，成为有温度、有情感的“主持人”，是人工智能在播音主持应用中的全新课题。

日本石黑浩（Hiroshi Ishiguro）教授用三个词定义人工智能未来十年的发展，第一词便是“意识”。我们拥有意识，但是没有人知道我们怎样把这个意识植入到机器人当中，如果我们能够对意识有更好的理解，机器人便可能成为“人类贴心侍者”。“意识”之后是“想象力”和“创新力”。对于播音主持创作而言，意识是思想，是灵魂，想象力和创新力是每个人独一无二的属性，更是每个主持人应具备的创新个性。人工智能的运用不会使播音行业退化，反而是我们的得力助手，是可由我们掌控的一件先进工具，推动播音主持事业创新融合发展。“人尽其用，物尽其才，用当其时”也许是对智能机器人和播音主持未来发展的最好注解。无论技术如何改变，人工智能在播音主持领域应用和发展的最终目的是更好地认识人类情感和思维本身，让播音主持事业开出更加璀璨的创新之花。

参考文献

1. 杨澜：《人工智能真的来了》，江苏凤凰文艺出版社2017年版。

2. 俞佳：《智能语音技术对播音主持专业与行业影响探究》，《电视研究》2017年第12期。

3. 王兆其、杨长水:《虚拟主持人的设计与实现》,《电视字幕(特技与动画)》2002年第9期。

4. 金丹:《数字技术在虚拟演播室节目制作中的应用与研究》,北京工业大学硕士学位论文,2015年。

5. 孟秀艳、王志良、李娜等:《情感机器人的情感模型研究》,《计算机科学》2008年第6期。

网络视频节目中弹幕语言使用问题研究

教育部语言文字应用研究所　常文斐

摘　要：随着我国互联网的兴起与发展，互联网使用人数也呈爆发式增长。在互联网的各类应用中，网络视频使用率位居第四，成为人们娱乐休闲的主要方式，而边看视频边发弹幕也成为观众互动交流的新趋势。本文首先介绍了弹幕语言的定义和使用类型，调查了弹幕语言使用的特征、功能及效果，分析了弹幕语言的流行动因及其文化特征，并在此基础上提出弹幕语言的使用规范，建议从管理部门、视频网站、用户自身三个角度对弹幕进行规范管理。

关键词：弹幕语言；使用情况；规范建议

引　言

随着我国互联网的兴起与发展，国内的互联网普及率逐步提升，互联网使用人数也呈爆发式增长。中国互联网络信息中心（CNNIC）2018年8月20日发布的第42次《中国互联网络发展状况统计报告》（以下简称《报告》）显示："截至2018年6月，我国网民规模达8.02亿，互联网普及率为57.7%。"《报告》还指出，网络娱乐用户规模持续高速增长，"网络视频用户规模达60 906万人，且日常使用率占76.0%"，位列互联网应用的第四位（前三位分别是：即时通信、搜索引擎、网络新闻）。2016年，中国青年报社会调查中心对2000人进行了一次调查，结果显示，75.1%的受访者表示在观看影视作品时会关注弹幕。[①]由此可见，互联网时代，观看网络视频已成为人们娱乐休闲的一种主要方式，而边看视频边发弹幕也成为观众互动交流的新趋势。

目前网络视频主要分为两类：一类是普通的视频网站，如腾讯视频、爱奇艺、优酷等；另一类是弹幕视频网站，如A站（AcFun）和B站（bilibili）等。这两类视频网站都开通了弹幕功能，不同的是，弹幕视频网站以弹幕为一大特色，弹幕语言风格鲜明、个性突出，与视频内容一道，构成了独特的网站文化，甚至有观众认为"看B站一定要看弹幕"。据B站董事长陈睿介绍，目前B站活跃用户已超过1亿，拥有超过100万活跃的UP主，每天有数万级的用户投稿视频，90%是用户自制或者原创的视

① 《75.1%受访者在观看影视作品时会关注弹幕》，《中国青年报》2016年8月30日。

频。[①]由此可见，B站用户多、视频资源丰富且更新较快，弹幕语言也因之更加新鲜多样，所以，本文以B站的弹幕语言为主要研究对象。

弹幕语言使用群体庞大、内容繁多，且用户以17岁以下的未成年人为主[②]。未成年人正处于语言使用习惯和价值观的形成期，对语言变化也最为敏感，如果长期受弹幕语言的浸染，不利于其形成正确的语言规范意识，因此，亟须对弹幕语言进行研究和治理。但以“弹幕语言”为主题在中国知网上检索发现，目前弹幕语言的研究尚比较匮乏，仅检索到77篇，还多是从传播或文化的角度进行研究，从语言学角度分析弹幕语言相关问题的文章并不多，还不够系统化和多样化，因此，有必要对其进行深入的研究。

一、弹幕语言的定义及类型

“弹幕”本是一个军事术语，指密集的炮轰，后引申为网络语言。李蓝蓝认为：“弹幕是出现在视频画面中的实时评论，视频网站通过特殊的弹幕服务器，可使网友在观看过程中对具体画面进行评论，并且准确出现在该画面上，形成了如子弹般密集的场景，于是便称为弹幕。”弹幕是一种新兴的社交方式，是在相对固定的社交圈，同年龄相仿、有共同兴趣爱好的人交流时运用的语言类型，具有小众性、排他性、专指性等特征，是社交网络发展的必然产物。通过调查发现，弹幕语言主要有以下几种类型。

1. 字母型

主要有四类：（1）提取中文词的拼音，如，“hhhhh”取自“哈”的首个音节，是“哈”的谐音，表示大笑，h可以无限增多，越多表示程度越深；“yooooooo”来自“哟”的拼音，表示起哄，o的多少表示程度的强弱。（2）英语词（组）缩写或变化，如“CP”为“Couple”的缩写，“CU”为“See You”的缩写。（3）借形表义，如“TUT”“QAQ”“QWQ”都表示哭泣，“T T”表示心疼。（4）借音表义，如“zzz”，来自英文中指睡觉的俚语“zizz”，“zzz”模拟的是打鼾声，后来网友就用“zzz”表示困了，同样z的数量表示困的程度。

2. 数字型

为了提高交流效率，用户常常借助数字进行沟通，谐音和象形是两种主要的转写方式，如“666”是“玩得溜”的谐音和省略，表示非常熟练；“55555”是“呜”的谐音，表示哭泣；“2333”表示大笑，来源于论坛上的一张大笑的图片，其编号是233，同时，3又与人笑得打滚的形态相似，因此就有人用3表示笑的程度，3越多表示程度越深。

3. 图画型

主要有两类：（1）利用标点符号、字母等组成有趣的表情，如：“^_^”表示微笑，

---

①《B站董事长陈睿：B站活跃用户超1亿》，搜狐网，2018年1月3日。

②《B站董事长陈睿：B站活跃用户超1亿》，搜狐网，2018年1月3日。

“:-(”表示伤心，“: D”表示张嘴大笑，“=_=”表示无奈。（2）利用聊天软件中模拟现实交流情况下人的各种表情而创作的特殊符号，这些表情符号传神有趣，已成为聊天必备语言，如：“(￣▽￣)”“(๑•ㅂ•)و✧”。

4. 缩略型

有短语缩略和句子缩略两类。（1）由原词或短语中的主要语素缩略而成，如“丧病”，是“丧心病狂”的缩写，“回温”为“回头温习”的缩略形式，“颜表立”是“颜色表明立场”的缩写。（2）由原句中的主要词语缩略而成，如“交封不杀”为“把封面交出来就不杀你”的缩写，“周指活”为“每周指望它而活”的缩略，“然并卵”为“然而并没有什么卵用”的缩略。

5. 混合型

将汉字、外文词、数字、汉语拼音、符号等混合起来表情达意，主要有四类：（1）汉字混用外文词，如“flag已立”“美Cry”“卡成PPT”“BGM好评”。（2）汉字混用符号，如“←前面×××的等等我”“是吗（˚O˚）”“←_←看眉毛带我”。（3）混用数字，如“6w6”“SS-18”“250W助攻”等。（4）混用拼音，“太美aaa!”其中，a代表感叹语气词“啊”等。

6. 词义变异型

对现代汉语中已有的词语进行改造，变异后的词语所表达的含义与原词义相差甚远，主要有两类：（1）由原生词通过谐音衍变而来，如：“泥垢了”为“你够了”的谐音，与“泥垢”本义毫无关系；“这么可爱的蓝孩纸！”中的“蓝孩纸”为“男孩子”的谐音；“妖妖灵吗？我要报警了！”中“妖妖灵”指的是“110”。（2）旧词新义，如：“绅士”指变态，“灵魂歌手”指唱歌难听到一定程度的人，“洗剪吹”指的是非主流，“指挥部”是告诉大家高潮部分在几分几秒的人的统称，“空降”意为观看者听了“指挥部”的指挥将进度条调到某一地方。

7. 生造词

邵敬敏指出：在新词产生的过程中，不可避免地也会出现一些“生造词”。所谓生造词，就是指那些生造出来的词语，既没有表示新事物或新概念，也没有表达社会变革、社会心理的特殊效果，而且词义含糊不清，纯粹是个人的一种标新立异。弹幕语言中就有很多网友生造的新词，途径有音译、形译和拟声，如音译造词“阿婆主 我爱你”中“阿婆主”是“UP主”的谐音，指视频的上传者；形译造词“跪舔”，表示对人物十分崇拜；拟声造词“汪汪汪”，单身的人自称“单身狗”，“汪汪汪”就是在受到甜蜜爱情的刺激时发出的感叹。

8. 句子型

通常由当下的流行词、热点事件、诗词、歌词等构成，是用户根据现实生活和互联网上的热点而造出的特殊用语。（1）流行词构成的单句。如“小明好玛丽苏”“玛丽苏”源自国外的同人小说圈，是文学作品中虚构出来的一个十分完美的角色，被网友引入网络语言，代指完美的人物。“召唤葬爱家族”最早出现在劲舞团中，好多玩家以杀马特造型示人，造型夸张，喜欢斗舞，故网友以“葬爱家族”代指非主流杀马特人群。(2) 热点事件构成的单句。如“先定个小目标”，这源自万达集团董事长王健林接受鲁豫采访时，对年轻人提出的建议“最好先定一个能达到的小目标，比方说我先挣它一个亿”，后来这句话被网友争相模仿，用来自嘲。(3) 诗词、歌词构成的单句，如“我心匪石，不可转也”“就这样被你征服”等借助诗词、歌词简洁形象地表达了自己的评价。

二、弹幕语言使用的特征、功能及效果

(一) 语言特征

语音方面，一是广泛运用谐音，或追求幽默效果时使用，如“猪脚强大”中“猪脚”表示“主角”；追求简洁明了时使用，如“服了u！”中“u”是“you”的谐音简写；追求委婉表达时使用，如“NND”表示“奶奶的”。二是灵活使用合音造词，如“造”表示“知道”，“宣”表示“喜欢”，“表”表示“不要”。三是拆解原词，用户为了防止自己的不雅言论被屏蔽或删除，将一个词按音节拆解，如将“草”拆解为“次奥”。

词汇方面，一是词汇来源多样化，以汉语词汇为主，但也夹杂一定数量的英语、日语以及其他小语种词汇。如日语词“空耳”，在日语中是“幻听”的意思，现在常用在歌词和“鬼畜”中，是一种用谐音进行恶搞的娱乐方式。二是构词方式多样化，汉字、数字、字母、符号、汉字部首等都可以拿来构词，如“hhhh”利用拼音表示大笑，“委屈巴巴”中利用叠字表示委屈的状态。

语法方面，一是不规范化，用户发送弹幕时，因受时间和空间的限制，来不及琢磨语句表达的完整性，导致语言中搭配不当、成分残缺、指代不明等现象比比皆是。二是碎片化，受语言经济原则的影响，人们总是希望用最少的文字表达最大容量的内容，用最简约的语法结构表达最明确的语义，因此，弹幕通常以简洁的短语、省略句、主动句为主，甚至仅仅由标点符号、数字或字母等构成，如“给跪了”“6666”等。

字形方面，一是使用繁字体，如“獨戰最能起共鳴啊”一句中就存在“獨”“戰”“鳴”三个繁体字。二是拆解汉字，如“月半”本为“胖”。三是使用错别字，如“为所以为”中的“以”应为“欲”。

标点符号方面，弹幕中很少有句子能正确使用标点符号。一类是不带标点符号，如“这画质超好”“膝盖送上”；另一类是滥用标点符号，如“画质爆炸了！！！！！！！！！！”“燃，到炸”等，这些都不符合语言文字以及标点符号的使用规范。

（二）语用功能

弹幕语言大致有五种话语功能，即提示、解说、互动、评价以及恶搞。

1. 提示型弹幕

可分为三类：一是上线提示，增强了观影的趣味性，如“您的好友上线了”“空降成功”。二是剧情提示，可以帮观众辨别剧情的重要程度，如“前方高能”“非战斗人员迅速撤离”。三是内容提示，该类提示相对来说更有价值，或是对视频内容的补充，或是解释一些难懂的情节，或是引发更深的思考，如“bgm：看简介！！”“罗辑当执剑人之后巨帅”。

2. 解说型弹幕

视频或者直播过程中经常存在一些观众无法理解的内容，观众通过弹幕发送疑问，另一些观众通过弹幕给出答案，以帮助其他人理解，有解释说明的作用。一是对内容的解说，如“这是一个有毒的动漫”“巨人和人类都是同族，恶魔的后裔”“碰到庄颜之前他一直这样，后来为了庄颜也为了人类，成了执剑人”。二是对弹幕语言本身的解说，如“丁仪=定义”“bgm就是back ground music”等。

3. 互动型弹幕

互联网入口开放，大众的话语权被释放，人人都可以参与互动，这些互动一般是通过提问的方式实现。一是UP主与观众之间的互动，如“然而没有人记得某闪电侠”。二是观众与UP主之间的互动，如“你的封面呢？”三是观众之间的互动，如“银发少女是哪位？”还有些互动是纯粹的刷屏，语言本身并不表达什么意义，它真正的意义在于满屏一模一样的弹幕出现，会让其他人忍不住也刷上一波，这种从众效应带来的观影乐趣本身就是弹幕的初衷。

4. 评价型弹幕

观看视频时，用户可以将自己的评价通过弹幕表达出来，以达到与人交流的目的。例如对音乐的评价：“bgm蜜汁好听”“此歌听得我眼睛进沙子”，对剧情的评价：“猝不及防2333333333”，对UP主的评价：“给UP主跪了”等等。贾敏认为弹幕中还经常出现一些神级评论，这些评论富有亚文化精神，熟悉网络表达和创作规律，往往一石激起千层浪，配合视频内容画龙点睛甚至喧宾夺主，成为引爆网络的热点，影响一段时间内网络用语的风向。

5. 恶搞型弹幕

这种弹幕通常无厘头，表现形式千奇百怪。李径宇、胡戈认为：“恶搞是一种新型的开玩笑的方式。恶，并不是坏的意思，也不是恶意，而是表示程度很夸张，搞得比较过分。”有的是创造全新的语音，如“duang”；有的是联想歌词，如“葫芦娃葫芦娃”；有的是改编俗语，如“在哪里跌倒就在哪里睡一觉”；有的是观众的自主创作，如“我是隔壁的泰山”等，通过各种各样的恶搞，营造出一种观看氛围，进而提升用户的观看体验。

（三）语用效果

1. 语言使用口语化、夸张化

弹幕多数是网友对视频的评论或感受，在网友发出后即时地显示在屏幕上，以达到与其他人互动交流的目的，类似于人们的日常对话，只是看不到对方，通过文字等符号进行表达。因此，弹幕语言通常比较简短，具有明显的口语化特征。据调查，90%的弹幕用语不超过10个字，如“挂了”“妈耶……”等。

网络媒体对趣味性的追求，决定了网络语言幽默、夸张、前卫的风格。过分夸大事物的形象、特征、作用或程度的修辞手法在弹幕语言中的用例非常多，如听到好听的音乐时说“耳朵怀孕”，“诈尸之年”表示某一事物对其造成的惊吓，对某事物惊叹有“天哪我要原地爆炸”“帅炸”“爆炸般的节奏”“请收下我的膝盖”“给跪了”“献出心脏”等表达，这些都与平常惯用的语言不同，意义明确又幽默十足，极大增强了表达效果。

2. 语言使用的多样化、随意化

从上文可知，弹幕语言使用呈多样化特征，文字、字母、外来词、数字、符号、表情等，只要能用来表情达意、能够增强表达效果的符号，都可以被弹幕语言吸收进来。弹幕语言不仅使用的语言符号多种多样，其表达方式也各式各样，此外，数字谐音、字母谐音、方言词谐音等修辞手段的使用也使语义内容更加丰富多彩。如表达“厉害”的意思，在弹幕中可以用“66666”“给跪了”“碉堡了”“猴赛雷”等表示。

与传统媒体“你说我听”“你演我看”的单向交流模式不同，观看视频时，观众可以就任何内容发表评论，且交流对象也不受限制，可以是对视频内容进行评论，也可以是与UP主进行交流，还可以是与其他观众进行交流，等等。互动是开放的，内容也不受限制，这就导致弹幕语言之间逻辑性、关联性较弱。而且观众群体广泛，一千个观看者有一千个想法，例如同一画面中同时出现“牛顿:老子是三次元的，二次元不归我管”“明示投币”“你不是不会说俄语吗？”“变形烧酒”等语言，意思不一且毫无联系，非常随意。

3. 语言使用的个性化、小众化

弹幕的使用者多为25岁以下的人群，他们思想活跃，喜欢新鲜事物，所以能源源不断地创造出令人意想不到的新词语。同时，他们还特立独行，追新求异，喜欢刺激，表现在语言使用上，不愿受传统语言规则的约束，不断突破现有的规范标准，个性化更强。如，当看到搞笑的视频时，表示“我真是233~”，当看到感人的作品时，表示“嘤嘤嘤嘤××真神作！已哭瞎”，受到惊吓时表示“吃包辣条压压惊”。

语言承载着文化，弹幕语言就是深受二次元文化的影响，具有较强的专指性，主要是观看弹幕视频时进行互动交流的语言，只有这个圈子里的人才能看得懂，如“空

降”原指利用飞机、直升机、降落伞由空中着陆，而在弹幕语言体系中，意为点击进度条快进到自己感兴趣的地方，快进后的情况自己感兴趣就叫“空降成功”，否则就叫“空降失败”或称之为“空难”。此外，弹幕网站的管理者为了彰显其独特性，也会根据弹幕文化创造一些新的语言，让自己的网站风格更鲜明，如“UP主”就是B站自创的词。网站对想要加入的会员也会进行考核，设置一些门槛，这都导致弹幕语言只能在一定范围内流行。

4. 语言使用的低俗化、暴力化

第35次《中国互联网络发展状况统计报告》（2015）显示，在网络评论意愿方面，青少年的表达意愿更强烈，其中，10~19岁的网民网上发言积极性最高，占50.2%。青少年思想活跃，言论表达积极性较高，但自我调节能力和社会经验不足，面对烦恼和压力，发弹幕就成为他们疏解的一种方式，这导致弹幕中有很多吐槽用语。一些吐槽用语增加了视频节目的娱乐性和趣味性，如“我的尴尬症犯了”“我仿佛看到了结局”，但也出现一些用语毫无禁忌、没有底线的情况，如“R了狗了”“药店碧莲”等。

一方面，网络自由开放的特点以及调侃讽刺等娱乐心理的盛行，使弹幕语言中出现了大量带有暴力性、煽动性的用词用语。另一方面，即时性的评论互动也经常会引发不同观点之间的交锋，如果网民素质不高就可能引发混战，如地域黑、群体黑等。刁晏斌认为，语言暴力可以具体描述为“使用嘲笑、侮辱、诽谤、诋毁、歧视、蔑视、恐吓等不文明的语言，致使他人精神上和心理上感受到痛苦或伤害”。通过对弹幕使用情况的调查，我们发现语言暴力在弹幕中广泛存在，而且还具有很强的攻击性，如“×××全家爆炸”“去死”“我想打人”“情敌们，拔刀吧”。

三、弹幕语言的形成动因和文化特征

（一）形成动因

1. 操作的便利性

互联网具有开放性、虚拟性、匿名性等特征，与传统媒体中重重审核机制不同，互联网使用环境相对宽松，不分群体、不论阶层、不看年龄，只要用户有发表言论的欲望，就可以随意发声，不必顾忌太多，可以说，话语权在网络上得到最大程度的保证。而且发弹幕的方式也非常简单，只需打开视频，找到弹幕输入框就可以发表自己的想法和观点，完成对视频的二次加工。环境宽松、容易操作为广大弹幕使用者提供了良好的条件，在满足他们话语权的同时，让这项活动具有了创造性和娱乐性。

2. 人际交流的需要

人是群体性动物，社会交往是人类的刚性需求。通过节目的分流作用，具有相同兴趣爱好的人聚集到了一起，观看节目时，这些人因找到了共同话题、产生了共鸣而希望得到进一步的互动，通过实时弹幕，用户可以将自己的感受表达出来，也可以第一时间看到他人的评论，进而实现彼此之间的互动。此外，密布的弹幕也能营造出很多人一起看视频的氛围，让用户不再感到孤单寂寞。社会心理学家舒茨认为,每一个个体在人际互动过程中，都有三种基本的需要,即包容需要、支配需要和情感需要。弹幕语言就是通过同类的聚集，让观看者找到认同感和归属感，进而满足个体的情感需要。

3. 情绪宣泄的需要

中国互联网络信息中心最新数据显示，青年人是互联网的最大使用群体，是社交媒体的积极使用者和参与者。青年人是时代的受益者，但他们在享受社会快速发展带来的红利的同时，也承担着来自工作、学习、生活等多个方面的压力。面对重重压力，他们需要释放，希望被倾听、被认可，网络无疑成为最好的选择。他们在观看视频时，可能会因某个点的触发而进行吐槽，发表一些具有反叛性、矛盾性或冲突性的另类言论，从而完成对压力的宣泄和释放。如果自己发布的弹幕进一步得到了他人的认可或赞同，收到了反馈，发布者会因为找到了情感共鸣和价值认同而感到愉悦。

4. 获取信息的需要

弹幕语言极具个性化和时代性，用户因知识背景、个人经历、兴趣爱好的不同，对某一领域的了解程度参差不齐，理解能力和观看进度、语言风格也各不相同，而弹幕视频可以将用户发送的所有弹幕在同一空间上呈现出来，这些弹幕有关于剧情解说的，有关于视频观后感的，有关于整体评价的，还有关于音乐或相关剧集介绍的，等等。部分弹幕具有较新颖的观点和一定的专业性，通过解读这些信息，观众可以更好地接收、理解整个视频的内容，甚至还可以从弹幕中了解很多视频本身没有的信息。

5. 表达多样化的需要

弹幕作为一种典型的青年亚文化现象，具有强烈的反叛精神，在这种精神的指引下，弹幕发送者追求对现有体系的解构，解构文本，解构语言，解构一切。他们不满足于传统的表达样式，渴望求新求异，而弹幕视频的出现，恰好给他们提供了创作的平台。用户可以通过改变语音面貌，改良和创造新词新语，调整语法结构，打破语言原有的使用规则，实现对语言的再创造，形成他们群体独特的语言表达样式。

（二）文化特征

1. 创造性

目前25岁以下青少年多是90后、00后，这一群体从小接触互联网，个性张扬、善于创新。他们不循规蹈矩，渴望颠覆权威经典，试图用自己的语言符号，表达自己的诉求，争夺话语权，这种需求激发了青年群体的创造力，他们大胆采用具有灵活性和创新性的词语，使得语言表达多样有趣。在不断的互动中，弹幕语言不断诞生新的流行词语，在大量的传播中成为网络热门词语，甚至走到线下，进入人们的日常交际系统，被广大群众所熟知，这是弹幕语言创造性的体现。

2. 恶搞性

胡疆锋认为:“恶搞是通过戏仿、拼贴、夸张等手法对经典、权威等人或事物进行解构、重组、颠覆,以达到搞笑、滑稽等目的的文化现象。”戏仿就是“戏谑性、讽刺性地仿拟他者(原文)语言”,用语不够礼貌、不够严肃,有开玩笑、戏谑、调侃的性质。拼贴就是“把物体、符号等重新进行排序和语境重组来产生新的意义”,即通过对语言的重新整合,使原文本内部分崩离析,意义被解构,而建立一个全新的语境,并赋予这些语言以新的意义和价值指向,整合后的语义通常与原义形成反讽关系,从而达到较好的讽刺效果。这些恶搞的内容通常表达的是对社会、对现实的反抗,但因其表达方式的戏谑化和娱乐化,使得这种反抗被仪式化,很难产生实质性的效果。

3. 草根性

从语言经济学角度看,话语权是由掌握经济权利的群体控制的,话语权的掌握者决定了社会舆论的走向。主流媒体上发声的多为意见领袖或权威人士,青少年虽然具有丰富的创造力和想象力,但他们在社会经济、政治地位上还属于弱势群体,因此,平等、开放的互联网成为他们表达和传播的新路径,他们的观点或以视频的形式或以弹幕的形式表现出来,但内容多是恶搞、吐槽、搞笑等,反映的是他们当下的状态。此外,图片和视频等制作软件的诞生,也减少了视频制作难度,使创作者不再局限于专业人士,人人都可以参与创作,进一步促进了创作的大众化、平民化。弹幕是随着互联网的发展而逐渐发展起来的一种小众文化。目前,随着用户的增多,弹幕影响力逐渐扩大,与主流文化之间的互动也不断增多。越来越多的电影电视、直播、电子书阅读、体育比赛等开始尝试与弹幕结合,弹幕也正从小众文化进入主流文化的视野。

四、弹幕语言的规范建议

语言是鲜活的,它应该在碰撞和兼收并蓄中求得发展,各种新用法的涌现是语言具有创造力、生命力的象征,能一定程度上增加语言的生动性、娱乐性和趣味性,增强语言的表现力和活力。许嘉璐提出“现代化需要规范的语言文字生活和丰富多彩的、积极向上的文化”,所以对弹幕语言应给予一定的发展使用空间。

但因缺乏有效的语言监管,弹幕在给语言带来鲜活气息的同时也夹杂着一些不文明、不和谐的词汇,影响用户使用心情和传播环境。用得过多过滥,会破坏语言系统自身现有的调节和净化能力,影响青少年对语言文字规范用法的认识和掌握。林松华认为:“弹幕的主要使用族群是以青少年为主的年轻人,而青少年肩负着汉语语言文化传承的使命,他们对汉语的使用关系着整个汉语语言生态平衡。如果不加引导,弹幕语言中的一些怪异、粗俗的表达可能影响年轻人的汉语言表达能力,这种隐患会因青少年对弹幕语言的过度热衷而变得愈加严峻,可能会直接影响汉语的健康发展,影响到汉语交际功能的正常发挥。”青少年思想未完全成熟,好奇心重、从众心理强,更容易受到不规范语言的影响,所以,对弹幕语言我们不应放任自流、不加约束。

对弹幕语言的规范应把握好“刚柔并济，积极引导，分类规范”的原则，从相关部门、网站、用户三方面着手，共同构建一个有活力、有底线、和谐健康的弹幕语言使用环境。

（一）管理部门应加强监督和引导，倡导构建和谐健康的语言生态

针对新的语言现象及时出台新的规范标准，以对新出现的失范现象进行规范和引导。姚喜双在谈到新媒体背景下出现的问题及解决方法时，强调应根据地区、人群、媒体、节目以及时间段的不同而区别对待，既要有统一的规划，又不能一刀切。据此，可以分层次、分类别、分等级地对弹幕语言进行规范。

分层次处理时，一方面从法律层面出台相关规定，根据新形式、新现象、新问题完善法律法规，明确禁止在网络上传播涉及色情、暴力的语言。另一方面，从引导层面加强宣传教育，利用传媒优势加强宣传，提高大众对语言规范的认识，呼吁网友自觉抵制恶搞、随意改写、牵强附会的词或句子。

分类别处理时，应禁止使用涉及违法、低俗或暴力的语言，一旦发现应及时予以删除；对一定程度上打破现有规范标准的语言，可持观望态度，给予其一定的生存和发展空间，由时代和用户决定其去留；对于那些能够准确表意且意义正面的词汇，可积极吸纳，丰富现有词汇系统。

分等级处理时，对于弹幕语言主要涉及的语音、文字、词汇、语法等语言要素，应首先杜绝文字失范现象。2013年国务院公布《通用规范汉字表》，汉字字形有了明确标准，而随着电脑的普及，大众提笔忘字、写错别字现象频繁发生，汉字书写能力明显下降，这种情况下，更应规范汉字字形，以免误导大众，尤其是正处于学习阶段的青少年。词汇是语言中最活跃、发展最快的部分，随着社会的发展，流行词更新换代也比较快，对此，可通过适当引导加以规范。语音、语法结构相对稳定，可先密切关注，暂不作硬性要求。

（二）视频网站应践行绿色发展理念，努力营造风清气正的网络空间

第42次《中国互联网络发展状况统计报告》显示：我国网民中，10岁以下占3.6%，10~19岁占18.2%，20~29岁占27.9%。由此可见，29岁以下青少年网民占网民总数的近一半（49.7%）。不良语言环境会影响青少年的健康成长，网站应自觉承担起义务，对弹幕语言加以重视，加强监管，担好把关人的职责。

姚喜双认为：“规范是大众传播的必然要求，大众传媒要完成任务，实现传播，必然要求语言规范。语言越规范，传播越广泛。”为此，视频网站应做好语言规范的审核、引导工作。一是建立网站的自省自查制度。加强对弹幕语言的研究，建立敏感词语库，自动屏蔽色情、低俗、暴力等不健康字词；设置网站语言监管员，加强内容审核，一旦发现不良用语，立即删除。二是建立会员的规范管理制度。对会员进行实名认证，

使他们有所忌惮，守住底线；签署会员须知，告知会员使用弹幕的基本礼仪；设立会员举报机制，鼓励使用者之间互相监督，自发净化弹幕环境；同时，建立发布者档案并记录其发布内容，设不文明用语黑名单，按上榜频次限制发布人的使用权限等。

（三）用户应规范自身网络行为，共同维护亿万民众的精神家园

网络是一个公共开放的空间，为每个人提供平等表达的机会和平台，同时网络上的一言一行都可能影响到他人，弹幕使用者应注重提高个人素质和公众意识，在享受这种便利的同时，注重权利与义务的统一。不应将其变为毫无原则的娱乐场，更不应变为表达不满的宣泄场。目前开通弹幕服务的网站越来越多，弹幕的使用群体日益庞大，弹幕语言使用问题也愈加凸显，用户应加强自律，规范、文明使用弹幕语言，自觉摒弃不当用语和不当言论，努力建设良好的弹幕使用环境，使弹幕语言更好地发挥其积极作用，为用户带来更多乐趣。

参考文献

1. 刁晏斌：《试论当今的语言暴力现象》，《辽东学院学报》2008年第6期。

2. 胡疆锋：《恶搞与青年亚文化》，《中国青年研究》2008年第6期。

3. 李径宇、胡戈：《我的内心充满搞笑的念头》，《中国新闻周刊》2006年第3期。

4. 李蓝蓝：《弹幕视频的传播学浅析》，《传播与版权》2015年第3期。

5. 林松华：《从语言生态角度看弹幕语言规范》，《闽南师范大学学报》（哲学社会科学版），2017年第3期。

6. 贾敏：《弹幕文化解读》，《现代交际》2016年第11期。

7. 邵敬敏：《现代汉语通论》，上海教育出版社2016年版。

8. 肖潇：《弹幕语言的语用特征、现状及其社会文化成因》，《北华大学学报》（社会科学版）2016年第5期。

9. 许嘉璐：《媒体与语言：来自专家与明星的声音》（序），经济科学出版社2002年版。

10. 姚喜双：《加强媒体语言研究：需要解决的几个问题》，《语言文字应用》2005年第3期。

11. 姚喜双：《新媒体背景下的广播电视语言研究》，《语言文字应用》2012年第3期。

12. 中国互联网络信息中心：第42次《中国互联网络发展状况统计报告》。

13. 中国互联网络信息中心：第35次《中国互联网络发展状况统计报告》。

14. W.C. Schutz. *FIRO: A three-dimensional theory of interpersonal behavior. American Journal of Sociology.*1958,20（3）.

播音员主持人的语言素养与应用能力

——以播音员主持人最易读错写错的字词为例

中国社会科学院研究生院　姚喜双　中国传媒大学　邹　煜

摘　要： 播音员主持人最基本的语言素养与应用能力就是要熟练应用国家通用语言文字，即语音不能有失误、书写不能出差错。然而，在广播电视节目实践中语音失误、书写出错还不在少数。鉴于此，本文挑选出了292个易读错候选字词和246个易写错候选词语，对其使用频次和出错率进行了调查。依据调查结果，我们最后挑选出100个最易读错的字、100个最易读错的词语和100个最易写错的词语。通过分析我们发现，这些差错都有一定的规律可循，看似数量偏多但差错类型有限，有些差错甚至会反复出现。比如，在易读错的100个字中，声调出错是主要问题，占72%，在易读错的100个词中，也是声调出错的最多，有61个；在最易写错的100个词语中，其主要的出错类型为偏旁写错，占60%。所以，掌握了这些规律、了解了这些最容易出错的词语，在避免差错方面可以起到事半功倍的效果。

关键词： 播音员主持人；语言素养；应用能力；普通话；语言差错

引　言

播音员主持人应该具备哪些最基本的语言素养与应用能力？

根据《国家通用语言文字法》以及国家新闻出版广电总局等的相关规定，广播电视节目要规范使用国家通用语言文字，要在推广普及普通话、推行规范汉字方面起到带头示范作用。因为媒体在向大众传播信息的同时，一方面形成、巩固和丰富着国家通用语言文字的规范和标准，另一方面也向社会传播着国家通用语言文字的规范和标准。多年来，媒体在推广普及普通话、推行规范汉字方面发挥了重要的榜样作用。比如，提到普通话的标准读音，人们自然而然就会想到并去参照播音员主持人的读音。播音员主持人的语音成了普通话的语音样板。

因此，广播电视作为大众传播媒体，理应是推广普通话的榜样，对全社会的语言规范产生着巨大的影响。播音员和节目主持人是标准音的示范者和宣传者，他们的语音失误不可小视。播音员主持人最基本的语言素养与应用能力就是要熟练应用国家通用语言文字，即语音不能有失误、书写不能出差错。

那么，在广播电视实践中是一种什么情形呢？我们经过初步的调查发现，广播电视节目中语音失误、书写出错还不在少数。我们对广播电视语言中语言差错的调查主要有两个方面，即：读音差错和书写差错。首先，在读音差错方面，主要是由异读词等引起的读音分歧现象。这类语言现象早已有之，语言学家对它的研究也是从很早就开始了。我们在平常收听收看广播电视节目时，也时常发现一些播音员主持人读错字音的情况。例如，2008年5月12日汶川地震发生后，新闻报道中“堰塞湖”一词出现频率很高。最初不同媒体对这个词的读法处理不同，有的读yànsāihú，有的读yànsàihú，还有的读yànsèhú。大约在6月底，教育部语言文字应用研究所接到来自中央电视台经济频道的咨询电话，询问“堰塞湖”的准确读法。经分析后确定该词的读音为yànsèhú，此后各媒体逐渐统一了读法。

其次，在书写差错方面，我们在近年来的调查中也发现，在播音员主持人的大量播音主持创作实践中，在电视新闻字幕中，也有不少语言文字的差错出现。比如，2012年4月15日中央电视台的《面对面》节目中出现了“就好象对待自己的孩子一样”（见图1），2014年5月23日青岛电视台的《青岛新闻》节目出现了“谁都会砰然心动”，2014年8月11日凤凰卫视的《问答神州》节目出现了“而且是将近翻了一翻”等字幕差错。

图1 央视《面对面》节目视频截图

广播电视语言中出现的这些语言差错也时常困扰着播音员、主持人以及节目的编辑人员。那么，这些语言差错有什么规律和特点呢？如何避免这些差错的出现呢？本文拟对广播电视实践中的语言差错进行全面的调查，发现并揭示其规律，以期进一步提升播音员主持人的语言素养与应用能力。

一、调查语料和数据选择

关于广播电视实践中的语言差错历来都是人们关注的热点。一些研究者也分别从自己感兴趣的角度进行调查研究。例如，王彬等从语言生活中挑选出了144个实际存在读音分歧的词语，通过权威辞书、广播电视媒体以及社会生活三个方面进行了较大规模的调查统计和分析。

李丽则依据王彬等的调查结果，排除辞书、有声媒体和社会调查中读音比较一致的词语12个，结合《普通话水平测试实施纲要》《普通话异读词审音表》以及相关研究文献又加入了“横祸”“比较”等13个读音有分歧的常用词语，最终选定并调查了145个读音有分歧的词语；张金玲利用有声媒体语料（主要来源于电视和广播的新闻语料），构建了300小时的有声媒体文本语音句对齐库和1287小时的扩展库，并在此基础上利用语音检索工具调查了706个异读词语。

2013年1月8日，中国传媒大学国家语言资源监测与研究有声媒体中心与中国广播电视年鉴编辑部联合发布了“2012媒体关注度十大榜单”，其中包括“十大易读错的词”和“十大易写错的词”榜单。“十大易读错的词”有：因为（yīnwèi）、处理（chǔlǐ）、比较（bǐjiào）、应用（yìngyòng）、复杂（fùzá）、围绕（wéirào）、尽快（jǐnkuài）、潜力（qiánlì）、逮捕（dàibǔ）、教室（jiàoshì）[①]；“十大易写错的词”有：坐落（座落）、贸然（冒然）、松弛（松驰）、不省人事（不醒人事）、坐月子（做月子）、妥帖（妥贴）、挖墙脚（挖墙角）、歉收（欠收）、一副对联（一幅对联）、惹是生非（惹事生非）[②]。

2011年8月，原中央电视台总编室编印的内部手册《屏幕语言文字差错辨析》，是节目一线编播人员的“口袋书”。该手册根据中央电视台十一年来出现频率较高的屏幕语言文字差错，以《现代汉语词典》（第5版）为主要参考，分为两部分：“正音篇”共收录汉字208个，“正字篇”共收录难辨汉字180组。

上述这些研究和调查一方面说明语言生活包括广播电视语言实践中语言差错真实存在，另一方面也为本文的进一步调查提供了一定的参考。

鉴于此，本文在上述基础之上经过层层筛选，挑选出“候选字词表”，其中易读错候选字词292个、易写错候选词语246个（详见本文附录表10-11）。然后对“候选字词表”中的字词同时进行问卷调查和语料调查。

问卷调查分为两部分：一是发放调查问卷，调查对象主要是全国各地来北京参加进修的播音员主持人等，发出和收回问卷100份；二是在网络平台上进行调查，在一周时间内收回问卷2089份，两项共计2189份。根据问卷调查统计候选字词的出错率。

语料调查主要在中国传媒大学国家语言资源监测与研究有声媒体中心2006—2014年约9.8亿字次、17万余个文本的广播电视语料中进行[③]，调查候选字词尤其是其代表性词语的使用频次。

① 括号内为正确读音。
② 括号内为错误词形。
③ 最易写错词语的调查语料为2006—2014年广播电视语料中的电视语料，规模约为6.5亿字次。

二、调查结果分析与讨论

根据被调查字词的使用频次和出错率，我们最后挑选出100个最易读错的字、100个最易读错的词语和100组最易写错的词语（详见本文附录表12-14），依次分析其特点和规律。

挑选的主要原则有二：一是使用频次低的不选。候选字词表中，“摒挡（dàng）、骠（piào）勇、脖颈儿（gěngr）、曲槛（jiàn）回廊、力能扛（gāng）鼎”五个词语，经问卷调查得出其出错率分别是88.2%、79.8％、70.2%、68.5%和55.3%，但是它们在语料中的使用频次都是0。再比如“谯楼、屯垦、一觚浊酒、振聋发聩、廋辞”五个词语（错写形式依次是“樵楼、囤垦、一斛酌酒、震聋发聩、瘦辞”），其出错率分别是77.4%、62%、53.3%、46.3%和46.2%，但语料中的使用频次均为0。

二是出错率低的不选。候选字词表中，“教室（shì）、正（zhēng）月、发酵（jiào）、反省（xǐng）、赡（shàn）养”五个词语，它们在语料中的频次依次为10755、8030、5722、3408、3223，但是在问卷调查中，其出错率分别是1.1%、9.6%、2.1%、1.1%和3.2%。再比如，“岔路”一词，在语料中使用频次为1093，其错写形式为“叉路”，但在问卷调查中其出错率只有5.6%。

（一）最易读错的字

1. 最易读错的字数据分布

首先是出错率的分布。在挑选出的100个最易读错的字中，有单音字65个，多音字35个。易读错字词的出错率主要是根据问卷调查数据计算得来，公式1为计算出错率的公式。

$$出错率=\frac{错误读音选择（或标注错误读音）的人数}{参与调查的总人数}\times 100\% \quad （公式1）$$

出错率最高的前20个字的分布情况详见表1。

表1　最易读错的100个字出错率分布（前20个字）

字	代表性易错词语	主要错误读音	正确读音	错误率
铵	铵	ān	ǎn	96.8
哄	一哄而上	hōng	hòng	91.5
角	口角	jiǎo	jué	91.5
解	解甲归田	xiè	jiě	90.4
劲	劲旅	jìn	jìng	90.4
量	量身定做	liáng	liàng	90.4
毋	毋庸	wù	wú	90.4
模	模糊	mō · hu	mó · hu	88.3
琮	玉琮	zōng	cóng	86.5

续表

字	代表性易错词语	主要错误读音	正确读音	错误率
血	贫血	xiě	xuè	86.5
着	着落	zháo	zhuó	86.2
胺	胺	ān	àn	85.1
剔	挑剔	tì	tī	85.1
咎	咎由自取	jiū	jiù	80.9
菌	菌子	jǔn	jùn	80.9
佣	佣金	yōng	yòng	79.8
片	短片	piān	piàn	78.1
癸	癸	kuí	guǐ	77.8
坊	坊间	fǎng	fāng	77.7
顷	顷刻	qīng	qǐng	77.7

其次是使用频次的分布。使用频次指的是代表性易错词语在中国传媒大学国家语言资源监测与研究有声媒体中心2006—2014年979 655 367字次、175 501个文本的广播电视语料中出现的次数。使用频次最高的前20个字的分布情况详见表2。

表 2　最易读错的100个字使用频次分布（前20个字）

字	代表性易错词语	主要错误读音	正确读音	总频次
较	比较	jiǎo	jiào	414016
绩	成绩	jī	jì	69188
尽	尽快	jìn	jǐn	51308
绕	围绕	rǎo	rào	49917
氛	氛围	fèn	fēn	21333
潜	潜力	qiǎn	qián	15198
遏	遏制	é	è	14576
当	正当	dāng	dàng	14517
片	短片	piān	piàn	13964
与	与会	yǔ	yù	13674
召	号召	zhāo	zhào	12407
露	暴露	lòu	lù	11195
倾	倾向	qǐng	qīng	9586
侈	奢侈	chì	chǐ	9521
惩	惩罚	chěng	chéng	8340
模	模糊	mō · hu	mó · hu	7483
说	说服	shuì	shuō	7020
胺	胺	ān	àn	6944
赂	贿赂	luò	lù	6796
档	档次	dǎng	dàng	6729

2. 易读错字出错类型分析

出错类型主要包括以下7种：声母读错、韵母读错、声调读错、声韵母都读错、声母声调都读错、韵母声调都读错和声韵调全错。

在这7种出错类型中，声调读错的最多，有72个，声调出错率最高的前20个字的分布情况详见表3。

其次，韵母读错的有8个，即“稗、劲、露、蓦、捺、讷、锲、着”。

声母读错、声母声调都读错的均为7个，前者有“绊、匕、埠、炽、系、折、伫”，后者有“琮、癸、解、腈、殓、庖、嫔”。

韵母声调都读错的有4个，即“角、胖、说、血”。

声韵母都读错和声韵调全错的最少，各有1个，前者如“拈（niān）”，后者如“绌（chù）”。

据此看来，声调出错是主要问题，占72%。

表3　最易读错的100个字声调出错率分布（前20个字）

字	代表性易错词语	主要错误读音	正确读音	错误率
铵	铵	ān	ǎn	96.8
哄	一哄而上	hōng	hòng	91.5
量	量身定做	liáng	liàng	90.4
毋	毋庸	wù	wú	90.4
模	模糊	mō · hu	mó · hu	88.3
胺	胺	ān	àn	85.1
剔	挑剔	tì	tī	85.1
咎	咎由自取	jiū	jiù	80.9
菌	菌子	jǔn	jùn	80.9
佣	佣金	yōng	yòng	79.8
片	短片	piān	piàn	78.1
坊	坊间	fáng	fāng	77.7
顷	顷刻	qīng	qǐng	77.7
溘	溘然长逝	hé	kè	76.3
遂	毛遂自荐	suí	suì	76.1
侮	侮辱	wūrǔ	wǔrǔ	74.5
镂	镂空	lóu	lòu	73.4
创	重创	chuàng	chuāng	71.3
徇	徇私	xún	xùn	69.9
靡	风靡	mí	mǐ	69.1

（二）最易读错的词语

下面对100个最易读错的词语进行简要的统计和分析。

1. 最易读错的词数据分布

首先是出错率的分布。出错率主要是根据问卷调查数据并由公式1计算得来。出错率最高的前20个词语的分布情况见表4。

表4　最易读错的100个词出错率分布（前20个词语）

词目	主要错误读音	正确读音	总频次	错误率
玫瑰	méiguī	méi · gui	9131	97.9
拖累	lèi	lěi	3537	97.9
琢磨	zhuó	zuó	8008	96.8
道行	háng	héng	2507	95.7
瓦窑堡	bǎo	bǔ	131	95.7
舍利	shě	shè	1478	85.1
打扮	dǎbàn	dǎ · ban	4618	83.0
馄饨	dùn	tun	607	80.9
拾级而上	shí	shè	74	76.6
答应	dāyìng	dā · ying	13306	74.5
生肖	xiāo	xiào	2678	73.4
札记	zhā	zhá	77	73.4
着想	zháo	zhuó	3164	70.2
标识	zhì	shí	11909	69.1
开花结果	jié	jiē	787	68.1
咋舌	zhā	zé	476	66.0
硬骨头	gú	gǔ	695	64.9
颠簸	bō	bǒ	2156	61.7
里弄	nòng	lòng	645	61.7
三更	jīng	gēng	533	61.6

其次是使用频次的分布。使用频次指的是该易错词语在中国传媒大学国家语言资源监测与研究有声媒体中心2006—2014年979 655 367字次、175 501个文本的广播电视语料中出现的次数。使用频次最高的前20个词语的分布情况详见表5。

表5　最易读错的100个词使用频次分布（前20个词语）

词目	主要错误读音	正确读音	总频次	错误率
因为	yīnwéi	yīn · wèi	747731	34.3
处理	chù	chǔ	151379	52.1
几乎	jǐ	jī	73032	30.0
复杂	fǔ	fù	45737	36.9
似的	sì	shì	32066	30.2
假期	jiǎ	jià	27956	35.2
兴奋	xìng	xīng	20985	39.2

续表

词目	主要错误读音	正确读音	总频次	错误率
一会儿	yīhuǐr	yīhuìr	16176	40.0
答应	dāyìng	dā · ying	13306	74.5
逮捕	dǎi	dài	12205	46.7
标识	zhì	shí	11909	69.1
混合	hǔn	hùn	10523	34.3
玫瑰	méiguī	méi · gui	9131	97.9
琢磨（问题）	zhuó	zuó	8008	96.8
纤维	qiān	xiān	7055	29.6
负荷	hé	hè	6941	31.4
高涨	zhàng	zhǎng	6575	51.1
不禁	jìn	jīn	6452	33.1
作坊	zuó	zuō	6302	46.2
湖泊	bó	pō	6289	37.6

2. 易读错词出错类型分析

出错类型主要包括以下7种：声母读错、韵母读错、声调读错、声韵母都读错、声母声调都读错、韵母声调都错和声韵调全错。

在这7种出错类型中，声调读错的最多，有61个，声调出错率最高的前20个词语的分布情况详见表6。

其次，韵母读错的有10个，即“单薄、道行、埋怨、拓片、娴熟、殷红、咱俩、着想、瓦窑堡、呱呱坠地”。

声母读错、声韵母都读错、声母声调都读错和韵母声调都错的都是7个。其中，声母读错的有“果脯、里弄、刹那、似的、纤维、颤栗、琢磨（问题）”，声韵母都读错的有“关卡、曝晒、三更、巷道、不亦乐乎、否极泰来、莘莘学子”，声母声调都读错的有“标识、调换、湖泊、馄饨、提防、衣裳、大腹便便”，韵母声调都错的有“暖和、柏油、慰藉、堰塞湖、有机可乘、称心如意、拾级而上”。

声韵调全错的最少，只有1个，即“咋舌（zéshé）”。

据此看来，声调出错是主要问题，占61%。

表6　最易读错的100个词声调出错率分布（前20个词语）

词目	主要错误读音	正确读音	总频次	错误率
玫瑰	méiguī	méi · gui	9131	97.9
拖累	lèi	lěi	3537	97.9
舍利	shě	shè	1478	85.1
打扮	dǎbàn	dǎ · ban	4618	83.0
答应	dāyìng	dā · ying	13306	74.5

续表

词目	主要错误读音	正确读音	总频次	错误率
生肖	xiāo	xiào	2678	73.4
札记	zhā	zhá	77	73.4
开花结果	jié	jiē	787	68.1
硬骨头	gú	gǔ	695	64.9
颠簸	bō	bǒ	2156	61.7
酩酊大醉	dīng	dǐng	123	60.2
倔强	juè	jué	1121	56.4
硕果累累	lěilěi	léiléi	564	55.2
横祸	héng	hèng	780	54.3
打烊	yáng	yàng	418	54.0
曲线	qǔ	qū	2479	53.2
处理	chù	chǔ	151379	52.1
丧礼	sàng	sāng	116	52.1
高涨	zhàng	zhǎng	6575	51.1
冠心病	guàn	guān	1303	51.1

（三）最易写错的词语

电视字幕承担着传递节目信息、补充画面内容等重要职责，而电视媒体以其巨大的传播效力影响了广泛的受众，因此电视字幕的规范，对于规范语言生活、提高国民文化素质是十分重要的。下面对100组电视新闻字幕中最易写错的词语进行简要统计和分析。

1. 最易写错的词数据分布

首先是出错率的分布。出错率主要是根据问卷调查数据通过公式2计算得来。

$$\text{出错率}=\frac{\text{选择错写词形的人数}}{\text{参与调查的总人数}}\times 100\% \quad \text{（公式2）}$$

出错率最高的前20组词语的分布情况详见表7。

表7　最易写错的100个词出错率分布（前20组词语）

正确词形	错误词形	总频次	错误率
冲账	充账	6	91.7
认罪服法	认罪伏法	57	90.5
焐热	捂热	60	81.5
河汊	河岔	18	80.1
急流勇退	激流勇退	41	75.5
歉收	欠收	99	69.5

续表

正确词形	错误词形	总频次	错误率
寒暄	寒喧	89	69.1
美轮美奂	美仑美奂	132	68.5
硝铵	硝胺	63	66.3
撮一顿	搓一顿	22	62.5
新郎官	新郎倌	34	61.1
精疲力竭	筋疲力竭	22	60.5
指手画脚	指手划脚	127	59.7
消弭	消弥	37	58.3
寻人启事	寻人启示	251	57.9
坐落	座落	488	54.0
有错必纠	有错必究	15	52.4
仗义执言	仗义直言	7	52.3
融会贯通	融汇贯通	13	51.9
一炷香	一柱香	40	50.9

其次是使用频次分布。使用频次指的是该易写错词语在中国传媒大学国家语言资源监测与研究有声媒体中心2006—2014年654 992 728字次、123 594个文本的电视语料中出现的次数。使用频次最高的前20组词语分布情况详见表8。

表8　最易写错的100个词使用频次分布（前20组词语）

正确词形	错误词形	总频次	错误率
好像	好象	5814	30.2
签订	签定	2284	35.1
噩梦	恶梦	547	29.4
坐落	座落	488	54.0
陷阱	陷井	367	39.1
不能自已	不能自己	358	41.0
秸秆	秸杆	334	32.6
天然气	天燃气	275	39.9
烦躁	烦燥	260	37.9
萧条	箫条	257	34.3
狼藉	狼籍	255	42.1
寻人启事	寻人启示	251	57.9
松弛	松驰	236	36.2

续表

正确词形	错误词形	总频次	错误率
贸然	冒然	229	43.5
金刚	金钢	199	34.9
缘分	缘份	163	38.9
美轮美奂	美仑美奂	132	68.5
震撼	震憾	129	33.8
指手画脚	指手划脚	127	59.7
坐标	座标	117	29.4

2. 易写错词出错类型分析

在最易写错的100个词语中，主要的出错类型为偏旁写错，占60%。偏旁出错率最高的前10组词语的分布情况详见表9。

表9　最易写错的100个词偏旁出错率分布（前10组词语）

正确词形	错误词形	总频次	错误率
焐热	捂热	60	81.5
寒暄	寒喧	89	69.1
美轮美奂	美仑美奂	132	68.5
硝铵	硝胺	63	66.3
撮一顿	搓一顿	22	62.5
新郎官	新郎倌	34	61.1
消弭	消弥	37	58.3
坐落	座落	488	54.0
一炷香	一柱香	40	50.9
宣泄	渲泄	17	49.5

偏旁出错有三种情况：一是形旁出错，即将甲形旁错写成了乙形旁，有39个，如“焐热”“寒暄”错写成“捂热”“寒喧”；二是形旁出错，即有形旁却漏写了或没有形旁却多写了，有16个，如“美轮美奂”“新郎官”错写成了“美仑美奂”“新郎倌”；三是声旁出错，有5个，如“撮一顿”“消弭”错写成“搓一顿”“消弥”。

此外，在这100组易写错词语中，有8组不是严格意义的错写词形，而是异形词，根据《第一批异形词整理表》，我们把它当成正确词形但实则为推荐词形，它们是“跌宕起伏”与“跌荡起伏”、“狼藉”与“狼籍”、“铤而走险”与“挺而走险”、“毋庸置疑”与“勿庸置疑”、“义无反顾”与“义无返顾”、“直截了当”与“直接了当”、“指手画脚”与“指手划脚”、“装潢”与“装璜”，前者为推荐词形。

三、语言差错实例分析

我们最后挑选出100个最易读错的字、100个最易读错的词语和100组最易写错的词语，每个词目的选取都是参考出错率、使用频次这两组数据最终确定的。

首先，根据出错率来看，出错率最高的易读错字是“铵”，易读错词是“玫瑰”，易写错词是“冲账”。具体如下：

铵ǎn（√）

ān（×）àn（×）

出错率	96.8%
频次	641

释 从氨衍生所得的带正电荷的根，即铵离子，也叫铵根，英文为ammonium。

辨 由于受到声旁“安”的影响，读作阴平的概率较高，即常见错误读音为ān和àn。

例 ①公安部治安管理局副局长介绍说：“开展雷管编号管理的专项检查，农用硝酸铵（ǎn）改制处理的专项检查，爆炸物品储存使用的安全检查。”（2007年6月3日中央人民广播电台《新闻和报纸摘要》）

②PM2.5成分复杂，其中主要是硫酸盐、硝酸盐、铵（ǎn）盐、有机碳化合物等。因此，它也是达标难度最大的污染物。（2013年6月10日中央人民广播电台《新闻晚高峰》）

玫瑰méi·gui（√）

méiguī（×）méiguì（×）

出错率	97.9%
频次	9131

释 ①落叶灌木，茎干直立，刺很密，羽状复叶，小叶椭圆形，花多为紫红色，也有白色，有香气，果实扁圆形。供观赏，花瓣可用来窨茶、做香料、制蜜饯等。②这种植物的花。

辨 “玫瑰”一是受“瑰”字声调的影响，后一音节易错读为阴平；二是受阳平后面的轻声音节的调形（即短促的低降调）影响，后一音节易错读为去声。

例 ①三个发达经济体出现债务问题，美国和欧洲都给全球带来了大规模的动荡，只有日本是羞答答的玫瑰（méi·gui）静悄悄地开。（2011年8月26日中央人民广播电台《天下财经》）

②虽然大马士革玫瑰（méi·gui）有一定观赏价值，但它不属于观赏性花卉，所以也就不销往花卉市场了。（2013年9月2日中央电视台《每日农经》）

冲账（√）chōngzhàng

充账（×）

出错率	91.7%
频次	6

释 收支账目互相抵销，或两户应支付的款项互相抵销。

辨 “冲”表示互相抵销；“充”表示装满、塞足，如“充电、充耳不闻”等。

例[①] ① 从男子口中了解到，购买人多为报销充账的本地人，价格都是按照票面金额1%收取的。（2011年4月14日新疆电视台《新疆新闻联播》）

② 我们看到被起诉的这五名民进党的前政务官，被检方认为用不当的发票充账，来诈领特别费。（2008年7月19日中央电视台《海峡两岸》）

其次，根据使用频次来看，出错率最高的易读错字是“较”，易读错词是“因为”，易写错词是“好像”。具体如下：

较 jiào（√）

jiǎo（×）	出错率	30.8%
	频次	414016

释 ① 比较（高低大小等）。② 用于比较性状、程度。③ 表示具有一定程度。④ 计较。⑤ 明显。

辨 与“较”字声旁相似的字大部分读音为jiǎo，如佼、狡、饺、绞、铰、皎等，因此常见错误读音为jiǎo，典型易读错词语是“比较”。

例 ① 虽然外需比较（jiào）疲软，但是我们估计还不会发生像2008年那样自由落体式的下滑，美国经济还在缓慢复苏，新兴市场总体还比较健康。所以我想不必对经济前景过度悲观。（2011年12月2日中央人民广播电台《天下财经》）

② 印第安的文化深深扎根于南美，不管你是白种人，还是黄皮肤，这种文化都会感染你，这种文化的核心就是生命是一个过程，所以南美人也很少去计较（jiào）细节，也不会上纲上线，只是把这一切都作为生命的细节来看待。（2014年5月4日中央人民广播电台《全球华语广播网》）

因为 yīn·wèi（√）

yīnwéi（×）	出错率	34.3%
	频次	747731

释 ① 表示接在后面的部分是原因。② 常跟“所以”搭配使用，表示因果关系。

辨 “为”有wéi和wèi两个读音。

读wéi时，主要义项有：① 做，如“有为”。② 充当，当，如“四海为家”。③ 变成，成，如“一分为二”。④ 是，如“言为心声”。

读wèi时，主要义项有：① 帮助，卫护。② 表示行为的对象，替，如“为你庆幸”。③ 表示原因、目的，如“大家都为这件事高兴”。④ 介词，对，向，如“不足为外人道”。

例 ① 谁都不会输，因为（yīn·wèi）他们打这个诉讼官司，已经通过媒体提高了知名度。（2012年8月21日中央人民广播电台《新闻晚高峰》）

---

① 此两个例句为电视字幕写错词形，在此列出供读者辨别。

② 眼前的摄影展所蕴含的信息显然不同于一般旅游者的所见所闻，因为（yīn·wèi）这些照片更好地反映中国这个国家、人民、文化和时代的变迁。（2010年4月3日中央电视台《中国新闻》）

好像（√）hǎoxiàng

好象（×） 出错率 30.2% 频次 5778

相关词条：图象（×）—图像（√）

释 ① 动词，有些像，像。② 副词，似乎，仿佛。

辨 “像”表示在形象上相同或有某些共同点，人物形象的摹写或雕塑，如“相像、肖像、音像”等，还可表推测或譬喻；“象”表示形状、样子，又作仿效、模拟，如“景象、象形”等。

例[①] ① 梦想馆内没有一朵真花，但一直都是参观人数最多的一个馆，进入这里就好象来到童话世界。（2010年11月15日中央电视台《中国新闻》）

② 音乐创作者珍视自己的作品就好象对待自己的孩子一样，而在某种程度上，音著协的作用和功能就是帮助音乐创作者去保护他们的这个作品。（2012年4月15日中央电视台《面对面》）

四、总结与思考

综上我们发现，这些差错都有一定的规律可循，看似数量偏多但差错类型有限，有些差错甚至会反复出现。比如，在易读错的100个字中，声调出错是主要问题，在易读错的100个词中，也是声调出错的最多；在最易写错的100个词语中，主要的出错类型为偏旁写错。所以，掌握了这些规律、了解了这些最容易出错的词语，在避免差错方面可以起到事半功倍的效果。

那么，广播电视语言中的差错为什么会出现呢？

首先，在读音差错方面，主要是由异读词引起的，所以异读词的审音工作尤为重要。

1955年10月在北京召开的“现代汉语规范问题学术会议”提出了普通话的审音问题，现代汉语异读词的审音工作自此开启。1956年1月，中国科学院语言研究所组建了以罗常培为召集人的“普通话审音委员会”，成员还包括周祖谟、高名凯、陆宗达等语言文字学家，专门对普通话的异读词进行审订。同年4月，审音委员会确定了审音的原则和工作步骤：即以北京话为标准，以词为审音的对象。工作方式为分批审查、分期发表。

1957年、1959年、1962年分别公布了《普通话异读词审音表初稿》《普通话异读词审音表初稿·续编》和《普通话异读词审音表初稿·三编》，1963年这三个表被汇总

① 此两个例句为电视字幕写错词形，在此列出供读者辨别。

成为《普通话异读词三次审音总表初稿》。1982年国家对异读词进行第二次审音，1985年完成了修订任务，发布了《普通话异读词审音总表》。

2016年6月25日，由语言学、教育学、普通话研究以及播音主持、科技名词、地名、民族语言等领域专家组成的普通话审音委员会经过3年多的努力，完成《普通话异读词审音表》修订初稿研制，并采取多种形式征求意见：向国家语委成员单位和各地语委发函征求意见；在北京、上海、广州分别召开座谈会听取部分省市代表意见；通过新媒体渠道收集网民意见，共有5万多人参与了网上读音调查。在广泛听取各界意见的基础上，形成《普通话异读词审音表（修订稿）》，同时面向社会公开征求意见。

专家学者对于异读词的研究和探讨主要集中在几个方面：一是对《普通话异读词审音表》的研究，讨论审音原则、审音表的权威性及存在的不足，为《普通话异读词审音表》的修订提出意见和建议；二是与异读词相关的理论研究，比如异读词产生的原因及对某一具体原因的详细分析；三是集中调查分析异读词在语言的不同应用领域的情况，如语言教学中异读词的问题及处理，语言传播尤其是播音员主持人的读音差错问题，以及辞书在编纂中不依据《普通话异读词审音表》，造成使用辞书标音和《普通话异读词审音表》规定读音之间的混乱，等等。

其次，在书写差错方面，主要是指电视包括影视剧字幕上的差错。姚喜双等指出，“电视字幕是按照一定规律和相关规范，通过相应技术制作，用于对电视画面进行补充和强调，并在电视屏幕上呈现的一种文字传播符号”。国家新闻出版广电总局在2012年发布的《关于进一步加强电视剧文字质量管理的通知》中指出，“电视剧制作机构应对所制作的电视剧进行文字质量检查，确保电视剧用字用词正确、规范，避免出现字幕错别字。中央电视台和省级电视台卫视频道应当在电视剧文字质量方面发挥表率作用，如发现黄金时段拟播电视剧单集字幕错别字达两处，应退回制作机构进行修改，并可根据合同条款要求制作机构承担相关责任，文字质量不达标不得播出；已经播出的电视剧，如被发现存在较多的文字错误，广电总局将依法对有关制作机构、播出机构给予相应处理、处罚”。

参考文献

1. 曹先擢：《普通话异读词审音》，《中国语文》2002年第1期。

2. 晁继周：《〈现代汉语词典〉修订中的语音规范》，《语文建设》1995年第9期。

3. 高洪年：《从〈审音表〉看普通话语音变化的几种情况及语音教学等相关问题》，《萍乡高等专科学校学报》1997年第2期。

4. 康健：《现代汉语异读词及其教学》，《语言与翻译》2002年第2期。

5. 李丽：《现代汉语普通话读音有分歧的词语语音调查》，中国传媒大学硕士论文，

2009年。

6. 刘慧英:《播音员主持人语音失误刍议》,《当代传播》2007年第5期。

7. 彭红:《辞书标音规范与〈普通话异读词审音表〉》,《语言文字应用》1999年第2期。

8. 王彬、王依然:《有声媒体语言中读音有分歧的词语语音调查》,中国传媒大学国家语言资源监测与研究有声媒体中心,2008年。

9. 王晖:《文白异读与语音规范》,《语言文字应用》2012年第2期。

10. 王敏:《从“堰塞湖”谈文白异读词的读音确认》,《语文建设》2009年第5期。

11. 徐起:《从播音工作看精简异读问题》,《文字改革》1965年第12期。

12. 许建中:《改读音不如换词形——兼谈两部权威字词典对异读词的处理》,《语文建设》2000年第9期。

13. 姚喜双、许璐:《谈电视字幕规范问题》,《语言文字应用》2012年第1期。

14. 张金玲:《普通话异读词有声媒体读音调查》,中国传媒大学硕士论文,2013年。

15. 张军、赵艳:《试论广播电视对受众普通话读音的引导——兼谈播音员、主持人的规范读音》,《语文建设》1998年第8期。

16. 赵贤德:《略论〈普通话异读词审音表〉之文白异读》,《三峡大学学报》(人文社会科学版)2005年第2期。

17. 郑宜沐:《从容易记、从俗、方便群众的原则出发》,《文字改革》1966年第2期。

附录

表10—11分别是最易读错字词候选调查词表和最易写错字词候选调查词表,表12—14分别是最易读错的100个字、最易读错的100个词语和最易写错的100个词语使用状况表(均按使用频次降序排列)。

表10　最易读错字词候选调查词表

咎由自取	潜力	矫正	处理
颈椎	血脉	档次	粗糙
排忧解难	昭示	运转	济州岛
面目可憎	召集	佣金	生肖
承载	模样	打烊	似的
提防	标识	良莠不齐	稗
饮马	挑剔	气氛	溘(然长逝)

续表

果脯	徇私	禅让	铵
一哄而上	字帖	牌坊	窈窕
教诲	匕首	脖颈儿	大腹便便
热情高涨	蓦然回首	着想	杀手锏
考量	风尘仆仆	宁死不屈	华山
呼号	骠勇	参与	着陆
暴露	单薄	沉甸甸	绯闻
打扮	泊	毋庸	舍利
不亦乐乎	称心如意	因为	当作
影片	游说	戛纳	负荷
力能扛鼎	曲线	转向	哄抢
载体	调换	钻探	侮辱
渲染	否极泰来	吐血	环绕
翘首	湖泊	咋舌	暖和
奇数	主角	闷热	穴位
着实	越俎代庖	量身定做	稔熟
载人	强迫	倔强	玫瑰
剽窃	不禁	尽管	偏差
癸	干劲十足	冠心病	供认
压轴	里弄	癖好	稽首
勒令	奢侈	丢三落四	风靡
屏息凝气	颤栗	贿赂	折叠
晃眼	坎坷	人才济济	咱俩
装殓	前仆后继	丧礼	伫立
笨拙	成绩	光晕	应届
柏油	埋怨	尽力	出殡
馄饨	解甲归田	朝闻天下	相形见绌
记载	衣裳	正当	掠夺
缝隙	拂晓	转圈	一撮头发

续表

吐痰	木讷	通缉	莅临
心宽体胖	奔逃	曲槛回廊	硬骨头
夹带	夸父追日	登载	嫔妃
压根儿	尽量	奔小康	苔藓
惩罚	倾向	瓦窑堡	反省
间隙	蜇（了一下）	呕心沥血	按捺不住
蒙骗	一会儿	娴熟	以讹传讹
道行	酩酊大醉	着落	扑朔迷离
高涨	奢靡	遏制	关卡
炽热	尽快	针灸	镂空
啼哭	拈花惹草	氛围	恬不知耻
戛然而止	逮捕	胳肢窝	贫血
强劲	与会	脊梁	庇护
兴奋	适当	拖累	摒挡
悄然	作坊	教室	腈纶
空地	颠簸	强人所难	外埠
几乎	巷道	下载	莘莘学子
毛遂自荐	菌子	有机可乘	折本
扶掖	泥泞	玉琮	堰塞湖
负隅顽抗	号召	供给	比较
札记	角斗士	混合	国子监
假期	挫折	胺	骨髓
答应	举例	坊间	可汗
围绕	半身不遂	开花结果	逾期
炮制	应用	妄自菲薄	赡养
创伤	祈福	拓片	拾级而上
劲旅	刹那	拉纤	说服
落色	重创	勉强	晶莹剔透
夹层	顷刻	纤维	正月

续表

横祸	真菌	解铃还须系铃人	丝绢
模具	欢呼雀跃	锲而不舍	曝晒
宝藏	口角	披靡	硕果累累
掖被子	解元	发酵	呱呱坠地
模糊	当地	复杂	琢磨问题
佣人	泄露	间断	三更
校对	绊	眩晕	慰藉
短片	勾当	殷红	汗流浃背

表 11　最易写错字词候选调查词表

正确词形	错误词形	正确词形	错误词形
有错必纠	有错必究	妨碍	防碍
戊戌变法	戍戌变法	猜谜	猜迷
一炷香	一柱香	疟疾	虐疾
叱咤风云	叱诧风云	滑头	猾头
不假思索	不加思索	寥若晨星	廖若晨星
辍学	惙学	炙手可热	炽手可热
赔礼道歉	陪礼道歉	气概	气慨
寻人启事	寻人启示	愣头愣脑	楞头楞脑
歉收	欠收	鸿雁	鸿燕
梗塞	埂塞	宣泄	渲泄
严峻	严竣	辩护	辨护
学海无涯	学海无崖	骨骼	骨胳
沾亲带故	拈亲带故	轨迹	轨际
烧炭	烧碳	生死抉择	生死诀择
搓牌	撮牌	坐镇	坐阵
谈笑风生	谈笑风声	瞭望	嘹望
侯爵	候爵	嵩山	蒿山
风靡一时	风糜一时	言传身教	严传身教
氯化钠	氯化纳	杀戮	杀戳

续表

正确词形	错误词形	正确词形	错误词形
教诲	教悔	骚扰	搔扰
消弭	消弥	一副对联	一幅对联
立竿见影	立杆见影	义无反顾	义无返顾
急流勇退	激流勇退	流光溢彩	流光异彩
诀窍	决窍	慰藉	慰籍
铤而走险	挺而走险	扎刺	扎剌
萧条	箫条	祈年殿	祁年殿
不无裨益	不无稗益	陷阱	陷井
恪尽职守	克尽职守	宫廷	宫庭
蹚过河	淌过河	贻笑大方	怡笑大方
凑合	凑和	希冀	希翼
牌坊	牌舫	碘酒	腆酒
通讯	通迅	秸秆	秸杆
好像	好象	慵懒	庸懒
膨胀	彭胀	鬼鬼祟祟	鬼鬼崇崇
岔路	叉路	崇山峻岭	祟山峻岭
博弈	博奕	纨绔	纨裤
点缀	点辍	噩梦	恶梦
源远流长	渊远流长	殡仪馆	傧仪馆
一筹莫展	一酬莫展	河汊	河岔
协助	胁助	长相	长像
一刹那	一霎那	招之即来	召之即来
啜泣	惙泣	分歧	分岐
兹事体大	滋事体大	蛰伏	蜇伏
既往不咎	既往不究	熟视无睹	熟视无赌
认罪服法	认罪伏法	诧异	咤异
不省人事	不醒人事	水蒸气	水蒸汽
委曲求全	委屈求全	呐喊	讷喊

续表

正确词形	错误词形	正确词形	错误词形
不能自已	不能自己	一棵树	一颗树
按部就班	按步就班	笑得灿烂	笑的灿烂
孕育	蕴育	抠字眼	扣字眼
笑眯眯	笑咪咪	臊气	骚气
寓教于乐	喻教于乐	杂志版面	杂志板面
瓦刺	瓦剌	金刚	金钢
揩油	楷油	浑身	混身
贫瘠	贫脊	震耳欲聋	振耳欲聋
签订	签定	碳铵	碳氨
愤慨	愤概	能屈能伸	能曲能伸
社稷	社谡	莽莽群山	茫茫群山
竣工	峻工	濒临	频临
融会贯通	融汇贯通	商埠	商阜
截至今日	截止今日	举例	举列
惊愕	惊谔	黄浦江	黄埔江
锲而不舍	契而不舍	嬉笑	嘻笑
明矾	明凡	妥帖	妥贴
糅合	揉合	仗义执言	仗义直言
坐落	座落	北风萧萧	北风啸啸
掺和	掺合	蜂拥而至	蜂涌而至
铐上	拷上	绊手绊脚	拌手拌脚
嘹亮	瞭亮	篡夺	纂夺
硝铵	硝胺	悄悄地哭	悄悄的哭
经典	精典	拈花惹草	沾花惹草
挥洒不去	挥撒不去	制定法律	制订法律
痊愈	全愈	天然气	天燃气
咄咄逼人	拙拙逼人	翻了一番	翻了一翻
恬不知耻	舔不知耻	芍药	勺药

续表

正确词形	错误词形	正确词形	错误词形
操作	操做	撮一顿	搓一顿
脍炙人口	脍灸人口	图像	图象
鸦雀无声	鸦鹊无声	冲账	充账
一幅画	一副画	遗憾	遗撼
画舫	画坊	貌合神离	貌和神离
一觚浊酒	一斛酌酒	遭殃	遭秧
恻隐	侧隐	振聋发聩	震聋发聩
对簿公堂	对薄公堂	金缕玉衣	金镂玉衣
屯垦	囤垦	火炬	火矩
霎时	刹时	跌宕起伏	跌荡起伏
松弛	松驰	肌肉萎缩	肌肉痿缩
庾辞	瘦辞	相形见绌	相形见拙
引申	引伸	尊敬	遵敬
亲昵	亲伲	诏书	昭书
譬如	辟如	黄粱美梦	黄梁美梦
新郎官	新郎倌	草菅人命	草管人命
孤僻	孤辟	香消玉殒	香消玉陨
风姿绰约	风姿婥约	包扎	包札
竞赛	竟赛	谯楼	樵楼
态度收敛	态度收殓	打坐	打座
缘分	缘份	应酬	应筹
和衣而卧	合衣而卧	装潢	装璜
同仇敌忾	同仇敌慨	袒露	坦露
官邸	官坻	涅槃	涅磐
多多包涵	多多包含	震撼	震憾
菏泽	荷择	坐标	座标
磕头	溘头	巨擘	巨擎
卑躬屈膝	卑躬曲膝	迫不及待	迫不急待

续表

正确词形	错误词形	正确词形	错误词形
贸然	冒然	粗犷	粗旷
烦躁	烦燥	拾掇	拾缀
惹是生非	惹事生非	精疲力竭	筋疲力竭
脉搏	脉膊	荟萃	汇萃
老奸巨猾	老奸巨滑	累垮了	累跨了
照相馆	照像馆	怄气	呕气
坐月子	做月子	年份	年分
轻蔑	轻篾	名副其实	名符其实
景阳冈	景阳岗	天涯	天崖
浮躁	浮噪	炫耀	眩耀
辨别	辩别	焐热	捂热
毋庸置疑	勿庸置疑	雾气沼沼	雾气昭昭
候选	侯选	美轮美奂	美仑美奂
直截了当	直接了当	所作所为	所做所为
赌博	赌搏	追根溯源	追根朔源
反映意见	反应意见	狼藉	狼籍
指手画脚	指手划脚	寒暄	寒喧
巨浪滔天	巨浪淘天	怦然心动	砰然心动
湮没才华	淹没才华	挖墙脚	挖墙角
罄竹难书	磬竹难书		

表 12　最易读错的100个字使用状况表

字	代表性词语	主要错误读音	正确读音	错误率	频次
较	比较	jiǎo	jiào	30.8	414016
绩	成绩	jī	jì	40.0	69188
尽	尽快	jìn	jǐn	63.7	51308
绕	围绕	rǎo	rào	30.8	49917
氛	氛围	fèn	fēn	44.7	21333
潜	潜力	qiǎn	qián	41.4	15198

续表

字	代表性词语	主要错误读音	正确读音	错误率	频次
遏	遏制	é	è	37.7	14576
当	正当	dāng	dàng	66.0	14517
片	短片	piān	piàn	78.1	13964
与	与会	yǔ	yù	61.7	13674
召	号召	zhāo	zhào	52.1	12407
露	暴露	lòu	lù	39.9	11195
倾	倾向	qǐng	qīng	39.8	9586
侈	奢侈	chì	chǐ	41.1	9521
惩	惩罚	chěng	chéng	41.3	8340
模	模糊	mō · hu	mó · hu	88.3	7483
说	说服	shuì	shuō	75.5	7020
胺	胺	ān	àn	85.1	6944
赂	贿赂	luò	lù	30.0	6796
档	档次	dǎng	dàng	34.7	6729
应	应届	yìng	yīng	53.2	6724
载	下载	zǎi	zài	64.3	6669
间	间断	jiān	jiàn	56.4	6080
髓	骨髓	gǔsuí	suǐ	64.9	4751
创	重创	chuàng	chuāng	71.3	4161
祈	祈福	qǐ	qí	34.8	3538
挫	挫折	cuō	cuò	61.9	3345
隙	缝隙	xī	xì	34.9	3088
侮	侮辱	wūrǔ	wǔrǔ	74.5	2887
绊	绊	pàn	bàn	30.0	2821
逾	逾期	yù	yú	30.1	2732
供	供认	gōng	gòng	43.0	2609
着	着落	zháo	zhuó	86.2	2457
灸	针灸	jiū	jiǔ	62.8	2338

续表

字	代表性词语	主要错误读音	正确读音	错误率	频次
渲	渲染	xuān	xuàn	37.7	2305
颈	颈椎	jìng	jǐng	34.0	2293
佣	佣金	yōng	yòng	79.8	2153
蜇	蜇了一下	zhé	zhē	33.7	2092
靡	风靡	mí	mǐ	69.1	2085
血	贫血	xiě	xuè	86.5	2035
庇	庇护	pì	bì	46.0	1824
绯	绯闻	fěi	fēi	60.2	1720
角	口角	jiǎo	jué	91.5	1646
穴	穴位	xuè	xué	43.8	1600
泞	泥泞	níng	nìng	30.2	1495
剔	挑剔	tì	tī	85.1	1490
毋	毋庸	wù	wú	90.4	1302
掠	掠夺	lüě	lüè	47.8	1222
匕	匕首	bì	bǐ	55.3	1118
脊	脊梁	jí	jǐ	37.2	1000
劲	劲旅	jìn	jìng	90.4	953
坊	坊间	fǎng	fāng	77.7	871
莠	良莠不齐	yòu	yǒu	30.0	860
量	量身定做	liáng	liàng	90.4	804
埠	外埠	fù	bù	39.9	778
顷	顷刻	qīng	qǐng	77.7	732
昭	昭示	zhào	zhāo	30.4	696
捺	按捺不住	nài	nà	58.5	690
徇	徇私	xún	xùn	69.9	665
剽	剽窃	piáo	piāo	44.7	656
夹	夹层	jiá	jiā	66.0	655
镂	镂空	lóu	lòu	73.4	650

续表

字	代表性词语	主要错误读音	正确读音	错误率	频次
铵	铵	ān	ǎn	96.8	641
锲	锲而不舍	qì	qiè	57.8	634
转	转圈	zhuǎn	zhuàn	32.0	596
浃	汗流浃背	jiá	jiā	49.9	466
伫	伫立	chù	zhù	30.0	464
拙	笨拙	zhuó	zhuō	61.9	391
仆	风尘仆仆	pǔ	pú	53.0	384
哄	一哄而上	hōng	hòng	91.5	363
炽	炽热	zhì	chì	47.8	361
诲	教诲	huǐ	huì	42.7	349
殡	出殡	bīn	bìn	38.3	305
系	解铃还须系铃人	jì	xì	48.9	290
呕	呕心沥血	ōu	ǒu	41.5	277
蓦	蓦然回首	mù	mò	44.7	215
隅	负隅顽抗	yǔ	yú	47.8	199
讷	木讷	nà	nè	33.8	188
窈	窈窕	yáo	yǎo	52.2	178
嫔	嫔妃	bīn	pín	39.5	170
遂	毛遂自荐	suí	suì	76.1	166
奔	奔逃	bèn	bēn	49.5	153
癸	癸	kuí	guǐ	77.8	144
咎	咎由自取	jiū	jiù	80.9	140
癖	癖好	pì	pǐ	69.1	136
庖	越俎代庖	bāo	páo	30.0	120
强	强人所难	qiáng	qiǎng	59.6	97
绌	相形见绌	zhuó	chù	35.5	85
菌	菌子	jǔn	jùn	80.9	79
折	折本	zhé	shé	34.0	73

续表

字	代表性词语	主要错误读音	正确读音	错误率	频次
琮	玉琮	zōng	cóng	86.5	68
腈	腈纶	qíng	jīng	61.7	58
溘	溘然长逝	hé	kè	76.3	55
稗	稗	bì	bài	65.3	46
恬	恬不知耻	tiǎn	tián	50.0	36
拈	拈花惹草	zhān	niān	37.7	36
解	解甲归田	xiè	jiě	90.4	32
胖	心宽体胖	pàng	pán	51.1	27
憎	面目可憎	zèng	zēng	62.8	24
殓	装殓	liǎn	liàn	64.9	19

表 13　最易读错的100个词语的使用状况表

词语	主要错误读音	正确读音	错误率	频次
因为	yīnwéi	yīn · wèi	34.3	747731
处理	chù	chǔ	52.1	151379
几乎	jǐ	jī	30.0	73032
复杂	fǔ	fù	36.9	45737
似的	sì	shì	30.2	32066
假期	jiǎ	jià	35.2	27956
兴奋	xìng	xīng	39.2	20985
一会儿	yīhuǐr	yīhuìr	40.0	16176
答应	dāyìng	dā · ying	74.5	13306
逮捕	dǎi	dài	46.7	12205
标识	zhì	shí	69.1	11909
混合	hǔn	hùn	34.3	10523
玫瑰	méiguī	méi · gui	97.9	9131
琢磨（问题）	zhuó	zuó	96.8	8008
纤维	qiān	xiān	29.6	7055
负荷	hé	hè	31.4	6941

续表

词语	主要错误读音	正确读音	错误率	频次
高涨	zhàng	zhǎng	51.1	6575
不禁	jìn	jīn	33.1	6452
作坊	zuó	zuō	46.2	6302
湖泊	bó	pō	37.6	6289
空地	kōng	kòng	30.4	5123
暖和	nuǎnhé	nuǎn·huo	31.9	5116
悄然	qiāo	qiǎo	39.4	5108
打扮	dǎbàn	dǎ·ban	83.0	4618
堰塞湖	sāi	sè	41.7	4500
通缉	jí	jī	44.7	3920
拖累	lèi	lěi	97.9	3537
着想	zháo	zhuó	70.2	3164
闷热	mèn	mēn	38.4	2726
巷道	xiàng	hàng	52.5	2706
生肖	xiāo	xiào	73.4	2678
道行	háng	héng	95.7	2507
曲线	qǔ	qū	53.2	2479
坎坷	kē	kě	42.0	2363
矫正	jiáo	jiǎo	30.0	2336
颠簸	bō	bǒ	61.7	2156
咱俩	liǎng	liǎ	30.7	2091
埋怨	mái	mán	37.2	1937
刹那	shà	chà	44.7	1931
不亦乐乎	yuè	lè	41.3	1814
排忧解难	nán	nàn	49.4	1758
娴熟	shóu	shú	29.5	1652
舍利	shě	shè	85.1	1478
冠心病	guàn	guān	51.1	1303

续表

词语	主要错误读音	正确读音	错误率	频次
杀手锏	jiàn	jiǎn	38.0	1251
压轴	zhóu	zhòu	43.6	1200
关卡	kǎ	qiǎ	34.3	1180
调换	tiáo	diào	39.4	1166
勒令	lē	lè	36.2	1126
倔强	juè	jué	56.4	1121
衣裳	cháng	shang	44.7	1119
钻探	zuàn	zuān	33.6	1105
吐痰	tù	tǔ	35.4	1090
单薄	báo	bó	50.0	1064
柏油	bó	bǎi	37.4	1056
炮制	pào	páo	32.5	927
翘首	qiào	qiáo	37.2	878
慰藉	jí	jiè	48.9	873
开花结果	jié	jiē	68.1	787
横祸	héng	hèng	54.3	780
硬骨头	gú	gǔ	64.9	695
勾当	gōu	gòu	43.6	664
里弄	nòng	lòng	61.7	645
馄饨	dùn	tun	80.9	607
眩晕	xuán	xuàn	31.6	596
硕果累累	lěilěi	léiléi	55.2	564
提防	tí	dī	29.7	563
国子监	jiān	jiàn	43.1	555
三更	jīng	gēng	61.6	533
蒙骗	méng	mēng	41.5	493
咋舌	zhā	zé	66.0	476
压根儿	yā	yà	29.3	465

续表

词语	主要错误读音	正确读音	错误率	频次
打烊	yáng	yàng	54.0	418
莘莘学子	xīn	shēn	37.8	409
有机可乘	chèn	chéng	56.4	358
称心如意	chēng	chèn	48.9	290
呼号	hào	háo	41.5	274
人才济济	jì	jǐ	30.9	243
以讹传讹	è	é	38.1	204
饮马	yǐn	yìn	39.4	202
果脯	pǔ	fǔ	46.4	200
呱呱坠地	guā	gū	46.3	191
殷红	yīn	yān	56.4	190
拓片	tuò	tà	43.2	185
字帖	tiě	tiè	41.3	168
曝晒	bào	pù	44.7	166
瓦窑堡	bǎo	bǔ	95.7	131
苔藓	tāi	tái	35.7	128
晃眼	huàng	huǎng	41.4	125
酩酊大醉	dīng	dǐng	60.2	123
丧礼	sàng	sāng	52.1	116
宁死不屈	níng	nìng	29.7	88
拉纤	qiān	qiàn	50.5	84
光晕	yūn	yùn	35.7	83
大腹便便	biàn	pián	30.2	83
妄自菲薄	fēi	fěi	45.5	82
札记	zhā	zhá	73.4	77
拾级而上	shí	shè	76.6	74
否极泰来	fǒu	pǐ	30.0	72
颤栗	chàn	zhàn	30.9	64

表 14　最易写错的100个词语的使用状况表

正确词形	错写词形	出错率	错写词形出现频次
好像	好象	30.2	5814
签订	签定	35.1	2284
噩梦	恶梦	29.4	547
坐落	座落	54.0	488
陷阱	陷井	39.1	367
不能自已	不能自己	41.0	358
秸秆	秸杆	32.6	334
天然气	天燃气	39.9	275
烦躁	烦燥	37.9	260
萧条	箫条	34.3	257
狼藉	狼籍	42.1	255
寻人启事	寻人启示	57.9	251
松弛	松驰	36.2	236
贸然	冒然	43.5	229
金刚	金钢	34.9	199
缘分	缘份	38.9	163
美轮美奂	美仑美奂	68.5	132
震撼	震憾	33.8	129
指手画脚	指手划脚	59.7	127
坐标	座标	29.4	117
义无反顾	义无返顾	46.4	109
一刹那	一霎那	33.3	108
涅槃	涅磐	30.0	106
慵懒	庸懒	35.7	105
坐镇	坐阵	47.4	103
歉收	欠收	69.5	99
毋庸置疑	勿庸置疑	29.5	97
寒暄	寒喧	69.1	89

续表

正确词形	错写词形	出错率	错写词形出现频次
装潢	装璜	44.9	87
一副对联	一幅对联	40.3	81
直截了当	直接了当	36.5	73
坐月子	做月子	29.9	69
对簿公堂	对薄公堂	31.4	68
笑眯眯	笑咪咪	32.2	66
铤而走险	挺而走险	43.4	65
立竿见影	立杆见影	29.4	65
硝铵	硝胺	66.3	63
水蒸气	水蒸汽	46.3	63
焐热	捂热	81.5	60
所作所为	所做所为	31.2	59
认罪服法	认罪伏法	90.5	57
痊愈	全愈	29.8	56
惹是生非	惹事生非	39.4	49
妨碍	防碍	30.0	47
嬉笑	嘻笑	31.9	46
不假思索	不加思索	29.5	46
不省人事	不醒人事	29.6	43
挖墙脚	挖墙角	43.5	42
急流勇退	激流勇退	75.5	41
一炷香	一柱香	50.9	40
老奸巨猾	老奸巨滑	30.6	40
孕育	蕴育	39.9	39
糅合	揉合	39.4	39
流光溢彩	流光异彩	30.2	38
按部就班	按步就班	29.6	38
消弭	消弥	58.3	37

续表

正确词形	错写词形	出错率	错写词形出现频次
新郎官	新郎倌	61.1	34
引申	引伸	30.8	33
叱咤风云	叱诧风云	34.8	30
恻隐	侧隐	30.6	28
恪尽职守	克尽职守	29.3	28
气概	气慨	49.1	27
蛰伏	蜇伏	49.2	26
宫廷	宫庭	44.2	23
撮一顿	搓一顿	62.5	22
精疲力竭	筋疲力竭	60.5	22
铐上	拷上	39.7	22
凑合	凑和	42.2	21
辨别	辩别	38.6	21
妥帖	妥贴	49.2	20
拈花惹草	沾花惹草	36.8	20
粗犷	粗旷	35.1	20
源远流长	渊远流长	41.6	19
河汉	河岔	80.1	18
宣泄	渲泄	49.5	17
霎时	刹时	46.6	17
怦然心动	砰然心动	32.5	16
跌宕起伏	跌荡起伏	29.7	16
有错必纠	有错必究	52.4	15
谈笑风生	谈笑风声	44.7	15
照相馆	照像馆	29.6	15
严峻	严竣	34.3	14
融会贯通	融汇贯通	51.9	13
委曲求全	委屈求全	48.5	13

续表

正确词形	错写词形	出错率	错写词形出现频次
相形见绌	相形见拙	41.2	11
香消玉殒	香消玉陨	31.4	11
诀窍	决窍	32.3	10
截至今日	截止今日	47.0	9
遭殃	遭秧	29.7	9
荟萃	汇萃	31.2	8
怄气	呕气	29.9	8
仗义执言	仗义直言	52.3	7
冲账	充账	91.7	6
巨擘	巨擎	47.7	5
雾气沼沼	雾气昭昭	42.9	5
蜂拥而至	蜂涌而至	36.6	5
黄粱美梦	黄梁美梦	45.3	4
炙手可热	炽手可热	37.5	4
莽莽群山	茫茫群山	34.4	4
惊愕	惊谔	30.4	4

改革开放40年广播电视普通话与汉语方言播音用语研究

教育部语言文字应用研究所　刘子琦
中国社会科学院研究生院语言文字应用系　胡瑞琪

摘　要：本文通过对改革开放40年广播电视使用普通话播音用语和汉语方言播音用语的研究，从语言规划研究的视角提出正确处理普通话播音与汉语方言播音之间关系的建议。正确处理普通话播音用语和汉语方言播音用语使用之间的关系，既能够体现我国广播电台、电视台贯彻执行《中华人民共和国国家通用语言文字法》的情况，也能够呈现我国语言资源使用与保护的情况。

关键词：改革开放40年；广播电视；普通话；汉语方言；播音用语

改革开放40年来，我国广播电视事业随着国家经济建设的发展、科学技术水平的提高和人民精神文化生活需求的增长，进入了大发展时期。在这40年里，广播电台、电视台开办不同播音用语的节目，向观众听众宣传中国声音，展现中国社会各领域发展的面貌。普通话和汉语方言作为我国广播电视使用的两种播音用语和其他播音用语（少数民族播音用语、外国语种播音用语）一起为广播电视更好地扩大宣传影响发挥了重要作用。普通话是汉民族的共同语,也是我国的国家通用语言，是我国广播电视节目的基本播音用语。广播电视规范使用普通话既展示了我国国民普通话的使用程度，也为传播规范的普通话起到了示范作用。普通话是在北方方言的基础上形成的，和汉语方言不是相互对立的关系。普通话的推广，并不以汉语方言的消亡作为前提。我国是一个人口大国，汉语方言比较复杂，国内一些山区的居民仍不能使用普通话进行交流，也有相当一部分海外华人华侨只懂汉语方言，考虑到多方面宣传的现实需求，广播电台、电视台在选择播报语言时，也制作一些汉语方言的广播电视节目。

正确处理普通话播音用语和汉语方言播音用语使用之间的关系，既能够体现我国广播电台、电视台贯彻执行《中华人民共和国国家通用语言文字法》的情况，也能够呈现我国语言资源使用与保护的情况。

一、普通话播音用语现状

（一）普通话是基本播音用语

自20世纪20年代广播进入中国，普通话（民国政府时期称为“国语”）便作为基本播音用语，向听众传递新闻、示范语言学习、提供娱乐消遣。自人民广播事业创始至今，特别是改革开放40年以来，广播和后来兴起的电视用普通话向国内、国外播音，帮助听众观众正确理解国家大政方针，引导社会舆论，也通过普通话与听众观众结下了深厚的友谊。普通话作为广播电视基本播音用语，已被听众观众接受和认可。

1. 法规政策

一个国家广播电视语言的使用情况，从语言政策应用角度来看，体现了这个国家对本国语言使用的管理水平。我国非常重视广播电视语言的使用，将广播电视语言使用纳入法制轨道，对其从法理上进行约束和管理。《中华人民共和国宪法》第十九条规定：“国家推广全国通用的普通话。”确立了普通话作为全国通用语言的法律地位，包括广播电视在内的各个行业系统都要认真执行。

1986年国家把推广普通话列为新时期语言文字工作的首要任务，推广普通话与汉语规范化是新时期语言文字工作的重点。1987年4月1日，国家语言文字工作委员会和广播电影电视部共同颁发的《〈关于广播、电影、电视正确使用语言文字的若干规定〉的通知》中要求：“广播、电影、电视使用语言文字应做到规范化，对全社会起积极的示范作用。”“有关工作人员在正确使用语言文字方面，提高思想认识，增强业务素质。”1992年把推广普通话的工作方针由“大力提倡、重点推行、逐步普及”调整为“大力推行，积极普及，逐步提高”。广播电视自然而然地承担起了宣传示范规范的国家通用语言文字的重任，纷纷增加了普通话节目播音时长，减少或停播方言节目。如上海人民广播电台，停播了《阿富根》等沪语闲话节目。1997年8月11日，以国务院令228号形式发布的《广播电视管理条例》第三十六条从国务院行政法规的角度规定：“广播电台、电视台应当使用规范的语言文字。广播电台、电视台应当推广全国通用的普通话。”推广和示范使用规范的普通话，逐渐成为广播电视在语言政策层面的一项重要任务和基本工作。

随着九年制义务教育的逐步推广，能够听懂普通话播音的听众观众越来越多；随着我国改革开放的不断发展，人口流动越来越频繁，在一些各地人员杂处的大城市中，不懂当地汉语方言、来自不同汉语方言区的听众观众通过收听收看普通话节目来获取时事新闻、满足娱乐消遣的需要；随着现代媒体传播技术的不断创新，各地广播电台、上星电视台可以向全国播音，而要获得广大听众观众的欢迎，让大家都能听得懂，也要使用普通话播音。广播电视与广大听众观众生活的联系越来越密切，广播电视节目内容与形式不断丰富、花样翻新，数量也不断增多，所以，语音标准、语法规范的普通话播音越来越成为广播电视播音的主流。

20世纪八九十年代，全国上下对语言文字的规范与纯洁健康非常重视。在广播电视播音用语方面，普通话被确立为我国广播电视向内地播报的基本播音用语。同时，普通话播音也作为传播文化信息、提供娱乐信息的载体，通过广播电视向海外、境外的听众观众传播中国优秀传统文化。如1997年4月7日，中央人民广播电台“华夏之声”推出《大家说普通话》专栏，由“华夏之声”节目部与“香港普通话天地”、深圳普通话测试中心联合制作。这是我国开设的第一个普通话教学类节目，每次30分钟，迎合港澳同胞学习普通话的热潮。后改名《普通话漫谈》，并在香港多次举办“华夏之声普通话节目听众联谊会”。

进入新世纪以来，大力推广普通话仍然是国家语言文字工作的重点，与以往不同的是，国家语言文字政策不仅将普通话作为中华民族的共同语和标准语，更明确了它作为国家通用语言的地位。

2001年1月1日起实施的《中华人民共和国国家通用语言文字法》第二条指出：“本法所称的国家通用语言文字是普通话和规范汉字。”第十二条明确指出：“广播电台、电视台以普通话为基本的播音用语。”更从法理上规定作为宣传部门的广播电视有义务推广普通话：“地方各级人民政府及有关部门应当采取措施，推广普通话和推行规范汉字。”

2011年10月，中国共产党十七届六中全会通过的《中共中央关于深化文化体制改革推动社会主义文化大发展大繁荣若干重大问题的决定》指出，要“大力推广和规范使用国家通用语言文字，科学保护各民族语言文字”。2012年11月，中国共产党第十八次全国代表大会首次将“推广和规范使用国家通用语言文字”写入了代表大会的报告。这既充分体现了中国共产党作为执政党对语言文字工作的高度重视，也是从国家发展战略层面对语言文字工作涉及的不同领域提出的工作要求。

2012年12月颁布的《国家中长期语言文字事业改革和发展规划纲要（2012—2020）》明确提出：“大力推广国家通用语言文字。推广和普及国家通用语言文字是贯彻落实国家法律法规的基本要求，是维护国家主权统一、促进经济社会发展、增强中华民族凝聚力和文化软实力的重要内容。……采取切实有效措施，推进国家通用语言文字在全国范围内基本普及。”2014年1月初，全国各媒体以各种形式转载广电总局通知主要内容：

国家新闻出版广电总局发出通知，要求广播电视节目规范使用通用语言文字，在推广普及普通话方面起到带头作用……

通知指出，规范使用、推广普及国家通用语言文字是贯彻落实《国家通用语言文字法》的基本要求，是树立文化自信、提高文化软实力、增强中华民族凝聚力的重要内容。广播电视作为大众媒体和主流媒体，播音员主持人和嘉宾作为公众人物，必须在推广普及普通话、规范使用通用语言文字方面发挥积极的示范和表率作用。

通知要求播音员主持人除节目特殊需要外，一律使用标准普通话。不得模仿地域特点突出的发音和表达方式，不使用对规范语音有损害的俚语俗词等；用词造句要遵守现代汉语的语法规则，避免滥用生造词语和不规范网络用语；要规范使用外国语言文字，不在普通话中夹杂不必要的外文。此外，对节目嘉宾也要规范使用语言的提醒和引导。播出机构邀请嘉宾参与节目时，事先对其规范使用语言做出提示，对于嘉宾刻意模仿地域特点突出的发音和表达方式、随意使用方言、夹杂外语等情况及时提醒纠正。

由于广播电视是落实国家语言政策、推广普通话的重要领域，广播电视用普通话作为基本播音用语，就成为推广国家通用语言文字的重要手段之一。广播电视使用规范的普通话播音，也能更好地传播当代中国价值观念。

2. 社会地位

如前所述，推广规范的普通话即国家通用语言，是广播电视一项重要职责和重要任务。广播电视作为国家重要传播媒体，成为国家通用语言文字的示范应用窗口。普通话作为基本播音用语的地位更加明确，社会各个阶层对普通话普遍接受。

这种变化与国家语言政策推动、传播技术进步、听众观众和广播电视双方的语言需求都不无关系。

就传统媒体而言，截至2017年底，全国广播综合人口覆盖率为98.71%，电视综合人口覆盖率为99.07%。全国有线广播电视覆盖用户数达3.36亿户。全国农村有线广播电视实际用户数已达0.75亿户，其中，全国农村数字电视实际用户数0.63亿户，农村有线电视互联网用户数0.08亿户，占农村有线广播电视实际用户数的比例分别达到84.00%和10.67%。这些数据说明，广播电视传播技术的不断更新，提升了广播电视收听收看质量，提高了广播电视人口覆盖率，从而促使广播电视成为听众观众学习普通话的一个重要途径，它们所承载的推广和规范使用国家通用语言文字的功能也越来越强。

进入新世纪以来，高新科技的不断发展带动了传媒手段的创新。手机广播电视、网络广播电视等具有新媒体特质的媒体不断涌现，特别是在广播电视网、电信网、互联网三网融合后，广播电视将逐渐进入多屏时代。具有及时、滚动、互动、聚合等传媒特质的新媒体，在丰富广播电视传播手段的同时，也为广大听众观众收听观看广播电视的方式提供了更多的选择，从而为广播电视推广规范标准的国家通用语言文字拓宽了传播空间。

教育部语言文字应用研究所2010年基于河北、江苏、广西三省区做的《普通话普及情况调查资料汇编》显示：对普通话学习情况的调查发现，被调查者学习普通话的主要途径之一是听广播看电视。与2000年调查数据相比，选择广播电视为学说普通话主要途径的比例上升明显，广播电视成为与“社会交往”途径不相上下的第二主要途径（第一主要途径是学校）。与此同时，当前社会人口流动频繁，身处异乡的人更希望通过广播电视的普通话节目来获取信息、获得社会文化教育、进行娱乐消遣。

而出于经济层面的考虑，广播电视行业、从业人员也希望播出节目所使用的语言能够被听众观众所接受、理解，这也是通过使用国家通用语言普通话作为播报语言更容易达到的。因此，除了少数沿海汉语方言区的广播电视节目使用汉语方言以外，我国绝大多数省级以下广播电台、电视台均以普通话作为播音语言的主体，外宣广播电台、电视台也开设普通话节目进行对外宣传，港澳地区的广播电台、电视台也开设了针对港澳同胞学习、了解普通话的普通话节目。

（二）普通话播音遇到的问题

广播电视用普通话播音在实际应用中也会遇到问题，主要表现在以下两方面。

1. 语言表达问题

广播电视最初是报纸的辅助媒体，利用声音的空间传播优势，通过有声语言为那些看不到书报、不能到现场观看节目的听众观众提供信息。因此，广播电视最初的播音稿件以书面语为主。

随着广播电视传播技术的发展，直播节目增加，电视剧增多，播音员、主持人、演员的有声语言越来越接近人们的日常口语。因此，在即兴语言表达中，语法不通、叹词和副词反复出现、文不对意、随意表达、乱用词语和成语、使用低俗语言等不规范的语言表达现象时有发生。这些负面播音用语的出现，严重影响听众观众日常语言生活，对还未形成鉴别能力的青少年影响更深。

2. 地方普通话影响

普通话在我国是国家通用语言，在人际交流中具有较高的传播效能。广播电视覆盖率的不断提升需要广播电视播音用语具有高效的传播能力，更需要使用绝大多数受众能够听懂的播音用语传播信息（特别是广播，完全通过有声语言向听众传播）。

在我国，虽然普通话普及率为73%，但能说规范标准普通话的人员比率实际上并没有这样高。进入新世纪以来，随着广播电视节目的增多，播出时长的增加，广播电视行业需要大量的从业人员，致使一部分没有接受过专业语音训练、不十分了解语言文字政策的播音员、主持人、演员进入行业队伍，不规范的普通话也从这些从业人员的口中传播出来。特别是娱乐节目，为了提高收听收视率，不但聘请港台歌星、影星主持节目，而且内地主持人有时还会刻意模仿港台风格。这些现象都影响了规范普通话的传播，不利于听众观众对规范普通话的正确理解。国家通用语言普及和规范程度是这个国家文明程度的重要表征之一，因此，广播电视不仅要传播普通话，更要传播规范的普通话。

二、汉语方言播音用语现状

随着改革开放深入发展，对外交流日益频繁，国家更加需要向海外华人华侨传递中国的声音，海外华人华侨也需要了解祖国新的面貌、新的形势。这就需要多制作海外华人华侨能够接受的方言类节目并加强其宣传效果，需要广播电视播音员主持人在实践中不断摸索、总结符合海外听众观众收听习惯的方言播报方式。同时，国内听众观众语言文化需求日益多元化，收听率、收视率成为广播电视行业普遍追求的重要衡量指标。在这样的时代背景下，进入新世纪以后，汉语方言节目开始活跃起来，更加频繁地出现在广播电视里。如：中央人民广播电台的广州话播音，为了亲近粤、港、澳、台的听众，在语音和语调上以广州市的语音和语调为基础，并加入一些香港话的语音和语调，遇到粤港发音不同的字，则以广东人民出版社出版的《广州话字典》为标准。主持人的语速和节奏也尽力接近港澳主持人的风格，比内地其他地区的粤方言主持人的语速和节奏稍快一些。

20世纪90年代初期，虽然汉语方言播音在一定程度上加强对外宣传，还出现了一批广受海外听众欢迎的广播节目，但汉语方言播音在国内的情况却出现两种截然不同的表现：一些处于汉语方言区、经济文化发展比较快的省市基本取消了汉语方言节目，如上海人民广播电台、电视台于1992年取消了上海话播音；而一些南方沿海省市由于对外宣传和某些特殊原因，仍保留汉语方言节目，如广东省的粤方言广播电视节目不仅时长远远超过普通话节目，而且还经国家广电总局批准，在模拟电视网络落地时就开始播出粤方言电视节目。

进入新世纪以来，一些方言区的广播电台、电视台一方面为了提升收听收视率，另一方面为满足方言区听众观众的精神文化需求，相继开办了民生新闻类、综合服务类、娱乐类等类型的方言节目。在开办节目的同时，一些广播电台、电视台也注重对方言播音的学术研究、对方言语言资源的记录以及对方言播音能力的提升。2017年8月9日，广东省新闻工作者协会、广东广播电台、电视台在广州举办“陈星工作室”研讨会暨岭南方言文化传承保护中心启动仪式。“陈星工作室”以岭南方言负载的口传文化为特色，将中心打造成为发挥媒体优势、弘扬岭南传统文化的智库平台。2017年6月6日，中央人民广播电台、电视台“闽南话播音主持水平测试标准”在厦门首发，这是以对台湾闽南话广播60多年播音实践经验为基础，参照相关闽南话理论研究成果而制定的一套测试标准。该项目2010年立项，2016年列入“国家新闻出版广电总局部级社科研究项目”，对当前两岸闽南话实际应用，尤其是涉台闽南话广播播音主持实践有重要的指导作用，未来可作为闽南话广播从业人员绩效考核与职称评定的参考标准。

（一）汉语方言播音是必要补充

语言作为情感交流传播的符号系统，承载着使用者心中对“根”的认同。随着国家文化事业的发展，广播电视所服务的群体，初期为具有一定文化程度的社会群体，后转变为普通大众。

一方面，身处不同汉语方言区的老百姓，自幼即使用汉语方言，自然而然对这种与生俱来的日常生活交流的载体有着极深厚的情感。因此，在收听收看普通话节目的同时，也希望听到看到自己方言的节目。于是，地方台为了提高本地收听率、收视率，就增加了汉语方言节目。其中一些节目，特别是民生事实类新闻节目，在21世纪初很受汉语方言区的听众观众欢迎，如杭州电视台西湖明珠频道的《阿六头说新闻》、广州电视台的《新闻日日睇》、南京十八频道的《听我韶韶》等；但进入21世纪第二个十年，新闻事实类汉语方言节目的收视率有所下滑，根据媒力·中国（中国力量跨媒体资源交易平台）《地面频道方言节目收视表现如何？》一文的收视调研，2015年的收视率比2014年第三季度有所下滑，出现收视疲态，从另一方面也说明使用汉语方言播音的民生事实类新闻节目的发展正逐渐趋于稳定（如图1所示）。

城市	节目名称	播出频道	播出时段	时长（分钟）	2014年收视率%	2015年收视率%	变化幅度%
无锡	阿福聊斋	无锡都市资讯频道	18:15-19:15	60	5.53%	5.70%	3.07%
温州	百晓讲新闻	温州经济科教频道	18:00/21:00	70	5.26%	4.11%	-21.86%
宁波	来发讲啥西	宁波电视台二套	20:30-21:30	60	2.78%	4.12%	48.20%
杭州	阿六头说新闻	杭州电视台西湖明珠频道	21:30-22:00	30	6.09%	5.67%	-6.90%
杭州	我和你说	杭州电视台生活频道	21:00-21:30	30	5.20%	4.51%	-13.27%
武汉	咵天	湖北经视	16:30-17:30	60	2.79%	2.90%	3.94%
韶关	珠江新闻眼	广东广播电视台珠江频道	18:00-19:00	60	4.29%	3.85%	-10.26%
广州	DV现场	广东广播电视台公共频道	19:00-20:30	90	2.99%	2.96%	-1.00%
昆明	大口马牙	云南二套	19:00档	30/60	4.46%	4.50%	0.90%
济南	拉呱	山东齐鲁频道	17:10-18:00	50	3.17%	3.78%	19.24%

图1 媒力·中国（中国力量跨媒体资源交易平台）新闻事实类汉语方言节目收视表

同时，民生专题类汉语方言节目发展逐步趋于稳定，如上海的沪方言综合服务类节目《新老娘舅》《大家帮侬忙》等的播出时间和收视率一直相对稳定。而综艺类汉语方言节目发展势头则呈现逐步上升的趋势，体现了综艺类节目的创新特点。如湖南卫视综艺节目《天天向上》《越策越开心》，江苏综艺频道《江苏方言听写大赛》等节目在方言区也有一定的收视率。媒力·中国（中国力量跨媒体资源交易平台）《地面频道方言节目收视表现如何？》一文引用《CSM新节目贯彻报告》结果显示，地面频道中民生类节目（包括新闻、综艺、专题、生活服务类等）的创新数量遥遥领先，这也说明地面频道的发力点已不再止步于民生新闻类节目，民生综艺类汉语方言节目也许会成为地面频道重点发力的领域之一（如图2所示）。

城市	节目名称	播出频道	播出时段	时长（分钟）	2014年收视率%	2015年收视率%	变化幅度%
成都	李伯清书场之时间都去哪儿了	成都二套	18：20-19：00	40	2.14%	2.76%	29 %
广州	粤讲越掂	广东广播电视台珠江频道	21：40-22：50	70	2.44%	3.19%	31%
广州	粤唱越响	广东广播电视台珠江频道	21：40-23：40	120	-	2.36%	-
杭州	开心茶馆	杭州电视台西湖明珠频道	20：05-20：35	35	4.02%	2.84%	-29%
昆明	大口马牙	云南二套	19：00-19：30	30	4.46%	4.50%	1%
宁波	宁波老话	宁波电视台三套	18：45-19：15	30	2.07%	2.74%	32%
泉州	唱歌拼输赢	泉州电视台闽南语频道	20：30-21：30	60	3.53%	5.26%	49%
上海	嘎讪胡	上海电视台娱乐频道	19：00-20：00	60	-	4.95%	-
武汉	阿星开讲	湖北经视	19：30-20：00	30	2.95%	3.26%	11%
武汉	喜子来乐	湖北经视	19：30-20：00	30	-	2.78%	-
杭州	疯狂杭州话	杭州电视台西湖明珠频道	20：30-21：30	60	3.18%	2.72%	-14%
成都	方言达人	四川电视台二套	20：00-20：50	50	1.90%	1.39%	-27%
济南	乡音对对碰	山东电视齐鲁频道	19：15-20：30	75	-	7.32	-
上海	阿拉乒乓响	上海电视台娱乐频道	19：00-20：30	90	-	6.24	-

图2 媒力·中国（中国力量跨媒体资源交易平台）新闻事实类汉语方言节目收视表

方言电视剧也受到方言区观众的欢迎，如广州电视台的《外来媳妇本地郎》，重庆电视台的《雾都夜话》，杭州电视台第四频道将清宫剧《宫》改用杭州方言播放，都在本地创下很高的收视率。本山传媒出品的《乡村爱情故事》系列（连续7年播出7部）更红遍我国的大江南北。

另一方面，加强国家形象对外传播，维系海外华人对祖国的情感，也需要汉语方言节目加大力度发挥作用。如2005年7月国家广电总局批准对台宣传的频率泉州广播电台第四频率“刺桐之声”，于当年9月29日正式开播，以两岸共通的闽南方言为播出语言，全天24小时播出，介绍闽南乡情，宣传泉州区域对台优势，反映两岸交流交往信息。2006年起大陆有三档节目在台湾岛内实现了落地播出，为促进两岸的文化交流做出了积极的贡献和有益的尝试。在笔者回收的一份广州调查问卷中，受调查者希望中央台能播放广东剧，使国外亲戚能看到。由此表明，汉语方言节目对外传播能够维系海外华人对祖国的情感。使用方言播音，讲好中国故事、深化中国梦的对外传播，是改革开放40年来我国广播电台、电视台创办方言节目一直在探索的实践问题。

（二）汉语方言播音遇到的问题

1. 汉语方言节目夹杂普通话

当前，许多广播电视汉语方言节目，并非纯粹用汉语方言播出。一方面，考虑到听众观众语言的多样性和人口的流动性，出于提高收听率或收视率的目的，广播电视尤其是广播的汉语方言节目，往往采用双主持人，一个是汉语方言主持人（汉语方言也往往是地域方言中的权威方言或掺杂有普通话语调的方言），一个是普通话主持人。

如，贵州交通广播电台于2003年开播的《开心码头》节目，自2010年3月始，增设双主持人说笑话环节，一个主持人用贵州话，一个主持人用普通话；成都广播电台经济频率的《小刚方言》采用成都话为主，普通话为辅的播音方式；苏州社会经济电视台《阿万茶楼》，男主播操一口苏州话，女主播或用普通话或用苏州话，同男主播一起评点社会民生等等。

这些节目在制作过程中就使用汉语方言和普通话作为播音用语，汉语方言用来主讲，普通话用来补充，通过两位主持人的对话，以一种诙谐幽默的形式完成节目的播出。

另有一些节目在汉语方言无法表达的时候，使用普通话。如图3字幕部分的同期语音为节目中仅有的两句普通话，而此节目本身是上海话节目《往事》。

图3 《往事》节目剧照

另一方面，随着网络、移动媒体的发

展，全国四级广播电台、电视台的广播电视节目都有机会通过网络把节目传出广播电台、电视台所在的地区。纯粹使用汉语方言播出的节目由于语言上的障碍，虽然有字幕的补充，在吸引不懂方言的听众观众收听或观看方面，仍然会受到很大限制。各地出于扩大影响，提升宣传效果的需要，也倾向于在汉语方言节目中用普通话作为必要的补充，以吸引更多的听众观众。

此外，随着教育普及程度提高，经济社会发展，出于学习工作方便、交际便利的需要，社会上会说普通话、愿意用普通话交流的人越来越多。在这种情况下，即使原本定位成使用汉语方言播出的节目，也免不了出现普通话的声音。如：杭州电视台《阿六头说新闻》节目在做社会采访时，被采访人使用普通话回答。

广东新闻频道虽然是用粤方言作为播音用语的频道，同样难免出现普通话的语音（如图4至图6所示）。

图4　粤语主持人播报新闻

图5　银行人员用普通话讲解电子银行

1983年9月经原国家广播电影电视总局批准开设的珠江频道，是我国第一个用粤方言播音的汉语方言台。该台自建台30年来，一直使用粤方言作为主要播音用语。但目前至少在广告节目中，普通话和粤方言广告是间隔播放的。

图6　被采访人用普通话回答问题

吉林电视台都市频道的栏目剧《拉大剧》、吉林市经济广播电台都市台播出的娱乐脱口秀《的哥的姐动起来》的播音语言使用分配比为：东北方言（吉林市话）占1/5，普通话为4/5。吉林市交通台社会新闻评论类节目《山寨主播》的播音语言使用分配比为，东北方言（吉林市话）占1/3，普通话为2/3。

综上，只使用汉语方言用语的节目将会越来越少，这无疑是一个大趋势。语言的发展演进，本来就是一个交互杂糅的过程，并且受到很多因素的影响和制约，其中语音比词汇和语法更易受到语言接触的影响。汉语方言与普通话在广泛接触中自然会相互影响，尤其是在语音和词汇方面。汉语方言与普通话作为播音用语并用的情况，要视节目语言使用情况而有所区分，在普通话节目中，必须杜绝掺杂汉语方言。汉语方言节目虽不必这样严格要求，但因普通话介入而对原汁原味的汉语方言带来何种影响，也是一个需要关注和研究的问题。

2. 汉语方言节目专业水平提升受限

随着广播电视事业的发展，汉语方言节目无论在类型方面，还是自身水平方面，都取得了长足发展。各地广播台、电视台策划制作了一批内容形式精良、为听众观众喜爱的品牌节目，包括民生新闻、新闻脱口秀、广播电视剧、娱乐休闲、生活服务等多种类型，丰富了人民群众的文化生活。但是，也应该看到，汉语方言作为广播电视播音用语，在专业水平提高方面存在瓶颈。

首先，专门教育、专业培训不多。这点与普通话节目的情况对比起来更为鲜明。随着主持人队伍专业化水平不断提高，绝大多数普通话节目的播音员、主持人在学校里都接受过普通话的专门训练。但是，对于汉语方言作为播音用语的教育、培训却微乎其微。目前，在我国只有广州大学、暨南大学和广州体育学院开设了粤方言播音主持专业（本科），尚未发现针对其他汉语方言设立专门播音主持专业的情况。汉语方言播音在语音、词汇、表达、传播策略等方面，欠缺进一步提升的渠道。

其次，汉语方言节目有就低从俗倾向。许多新闻脱口秀类的汉语方言节目，与其说是新闻节目，不如说是娱乐节目。主持人用汉语方言调侃评论时下已广为人知的“新闻人物”或“新闻事件”，或是抓住一些八卦事件大加渲染。节目的目的，就是给听众观众带来轻松快乐，迎合听众观众对快餐文化的需求。至于听众观众在听到这些诙谐语言开怀大笑后有什么感受，则是他们自己的事情了。汉语方言在这类节目中，成为引起笑点的重磅材料。这种情况在其他类型方言节目中，也多有体现。更有甚者，一些汉语方言娱乐节目，纯粹出于搞笑目的，由于格调不高，趋于从俗，久而久之，会影响听众观众对特定汉语方言的心理评价和情感接受程度，进而影响到他们对该汉语方言的语言态度。

正确、规范使用广播电视播音用语，既能够正面引导听众观众接受和理解国家大政方针，也有助于听众观众学习和使用语言；相反，错误、不规范地使用广播电视语言，则不仅影响听众观众对日常语言的学习，影响人们对获取信息、获得社会教育、进行高尚娱乐消遣的精神文化需要，更有甚者，会误导舆论，危及社会稳定。因此，广播电视播音用语在使用及其功能发挥方面存在的问题，不可小觑。

三、正确处理普通话播音与汉语方言播音的关系

（一）存在的问题

研究普通话和汉语方言作为广播电视播音用语的功能及其规划，就是对广播电视

使用播音用语语种的语言功能进行探究。广播电视播音用语的选择，要遵守《中华人民共和国国家通用语言文字法》。《国家通用语言文字法》颁布十多年来，广播电视在实际使用普通话和方言的过程中仍存在一些问题，处理不得当，就会出现2010年亚运会期间，广州市因为方言节目播出时间问题而引发“撑粤语事件”这样的社会群体事件。

1. 播出时间与影响效度

从播出时间看，在方言区，普通话节目和方言类节目的播出时间段安排不合理，相关管理部门监管不到位。

在我国，人们习惯上认为广播的黄金时间为06:00—07:00。这段时间，是人们刚起床，全家吃早饭，准备上班的时间或者在上班路上的时间。中央人民广播电台普通话播报的《新闻报纸摘要》就安排在06:30—07:00。但是近年来情况又发生了新的变化，随着我国有车一族的增多，交管部门通常把开车上下班，堵在路上的时间称为早高峰和晚高峰，时间分别为：07:00—09:00；晚上17:00—19:00。这段时间成为新的黄金时间，应该也安排普通话节目。但是，为了达到吸引听众的目的，一些广播台将方言新闻节目放在这个时间段播出。具体情况见表1。

表1　部分省市广播电台的方言新闻节目安排情况

城市	频道	节目名称	开播年份	主要内容	主持用语	首播时间
成都	经济广播电台调频105.6	小刚方言	2009年	社会新闻	普通话、成都话	周一 08:00—09:00、周二至周六 08:00—09:30、周日 08:00—09:30
贵阳	贵阳法制频道	听我咂板	2009年	娱乐综合脱口秀	贵州话	每晚08:30
北京	中央人民广播电台文艺之声频道	海阳现场秀	2011年	新闻脱口秀	普通话、东北方言	每天17:00—18:30；经济之声频道每天20:00—21:00

以这三档新闻类方言节目为例，时长都在半个小时到1个半小时之间，用本地方言（有的也用两言），以脱口秀的形式诙谐幽默地播音，一定程度上给拥堵在路上的听众带来愉悦的心情。但节目播出前，是否按照《国家通用语言文字法》第十六条的规定，经“国务院广电部门或省级广播电视部门批准”，却不得而知，节目对听众观众语言倾向的影响也需认真评估。

对于电视节目，根据我国社会大众工作学习的作息规律，通常认为黄金时间为：18:30—22:00。这段时间，一般为全家人吃晚饭或睡觉前的间歇，举家坐在电视机前收看电视节目。对于这个时间段里应该播放什么电视节目，广电总局在2010年10月25日发布的《关于进一步加强电视上星综合频道节目管理的意见》中规定：

从2012年1月1日起，每个电视上星综合频道每日6:00—24:00新闻类节目不得少于2小时；18:00—23:30必须有两档以上自办新闻类节目，每档新闻节目时间不得少于30分钟；对节目形态雷同、过多过滥的婚恋交友类、才艺竞秀类、情感故事类、游戏竞技类、综艺娱乐类、访谈脱口秀、真人秀等类型节目实行播出总量控制。每晚19:30—22:00，全国电视上星综合频道播出上述类型节目总数控制在9档以内，每个电视上星综合频道每周播出上述类型节目总数不超过2档。每个电视上星综合频道每天19:30—22:00播出的上述类型节目时长不超过90分钟。

而2012年广电总局新发布《广电总局关于进一步加强和改进境外影视剧引进和播出管理的通知》规定："境外影视剧不得在黄金时段（19:00—22:00）播出。各电视频道每天播出的境外影视剧，不得超过该频道当天影视剧总播出时间的百分之二十五。"

依据广电总局以上两个文件的规定，表2所列各电视台录制的反映本地社会民生的方言新闻节目及其播出时长符合要求。但是，笔者认为《关于进一步加强电视上星综合频道节目管理的意见》中没有明确将普通话作为黄金时间段新闻播音的基本用语是不严谨的。从表2所列节目的收视率调查来看，《天天山海经》和《阿福聊斋》2010年在本地区播出时段排名第一；《听我韶韶》在2007年1月改版后，节目时长调整到1个小时，播出时段也调整到晚上黄金时段，平均收视达到了4.2以上，最高达到6.0。如果地方台在这个时间段长期固定安排方言类节目，那么该台在播音语言选择上，会对普通话作为基本播音用语的地位产生负面影响。在观众对节目的取舍方面，可能受其影响选择方言节目，不看普通话节目，不利于普通话的推广。

表2　部分城市电视台方言节目一览表

城市	频道	节目名称	开播年份	主要内容	主持用语	首播时间
苏州	新闻综合	天天山海经	2004	新闻	苏州话	每天18:00—18:30
	社会经济	阿万茶楼	2012	娱乐	苏州话 普通话	每天17:30—18:30
无锡	都市资讯	阿福聊斋	2007以前	新闻 娱乐	无锡话	每天18:40—19:10
宁波	文化娱乐	得月街	2006	短剧	宁波话	周六20:10
南通	社教	总而言之	2005	新闻	南通话	每天18:30—19:00
南京	十八	听我韶韶	2005	新闻	南京话	每天20:35—21:45
重庆	时尚	生活麻辣烫	2008	连续剧	重庆话	每天19:00
昆明	昆明新闻	开心蒙太奇	不详	配音	云南各地	每天22:50—23:00

其中，电视剧类节目也需要注意。2009年，广电总局发布《广电总局办公厅关于严格控制电视剧使用方言的通知》规定："一、各省级广播影视行政管理部门和制作机构要严格贯彻执行《广电总局关于进一步重申电视剧使用规范语言的通知》（广发剧字[2005]560号）规定：'1. 电视剧的语言（地方戏曲片除外）应以普通话为主，一般情况下不得使用方言和不标准的普通话。2. 重大革命和历史题材电视剧、少儿题材电视剧以及宣传教育专题电视片等一律要使用普通话。3. 电视剧中出现的领袖人物的语言要使用普通话。'……三、对于明显的方言电视剧和大量使用方言的电视剧，各级广播电视审查管理部门应视情况予以引导、纠正或制止，广电总局将视情况做出播出调控。"根据2009年的这个规定，表2中的方言电视剧和方言配音影片应该是不能使用方言播出的。而从节目播出的实际情况看，《生活麻辣烫》一直保持着较高收视率，超过同时段播出的其他电视剧节目。但是，从另一个侧面看，这其实也激励普通话电视剧要进一步加强创作，以高质量的节目来吸引更多的观众，进而为推广和规范使用普通话提供助力。

2006年、2007年，江苏省、浙江省先后针对本省广播电视方言类节目出台管理细则：方言节目不安排在黄金时段（电视19:00—21:00；广播06:30—8:00,11:00—13:00）播出。每档方言类节目每天播出的时间总长不超过半个小时（不含重播）；不得以交替使用普通话和方言的混合语作为主要播音、主持用语。普通话版的栏目剧或情景剧中，不得以方言配音开场、结尾和中间点评。虽然有这样的规定，但是表2却显示，南通市社教类电视频道《总而言之》栏目在黄金时段播出，南京十八频道《听我韶韶》播出时间为1小时10分钟，苏州社会经济频道《阿万茶楼》使用苏州话和普通话混合播音。在广电总局的法规出台后，即使不合理，节目仍旧照播不误。

根据媒力·中国（中国力量跨媒体资源交易平台）《地面频道方言节目收视表现如何？》一文的收视调研显示，当前趋于收视稳定的地面频道专题类方言节目，特别是品牌专题类方言节目的时长主要为40分钟和60分钟两类，播出时段以"前黄金时段"为主，特别集中在19点档，21点档则为空缺（如图7所示）。

城市	节目名称	播出频道	播出时段	时长（分钟）	2014年收视率%	2015年收视率%	变化幅度%
福州	擎讲故事会	福州电视台都市生活频道	19:00-20:00	60	2.99%	2.05%	-31%
广州	真情追踪	广州电视台影视频道	22:00-22:45	45	2.28%	2.76%	21%
广州	城事特搜	广东广播电视台南方卫视	19:00-19:40	40	2.56%	2.40%	6%
贵州	非常友茗堂	贵州广播电视台公共频道	20:45-21:25	40	3.45%	3.45%	0%
宁波	讲大道	宁波电视台三套	18:45-19:45	60	3.61%	4.76%	32%
泉州	泉州第一炮	泉州电视台闽南语频道	20:05-20:25	20	1.35%	2.69%	99%
泉州	我爱闽南语	泉州电视台闽南语频道	18:15-18:45/19:30-20:00	30	1.13%	2.53%	124%
泉州	养生之道	泉州电视台闽南语频道	18:15-18:30	15	1.32%	2.29%	73%
温州	闲事婆和事佬	温州新闻综合频道	18:20-19:00	40	7.96%	7.13%	-10%
武汉	江城岔巴子	武汉电视台影视频道	19:10-19:30	20	1.75%	2.01%	15%
上海	一呼柏应	上海电视台娱乐频道	18:00-19:00	60	4.92%	4.31%	-12%

图7 媒力·中国（中国力量跨媒体资源交易平台）专题类汉语方言节目收视表

以上事例说明，一方面，广播电视管理部门监管不力，行政监管工作不作为；另一方面，广播电台、电视台为了高收听收视率，无视国家、地方政府的法律法规，仍旧按照原有做法维护既得利益，法律意识淡薄。

由此可见，虽然从2001年1月1日起，《国家通用语言文字法》开始实施，各地也纷纷出台适用于本地区的法规，但是，对照表2所列部分节目的开播情况，我们认为，地方管理部门监管力度和责任心都需要加强，应该做到依法策划制作节目，依法播出。2013年，教育部语言文字应用管理司赴江苏调研《国家通用语言文字法》实施情况，江苏广播电影电视管理部门同志介绍，他们过去的做法是把方言节目的审批权下放给下一级管理部门，导致江苏省各地方广播电台、电视台开办方言类节目不需要上报，想开就开。这些情况都不利于正确贯彻落实十八大以来党和政府对语言文字事业的总体要求，需要在今后的工作中采取措施，使广播电视播音用语的功能得到切实发挥。

2. 地域间不平衡

当前普通话作为播音用语与汉语方言作为播音用语的总体布局，从各地区的实际操作情况看，分布不均衡。

从节目数量需求来看，本地方言复杂、外来人口多的方言地区，希望增加普通话节目数量（如福建海西）；经济文化起步快，发展势头强劲，权威方言影响面大的方言地区，希望增加方言节目数量（如广东、上海等）。

从播音语言选用情况来看，毫无疑问的是，全国各地广播电台、电视台的节目，总体上是以普通话节目为主。除了东南沿海个别省市因为地理位置原因，肩负海外宣传的重任，个别频率、频道经过国家广播电视管理部门的批准后，将方言作为主要播音用语。比如，福建泉州的刺桐之声、厦门的闽南之声等广播频率全天播放闽南语。再如广东，由于其面向港澳听众，粤方言播音成为主要播音用语。广东人民广播电台9个广播频率中，南粤之声频率主要以普通话广播，考虑因其面向港澳听众，另设有2个粤方言节目；其他8个频率，以粤方言播音为主，有少量普通话节目。广东电视台6个频道中，珠江频道经国家批准设立为粤方言频道；卫星频道和嘉佳卡通卫视频道全部用普通话播出；体育、公共和新闻频道节目使用普通话和粤方言播出。地理位置、听众观众的覆盖面固然重要，但仅以这两方面为由，将粤方言作为主要播音语言，还值得有关部门认真研究。香港、澳门以粤方言为主，有本地基本法作为依据，但是，广东广播电台、电视台在广播电视语言的选择上，实际上违背了广东省政府2011年12月16日颁布的《广东省国家通用语言文字规定》第十一条的规定。

从法律法规制定和执行层面来看，目前只有青海、河南两省没有参照《国家通用语言文字法》制定本省国家通用语言文字管理规定。具体到对汉语方言广播电视节目的管理，除广电总局2009年颁布的《广电总局办公厅关于严格控制电视剧使用方言的通知》外，各地方只有江苏、浙江两省广播电视管理部门出台了相关管理细则。法律法规不健全，法律意识淡薄，都有可能导致汉语方言节目过度泛滥。汉语方言节目过多，必然影响普通话的使用与推广，在客观上造成广播电视播音用语功能规划失调。

（二）功能规划建议

发挥好普通话作为广播电视播音基本用语的作用，以及方言播音作为必要补充播音用语的作用，对构建和谐健康的社会语言生活具有重要意义。应该采取措施切实做好广播电视播音用语的功能规划，正确处理普通话和方言作为播音用语的关系。

关于在广播电视播音用语的使用中如何处理普通话和方言之间关系的问题，多数学者从传播学、语言学的角度认为，在方言区合理地播放一定数量的方言节目并不会影响普通话的推广。例如，俞一群从传播学的角度指出，方言节目再火爆，普通话节目依然是我们电视荧屏的主流。当然，在目前这样一种快节奏的欣赏习惯下，如何长久地吸引住观众是方言节目所面临的问题。虽然说方言电视节目以方言为媒介，作为一种新的节目形式凸显了本土文化、拉近了与本土观众的距离，但是不管怎样语言只是一种传播的手段，要想长久吸引观众眼球还必须靠实实在在的内容。

面对学界和社会大众的种种争论，笔者认为，国家相关部门应该尽快制定政策措施，通过合理的广播电视播音用语功能规划，妥善做好释疑解惑和方言、普通话作为广播电视播音用语在功能上的布局工作，引导我国语言生活向健康和谐的方向发展。

1. 分类对待，加强统筹

对广播电视播音用语进行规划建议，不能只看是否规范，而是要用系统的观点，从语言本体、播音技术、新闻传播、听众观众接受程度等多方面认真考察，以保证通过播音实践充分发挥语言的功能。系统有层级性，每个层面又有子系统。广播电视播音用语既要承担准确传递信息，提供娱乐、文化教育等的宣传和传播任务，又要能够正确引导国民的语言观念、语言习惯和语言行为。

规划广播电视播音用语的使用，要树立正确的语言观，摆正普通话和汉语方言各自在播音语言使用层面的位置。要根据不同方言区的语言情况，分类指导普通话和汉语方言在广播电视节目中的使用问题。对于香港、澳门地区，应以汉语方言播音为主，以利于维护国家统一；对于广东和福建两个省区，可以适当增加汉语方言节目数量和时长，以促进国家统一；对于其他省区，应严格限制汉语方言节目的数量和时长，以维护国家通用语言的主体地位。不同节目类型在选择播音用语时，应当遵守国家法律法规的前提，同时重点考虑节目的听众观众对播音用语的接受程度。唯其如此，才能切实保证广播电视播音用语功能规划充分发挥作用，推动国家语言生活和谐、有序、健康发展。

2. 正确使用，科学保护

普通话和汉语方言作为广播电视播音用语，在语言运用实践中，需要正确把握它们各自的语言特点和规律。从语言功能规划的层面而言，二者的侧重点有所不同。

对于普通话播音用语，侧重点是要加强规范化工作。一方面，普通话是国家通用语言，需要以一种比较稳定的、统一的、规范的语言状态提供给社会大众，以便不同地域、不同文化程度的人们理解、学习和交流。当然，也需要消化吸纳新词新语等新的语言现象，但规范化是更为主要的。另一方面，广播电视媒体以普通话作为基本播音用语，就肩负着向听众观众提供标准、示范的重要责任，有义务引导社会大众建立规范的语言习得，帮助他们提高国家通用语言文字使用能力。

而对汉语方言播音用语，侧重点则是如何更好地遵照社会上已然约定俗成的语言运行方式。方言播音语言使用问题不能说规范，也不能说标准，给方言做标准，与国家语言政策并不相符。这点跟普通话播音强调规范化、标准化有本质不同。而且，从具体实践的角度说，如果在方言区对权威方言进行规范、标准工作，那么也得对次方言进行同样的工作，这样就会出现“俄罗斯套娃现象”，从而形成烦琐的循环链条。

但是，这不等于说汉语方言播音就不需要规矩。建议在实际播音中：（1）要舍弃。以某方言区代表方言（权威方言）作为方言基本用语，太土的、太偏的方言不用。如粤方言以广州话作为该方言的基本播音用语，中央人民广播电台、电视台的客家方言播音用梅州话作为方言播音的基本用语等。（2）考虑对外宣传需要，方言播音基本用语的选择要适当考虑海外听众观众的语言收听习惯。（3）不必勉强做规范和标准。用某种方言的代表方言为基本播音用语，研究其语言特点，播音时吸收大众经常使用的词汇即可。

3. 关注媒介融合，把握发展趋势

改革开放40年来，特别是进入新世纪、新时代的当今，各种介质媒体趋向融合发展，作为广播电视基本播音用语的功能规划，要具备新的视角和理念。

科技迅速发展，带来传播手段的不断创新。在未来“三网合一”的大趋势下，我国迅速跟上媒体创新的步伐，不断丰富媒体传播手段，手机广播电视、网络广播电视等具有新媒体性质的传播终端逐渐涌现，已经进入到社会大众的日常语言生活当中。这样的发展变化为广大听众观众提供了更多获悉资讯的方式，他们可以通过纸质媒体、广播、电视、网络、手机、移动电视等不同媒介之间的融合技术，获取文字、图像、声音和视频等各种表现形式的信息。于是，普通话作为广播电视基本播音用语，和广播电视一起进入融媒体的新时代。

媒体融合的新时代所具备的诸多新的技术条件，使广播电视领域呈现出新的特点：

首先，广播电视信息资讯由单向度传播方式转变为交流互动方式。过去只能是广播电视台播出，听众观众收听收看，现在不仅在节目当中可以有专家、各层面人员交流互动，而且听众观众可以通过微信、微博、论坛等方式与主持人进行互动交流。

其次，广播电视信息资讯的传播阵地由单一转变为多元。过去只能由广播电台或电视台一个平台发出声音，现在不仅可以在移动客户端、网络客户端同步播出，还可以借助这些技术手段推出与节目相关的背景信息，帮助感兴趣的听众观众进行深入了解和探究。

再次，广播电视信息资讯的接收状态由瞬时感觉转变为反复印证。过去收听收看广播电视节目，一闪即逝，错过的信息或错误理解的信息都无法得到弥补，而且只能在固定时间收听收看。现在的听众观众则可以通过电视的回放功能或网络、移动媒体的视频音频库，选看选听不同时期、不同时间段的广播电视节目，对于有兴趣的节目，还可以反复听反复看，等等。

融媒体时代的这些特点，使得广播电视可以多角度、更及时地满足听众观众的媒体需求。毫无疑问，这是时代进步的一种表现。但是，这样一种多介质媒体即时互动、滚动聚合的语言传播生态环境，在为广播电视播音用语提供更为广阔的平台同时，也对如何协调、定位各种播音用语，发挥好广播电视对社会大众的示范引导功能，提出了更为复杂的问题。需要在对广播电视播音用语进行功能规划时，认真加以研究和吸纳借鉴。以此为基础，才能发挥好普通话作为广播电视播音基本用语的作用，以及汉语方言作为必要补充播音用语的作用，从而推动社会大众形成正确的语言态度，采取符合国家政策和语言自身发展规律的语言行为，对构建和谐健康的社会语言生活作出贡献。

从书面语言音声化到日常生活口语化

——浅析改革开放40年来中央电视台新闻直播语言发展特征

首都师范大学科德学院　罗　佳

摘　要： 中国中央电视台（CCTV）是中国电视新闻直播的开端和代表。CCTV新闻直播语言的发展，代表了中国电视新闻直播语言发展的历程。本文以CCTV新闻直播活动为主，在介绍CCTV新闻直播大致经历的“直播—录播—直播—现场直播”四个发展阶段的基础上，详细分析了改革开放40年来CCTV新闻直播语言的发展变化情况。

关键词： CCTV；中国电视新闻直播；语言；特征；改革开放40年

电视是20世纪人类最重要的发明创造之一。电视出现以后，逐渐发展成为重要的新闻传播工具。新闻具有“时效性”和“真实性”两大基本特征。而电视具有能同时通过图像、声音、字幕等多种手段传递信息的优势，因此，电视新闻直播与报纸、广播传播新闻相比，具有独特的传播优势，即能在第一时间全面生动、活灵活现地把新闻真实完整地再现、还原出来，让观众通过电视画面亲眼看见新闻事实。电视新闻直播极大地提高了新闻报道的“时效性”和“真实性”，成为当今世界上广泛采用的新闻报道方式。

语言是人类最重要的交际工具。新闻媒体的主要职能是传播信息、引导舆论。而新闻媒体实现其职能的载体则是语言。语言的使用状况直接关系到媒体的传播效果。电视新闻直播语言在媒体语言的共同特点——传播范围的社会性、传播速度的时效性、传播手段的技术性、传播符号的规范性、传播语言的技巧性和传播方式的策略性的基础上，还有着“视听兼备”，集新闻、语言、艺术和技术为一体的特点。广义上的电视新闻直播语言是电视新闻传播的整个符号系统，分为画面语言和有声语言两部分。其中，画面语言包括图像、字幕、节目标志等，以图像为主；有声语言包括解说、现场声响、配乐等，以解说为主。本文所探讨的电视新闻直播语言，以播音员、主持人和记者的语言为主。叶圣陶先生这样解释“语文”一词，嘴里说的话叫口头语言，写到纸面上的叫书面语言。“语”就是口头语言，“文”就是书面语言，把口头语言和书面语言连在一起说，就叫“语文”。口语通过口说耳听的语言传递信息，书面语通过手写眼看的文字传递信息。书面语来源于口语，两者相互依存。研究电视新闻直播播音员、主持人和记者的语言，需要同时研究口语和书面语。

作为我国国家级媒体，中央电视台（下称CCTV）在搜集、整合、传播新闻方面具有得天独厚的优势，是我国电视新闻直播的发起者和主导者，是我国电视新闻直播发展的杰出代表。研究我国电视新闻直播语言的发展变化，主要是研究CCTV新闻直播语言的发展变化。1958年5月1日，CCTV的前身——北京电视台试验播出，并于9月2日正式播出。1978年5月1日，北京电视台正式更名为中央电视台。从1958年5月1日北京电视台建台至今，CCTV新闻直播大致经历了“直播—录播—直播—现场直播”四个发展阶段，大体分为早期新闻直播和现场直播两大时期。不同的阶段，电视新闻直播语言有着明显的不同特征。

一、早期电视新闻直播语言（1958—1976）

（一）早期电视新闻直播的发展

从1958年北京电视台建台到1978年更名为中央电视台的20年里，国家百废待兴，政治不稳定，经济、科技、文化落后，电视新闻制播设备、技术落后，全国拥有电视机的家庭很少，电视新闻影响范围非常小。人们主要通过报纸、广播获取新闻信息。由于缺乏录像设备，从央视建台试播起到1966年文革前期，CCTV新闻节目几乎全部以直播的方式播出，体现了电视新闻“声画兼备”的优势。这一时期，中国经历了三年自然灾害和“文革”动乱，电视新闻发展受到严重破坏。“文化大革命”期间，由于引进了录像技术，电视新闻大都采取录播方式播出。“文革”结束后，录播方式仍持续了很长一段时期。CCTV初创期的新闻直播主要分为常规新闻直播和重大新闻实况转播两大类。常规新闻直播是指具有固定栏目的新闻直播节目，如CCTV开播时推出的“图片新闻”栏目，被认为是中国电视新闻直播的开端。“重大新闻实况转播”是指针对国家重大新闻事件进行的记录式直播，没有主持人评论和记者的采访，只有播音员同期声的解说配音。如1958年10月1日中华人民共和国成立9周年国庆庆典直播，1959年4月18日第二届全国人民代表大会第一次会议上由周恩来总理所作的《政府工作报告》直播。

（二）早期电视新闻直播语言特征

辩证唯物主义认为：内容决定形式。新中国成立初期CCTV新闻直播受国家政治影响，主要功能是政治宣传，以政治会议、政治宣传为主要内容，主要形式是“画面加口播”的图片报道、简明新闻和专题新闻。以“图片新闻”栏目为例，“图片新闻”每周播出两次，每次15分钟，以播音员出镜口播新闻并配以相应的新闻图片为主要形式，因此，其直播实质是书面语言的音声化。而现场实况转播虽然画面是新闻现场，但配音的语言也仍是播音员播读的稿件，也是书面语言的音声化。表现在声音形式上，这一时期的直播语言具有公式化、形式化、“假大空”的特征，语调高昂、语气生硬，CCTV一家独大、代表中央的居高临下的说教形式居多，以宣讲式、宣读式的方式为主。

二、改革开放40年来CCTV新闻直播语言

“文革”结束后，1976年至1978年，中国电视新闻处于调整、改革、过渡时期，CCTV努力提高新闻报道质量，加大新闻报道的数量、提高时效性，初步体现出电视新闻的基本特征。其集中表现是1978年1月1日创办《全国电视台新闻联播》栏目5月1日更名为《新闻联播》。

（一）改革开放40年来CCTV新闻直播发展阶段

1. 1978年至20世纪90年代中期

改革开放以来，特别是从20世纪80年代中期起，CCTV进行了大刀阔斧的改革，其中措施之一就是恢复、发展新闻直播，大力推行重要会议、重大新闻的直播。80年代中期到90年代初期，CCTV有代表性的新闻直播有：（1）1984年10月1日直播中华人民共和国成立35周年国庆庆典。这次直播，我国第一次实现通过通信卫星向世界转播。其中一个画面成为这次直播的经典画面，即北京大学学生方队经过主席台时，突然打出了一条横幅，上面写着“小平你好”。（2）1987年10月，直播中国共产党第十三次全国代表大会的开幕式和闭幕式。这是我国第一次电视直播党的全国代表大会。（3）1990年9月直播第十一届亚运会开幕式和闭幕式。（4）1992年直播中国共产党第十四次全国代表大会的开幕式、闭幕式和记者招待会，这是我国第一次电视直播党代会的记者招待会。（5）1993年直播第八届全国人民代表大会换届选举国家领导人的情况。

随着新闻改革的深入，CCTV加快新闻直播的步伐。1995年，央视重要新闻栏目《新闻联播》采用直播的方式播出。此后，央视常规类新闻栏目，如《整点新闻》《午间新闻》《晚间新闻》等纷纷采用直播的方式播出。据《中央电视台年鉴》统计，1995年央视“新闻节目”播出时间为7961小时43分，占播出节目总时长的22.3%，其中直播节目889小时。从1996年起，《中央电视台年鉴》对新闻直播的统计数据越来越丰富、翔实。

2. 1997年至1998年

这一阶段，CCTV开启了电视新闻现场直播的历程。1997年3月9日早晨，主持人康辉在“日全食——彗星天象奇观”现场直播节目中说：“观众朋友，早上好。这里是北京中央电视台的新闻演播室，欢迎大家收看今天的大型现场直播报道节目。”康辉第一次在电视节目中说到了“现场直播”，开启了CCTV新闻现场直播的报道方式，标志着我国电视新闻现场直播时代的到来。1997年被中国电视新闻界称为“直播年”。这一

年，CCTV还现场直播了南昆铁路全线铺通、中俄哈吉塔五国边境裁军协定签字仪式、香港回归、黄河小浪底水利枢纽工程截流合龙、长江三峡工程大江截流等重大新闻。1997年的这几场直播节目标志着新闻现场直播在央视全面展开。1998年，CCTV新闻现场直播不局限于重大新闻事件的报道，积极拓宽报道领域，逐步由特别报道方式向常态报道方式转变，组织水平也进一步提高。如现场直播“探寻宇宙之谜”——阿尔法磁谱仪随航天飞机升空、江泽民与克林顿共同会见中外记者、克林顿在北京大学演讲、中国十大电影厂起诉版权被侵案庭审、1998中国珠海航空航天博览会开幕式等。

表1　1996—1998年央视直播节目时长

年份	1996年	1997年	1998年
直播	394小时	521小时	530小时

表2　1996—1998年央视新闻节目播出时长及所占比例

年份	1996年	1997年	1998年
新闻节目	7155小时23分	8219小时47分	9213小时27分
所占比例（%）	14.08	15.55	17.34

从表1和表2可以看出，现场直播在CCTV一起步就以积极的态势发展起来，成为CCTV新闻播出的重要手段。

3. 1999—2002年

1999年被中国电视新闻界称为“直播成熟年”。经过1997年、1998年两年新闻现场直播的实践，到1999年，CCTV新闻现场直播已经比较成熟，表现在现场直播节目数量增多、准备时间缩短、质量提高等方面。与2003年以后CCTV新闻现场直播节目如火如荼的发展态势相比，此时期CCTV新闻现场直播仍处于发展、壮大期。1999年处于世纪之交，国内外大事频发，CCTV对这些大事都成功地进行了现场直播，获得良好的社会评价。如现场直播北约空袭南联盟、重庆綦江虹桥垮塌案庭审、昆明世界园艺博览会开幕式及开园式、庆祝中华人民共和国成立50周年庆典、澳门回归等。

表3　1999—2008年央视直播节目时长

年份	1999	2000	2001	2002	2003	2004	2005	2006	2007	2008
直播（时）	548	1769	4531.5	5143	10193	21470	25932.5	27078	28782	38161.5

表4　1999—2002年央视新闻节目播出时长及所占比例

年份	1999	2000	2001	2002
新闻节目（时）	8902.54	927746	13085.24	14652
所占比例（%）	16.66	16.42	17.95	16.97

进入新世纪，CCTV新闻现场直播发展一年上一个台阶。从表3和表4可以看出，2000年以来，央视直播节目、新闻节目的时长和所占比重都逐年递增。与此同时，《东方时空》等常规类新闻栏目也从录播转变为以直播为主。

2000年，CCTV现场直播了九届全国人大三次会议开幕式、朱镕基总理答中外记者问、全国普通高等院校招生网上录取、"源头的呼唤"——三江源自然保护区成立仪式、北京老山汉墓挖掘、钱塘江潮、"穿越2000——挑战无限"环太湖特技飞行大赛、中国（珠海）航空航天博览会开幕式及飞行表演等。2001年，CCTV现场直播了张君李泽军杀人案庭审、上海五国首脑会晤暨上海合作组织成立、庆祝建党80周年特别节目"旗帜"、庆祝北京申奥成功、上海APEC会议、中国加入世界贸易组织等。2002年，CCTV现场直播了铁路客票价格听证会、布什在清华大学发表演讲、"古文明、新发现"埃及金字塔考古行动、长江三峡导流明渠截流、中国共产党第十六次全国代表大会开幕式等。

从新闻选题可以看出，这一时期，CCTV新闻现场直播的领域进一步拓展，不再局限于新闻的重大性，而是涉及与国计民生相关的各个领域，新闻的新鲜性、趣味性与新闻的重大性和政治性并存。

4. 2003年至今

2003年，CCTV及时、大规模地直播伊拉克战争和"非典"疫情，标志着CCTV对新闻现场直播的组织、操作能力已明显提高，其现场直播的对象已从重大新闻、常规新闻扩展到突发类新闻事件和探索类新闻。CCTV新闻现场直播已经比较成熟。

2003年，伊拉克战争爆发，CCTV在战争爆发的第一时间就进行滚动递进式的直播，从多角度分析这场战争的根源、发展趋势，较好地把握了舆论导向。CCTV对2003年伊拉克战争的现场直播，是其历史上第一次迅速、及时地对国际重大突发事件进行现场直播，被称为CCTV新闻现场直播发展史上划时代的标志和CCTV新闻现场直播改革的号角。

表5　央视和美国有线电视新闻网（CNN）对伊拉克战争现场直播比较

新闻事实	开战时间	CNN首播时间	央视首播时间
伊拉克战争	10:35	10:40	10:43

从表5可以看出，CCTV对2003年伊拉克战争的现场直播只比CNN晚3分钟。此外，CCTV在战争爆发4小时20分钟后立即播发政府声明，首播时长达4小时47分钟，全天直播时长达12小时30分钟。CCTV电视新闻现场直播的反应时间和报道规模，已达到国际先进水平。

2003年5月1日，中国第一个国家级新闻专业频道——CCTV新闻频道开播，这是CCTV新闻现场直播发展史上的里程碑。新闻频道的开播是中国社会经济发展、中国政治体制改革和政府尊重公民知情权的集中体现。新闻频道开播不久之后，其对2003年

"非典"突发疫情的现场直播引起社会广泛反响，其传播理念"第一时间、第一现场、第一需要"也得到社会普遍认同。从2004年起，《中央电视台年鉴》将新闻节目的统计名称由以往的"新闻节目"改名为"新闻资讯类节目"。这是新闻频道开播后，新闻报道量增多、信息量增加、报道范围增广的结果。

表6　2003—2005年央视新闻节目播出时长及所占比例

年份	2003年	2004年	2005年
新闻资讯类节目（时）	20831.35	35412	37585.03
所占比例（%）	21.82	29.59	31.32

从表4和表6的比较中可以发现，央视2003年的新闻播出量比2002年多出近一倍，这是央视新闻频道开播的直接结果。同时，2004年、2005年央视新闻资讯类节目的时长逐年递增。从2006年起，《中央电视台年鉴》进一步将"新闻资讯类节目"的统计细化为"首播量"和"重播量"两大类。其中"首播"新闻一般都以直播的方式播出。从表7的统计数据可以看出，央视新闻直播的"首播量"和"重播量"，不论是时长还是比例都在逐年递增。

表7　2006—2008年中央电视台各类节目播出量及比例

新闻资讯类节目	2006年	2007年	2008年
首播量（小时：分）	26072：46	31938：59	38684：09
首播占台（%）	20.3	21.51	23.85
重播量（小时：分）	9919：56	12847：11	13020：16
重播占台（%）	7.72	8.65	8.03
总播出量（小时：分）	35992：42	44786：10	51704：25
占全台（%）	28.02	30.17	31.88

CCTV新闻直播逐年增多，内容逐年丰富。从2005年起，CCTV新闻频道实现在同一天进行多场新闻现场直播，甚至是内容完全不同的新闻现场直播。但在《中央电视台年鉴（2009年）》中，从2008年起，已经没有新闻现场直播的统计数据，由此可以推断，央视新闻直播已经成为央视新闻的常态播出方式。

这十多年来，《中央电视台年鉴》对央视新闻现场直播的归纳经历了从无到有、从少到多，又从有到无的过程，这是央视电视新闻现场直播迅速发展的真实写照。

2008年CCTV新闻频道联合全国30多家省级电视台共同组织成立了"新闻直播联盟"，与地方台共享新闻资源，要求一旦重大新闻事件发生，地方电视台的记者立即到达事件第一现场进行报道，2010年CCTV完成在国内所有省份建立记者站的工作，建立"新闻应急报道反应机制"。一个直接连通央视国内外驻点报道力量的现代化新闻指挥调度系统，通过多年建设已经完成。

（二）改革开放40年来CCTV新闻直播语言发展

改革开放40年来，新闻直播语言由于节目内容和形式的变化，经历了书面语言音声化到日常口语生活化、随意化、接近民生的特征。

1. 前期特征：书面语的音声化

改革开放以来，国家强调“以人为本”。我国社会经济发展迅速，人民物质生活水平不断提高，精神文化生活也不断丰富。同时，各地方电视台迅速发展壮大，和CCTV逐渐形成竞争态势，有效制约了CCTV一台独霸的局面。1978年至20世纪90年代中期，由于经济、政治、市场环境的变化，在CCTV逐步推进新闻直播的过程中，新闻直播语言逐渐改变了解放初期高高在上的训斥、说教的语言形式，播报声音普遍“降调”，以接近平时说话的音高、音强进行播报。但这一时期的新闻直播，主要仍是庆典类、仪式类重大新闻和重要会议新闻的实况转播，以及新闻栏目的直播，新闻直播语言仍以书面语言的音声化为主，具有明显的书面语特征，整齐规范、语法准确、没有语言杂质。

2. 现场直播起步期：集合了书面语与有声语的精华

早期电视新闻直播和现场直播的区别是：早期电视新闻直播是播音员在演播室或新闻现场进行“播读稿件”式直播；现场直播则采用多家电视台合作的方式，以CCTV演播室主持人为中心，演播室嘉宾深度分析、多地采访报道、专题片播放等多个元素相结合的“报道”式直播。

从1997年至今，20多年来，CCTV新闻现场直播大体可以分为仪式类新闻直播、事件类新闻直播和常规类新闻直播三种类型。现场直播起步期，CCTV多以庆典类、仪式类重大新闻作为现场直播的主要内容。直播前充分做好案头准备，写好播出文案，现场直播时以文案为主，进行播读、解说，仍然是书面语言的音声化。如国庆50周年庆典现场直播，节目一开场，白岩松在演播室里说：“各位观众，节日好！欢迎收看中央电视台庆祝中华人民共和国成立50周年特别节目。今天的北京雨过天晴，又是一个适合于庆典的好天气。在这样的天气下，在这样快乐的心情中，今天早晨起床，或许我们每个人都应该唱的一首歌就是——《今天是你的生日，我的中国》。50年的岁月，半个世纪的风雨兼程，中国这个名字从来没有像今天这样响亮过。在今天上午10点，北京的天安门广场将举行隆重的国庆庆典，既有庄严的升旗仪式，又有盛大的阅兵式，还有群众的庆祝游行。中共中央总书记、国家主席、中央军委主席江泽民将发表重要讲话，整个庆典将持续两个小时，我们将进行现场直播。现在离庆典还有一个半小时的时间，请看我们在天安门城楼的记者贺红梅发回的现场报道。”

接下来，镜头转向天安门城楼上的现场记者贺红梅，她说：“观众朋友，现在我正在天安门城楼上为您做现场报道。再过一个多小时，江泽民、李鹏、朱镕基、李瑞环、胡锦涛、尉健行、李岚清等党和国家领导人将登上天安门城楼。现在从城楼上望下去可以看到，在人民英雄纪念碑前的广场上已经坐满了参加庆典的十万名学生。他们每个人都戴着一顶小红帽，远远地看上去非常壮观。在庆典仪式开始后，这些学生将随着行进队列的不同，不断变换出不同的背景图案。今天天安门城楼的上空升起了34盏大红灯笼。每个有两三层楼那么高，为天安门广场增添了不少传统和喜庆的色彩。……观众朋友，让我们一起再来重温一下共和国三代领袖的风采。”之后插播了一部由赵忠祥配音的介绍三代领导人和共和国成立50年来发展历程的纪录片以及白岩松在演播室里采访从各地邀请来的一些参加往次国庆庆典的人。

接近上午10点时，镜头转向天安门广场，现场直播国庆庆典的升旗仪式、阅兵式和群众游行，由罗京和邢质斌解说。当庆典接近尾声时，镜头再次转向演播大厅。白岩松在现场观众的一片掌声中走向演播台，他说：“《歌唱祖国》的歌声在天安门广场，在我们每个人的心中依然回荡。当我们从欢乐的天安门广场把视线收回的时候，相信每一个人的心都不会很快地平静下来。又一个辉煌的国庆庆典的画面将留在我们每个人的一生当中，留在共和国的记忆当中，如果说1949年的国庆庆典反映的是我们民族独立、人民当家作主的那种激动，1959年的国庆庆典是人民建设自己国家的那种豪迈，1984年的国庆庆典是思想解放、人民当家作主、巨龙要腾飞的信心，那么今天，今天这个庆典是中国迈向新世纪的宣言。……”可以看出，主持人、记者的语言书面语痕迹明显，集中了书面语言严谨缜密、条理清晰和有声语言以情感人的优势，充分体现出书面语与有声语的精华。

3. 现场直播发展、成熟期：书面语为辅，口语量大幅增加

随着CCTV现场直播的推进，新闻现场直播涉及的领域逐渐从庆典类、仪式类重大新闻拓展到普通新闻领域。备稿时间缩短，书面语痕迹逐渐减少，口语量逐渐增加，特别是突发类新闻的现场直播，口语化报道占据主要地位。

与书面语音声化的庆典类、仪式类现场直播相比，突发新闻的现场报道更多地采用即兴口语：从话题的思考到语言的组织，准备时间短，需要根据场景随即说出。因此，这类直播中的出镜者随想随说、语言结构松散、语法不严密，句式、语气变化多，多采用短句、省略句，词语运用简单，语言中没有实际意义的语气词、停顿、反复等语言“垃圾”多。这种情况在2003年之后的对伊拉克战争、“非典”疫情、四川汶川地震等现场直播中频频出现。记者、主持人的提问和被采访者的回答中反复出现了很多“嗯”“呃”等没有实际语义的语词。这些语言“垃圾”说明说话者还处于思考、组织语言的过程中，语言表达跟不上语言组织。

而与现场直播起步期的庆典类、仪式类新闻现场直播相比，发展成熟期的庆典类、仪式类现场直播的主持人、记者的语言也增加了很多“水分”。如时隔10年，2009年由白岩松和欧阳夏丹共同主持的共和国60周年大庆的现场直播。主持人白岩松和欧阳夏丹在演播室对话，并插播与前线记者的连线采访，其语言频频出错，语言杂质多，生活化明显。在谈到“国庆60周年是世界媒体瞩目的焦点”的话题时，白岩松与欧阳夏丹的对话如下：

欧阳夏丹：那岩松呢是参与过十年前啊，五十周年大庆一个、一个直播的报道。那么走过这十年，你的感受可能会更深。为什么今年的这个国庆盛典会在国际上如此地受关注？

白岩松：其实在五十年这个庆典的时候就非常非常地受关注了。那么84年的时候是一个标志，因为84年的时候，中国改革开放刚刚开始6年。那么那个时候到到底中国透过这样的一个国庆庆典在全世界面前展现出是怎么样的一个开放的和富有活力的形象？因此84年的时候当然格外地关注。那么到了90年的时候呢，到了99年的时候，也就是五十周年的时候，整个国家的实力发生了进一步的变化，大家自然也更加关注。但是今年，作为整个共和国六十年一个甲子的时候，大家想想看，同十年前相比的时候，我们的GDP恐怕进不了前五，现在中国GDP占世界的这个进入到第三名，而且可能很快会成为到第二。尤其在这个全球金融危机的这种情况下，中国所发挥的作用越来越大。大家也难得世界上这么大一个喜事儿，大家一起来关注。另外，当然国外的记者也会格外关注包括我们军备啊等等展现出来的一种状况。但是大家也都心知肚明，就是最高端的也不一定一定会在庆典上展现出来，但是起码它是一种展示。另外，究竟这个国家的这种实力，包括这种民族性格，等等，在这次庆典上展现得如何？所以我想国外的记者当然高度关注。如果说过去31年的改革是请进来的话，中国正面临走出去，新的30年，甚至60年的挑战。在这样一个的关键点上，这次庆典自然为请进来和走出去提供了一种很好的依据。

欧阳夏丹：嗯，在这面临新起点的时候呢，其实通过这样一次展示，国外人民也看到了中国的这种经济实力和时代的变迁。

白岩松：没错，所以有的时候站在一个高处去看、从历史的跨度去看的时候，很多细节……

这段对话出现了很多读音、语法错误和词语、句子重复等语用失误。如欧阳夏丹将“shēn（深）”读成了“shēng（生）”。白岩松的回答中，“所以我想国外的记者当然高度关注”中，将“外”的第四声读破音，“那么那个时候到到底中国透过这样的一个国庆庆典在全世界面前展现出是怎么样的一个开放的和富有活力的形象”一句中说了两个“到”，出现重复。“那么到了90年的时候呢，到了99年的时候”一句中出现错误，将99年说成了90年，白岩松停顿了一会儿，随后改正过来。“但是大家也都心知肚明，就是最高端的也不一定一定会在庆典上展现出来”一句中，他重复说了两个“一定”。而且还出现了一些用词不当、语句不通、词不达意的问题。这些语用上的错误，破坏了国庆庆典直播严肃庄重、磅礴大气的气氛。

与此同时，与现场直播并存的常规新闻的直播，如《新闻联播》《晚间新闻》《整点新闻》等，20多年来，播报的语言样式也在悄然发生变化，从20世纪末的规整、规范化播读、播报，逐渐转向接近日常语言的解说式讲解。吐字发声、音高、音强逐渐与日常生活语言接近。可见，自从1997年CCTV新闻现场直播开始以来，CCTV新闻直播，包括现场直播和日常新闻直播，其语言随着CCTV直播的常态化呈现出从书面语言音声化到日常会话口语化的转变。

三、结论

世界各大电视机构早已把直播作为常用的新闻传播方式，以此提高自己的影响力，直播是电视新闻的发展趋势之一。电视新闻直播的出现和发展，要求修改传统新闻的定义，以往对新闻的定义“新闻是新近发生的事实的报道”，扩展为“新闻是新近发生或正在发生的事实的报道”或“对正在发生的事实的报道、对已经发生或客观存在但不为人们所认识的事实的报道”。“正在发生”突出了电视新闻直播在新闻传播中的作用和价值。

在我国，自1958年CCTV创建以来，电视新闻事业由小到大，由弱到强，已成为国家建设的重要组成部分。改革开放以来，尤其是进入新世纪后，随着市场经济由产品经营时代进入品牌经营时代，电视媒体也从节目竞争过渡到了品牌竞争。2006年，《国家“十一五”时期文化发展规划纲要》将CCTV品牌建设列入其中，而电视新闻直播就是CCTV“品牌”战略的重要举措之一。20多年来，CCTV新闻直播节目比重加大，题材拓宽，形式丰富，呈现常态化、多样化的发展趋势。从CCTV对2003年“伊拉克战争”和“非典”的直播、2008年“抗击雨雪凝冻灾害”和“5·12四川汶川地震”的直播可以看出，CCTV已具备在重大突发事件发生第一时间进行报道的能力。这十多年来，CCTV新闻频道一年要直播新闻200多场300多个小时。从观众的角度来看，CCTV新闻直播已成为广大观众获知重大新闻事件的重要途径，即“有大事，看中央电视台节目”。

如今，新闻传播手段随着现代科技的革新与运用呈现出多样化的发展态势，网络、手机等新媒体也成为新闻传播的重要渠道。可以预见，新闻直播将在更多的媒体里发挥作用，直播语言将传播更多的信息，同时影响更广大的受众。但是从实践来看，随着电视新闻现场直播的常规化、日常化，播音员、主持人在新闻现场直播中越来越多地采用即兴口语表达，实际工作中还存在很多语言不到位、不规范的现象。播音员、主持人的语言具有“示范性”，是全国人民学习规范普通话的模板，但其语言能力确实还需加强。即兴口语表达的训练不是一朝一夕能完成的，是日积月累的积淀，需要播音员、主持人加强自身各方面修养，尤其是语言修养，才能完成时代赋予的使命。

浅说节目主持中的两种语言形态

——讲解与评述

浙江工业大学人文学院　任　燕

摘　要：广播电视节目主持人口语表达有两种重要而又常见的语言形态：讲解与评述。实际上，不仅是主持人，其他职业（教师、律师、导游、管理者、营业员、推销员、解说员、点评者等）在日常工作中，遇上需要对事实加以说明的时候，也离不开这两种口语表达形式。本文结合实例着重阐述讲解和评述的基本策略，以期对广播电视节目主持人提高主持水平有所启发。

关键词：节目主持；讲解；评述

引　言

讲解，顾名思义就是讲述、解说，即就客观事实对交流对象进行恰如其分的讲述（包括叙述、描述）、解释和说明，使听话人能够准确无误地把握事实的真实面貌，或对客观事理有所了解，获得新的感知和认识。

评述在日常语言中又叫讲评。如果说讲解是讲述与解说的结合，那么评述则是讲述与评论的结合；换言之，讲解是在讲述的基础上加以必要的“解”，评述是在讲述的基础上加以适当的“评”。讲解通常不直接表明讲解人自己的观点看法，评述则一般要彰显主持人的立场和观点，表明对人或事物的是非好坏、优劣高下的评判意见。相对而言，评述是一种具有更强的综合性、难度较大的口语表达形式。“述”要简明，抓住特征，“评”要精当，切中要害。

但是，讲解与评述又不是完全泾渭分明、非此即彼的。这不仅是因为它们都以外在事实为依据，以客观讲述为基础，以真实准确为原则；更重要的是，在节目主持的实践中，主持人在对客观事物进行讲述、解说的过程中常常会带上其本人对事物事件的主观评论。这样，讲解与评述有时也难以截然划分开来。

由于讲解和评述都是口语表达活动，所以，即使做了充分的文案准备，也大都是脱稿式的表述。因此，讲解与评述既要符合有声语言的表达技巧，即语音、语调、停顿、节奏和语气的准确使用，更应注意内容编排的方式。换言之，讲解和评述中要真正做到得“心”应“口”，必须十分注意表达的基本策略。

一、讲解的基本策略

（一）由浅入深

讲解是把别人不清楚不了解或不明白的事物告诉对方，需要讲解的内容对交流对象来说大多是未知的或知其然而不知其所以然的，因此讲解人应十分注意说话的条理与顺序，遵循人们认识事物的特点和规律，精心安排语言的先后顺序，尽可能做到先易后难、由浅入深。对于那些专业性较强、内容繁复的事物，更要深入浅出，遵循循序渐进的原则，就像剥竹笋一样，由表及里，层层递进。这种方式犹如师长的循循善诱，不会使听者在初始阶段就产生畏惧、抵触的感觉，而是使听者在潜移默化中逐步领悟，直至豁然开朗，渐入佳境。例如对“遥不可及”的航天知识和“曲高和寡”的交响乐的讲解，要是能用类比方式层层剖析，且能深入浅出，一定会赢得更多百姓的关注和喜爱。

在一次科普讲座上，专家对“黑洞”作了如下讲解：

“黑洞”很容易让人望文生义地想象出一个“大黑窟窿”，其实不然。所谓“黑洞”，就是这样一种天体：它的引力场是如此之强，就连光也不能逃脱出来。

黑洞是怎样形成的呢？其实，跟白矮星和中子星一样，黑洞很可能也是由恒星演化而来的。当一颗恒星衰老时，它的热核反应已经耗尽了中心的燃料（氢），由中心产生的能量已经不多了。这样，它再也没有足够的力量来承担起外壳巨大的重量。所以在外壳的重压之下，核心开始坍缩，直到最后形成体积小、密度大的星体，重新有能力与压力平衡。质量小一些的恒星主要演化成白矮星，质量比较大的恒星则有可能形成中子星。而根据科学家的计算，中子星的总质量不能大于三倍太阳的质量。如果超过了这个值，那么将再没有什么力能与自身重力相抗衡了，从而引发另一次大坍缩。这次，根据科学家的猜想，物质将不可阻挡地向着中心点进军，直至成为一个体积趋于零、密度趋向无限大的“点”。而当它的半径一旦收缩到一定程度（史瓦西半径），正像我们上面介绍的那样，巨大的引力就使得即使光也无法向外射出，从而切断了恒星与外界的一切联系——“黑洞”诞生了。

通过上述讲解，我们不仅排除了对黑洞的误解，知道了黑洞是什么，而且了解了黑洞是怎么形成的，更感受到了天文现象的引人入胜。一个难以理解的似乎很玄妙高深的天文学概念，经过专家由浅入深的讲解，给受众留下了更多的思考和回味。

高水平的口语应用，往往表现出讲解人语言能力纵深发展的特点，其表现形式为从一般讲述入手作纵深发展式的剖析。一位哲学家做讲座时这样讲解人生：

一位在电影上演出完美爱情的女明星，现实生活的感情却一再遭到挫败。当她接受记者的访问时，感慨地说：“演了这么多年的戏，没想到演自己是最辛苦和失败的，因为演别人时可以根据剧本的情节来演出，但是演自己时，却没有写好的剧本，没有彩排，一旦演坏了，就要承担所有的责任。”因此，她说：“演别人容易，做自己难。”读了这个报道，我的感触很深，大凡世事皆是如此，旁观者清，当局者迷；站在岸边时容易客观，身陷洪流时就会迷乱了。在现实社会，我们可能看到心理学家比一般人有更多的心理情结；专门为人解答婚姻爱情的人，自己的爱情婚姻可能一塌糊涂。由于真实人生没有剧本，没有彩排，不能重来，所以要紧的是活在眼前，让每一个眼前都活在最好的状况，承担此刻的责任，那么结局即使不能完美，过程也没有遗憾了。世事离戏只有一步之远，人生离梦也只有一步之遥。生命最有趣的部分，胜过演戏与做梦的部分，正是它没有剧本、没有彩排、不能重来。生命最有分量的部分，正是我们要做自己，承担所有的责任。

哲学家从女明星的感情生活入手，由浅入深，逐步推进，对真实人生作了深刻的诠释。

（二）由点及面

外在的客观事实是由无数小的事物事件组成的，每一事物事件都构成了表述的语言点，每个点都可以折射出整个事物实质的不同侧面，进而以小见大，触类旁通。讲解人依据讲述内容的繁简特征，不应面面俱到，而是抓住某一切入点，适时扩展开来，让听者清楚内容的关联，便于深刻领悟事物的本质。教师在授课过程中，多以此类方式传授新知，答疑解惑，使学生举一反三；导游在讲解风景名胜时也常从一个景点的描绘讲解进而推及整个景区的特点。如下面一则对桂林碧莲峰的讲解词，就做到了立足局部放眼全局。

碧莲峰上石刻很多，特别是山腰石壁上刻有清代光绪年间一个草书“带”字，更是令人叫绝。这个字的字形结构意味深长，人称一字诗，竟包含了“一带山河，少年努力”八个字的韵味和笔意。有个文学家仔细琢磨借题发挥，辨认出“一带山河甲天下，少年努力举世才”十四个字。后来又有位诗人见了以后，不禁诗兴大发，竟又从中吟出“一带山河，举世无双。少年努力，万古流芳”这首诗。各位朋友，你们从中能否领悟出什么新的奥妙？是不是可以总结出漓江风景的特点就是一个“妙”字呢，漓江风光的自然美真是妙不可言！

这位主持人从碧莲峰上讲解石刻草书“带”字这个点出发，引出了对整个桂林风景特色的欣赏与赞美。

（三）由实到虚

人们认识事物的过程总是从具体到抽象，从现象到本质的。讲解也就应从具体可见的事物出发，逐步进入到事物的内在规律，把具体事实和抽象议论有机地结合起来。讲解中采用由实到虚的策略一是可以阐明带有普遍意义的情况和问题，避免就事论事；

二是在讲解一些抽象的概念、道理和情感时，从具体可见的事物或感受出发可以化抽象为具象。例如中央电视台主持人白岩松在《面对面》节目中对幸福的诠释就是这样开头的。

其实幸福就是像水一样的东西，就在我们的身边流过，就像一杯奶茶，亲人的一张笑脸，午后一抹温馨的时光，半夜下班时万家灯火为你点亮的一盏灯……

“幸福”本是一个司空见惯的词汇，一个我们已经熟视无睹的话题，白岩松却用浅显的事物作比，极具表现力，寓意深刻，从而唤醒了人们已经麻木疲惫的心灵，使人为之触动、产生体味。

在陕西西安秦始皇兵马俑博物馆里，讲解员指着巨大土坑中一排排兵马俑对游客讲解：

虽然英雄一世、创立无数丰功伟绩的秦始皇早已去世两千多年了，但是这些现存的兵马俑留给人们的思考是什么呢？或者说，我们能从中吸取到什么呢？我想，敢创历史先河、为国家统一不惧死亡的韬略和勇气是我们应该吸取和仿效的。一代伟人嬴政横扫六国、统一中国的非凡气度和魄力仍不失为我们今天克服前进路上障碍的巨大动力。一个民族、一个国家想要富强，没有这种气魄是不行的！

这位讲解员没有局限于介绍兵马俑的形状、制作和发掘的过程等，而是由眼前的实景转而导入前进道路上的“气度”“气魄”等，一番动情的解说的确起到了“寓教于游”、弘扬中华民族精神的作用。

在一场名为“职场社交”的讲座上，主持人在谈到“同事相处”时说：

现在的都市白领大多数爱以同事为主要社交对象，上班时默契配合，其乐融融；下班后逛街、泡吧，好不惬意。渐渐地一个新兴名词“同事文化”产生了。什么是“同事文化”呢？就是由于同处于一个工作环境，彼此又年龄相仿，有着相似的社会观念，再加上工作和生活中的相互影响比其他关系更加深入，形成了白领社会中一种主流社交方式。

由实到虚是从具体到抽象，也包括从现象到概念，以上讲解从同事一起“逛街”“泡吧”出发，引出“同事文化”这一新概念，揭示了事物的本质，便于听者领会主旨。

二、评述的基本策略

（一）评述分行

评述分行的策略是指讲评人在言语表达过程中，有意识地把讲述和评论分开进行。评述分行又有两种具体的方式：“先述后评”和“先评后述”。前者是由述而评，以评为本；后者是由评而述，以评驭述。以下各举一例。

在谈到“社会需要文化精品”时，主持人说了这样一段话：

曾经有人做过一项非常有意思的调查，结果显示，北方人在看电视的时候，遇到自己不喜欢的节目，能容忍的时间只有8.5秒，接着就是拿起遥控器，“啪”就换了频道。而珠江三角洲地区的人能容忍的时间就更短，只有4.5秒。对文化产品的创造者来说，百姓的选择权以及对质量的评定的确是一种压力。上有政府的号召，下有百姓的需要，文化产品的创造者就必须回答一个问题：我该把怎样的文化精品奉献给你。

以上讲解话语不多但是很有分量，原因在于先拈出一个很有意义的现象加以叙述，然后再以铿锵有力的话语进行评论，令听者对所提的问题不能不认真思索。难怪老舍先生曾满怀激情地号召使用语言的人：“我们应有点石成金的愿望，叫语言一经我们的手，就变了样儿，谁都能懂，谁又都感到惊喜，拍案叫绝！”

在电影欣赏节目中，一位主持人就刚刚放映的电影《李时珍》作了一番评述：

完美的结局、成功的喜悦是每个人都想要的，但又有多少人想经受艰辛的过程呢？其实艰苦的努力是成功的基础，没有艰苦努力奋斗的过程就不可能获得成功。艰辛听起来就让人感觉很伤感，感觉好像一天到晚都生活在痛苦、磨炼之中，没有丝毫生活的乐趣可言，其实不然，艰苦努力的过程中其实也有快乐，它的快乐就在于你正向着成功靠近，正在一阶段一阶段地取得胜利。可见，艰辛是获取成功的必经之路。要想获得最终的成功，就必须有一段艰辛的过程，因为这正是“成功”在考验你，看你是否有资格来获取成功，得到荣耀。就像《本草纲目》的作者李时珍，他经过了27个年头的跋山涉水，风餐露宿，终于找到了足够的资料来写这本著作。这27年里的艰辛是可想而知的，可正是因为李时珍付出了这个艰辛的过程，做出了常人难以做到的事情，他才得到常人得不到的成功。

主持人一开头并没有分析李时珍这个形象具有什么意义，也没有解释电影的主题思想是什么，而是从艰苦的努力和成功的喜悦之间的关系谈起，论证艰苦的努力是获得成功的必经之路，然后再通过叙述李时珍获得成功的过程来加以印证，这样先评后述使艰辛与成功的命题在观众脑海中留下了深刻的印象。

（二）评述相间

评述相间也是有评有述的，只不过它不像先评后述和先述后评那样评、述两者界限分明，而是讲评人在评述中或评或述、时评时述，评与述穿插使用，取得事理交融、交相辉映的效果。例如在2004年全国大学生辩论赛中，评委蒋昌建对辩论决赛时反方表现的一段评述，就是述中有评，评中有述，边叙边议，边述边评的典型：

反方一上来颇为宏观，而且具有高瞻远瞩的姿态，让我们评委认为身处在21世纪的门槛上，这样的观照和博大精深的气度，很可能是未来复合型的人才所必须具备的基本素养。更可贵的是他把这个命题的对象变成了两种群体，第一种是教育者，第二种是受教育者，这一点也出乎我们评委的意料之外。更重要的是他立论的基本构架是在着意讲求专业化、社会化和国际化的现代条件下，“博”恐怕是考虑大学专博辩证关系是否摆正的一个重要的因素。是不是已经到了应该讲求以博为主的时机呢？这个问题提得相当的及时，与此同时我们要指出，反方在立论简单明了的同时，也给出了一定的说明性和事例性的佐证，这一点也许是实证的精神在东吴大学发扬的一个缩影……

再如北京人民广播电台《时事对白》主持人对北京节水问题的评述：

有这样两件事，一个是在北京郊区的一个研究所集体宿舍的盥洗室，水龙头大开着，水池里放着西瓜和待漂洗的衣物，这种长流水可以持续几个小时甚至一整天；另一件事是一位大妈跟我说，她有一天洗手时，小孙子说："奶奶，把水龙头关小，让水溜儿小一点儿，别浪费水。"对这两件事，大家心里自有评判。节水宣传早已不是一两年的事了，需要节水也早已不是防患于未然的事，而是迫在眉睫、事已临头。从北京市的地理环境来看，缺水程度本不应与以色列相提并论，从另一个角度来说，沙漠中的以色列却成为盛产鲜花的国家，这对于缺水的国家来说无疑是创造了一个奇迹，而北京人是否能创造珍惜水、主动节约水、让北京顺利地可持续发展的奇迹呢？这要靠政府，更依赖于市民。

主持人先讲述了北京郊区的两个具体现象，然后论证节水是迫在眉睫的事，随之又讲述了缺水国家以色列的情况，接着又发表议论，评述交替进行，使其言论非常有说服力。

（三）寓评于述

评述中还有一种较为特殊的形式，即评述者在评述中不直接站出来对所讲述的事实加以评论，不直接评论并不意味着就是纯客观的讲述，并不等于没有观点和立场，而是通过资料的选用和语言的褒贬体现出作者的立场和观点，这种方式就是"寓评于述"。表面上似乎是述而不论，实际上却寓褒贬于事实的讲述之中。中央电视台主持人张越在回忆她主持《谁来作客》时，谈到对男人的理解有如下评述：

男人是什么？是一个食肉动物。在毫无危险的时候，你们看，他就躺在草地上晒太阳，懒洋洋的样子，这个时候你几乎看不到他的力量、他那种美感。他的美感什么时候来临呢？当危险来临的时候，当荒原里传来血腥味和丛林里传来脚步声的时候，他就会一跃而起，正是在那个刹那，他的全部力量、全部激情都迸发出来了。

张越在这里没有对男人直接加以评述，而是以一个巧妙的比喻寓评于述，表明了对男人的评价：在危险来临的时候，他是美的、智慧的和有力量的。一般人认为"口若悬河""滔滔不绝"是好口才，其实不然，真正好口才是"好钢用在刀刃上，好话说在点子上"。话虽不多，却要简明扼要，一语中的，使听者清楚明白。

在同学聚会时，女同学往往喜欢谈论家庭和婚姻，大家都愿意夸赞自己的配偶。但有一位妻子这样评述自己的丈夫：

我家老公有点健忘。前几天，家里的牙膏等日常用品要用完了，我列了张清单，叫他下班去附近超市买。上班前我还像和尚念经般地跟他说了几遍，他也说一定记得买。可是他下班回家，两手空空。我问他今天忘了什么，他才从口袋里掏出纸条来，笑着说："你看我的记性，我今天忘了把清单掏出来看。"第二天，我又把要买什么东西念了几遍，在快要下班时发了一条短信。过了一会儿收到他的回复："老婆，我记住了，两只手掌上都写了'买东西'，今天一定买。"没想到他回家时我喜滋滋地打开门，迎来的却是一脸憨笑与空空如也的双手。第三天，我既不念经也不发短信，亲自跑去看他到底记不记得买。5点40分他下班出来了。我躲在暗处看，见他从口袋掏出纸条边走边看，我心里大喜："今天真的记起来了。"我偷偷地在后面跟踪他，5分钟后，他走到超市门口，竟然看都不看就走了过去。可把我气坏了，我跑上前去对他大吼道："呆子，你给我站住！"他转过身惊讶地问："你怎么会在这里？"我从他口袋掏出纸条，数落道："我叫你买……"忽然我瞥见纸条多出了一行字：今天是老婆26岁生日，定做蛋糕，买26支小蜡烛、祝福卡。

这位聪明的女子没有用任何赞美之词去直接评论自己的丈夫，只是如实地讲述了日常生活中丈夫"健忘"的一些小故事。但是，丈夫的憨厚、忠诚、体贴以及妻子对丈夫的欣赏全在对似乎平淡的生活小事的叙述中展现出来了。

总之，"为什么说""说什么"和"怎么说"是节目主持人口语表达的三个环节，缺一不可。能否取得理想的交流效果，在很大程度上取决于最后"怎么说"的环节，也就是所有的编码内容最后都要通过一定的形式传递给广播电视节目的接受者，只有讲解和评述运用的策略恰当，才能让受众听进去、想明白，取得广播电视节目传播效果的最优化。

广播电视媒体使用外文缩略语的受众态度调查

安徽师范大学新闻与传播学院　张　荻

摘　要：本文采用问卷的方法，对广播电视媒体使用外文缩略语的受众态度开展调查。研究分为四个部分：受众对外文缩略语的知晓和使用情况，受众对广播电视使用外文缩略语的态度，受众自身使用习惯是否影响其对媒体的态度，不同群体的态度差异和影响因素测量。调查结论明确了受众的语言态度，并为广播电视媒体外文缩略语的使用规范提供了具有针对性的决策依据。

关键词：外文缩略语；受众调查；语言态度；语言规范

一、缘起

改革开放40年来，随着我国国际交往日益频繁，汉语中出现了大量外文缩略语，从刚开始讨论是否可以在汉语中使用，到如今的习以为常，公众对外文缩略语的接纳程度不断提高。作为保障公众知情权和推动汉语健康发展的重要阵地，广播电视媒体对外文缩略语的使用必须走向规范化。正如姚喜双在接受《人民日报》采访时表示，语言是国家的标志之一，我们应该树立语言文化自信，以科学态度对待外语词，既要敢于交流、不断吸纳，又要将其中国化，而不是盲目堆砌、无条件直接吸收。李宇明表示，国家语委对字母词的使用持比较谨慎的态度，希望能尽快汉语化，以符合中国人的表达习惯。

由于外文缩略语是字母词的重要构成，如刘涌泉、邹玉华、薛笑丛等认为字母词中大部分是外来词，而且外文缩略语数量极大，发展极快，因此外文缩略语的研究也多见于字母词的研究中。目前对媒体使用外文缩略语的规范研究大多集中在媒体使用情况的调查上，如李小华（2014）将词频等数据作为依据给字母词划分级别，以对应不同的规范原则。段业辉等、侯敏等、陈佳璇、杨建国、郑泽芝、王秋萍、邹煜对不同媒体中字母词或外文缩略语的词频和分布进行研究，并提出了规范建议。吕叔湘曾经说过语言研究一定要考虑语言的使用者“人们”。“语言是什么？说是‘工具’。什么工具？说是‘人们交流思想的工具’。可是打开任何一本讲语言的书来看，都只看见‘工具’，‘人们’没有了。语音啊，语法啊，词汇啊，条分缕悉，讲得挺多，可都讲的是这种工具的部件和结构，没有讲人们怎么使唤这种工具。”关注语言传播的对象，了解受众的语言态度，是媒体外文缩略语使用规范研究的重要内容。媒体对外文缩略语的使用受社会语言生活和媒介传播目的的双重作用，受众反馈对语言传播策略影响较大，缺乏受众态度的研究将难以准确把握媒体语言规范问题。本研究聚焦于社会影响面广的广播电视媒体①，以问卷的形式，调查受众对广播电视媒体使用外文缩略语的态度。调查分为四个部分：受众对外文缩略语的知晓和使用情况、受众对广播电视使用外文缩略语的态度、受众自身使用习惯是否影响其对媒体的态度、不同群体的态度差异和影响因素测量。

二、调查基本情况

调查的地点为安徽省的合肥、芜湖、黄山、淮北、铜陵五个城市和黄山风景区。安徽省为中等发达省份，五个城市均为中小城市，此调查对于中等发展水平城市具有较好的代表性。

调查的对象为年龄在12岁及以上的人群，采取随机抽样，同时考虑到60岁以上对象比例较小，又针对60岁以上人群进行100份的分层抽样。调查共发放问卷1000份，收回935份，其中有效问卷924份。发放地点以生活场所为主：火车上、景区、住宅小区、社会辅导机构、医院、晨练广场、高校等；辅助以工作场所：国企附属单位、私营网页制作公司、银行、个体经营商、国企地产公司。

样本年龄构成：12~19岁占26%，20~29岁占32.1%，30~39岁占12.9%，40~59岁占17.4%，60岁以上占11.6%。

样本职业构成：公职人员占10%，教师占6%，学生占42%，企业员工占17.5%，农民占5%，工人占8.9%，自由职业者占10.6%。

样本受教育程度构成：研究生及以上占3.6%，大学（本科、专科）占37%，高中、技校或中专占35.6%，初中占13.5%，小学或小学以下占10.3%。

外文缩略语大多数由英文缩略而来，英语水平极可能对其认知和使用产生影响。样本英语水平的构成：专业八级及以上占2.8%，六级占10.0%，四级占19.8%，三级及以下占44.5%，没有学过占22.9%。

样本性别构成：男性占48.1%，女性占51.9%。

调查时间为2014年6月29日到2014年9月10日。数据处理采用了SPSS20.0软件。为了保证录入数据的正确性，对所有录入的数据进行复核，又随机对30%的样本进行抽检。

① 问卷调查的结果也反向证实了聚焦于广播电视媒体的科学性，调查显示，广播电视在受众获知外文缩略语的各种渠道中排名第一，是受众获知的主要渠道。

三、调查数据分析

（一）生活中外文缩略语的使用习惯

1. 总体态度

生活中使用外文缩略语的情况："非常多"的占12.2%，[①]"比较多"的占22.4%，"不算太多"的占29.2%，"基本不使用"的占31.9%，"坚决不用"的占4.3%。

选择"基本不使用"的最多，"坚决不用"的最少。进一步将五个等级合并，结果显示，在生活中外文缩略语用得比较多和非常多的占到34.6%，用得不多、基本不用和坚决不用的占到65.4%。后者几乎比前者多了一倍。看来在基本使用习惯上，公众对外文缩略语的使用还是不多，但坚决抵制的也不多。

2. 不同群体的态度

为进一步考察对外文缩略语的态度是否与年龄、受教育程度、英语水平、职业和性别相关，本研究使用方差分析的方法对上述变量进行考察，结果见表1：

表1　外文缩略语使用习惯的相关性

变量	F值（t值）
年龄	F=31.340*
受教育程度	F=52.012*
英语水平	F=94.675*
职业	F=14.438*
性别[②]	t=4.229*

*代表p值小于0.05

由表1可见，年龄、受教育程度、英语水平、职业、性别的p值均小于0.05，对公众的外文缩略语态度影响显著。

再测量各变量的影响程度，使用逐步回归分析的方法得到这样的结果：英语水平、受教育程度、年龄的影响显著，p值均小于0.05，三个变量对外文缩略语使用习惯的标准化回归系数分别为：英语水平β=0.253，年龄β=0.161，受教育程度β=0.140。其中英语水平的β值最大，表明英语的影响系数最大，影响力最大，也就是说公众对外文缩略语的使用是否频繁受英语水平的影响最大，英语水平越高，使用频率越高。

（二）对广播电视使用外文缩略语的态度

1. 总体态度

对广播电视使用外文缩略语的态度："非常支持"的占12.4%，"比较支持"的占

① 本文百分比统计选取"有效百分比"数值。

② 本文性别的影响作用采用独立样本t检验的方法。

22.9%，“基本支持”的占24.8%，“不太支持”的占14.8%，“坚决反对”的占3.5%，“无所谓”的占21.4%。

表示基本支持的人最多，表示反对的极少。进一步将有支持意向的合并，将有反对意向的合并，发现有支持意向的（非常支持、比较支持、基本支持）百分比总数达到60.1%，占了绝大多数，有反对意向的（不太支持、坚决反对）百分比总数为18.3%，超过两成的人表示无所谓。

2. 不同群体的态度

为进一步考察对广播电视使用外文缩略语的态度是否与年龄、受教育程度、英语水平、职业和性别相关，本研究使用方差分析的方法对上述变量进行考察，结果见表2：

表2　对广播电视使用外文缩略语的态度相关性

变量	F值（t值）
年龄	F=11.918*
受教育程度	F=19.807*
英语水平	F=37.929*
职业	F=8.9888*
性别	t=1.223

*代表p值小于0.05

由表2可见，年龄、受教育程度、英语水平、职业p值均小于0.05，对广播电视使用外文缩略语的态度影响显著，性别对其影响不显著。

再测量各变量的影响程度，使用逐步回归分析的方法得到这样的结果：除性别以外的四个变量中，受教育程度的影响不显著，p=0.225；职业、英语水平、年龄的影响显著，p值均小于0.05。这三个变量的标准化回归系数分别为：职业β=0.072，英语水平β=0.174，年龄β=0.083。其中英语水平的β值最大，表明英语的影响系数最大，影响力最大。也就是说公众对广播电视使用外文缩略语的态度受英语水平的影响最大，英语水平越高，支持的程度越高。

3. 对广播电视使用外文缩略语的态度个案词汇调查

以上问卷结果反映了受众对广播电视媒体使用外文缩略语的总体态度，但在研究和观察中发现，针对具体词语这种态度有可能发生变化。为验证这个发现，选取了外语中文译写部际联席会议专家委员会于2013年9月13日审议通过的《第一批推荐使用外语词中文译名表》[①]进行词汇调查，该词表经国务院批准具有较好的权威性，同

① 词表包含十个外文缩略语：AIDS（艾滋病）、E-mail（电子邮件或电邮）、GDP（国内生产总值）、IQ（智商）、IT（信息技术）、OECD（经济合作与发展组织或经合组织）、OPEC（石油输出国组织或欧佩克）、PM2.5（细颗粒物）、WHO（世界卫生组织或世卫组织）、WTO（世界贸易组织或世贸组织）。

时词表包含各领域不同时期出现的外文缩略语，具有较好的代表性。问卷设计的问题为：调查词表中的词语在媒体中出现时最合适的表述形态，结果显示，选择“用字母原型即可”的占16.6%，选择“应该用中文名称”的占27.1%，选择“同时使用”的占39.8%，选择“无所谓”的占16.5%。

此调查结果和上文总体态度的调查结果相悖，在总体态度中持支持意向的占60.1%，在个案调查中则只有16.6%的人选择了“用字母原型”。更多的人希望广播电视媒体使用中文名称或者进行中文备注。

这一发现表明，公众对广播电视使用外文缩略语在总体上是宽容的，但一旦针对具体词语，受众还是更习惯于看到中文名称或中文备注。这反映出受众在媒体使用外文缩略语问题上的复杂态度，这个结论也对我们思考媒体语言规范问题具有启发意义，即要区别总体态度和具体态度。

（三）对规范和管理广播电视媒体语言的态度

1. 基本态度

国家广电总局禁止广播电视媒体使用字母词的要求引起了不少争论，那么受众的态度如何？调查显示，选择“非常必要”的占33%；选择“比较需要”的占38.1%；选择“不太需要”的占9%；选择“根本不需要”的占2.1%；选择“无所谓”的占17.9%。

公众对国家规范广播电视媒体语言的态度集中在“非常重要”和“比较重要”，逾七成。这个调查结果从一个侧面显示了国家规范语言文字的意义和作用，也说明公众对广播电视媒体语言走向规范的需求。认为根本不需要规范的人数极少，说明公众的规范意识比较强，也表明播音员、主持人的语言还存在一些需要规范的问题。

2. 规范力度

对于规范的需求显而易见，对于规范的力度，公众的态度如何？为更好地明确问卷中各选项等级的所指，每个选项中有简短说明，如“少用甚至不用”“按照大家的接受程度分批规范”“放开使用”。结果显示，选择“强力度”的占23.1%，选择“中等力度”的占65%，选择“弱力度”的占11.8%。

多数人赞同对广播电视语言采用适度规范的原则，既不要过严也不可过松，对于目前分批规范的做法多数人表示赞同。

3. 不同群体的态度

为进一步考察受众对“是否需要规范”以及“规范力度”的态度，是否与年龄、受教育程度、英语水平、职业和性别相关，本研究使用方差分析的方法对上述变量进行考察，结果见表3：

表3　对规范管理广播电视用语的态度的相关性

变量	是否需要规范	规范力度
	F值（t值）	F值（t值）
年龄	F=6.836*	F=11.949*
受教育程度	F=16.532*	F=4.787*
英语水平	F=5.055*	F=12.704*
职业	F=7.551*	F=3.596*
性别	t=2.875*	t=0.164

*代表p值小于0.05

由表3可见，对于“是否需要规范”的态度，年龄、受教育程度、英语水平、职业、性别的p值均小于0.05，影响显著；对于“规范力度”问题，年龄、受教育程度、英语水平、职业的p值均小于0.05，影响显著，性别的影响不显著。

再测量各变量对“是否需要规范”的态度的影响程度，使用逐步回归分析的方法得到这样的结果：英语水平的影响不显著，p=0.288。年龄、受教育水平、职业、性别的影响显著，p值均小于0.05，四个变量的标准化回归系数分别为：英语水平β=0.047，性别β=0.070，受教育程度β=0.119，年龄β=0.121。其中年龄的β值绝对值最大，表明年龄的影响系数最大，也就是说，对于规范管理广播电视使用外文缩略语的行为，年龄对态度的影响最大，年龄越大，支持的程度越高。

再使用逐步回归分析的方法测量各变量对“规范力度”的影响程度。结果表明，除性别以外的四个变量中，只有年龄的影响是显著的，$p < 0.001$，受教育程度（p=0.252）、职业（p=0.608）、英语水平（p=0.056）的影响都不显著。年龄的标准化回归系数β=0.231，也就是说在年龄的影响下，其他因素的影响不再显著，年龄越大，越希望规范力度加大。

从这一组测试中可以清楚地看到，对于国家规范语言文字的行为，不同人群的态度差异主要通过年龄显现，年龄越大越支持，也越希望采取更大的规范力度。

（四）自身使用习惯是否影响对媒体的态度

对广播电视媒体使用外文缩略语的态度是否受到自身语言习惯的影响？对这个问题的探究有助于我们把握语言规范工作的趋势和规律。我们分别测量生活中使用外文缩略语频率不同的人群对广播电视使用外文缩略语的态度。

首先使用单因素方差分析（ANOVA）的方法，比较“生活中外文缩略语使用频率”和“对广播电视使用外文缩略语的态度”的联系。结果显示F=35.292，$p < 0.001$。结论：个人的使用习惯对广播电视使用外文缩略语的态度影响显著。

再将样本分为生活中使用外文缩略语频率高（非常多和比较多）、频率低（不算太多和不用）两个类别。分别统计两个类别对待广播电视使用外文缩略语的态度，生活中使用外文缩略语频率高的，对待广播电视媒体的态度见图1，生活中使用频率低的态度见图2：

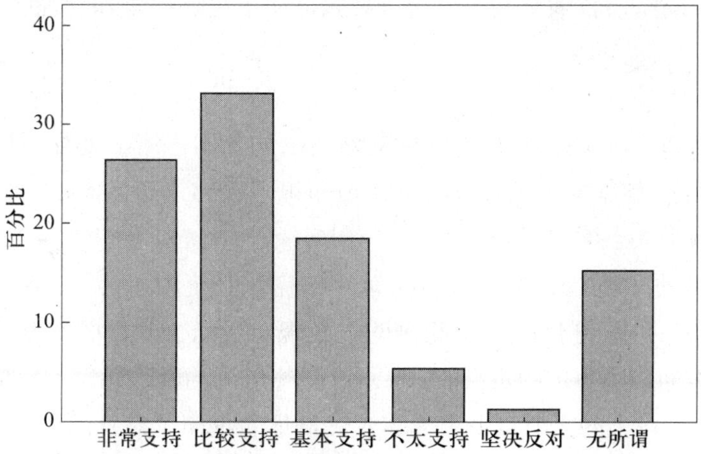

图1　生活中使用外文缩略语频率高的人的态度

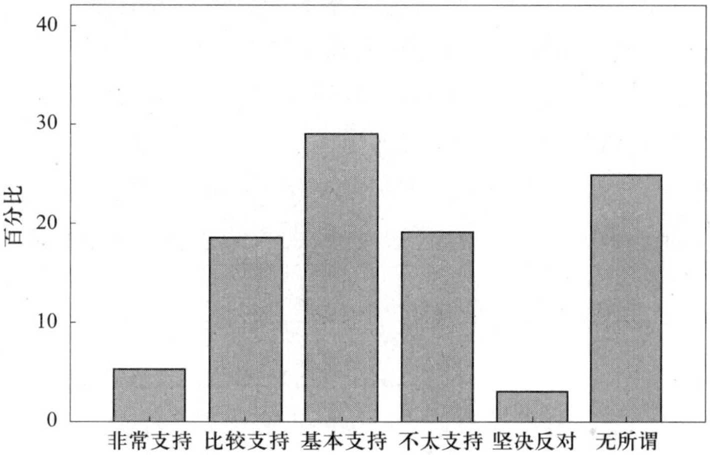

图2　生活中使用外文缩略语频率低的人的态度

从图1和图2的对比可以看到，两类人群的态度具有明显不同，自己的语用习惯会影响对媒体用语的态度，呈现出趋同趋势，自己使用得越多，支持的态度越强，使用得越少，支持越弱。但可以看到，即使在使用频率低的人群中，也基本支持广播电视媒体使用外文缩略语，差异主要表现在支持的程度上。

（五）自身使用习惯是否影响对媒体进行规范管理的态度

生活中使用外文缩略语频率不同的人，对媒体外文缩略语使用的规范和管理会产生不同看法吗？我们按照生活中使用外文缩略语的不同习惯分组，测量不同组别的差异。

首先使用单因素方差分析（ANOVA）的方法，比较“生活中外文缩略语使用频率”和“对规范媒体用语的态度”的联系，结果显示$F=1.791$，$p=0.129$，结论：生活中使用频率的影响不显著。也就是说无论生活中使用外文缩略语的习惯怎样，即使是生活中使用外文缩略语较多的人，也支持对媒体用语进行规范和管理。

四、调查结论

通过本次调查，明确了受众使用外文缩略语的基本态度、受众对广播电视媒体使用外文缩略语的基本态度、受众对国家管理和规范媒体语言的态度。同时，本次调查也反映出了影响受众态度的因素。

（1）受众对外文缩略语的普遍态度为“知晓，但使用不多”。有学者认为一些外语词知晓度较高，应放开使用。但此次调查发现，受众表现出的态度并不积极，用得不多、基本不用和坚决不用的占到65.4%，对待外语词的普遍态度是“知晓，但使用不多”。尤其是60岁以上的人群以及工人、农民群体表现出了对外语词的不习惯。

（2）受众对广播电视媒体使用外文缩略语态度宽容，但必须建立在规范的基础上。彻底的纯粹主义的语言观并不符合大多数人的意愿，虽然外文缩略语是“外来”身份，受众并非不能接纳，但需有中文备注，且需要不断走向规范化。

（3）对于国家规范广播电视媒体用语的管理行为，公众的支持态度十分明显。超过七成的人认为非常必要或比较需要，即使生活中较多使用外文缩略语的人也支持规范媒体用语的管理行为。说明媒体语言规范工作符合群众意愿，群众基础较好。在规范管理的力度方面，采用中等规范力度，按照大家的接受程度分批规范，是绝大多数公众的意愿。

（4）英语水平是影响受众外文缩略语使用习惯和对待广播电视使用外文缩略语态度的主要因素。英语水平越高，外文缩略语使用越多，对媒体越宽容。

（5）年龄是影响受众看待规范管理行为的主要因素。年龄越大，对规范工作越支持，对规范力度的选择越强。

（6）对外文缩略语的态度，不同职业显示出较大不同。工人、农民和自由职业者使用外文缩略语的频率不高，使用意愿不强烈。他们对于广播电视媒体的使用，虽然坚决反对的不多，但更多表现出不支持的态度。教师群体是使用外文缩略语最多的群体，使用较多的人占到一半以上。

（7）对外文缩略语的态度，不同年龄显示出较大不同。虽然12~19岁人群是样本中最年轻的人群，但并没有表现出较高的积极性。使用外文缩略语最多的是20~29岁人群，30岁以后，随着年龄层的提高，使用频率也逐渐降低。年龄造成的差别主要表现在60岁以上群体。调查发现，60岁以上的人群对外文缩略语有明确的态度：基本不用、不支持广播电视媒体使用、坚定地认为应当规范媒体用语、认为规范的力度要采取较强的等级。

五、讨论和启示

调查发现了一些值得我们关注或被我们忽略的问题，这些问题的探索对外来语规范问题和媒体语言使用具有一定的启示意义：

（一）在媒体使用外文缩略语的问题上，要区别总体态度和具体态度

在调查公众对广播电视媒体使用外文缩略语的态度时，设计了两个问题：一是对媒体使用外文缩略语是否支持，结果显示支持意向的百分比总数达到60.1%，占了绝大多数。二是针对具体词表的个案，调查受众更希望媒体使用哪种形式，结果显示，选择“用字母原型即可”的只占16.6%，选择“应该用中文名称”的占27.1%，选择“中英文同时使用”的占39.8%。两个调查结果的矛盾，一方面告诉我们，虽然受众对外来词汇态度宽容，但必须以更加规范的形式出现。也就是说，不能看到字母形态就认定为不规范，关键是不断探索词汇的规范用法。这个矛盾也从一个侧面反映出了我国语言调查工作应点面结合，全面考量，决不能一概而论或粗暴处理。

（二）必须区分知晓度、使用度和规范度

以《第一批译名表》中的10个词语为例，调查发现公众对这些外文缩略语的知晓度普遍较高。词表中一些词语的知晓度甚至接近了80%，如E-mail、IQ等。但是当调查使用频率时，却发现生活中使用外文缩略语比较多和非常多的占到34.6%，用得不多、基本不用和坚决不用的占到65.4%。后者几乎比前者多了一倍。也就是说，虽然公众对外文缩略语的知晓度较高，但使用的热情却不能与之匹配。

看来，必须区分知晓度和使用度，也要区分使用度和规范度，绝不能混为一谈。知晓度仅仅表明公众接触到这些词汇时能较准确地明确其所指，但并不能说对它的使用也十分频繁，更不能说这些词汇已经进入了公众的常用词汇。同时，公众使用度较高也不意味着在媒体中使用不影响传播效果，因为不同群体的使用度客观上存在着较大的差异。认为一部分外文缩略语已经被公众熟知，就妄下字母词的使用趋势大好的武断结论，以及因为一些外语词汇给我们的生活带来便利而被大家普遍接受就对外语词汇倍加推崇的行为，需要警惕。对于媒体从业者来说，在语言使用上一味地追逐时髦，或不加调查想当然地认为使用外语词汇能增强传播效果，其结果也许适得其反。

（三）英语水平的重要影响力可以帮助我们把握受众语言态度的走向

通过调查和测量，受众外文缩略语的使用习惯和对媒体使用的态度受到英语水平的影响最大。这一测量结论可以帮助我们通过了解公众的英语水平来掌握受众语言态度的发展趋势。当前，我国公民的英语水平如何呢？语言培训机构英孚教育在2011年

公布的结果显示，中国在44个官方语言非英语的欧洲、亚洲、拉丁美洲国家中排名30，被列为英语水平低的国家。因此，目前阶段外文缩略语的使用还应当遵循规范化的原则，尽量汉化使用。未来，随着国际化程度加深和我国公民英语水平的提高，媒体使用外文词的数量会逐渐增多。

（四）受众不同的语言态度对媒体用语的规范性提出更高的要求

从职业上看，工人、农民、自由职业者对外文缩略语的使用较少，从年龄上看，60岁以上的人对外文缩略语的使用较少。受众不同的语言态度，要求媒体只有在语言使用上走规范化道路，才能满足不同受众的信息需求，进而保证受众的知情权。同时媒体担负着语言示范的重要作用，只有不断推进媒体用语的规范化，才能更好地推动汉语的健康发展。

参考文献

1. 董洪亮:《守护我们语言的纯洁和健康》,《人民日报》2014年4月11日。

2. 周兆军:《国家语委回应央视屏蔽英文缩略词——字母词应尽快汉语化》,《都市晨刊》2010年4月12日。

3. 吕叔湘:《语言作为一种社会现象》,《读书》1980年第4期。

4. 邹玉华:《现代汉语字母词研究》，语文出版社2012年版。

5. 刘涌泉:《关于汉语字母词的问题》,《语言文字应用》2002年第1期。

6. 薛笑丛:《现代汉语中字母词研究综述》,《汉语学习》2007年第2期。

7. 李小华:《论大众媒介中字母词的分级界定与使用》,《语言文字应用》2014年第2期。

8. 段业辉、刘树晟:《权威媒体字母词使用状况的调查与分析》,《语言文字应用》2014年第1期。

9. 陈佳璇:《我国大众传媒中字母词使用状况的调查与分析》,《修辞学习》2003年第4期。

10. 侯敏、滕永林、刘俊、刘欣斐:《广播电视语言外文缩略词使用状况调查》,《北华大学学报》2011年第8期。

11. 杨建国、郑泽芝:《汉语文本中字母词语的使用与规范探讨》,《语言文字应用》2005年第1期。

12. 郑泽芝:《字母词语跟踪研究》,《语言文字应用》2009年第1期。

13. 邹煜:《字母词在广播电视语言中的使用现状及其规范探讨》,《语言文学前沿（第4辑）》，中国传媒大学出版社2013年版。

中国电视手语主持发展40年

教育部语言文字应用研究所　袁　伟

摘　要： 2018年是改革开放40周年，也是我国电视手语主持发展40年。40年来，电视手语主持取得了巨大发展，中国特色社会主义的手语主持体系初步建立。根据其发展特点，电视手语主持40年的发展历程大致可分为萌芽期、发展期和成型期三个阶段。本文分别从电视手语主持节目发展、手语主持模式演变、手语主持人队伍扩大、手语主持教育及理论发展等方面，系统梳理了不同发展时期电视手语主持的特征。同时，根据当前我国新时代主要矛盾变化，探讨了未来一个时期我国电视手语主持发展的路径。

关键词： 电视手语主持；40年发展；三个阶段

电视手语主持是以手语为传播手段，以听障群体为服务对象的一种特殊的传播活动。当前，我国有2700多万听障人士，电视手语主持在帮助他们了解国家政策，获取知识信息，开展情感娱乐和积极参与社会活动等方面发挥了重要作用。作为与有声语言播音主持相对应的一种独特的主持形态，与有声播音主持一样，手语主持也是一种重要的播音主持艺术类型，也是播音主持理论体系和学科体系重要的组成部分。

自1978年首个电视手语节目录制播放至今，电视手语主持节目已有40年的历史。在这40年间，电视手语主持取得了巨大发展，手语主持人队伍日益壮大，手语主持模式更加成熟丰富，手语主持节目类型发展迅速，手语主持语言规范化程度不断提高，手语主持传播力、手语主持教育都得到了加强。目前，可以认为，具有中国特色社会主义的手语主持体系初步建立。

依据40年的发展历程，本文将我国电视手语主持发展分为三个阶段，即萌芽期（1978—1988），发展期（1989—2011），成型期（2012年至今）。下面对每一阶段的发展特征进行详细阐述，并就未来电视手语主持发展提出建议性思考。

一、电视手语主持的萌芽期（1978—1988）

1978至1988年是我国电视手语主持发展的萌芽期。在这十年时间里，我国电视手语主持节目从无到有，并取得了一定程度的发展，但是总体上还只是刚刚起步。

（一）电视手语主持萌芽期的标志性发展

在我国电视手语主持发展史上，有两档手语主持节目是不可忽略的，一个是1978年播出的《学一点手语》，另一个是1984年播出的《聋人手语节目》。这两档节目是萌芽期电视手语主持发展的标志。

1978年，《学一点手语》在上海电视台二台播出，它是一档电视小品，主要是以推广手语为目的，严格意义上来说不是真正的手语主持性节目，但是它已经包含了手语主持的一些基本形态，即主持人通过电视这一大众媒体，运用手语这一传播手段，完成了基本的传播活动。因此，我们将《学一点手语》中主持人的创作活动定义为电视手语主持发展的开端，也可以叫做电视手语主持发展的史前阶段。

另一档在此时期具有标志性的电视手语主持节目就是广东电视台1984年10月30日开播的《聋人手语节目》。该节目的开播标志着我国电视手语主持的真正开端。20世纪80年代初，内地刚刚改革开放不久，与港澳台及国外相比，我国电视手语主持还基本处于空白。由于受香港等地电视手语节目的影响，作为改革开放的前沿地区，广东开办了我国内地的第一档真正意义上的手语主持节目《聋人手语节目》。该节目是一档电视专题节目，包括社会纵横、法制教育、旅游天地等板块，主要选择与聋人相关的故事作为节目播出素材；主持人由广州地区特殊学校手语教师担任，潘险峰、文丹丹、卢婉玲和王凤萍均担任过该节目的手语主持人；播出频率为每周两次，主持样态主要为录播；主持语言主要使用的是《聋哑人通用手语图》打法；主持方式为简单的对图翻译，缺少主持人自己的二次创作。

（二）电视手语主持萌芽期的基本特征

在萌芽期，内地的电视手语主持尚处于起步阶段，手语主持基本形态还不健全，如新闻这一重要的电视手语主持类型尚未出现；手语主持人皆为听力健全人，尚未出现聋人等其他主持人；手语主持主要为单一翻译形态，手语使用也较为刻板。这些突出特点实际上与当时我国残疾人事业发展的大背景息息相关。改革开放初期，我国对残疾人事业的重视程度，特别是对残疾人文化活动的重视程度远不及现在，直到1987年4月，《残疾人工作宣传提纲》中才明确提出，凡是健全人需要的物质生活和精神生活，残疾人同样需要，我国要大力推进社会主义精神文明建设，这为我国电视手语主持的发展提供了一定政策条件。到了1988年，中国残疾人团体联合会（简称“残联”）正式成立，这在我国残疾人事业发展史上具有里程碑意义，为今后残疾人事业发展和电视手语主持发展提供了可靠的保障。1988年3月11日，中国残联首届全国代表大会召开，会议特别强调要利用电视等公共宣传媒介对残疾人和残疾人事业加大宣传。借助这些政策的东风，残疾人事业的宣传渠道和社会影响在日益扩大，我国电视手语主持事业也在萌芽中发展，并取得了一定成绩。

二、电视手语主持的发展期（1989—2011）

经过第一阶段的萌芽起步，从1989年至2011年，随着改革开放的深入推进，我国残疾人的精神文明建设被提上了日程，电视手语主持进入了快速发展期。1996年，中国残疾人事业“九五”计划纲要配套实施方案明确提出：“中等以上城市电视台要普遍开办配有手语的专栏节目，县级以上广播电台普遍开播残疾人专题节目。”2008年7月1日起施行的《中华人民共和国残疾人保障法》第四十三条提出：“开办电视手语节目，开办残疾人专题广播栏目，推进电视栏目、影视作品加配字幕、解说。”这在我国电视手语主持发展史上具有重要意义，也为我国电视手语主持发展提供了坚实的法律保证。在这一时期，我国电视手语主持节目数量迅速增长，节目类型不断增加，出现了诸如新闻、服务、娱乐等类型的电视手语主持节目；手语主持人由萌芽期完全由听人担当，演变为听人、聋人及虚拟主持人多种形态共存；手语主持语言由纯粹的手势汉语转变为自然手语和手势汉语并重；手语主持模式更加丰富，摆脱了萌芽期单纯的对节目内容进行翻译，转变为翻译和主持兼备。

（一）电视手语主持节目的发展

这一时期，电视手语主持节目的快速发展主要表现为手语主持节目数量的增加和手语主持类型的丰富。

在节目数量方面，《中国残疾人事业发展统计公报》显示，到2000年底，全国已开辟省级电视手语栏目35个（含部分省会市），地市级开辟电视手语专栏273个。除西藏特批同意外，尚有海南、湖北、青海三省未开播电视手语新闻；由于条件尚未具备，部分省会市及多数中等以上城市电视台未能开播手语新闻栏目。经过十余年的发展，截至2011年底，全国共开辟省级电视手语新闻栏目28个，共开辟地市级电视手语新闻栏目168个①。十余年来，电视手语节目数量有了很大提高，但是仍存在一定不平衡现象，比如上海有两档市级电视手语主持节目，而湖南、西藏、新疆等省尚未开设省级电视手语主持节目。

在节目类型方面，这一时期电视手语主持节目类型实现了很大突破，1989年5月7日，北京电视台《新闻手语》开播，标志着我国当前最重要的手语主持类型——新闻手语主持诞生。此后，专题类、访谈类、娱乐类、晚会类等电视手语主持节目相继开播。1994年，我国第一档专题类手语节目——天津电视台《我们同行》开播，该节目主要以弘扬残疾人自强不息的奋斗精神，鼓励残疾人积极平等参与社会生活为主题。2000年，上海电视台新闻综合频道娱乐类节目《时事传真》开播，该节目最初以15分钟的手语集锦的形式呈现，到2010年转变为每天半小时的手语直播，体现了以听障受众为中心的节目制作意识；2005年，中国残疾人艺术团的聋人主持人姜馨田担任了春

① 数据来源于《2011年中国残疾人事业发展统计公报》，中国残疾人联合会网站。

节联欢晚会《千手观音》节目的主持工作，这是我国电视手语主持晚会类节目的开端。此外，在我国台湾地区，1995年11月，我国第一档手语谈话节目《听听看》在台湾公视开播，从2009年起，《听听看》除涉及听障群体外，还包含对其他各障别障碍者的探讨与交流，节目内容更加广泛。

（二）电视手语主持模式及形态的发展

电视手语主持模式是指主持人在电视中运用手语进行信息传播的创作行为，根据手语主持人对节目的把控力和参与程度，电视手语主持模式可以分为主导型、参与型和配合型三种。在电视手语主持发展期，这三类主持模式都已出现，但主导型、参与型所占比例较低，配合型手语主持是这一时期最主要的主持方式。上海电视台《时事传真》、常州电视台《常州日报》是主导型主持的代表性节目，这类主持的典型特征是聋人作为主持人，主持人在整个传播活动中占据主导地位，控制着整个主持活动的进展。黑龙江电视台《点击七日》、贵州电视台《手语新闻》是参与型主持的代表性节目，这类主持一般包括两类状况，一类是手语主持人独立出镜，主持语速、节奏处于独立状态，但主持内容及语言形式完全受限于文字稿，使用语言主要是手势汉语逐字翻译，语言独立性较弱；另一类是手语主持人与口语主持人搭配出镜，手语主持的语速、节奏独立性较弱，但是手语主持内容和语言形式表达则相对独立，主持人更多是从新闻内容出发，运用手势汉语和自然手语相结合的方式进行相对独立的表达。作为这一时期最主要的主持类型，配合型主持一般是手语主持人和口语主持人共同出镜，手语主持人在主持内容、语言表达、节奏、语速、轻重、停顿连接等多个方面都受制于口语主持人，处于完全附属地位。

在此期间，电视手语主持形态也发生了一定变化。在电视手语主持发展初期，节目大多以录播为主，如台湾公视的《听听看》、浙江卫视的《爱心浙江》等。随着手语主持节目的不断发展，尤其是新闻手语主持节目，为保证新闻的时效性，大都是直播形式，如北京电视台的《新闻手语》、上海电视台转型后的《时事传真》等。

（三）电视手语主持人队伍的发展

随着电视手语主持节目数量的增多，我国电视手语主持队伍也在不断扩大。截至2011年，我国电视手语主持人类型比第一个时期更加丰富，出现了三种不同类型的主持，即听人手语主持人、聋人手语主持人和虚拟手语主持人。其中，听人手语主持人出现最早，多数由聋校手语教师兼任，在三种手语主持人中占比最高。聋人手语主持人的出现要追溯到2005年常州电视台《常州日报》开播，聋人郭莺担任手语主持人，这是我国电视手语主持史上首次由聋人担任主持人。也正因为聋人主持人的加入，我国的手语主持模式开始由配合型手语主持向主导型手语主持转变。2007年，手语主持人类型进一步增加，虚拟手语主持人出现，北京卫视《新闻手语》节目在全国第一次启用数字模拟机器人担任手语主持人。但由于我国手语合成技术发展还不成熟，尤其是在手语主持韵律技术方面研究不足，虚拟手语主持信息传递有可能导致听障人士信息理解错误或理解不完整，因此虚拟主持并未广泛和长期存在，北京卫视的虚拟手语主持也于2010年停止。但是，随着手语主持研究的深入，特别是手语合成技术的进一步发展，虚拟手语主持仍将迎来新的突破。

三、电视手语主持的成型期（2012年至今）

2012年至今是我国电视手语主持发展的黄金时期，尤其是党的十八大以后，在前两个时期发展的基础上，电视手语主持进入了成型期，手语主持各种形态已基本形成，手语主持地位得到确立，手语主持传播力增强，手语主持教育等各方面发展都实现了突破。

（一）电视手语主持地位得到确立

党中央、国务院历来高度重视电视手语主持工作，《中华人民共和国残疾人保障法》、中国残疾人事业“九五”“十五”等系列规划纲要都明确提出要开办电视手语节目，极大促进了电视手语主持的发展。党的十八大以来，以习近平同志为核心的党中央坚持以人民为中心的发展思想，对残疾人格外关心、格外关注，明确提出全面建成小康社会，残疾人一个也不能少。2015年1月，中共中央办公厅、国务院办公厅印发的《关于加快构建现代公共文化服务体系的意见》提出，鼓励和支持有条件的电视台增加手语节目。党的十九大描绘了决胜全面建成小康社会、开启全面建设社会主义现代化国家新征程的宏伟蓝图，对促进新时代我国残疾人事业发展，对新时代电视手语节目及主持发展提出了新要求。2015年10月，中国残联、教育部、国家语委、国家新闻出版广电总局联合制定《国家手语和盲文规范化行动计划（2015—2020年）》，明确提出要加强手语主持研究与推广；2017年国家语言文字工作委员会工作要点指出，要加强手语主持研究与推广；2018年国家语文工作委员会工作要点不仅提出要加强手语主持研究和人才培养，还强调要建设手语主持语料库。这些文件不仅推动了电视手语节目发展，更是从国家战略的高度明确把手语主持工作作为未来的发展重点，手语主持地位得到了有效确立，这意味着，我国的手语主持工作将会迎来一个新的发展机遇期。

（二）电视手语主持传播力增强

“传播力，是指媒体的传播能力，即搜集信息、报道新闻、影响社会的能力。”[①]而电视手语主持的传播力即是指电视手语主持人借助手语节目实现有效传播的能力，衡

① 多丽娅：《新闻媒体如何加强传播力？》，《新闻论坛》2013年第4期。

量电视手语主持传播力的标准不仅取决于传播的广度，也取决于传播的精度和效果。与前两个时期相比，这个时期，电视手语主持传播力无论是在传播广度还是传播精度方面都取得了跨越式发展。

从传播广度来看，点、面两方面传播力都实现了很大突破。从点上来看，2011年底，中央电视台新闻频道《共同关注》首次配备手语主持，实现了国家台电视手语主持零的突破；2018年9月14日，中央电视台《新闻联播》历史性配备手语主持人播报中国残疾人联合会第七次全国代表大会新闻。中央电视台《共同关注》《新闻联播》等配备手语主持大大提升了电视手语主持的传播广度和传播效果。从面上来看，截至2017年底，全国共有省级残疾人电视手语栏目31个，地市级残疾人电视手语栏目254个①；手语栏目数量有了很大提升。此外，我国很多县级电视台也开设了电视手语主持节目，如浙江富阳、江苏栖霞等。从全国范围看，我国已经形成了中央、省、市、县的四级电视手语主持节目体系，对于电视手语主持传播力的提升起到巨大推动作用。

从传播效果来看，除上一时期出现的新闻类、专题类、晚会类及娱乐类手语主持之外，我国电视手语主持节目又出现了社教类和服务类等新的类型，如2012年，成都金牛有线电视台开播的《欢行手语》，就是一档公益性社教节目。2016年，青海广播电视台经济生活频道开播了我国第一档生活服务类手语主持节目《1时间生活》，其内容涵盖衣食住行、理财健康、文化娱乐和消费等领域。这些新节目类型的出现，有效满足了聋人受众全方位的收视需求，大大提升了手语主持传播效果。

此外，2018年7月1日，《国家通用手语常用词表》由国家语言文字工作委员会规范标准审定委员会审定，作为语言文字规范正式实施。作为手语中的“普通话”，国家通用手语的全面实施，尤其是在电视手语主持中的全面实施，也将极大扩大电视手语主持的传播范围，有效提高其传播力。

（三）电视手语主持教育发展

有声语言播音主持教育已有超过50年历史，目前已形成了从本科到硕士、博士、博士后培养的完整教育体系，全国有超过200所高校开设播音主持本科专业，整个播音主持教育体系非常成熟。作为播音主持体系的重要组成部分，手语主持教育却还有很大差距。可以说在前两个时期，我国手语主持教育一直处于空白，直到党的十八大以后，手语主持教育才有了一定突破。2013年7月，教育部、国家语委联合建立了我国第一个手语主持专业硕士研究生培养点，开启我国手语主持教育的新篇章。该硕士点招生设置在戏剧影视学科下，由江苏师范大学与南京特殊教育师范学院联合招生，截至目前，共培养手语主持专业研究生12人。

在手语主持人才培训方面，《国家通用手语常用词表》发布后，我国电视手语主持

① 数据来源于《2017年中国残疾人事业发展统计公报》，中国残疾人联合会网站。

人培训取得突破。2017年，中国残联、教育部、国家语言文字工作委员会、国家新闻出版广电总局联合举办“全国电视台手语主持人国家通用手语培训班”，这是全国首次组织国家级的手语主持人培训，有效推动了手语主持教育发展。本次培训将两种手语主持和有声语言播音主持有效融合，不仅培训手语主持人的国家通用手语，还加授了有声语言播音主持课程。重庆等地方手语主持人才培训在《国家通用手语常用词表》颁布后也开始组织举办，这类国家、省（区、市）专项手语主持人培训对推动手语主持教育发展发挥了很大作用。

四、关于电视手语主持发展的思考

进入新时代，我国社会主要矛盾已经转化为人民日益增长的美好生活需要和不平衡不充分发展之间的矛盾，思考未来电视手语主持发展必须牢牢把握我国社会主要矛盾这条主线。当前广大听障人士正在由对物质生活的追求转向对精神文化的追求。在2020年全面建成小康社会以后，满足听障人士的精神生活将是我国残疾人事业发展的重点。电视手语主持作为听障人士精神文化追求的重要载体，还存在着很多不平衡不充分发展的现象。电视手语主持节目类型仍以新闻类为主，其他节目类型虽已出现，但发展水平较低且数量较少，无法满足聋人受众丰富的文化生活需要，多类型、高质量的手语主持节目，专门为聋人受众服务的频道亟待发展。电视手语主持人队伍仍主要由聋校教师兼任，尚未形成一支独立的主持人队伍，手语主持人仍多以听人为主，聋人或者是虚拟主持人占比太少，主持人队伍需要进一步多元化；手语主持教育仍停留在硕士人才培养层面，手语主持多层次教育需要不断突破，本科生培养以及博士、博士后等高层次人才培养尚有很大发展空间；播音主持理论研究多关注有声播音主持研究，鲜有将目光聚焦于手语主持研究，无论是手语主持理论体系建设，还是手语主持语料库研究，手语主持合成与人工智能等方面都还有很大研究空间。

总之，电视手语主持事业作为残疾人事业发展的重要组成部分，需要全社会的关注和支持，更需要更多听障人士、媒体人、研究者的参与，共同推动我国残疾人文化事业的发展。

在一起，很孤独？

——基于受众调查的中国手语电视困局及出路研究[①]

浙江工业大学人文学院　王　彦

摘　要：本研究对浙江省某特殊教育职业学院的视听障碍学生进行问卷调查、焦点小组访谈和深度访谈，证实电视是视听障碍受众使用最频繁的媒体，仪式、信息、娱乐等导向在媒介接触动机中稳居前三，手语节目质量评价与受众专业属性关联甚高，手语节目出镜主播多为挂角画面中只译不播的健听者。视听障碍受众极度倚赖看电视或听电视行为产生的“在一起”的仪式感，又因大多数手语电视节目沦为健听人主导的形象工程而陷入“很孤独”的困局。对此，本研究从“自己人效应”出发，倡导由视听障碍群体亲任手语电视生产者的政策建议。

关键词：手语电视；手语节目主播；受众；自己人效应；无障碍传播

在所有弱势群体中，视听障碍人群遭遇的信息传播障碍是最大的，因为人类汲取信息的感官渠道“80%来自视觉、其次来自听觉”。多项研究证实，视听障碍受众使用比例最高的媒体是电视，最关注由听障者担任手语翻译、主播、导演等主导性角色的手语电视节目。作为听障人数占全世界25%强、视听障碍人数占全国身心障碍总人数40%强的人口大国，中国大陆视听障碍受众的媒介接触满意度如何？最期待什么样的手语电视节目和手语节目主播？

一、在一起：健听人主导的“听障形象工程”

一旦跳出媒介实践和应用范畴考量作为学术概念的“全媒体”，我们不得不承认仅仅涵盖功能层面的内容之全、渠道之全是不够的，还应对效果层面的信息理解之全、受众覆盖之全提出更高的理念性要求，从“媒介入口的开放性、平等性和多样性”出发，致力于缩小信息鸿沟、促进信息平权、实现环境友好，在和谐社会建设语境中构建兼顾主流群体与弱势群体的科学分众传播体系。

作为全媒体时代信息平权运动的重要表征，信息无障碍建设成为各国政府着力打

① 本文是浙江省社会科学界联合会重点研究课题“面向身心障碍群体的视听传播研究”（编号2013Z19）的阶段性成果。

造的“形象工程”。2007年春签署的《残疾人权利国际公约》规定残疾人“获得以无障碍模式提供的电视节目、电影、戏剧和其他文化活动”，要求各缔约国政府“承认和推动手语的使用”“拟订和公布无障碍使用向公众开放或提供的设施和服务的最低标准，并监测其实施情况”。2010年底修订的英国《电视无障碍服务法规》详尽限定媒体的无障碍服务范畴，提出所有英国境内电视台到2020年手语节目比例超过5%、字幕配备比例达80%、影像描述比例达10%的“十年发展规划”。德国《无障碍信息技术条例》、美国《美国残疾人法案》、澳大利亚《残疾人歧视法案》、日本《老年人和残疾人指导原则：信息和通信设备、软件和服务》等法案亦有类似规定。

在中国大陆，2008年出台的《中华人民共和国残疾人保障法》亦将信息交流无障碍作为残疾人的重要权益之一正式提出。2009年发布的《国家人权行动计划（2009—2010年）》明确要求“在100个城市开展无障碍城市创建工作。采用盲文、手语、字幕、特殊通信设备等辅助技术或替代技术，为残疾人接受和传播信息、参与社会生活创造条件。开办电视手语节目，开设广播电台残疾人专题节目，推动影视作品加配字幕工作”。《2012年政府工作报告》《中国残疾人事业中长期人才发展规划纲要（2011—2020年）》《中国残疾人事业“十二五”发展纲要》对此均有专门论述。值得一提的是，与西方媒体明确规定各类信息无障碍节目时间比例的精确做法不同，中国大陆政策规定的“开办手语电视节目”的表述相对宽泛，缺乏对节目时长、频次的精准描述，媒介机构的举措也就相应随意。

据中国残疾人联合会《中国残疾人信息无障碍发展情况报告（2010）》统计，中国大陆有22个省级电视台、143个地方级电视台开办手语电视节目。其中，浙江省以20多个电视台开办手语节目的数量居全国之首，湖北省将“手语电视新闻”纳入湖北省“十一五”发展规划。

就播出频次而言，除了中央电视台新闻频道《共同关注》、北京卫视《新闻手语》、广东电视台新闻频道《手语新闻》、天津卫视公共频道《我们同行》、河南电视台新闻频道《手语新闻》为日播节目，其余周播居多。

就播出时长而言，中央电视台新闻频道《共同关注》以60分钟位列榜首，佛山电视台《经历（手语版）》以25分钟居其次，余下的均为10~15分钟的短节目。以全天候24小时计，中国大陆手语节目所占时长仅占1%左右，远远低于以英国为代表的5%的国际惯例。

就节目内容而言，除了广东气象台《气象亚运汇》、宁夏电视台公共频道《天气预报（手语版）》等气象类节目，天津卫视公共频道《我们同行》、佛山电视台《经历（手语版）》、宁夏电视台公共频道《职场内外》等纪实讲述类节目，其余均由近期综合新闻摘编而成，主要聚焦于以健全人士为主体的国内要闻、国际时事、本地新闻，并没有特别关注和倾向视听障碍人士。

就节目生产而言，基本上全部是由专业电视播音员、专业手语老师等健听人员主创的录播节目，画面结构主要有播音员或出镜记者主导、手语播报员挂角或二者并列两种模式 。

基于上述考察，中国大陆现有的手语电视节目的主流样态是：健听人员主创、每周一播、时长15分钟左右的短新闻录播节目。值得一提的是，中央电视台新闻频道《共同关注》虽然因国家级平台的优势在播出频次、时长上遥遥领先（这种领先仅限于中国大陆，与英国法定的每天1小时12分钟时长相比甚至还不达标），但在节目样态上与其他手语节目没有质的区别。对此，有学者批评大陆的中央级、省级媒体尚未很好地利用自身的覆盖率和收视率优势尽到服务推广无障碍传播的义务，大多数手语节目只是应付上级检查的“政绩工程”和“形象工程”。

二、很孤独：面向视听障碍受众的手语电视传播效果

已有的量化研究结果显示，电视媒体在浙江省视障者中以86.6%的使用率高居首位，随后排序分别为广播、手机、互联网、DVD/VCD、电影、报纸杂志，台湾地区的先天性失明视障者的媒介拥有率依次是电视机、录放机、有线电视、个人计算机、网络设备等视觉性媒介。作为一个视觉为王的现场媒介，电视能够吸引听觉障碍受众并不足为奇，至少他们能够“看见”。令人费解的是，电视为什么也能牢牢吸引看不见的视障者的注意力？视障者出于什么样的动机去“听”电视？他们对现有的手语电视节目是否满意？——针对上述问题，本研究组合设计实验法、问卷调查法、焦点小组访谈法、深度访谈法等多元方法，于2014年上半年对浙江省某特殊教育职业学院的视听障碍学生进行电视媒介使用与手语电视节目收视满意度的调查。

（一）手语沟通无界：来自预研究的资源共享假设

在设计调查问卷之前，本研究先请特殊教育学院有关部门推荐20位听障学子，召集他们观看台湾地区手语节目《听听看》精选部分，事后就观影印象展开焦点小组访谈和深度访谈，最终生成49小时、11万字逐字稿语料。语料分析结果显示，听障受众完全被听障主播自然的表情、悦目的手势所吸引，尤其听障主播略嫌夸张的挑眉毛、眨眼睛、努嘴巴等面部表情是健听手语翻译难以复制的。尽管大陆聋人对台湾自然手语较为生疏，但因有中文字幕和“接地气”主播的辅助表意，节目传播效果和收视满意度仍然相当可观。

据此，我们假设，为节约重复劳动和同质竞争，可否借助全媒体时代的信息交互优势，将视野开拓至整个华语地区甚至全球，建设手语节目和手语推广的资源共享渠道？建成于2011年的台湾“手语视点”就是这样一个非营利小众网站，网站主打手语电视节目、手语音乐、聋人影视、聋人戏剧、手语教学、TED&公开课等多个手语频道，荟萃美国、德国、奥地利、泰国等多个国家的王牌手语电视节目，推广中国、美国、国际标准手语，为华语世界的聋人和手语爱好者提供全方位的国际聋人文化信息。

（二）手语电视有别：手语电视节目传播效果的理想与现实

在预研究的基础上，本研究就媒介接触频率、动机、满意度三大问题项设计调查问卷，确定听障者、视障者样本各200份，最终回收听障者有效问卷183份、视障者有效问卷156份，并利用SPSS19.0软件对数据进行编码分析。分析发现：

1. 媒介接触频率与使用情境关联紧密，手语节目质量评价与专业属性关联甚高

考虑到大多数学校的电视设备配备状况会影响到媒介可及性与使用率，问卷设计将使用情境分成“居家”“在校”两种类型。听障学生和视障学生居家时最常用媒介都是电视，把电视作为首选媒介分别高达91.6%和89.6%，这与以往的同类群体媒介接触研究中“电视为王”的结论一致。在校时，听障学生最常用媒介是网络（79.8%），视障学生最常用媒介是广播（64.2 %），电视屈居第二。电视媒介在学校的使用频率落差，与电视在学校中的不普及有直接关系。

尽管最受关注的电视节目是手语节目（98.5%），但手语电视节目的满意度评价并不高（59.6%）。男生的满意度（52.3%）略低于女生（68.3%）。视听障碍学生所学专业与传媒专业相关度越高，对现有手语电视节目的满意度就越低，满意度由低到高依次是动漫设计与制作专业（42.9%）、装饰艺术设计专业（49.9 %）、计算机及应用专业（52.6%）、工艺美术专业（55.8%）、儿童康复专业（56.8%）、康复治疗技术专业（65.3%）、食品烹饪专业（75. 6%）。

2. 媒介接触动机中仪式、信息、娱乐导向稳居前三

听障学生收看电视的动机依次为信息导向、仪式导向、娱乐导向、学习导向、社交导向。视障学生收看电视的动机前两项次序略有不同，依次为仪式导向、信息导向、娱乐导向、学习导向、社交导向。对此，一些视障学生解释：

平时，听得见家人，看不见家人，只能想象他们的样子，或者通过一起做事来感受他们的存在，比如共同收听收看正在播放的电视。看电视能让我产生一家人在一起的仪式感，很温暖，很有归属感。（第5号访谈者）

电视作为家庭媒介的属性在这里得到彰显，侧面反映了网络、广播、报纸、杂志作为“私媒介”“个人媒介”的特征。

另一些视障学生将电视当成广播使用，认为“如果有成熟的影像描述服务来进一步还原画面，那就更好了”。

3. “自己人”缺席，挂角画面健听者只译不播

听障学子认为中国电视手语节目存在的问题依次是：缺少作为“自己人”的同为视听障碍者的主播和节目编导（92.8%）、缺少专门面向视听障碍受众的选题和内容（85.1%）、手语翻译的挂角画面太小以至于辨识不清手势播报（79.4%）、现有的健听手语主播不能深刻理解和熟练运用手语传播规律（76.9%）等。

综合数据分析，电视媒体因其家庭媒介的仪式感属性、信息功能、娱乐功能而成为视听障碍受众最倚重的专业信源。视听障碍受众对手语电视节目的高期待值（98.5%）和低满意度（58.3%）形成鲜明对比，主要症结在于现有的中国手语电视节目基本上是自说自话、自上而下的健听人转译思维，缺乏专业的内容定位和励志的“自己人效应”。

“自己人”的缺席，与视听障碍受众的“信息中下层”（Middle and lower classes of information）地位互为因果。首先，视听障碍受众自身视觉或听觉功能的生理缺陷造成他们与健全受众之间的信息接收鸿沟。其次，传媒与社会的无障碍传播体系建设不完善，在进一步加剧信息接收鸿沟的同时，也产生了“自己人”缺席后的信息生产鸿沟。第三，信息接收鸿沟和信息生产鸿沟进一步衍生到视听障碍群体的社会生活、社会资本与社会网络等方方面面。最后，视听障碍受众在整个社会中的弱势地位，反过来加大了他们与健全受众之间的信息鸿沟，陷入恶性循环的困局。

三、走出困境：探索手语电视无障碍传播的“自己人效应”

“自己人效应”源于社会心理学，又称“一致吸引率”或“情感共鸣效应”，指的是社会交往中的人们的性别、年龄、籍贯、资历、职业、社会地位、经济实力尤其是认知态度越接近越一致，就越容易被对方迅速接纳为“自己人”并获得支持与共鸣、赞同与接纳，这种互信互爱是建立和谐人际关系的先决条件。“自己人效应”被借用到传播学语境，多用于传播者、传播内容、传播渠道的“接近性”。而“接近”和“可及”也正是无障碍传播（Free-barrier communication）的宗旨，无障碍传播专指经由大众传播媒介传播的信息能够顺利到达每个受众，使存在视觉、听觉、肢体、语言、智力等各种生理缺陷的身心障碍者都能与主流文化中的正常人一样，平等地接近和使用大众媒介从事传播活动。

（一）传播者的“自己人效应”：听障者比健听者更胜任手语节目主播工作

中国大陆目前的手语翻译多由女性健听手语教师兼任。女性特有的亲和力、丰富的手语教学经验、多年同声手语翻译经历使得她们在众多竞争者中脱颖而出。之所以选择健听而非听障人士做手语播报员制片方更多出于提高沟通效率、降低管理成本的考虑，片面认为特殊教育和手语翻译这两个工种的同质化较高。但事实上，教育、翻译、主播分属三个不同行业，各有不同的准入门槛和行为规范。与此同时，会手语的健听人本来比例就小，能达到专业水平和上镜外形这双重标准的更是凤毛麟角，从而造成电视手语翻译能者多劳、分身乏术的现状。广东气象台《气象亚运汇》的健听手语主播王笑芬在亚运会期间的典型工作日安排是，每天下午赴气象局为天气预报作手语翻译播报，再到亚组委残疾人服务中心培训志愿者、担任赛场手语翻译，而她的本职工作还是广州市残疾人联合会的手语教师，繁忙到几乎每时每刻都在赶场。

确切地说，中国大陆目前尚无真正意义上的手语电视主播，只有出镜手语翻译

（如图）。在手语电视节目中出镜的健听手语翻译往往中规中矩，面无表情或者仅有微笑表情，被挂角画面挤压在荧幕一角，连脸都看不太清楚，更勿论手势手语。健听主播主导、手语翻译挂角的画面结构，反映了健听人办手语节目的转译思维，显示出手语翻译作为“有声语言的无声转化”的从属地位。越是“去个性化”的角色，可替代性就越强。一些西方国家已经成功开发出视频字典、手语数据库，并将数据库嵌入手机终端，提供便携翻译及教学服务。长此以往，挂角手语翻译大有被机器人虚拟翻译代替之趋势。

左图的挂角出镜手语者为担任中央电视台手语翻译的健听人士，
右图的全屏出镜新闻主播是台湾公视的知名听障主播王晓书。

据调查发现，视听障碍学子最希望出现在电视荧幕上的不是手语翻译，而是手语主播，并且最好是从“自己人”里脱颖而出的手语主播。换句话说，他们认为听障者比健听者更胜任手语节目主播工作。依据相关研究对传播者的“权威性、可信性、接近性、熟知性、悦目性”等赢效因素的归纳，视听障碍学子认为听障手语主播的前三大赢效因素排名是：

（1）权威性（42.8%）。与手语作为第二语言的健听主播偶有翻译失误而导致内容偏差不同，听障主播通常能够准确无误地使用和推广作为“母语”的手语，并因此成为受众心目中的手语专家和权威。

（2）悦目性（26.2%）。与面部表情中规中矩一成不变的健听主播相比，听障主播更懂得也更善于利用手型、口型、眉毛、眼神、肢体动作等重要辅助要素表达手语，后者的手语表达因此更好看、更易读。

（3）接近性（19.4%）。视听障碍受众更容易信赖与自己认知渠道、认知态度接近的听障手语主播，最喜爱的前三位手语主播均为听障人士，依次是台湾公视《听听看》听障手语主播王晓书、中国残疾人艺术团听障手语主播姜馨田、浙江卫视听障手语主播实习生刘霜霜。从选秀节目《中国梦想秀》中脱颖而出的刘霜霜，面对主持人周立波“在当手语节目主播和做手术恢复听力之间选择哪个”的提问，毫不犹豫地选择前者，因为“能和正常人同台表演，展示我们的才华，是所有残疾人的梦想”。

（二）传播内容的“自己人效应”：以视听障碍人群为主体的纪实性娱乐化选题

与健听主播主导、手语翻译挂角的画面结构相一致，当前中国大陆手语电视节目选题几乎是清一色的以健听人为主体的综合新闻摘编，仅起点缀作用的视听障碍相关内容也大多是健听人所研发的相关医疗保健成果。

选题上的健听主流文化偏向，造成了视听障碍受众的边缘化自我印象。笔者通过调查发现，听障学子对选题内容认可度最高的手语节目依次是天津电视台公共频道《我们同行》、台湾公共电视台《听听看》、佛山电视台《经历（手语版）》，因为这些节目不再是通过手语转译去理解健听人的世界，而是身临其境地倾听视听障碍人群“自己的故事”。

天津电视台公共频道《我们同行》是中国大陆最早的、也是当前唯一的面向以残疾人为代表的弱势群体的手语节目。有别于其他国内手语节目以健全人为主要关注对象的国际时事、国内新闻的单一转译，该节目的最大特色是选题上的原创性和专门性。《我们同行》开设若干子栏目，其中“共同关注”以纪实的手法展示弱势群体的真实生活，“公益信息”发布以残疾人为代表的弱势人群的相关新闻、政策咨询、就业指导等服务性资讯，“实现残疾人的100个愿望”汇聚全社会之力帮助残疾人实现个人梦想和家庭愿望，“爱心互动”为热心公益事业人士提供信息渠道、开辟奉献之窗。在以残疾人为主体的内容生产中，频繁出现“导盲犬”“聋哑少年”“自闭症儿童”“爱之光复明计划”“老年人智能房屋”等与残疾人生活息息相关的关键字，反映残疾人自强不息的奋斗精神和向上力量，既鼓舞残疾人回归参与主流社会，又弘扬爱心助残的社会风尚。

佛山电视台《经历（手语版）》尽管也是讲述励志故事，但主人公并未限定于弱势群体，只是基于纯声画版的《经历》节目后期切入合成手语播报图像而已。

台湾公共电视台《听听看》是1995年开播的周播公共服务节目，经多次改版，现节目时长60分钟，由“手语视点”“碍秀独白”“手语剧场”等板块组成，受众群体也从最初单一的听障人士扩大到广义的身心障碍群体。与大陆同类节目的严肃纪实选题相比，《听听看》显示出较强的娱乐化特征，在讲述聋人故事、聋人信息、聋人福利的叙事策略和表现手法上每每令人耳目一新。《听听看》的最大亮点在于由身心障碍人士组成的节目团队，主播王晓书（聋人）曾在2003年、2012年两次获得金钟奖节目主播奖，她与导演陈立育（聋人）、制作人陈传惠（健听）、手语翻译魏如君（健听）组成的四人团队充分发挥了聋人的信息优势和健听人的技术专长。

台湾公共电视台的另一档纯手语节目是2002年开播的《手语新闻》，每个工作日播出，节目时长一刻钟左右，节目内容由“掌握天气”“重点新闻”“残疾人、聋人相关内容新闻”“每日一手语”等板块组成，传播新闻与推广手语并举，巧妙做到了寓教于乐。

不同于大陆手语电视节目的健听口语主播主导、健听手语翻译挂角，台湾手语节目从不任用健听主播，总是将全部电视屏幕留给听障主播。

（三）传播渠道的“自己人效应”：无障碍频道和手语视听节目数据库

全媒体时代的电视媒体风光不再。随着互联网与电视媒体的功能重叠度越来越高，视听传播从闭路单屏走向智能多屏，受众的选择也从最初的电视一家独大拓展到如今的电视、手机、视频网站、公交传媒、地铁传媒等视听媒体多元并存。面临持续走低的电视开机率和日益严峻的经营压力，各大频道光维持自身生存已经捉襟见肘，还要为小众渠道、公益性质的手语电视节目投入专门资源，难免不堪重负。这间接造成了手语节目内容的同质化和劣质化。

中外学者都曾基于实证研究提出成立专业化的“无障碍频道”的建议，从而达到提高节目质量、加强传播效果、缓解其他电视频道的无障碍传播压力、培养视听障碍者的收视忠实度的目的。毕竟，“一个制作精良的心力之作胜过上百个粗制滥造的应景之作”。

在笔者面向视听障碍学子的调查中，希望成立无障碍频道的愿望强度与对当前手语电视节目的满意度成反相关关系，与调查对象所在专业与传媒专业的相关度成正相关关系。他们在焦点小组访谈中毫不讳言，将成立无障碍频道的期待与自身的兴趣爱好、职业理想直接挂钩：

我看好刘霜霜，她会成为未来无障碍频道的当家花旦。（第13号访谈者）

如果没有2005年春晚《千手观音》领舞邰丽华和手语主播姜馨田的出色表现，谁知道社会对我们盲聋人的认知和关怀还要再晚多少年呢？希望无障碍频道成为展现我们才华和能力的平台。（第18号访谈者）

期待看到像台湾《听听看》节目里王晓书、陈侨濂那样完全从我们中间出来、完全代表我们的听障主播。看到自己人有出息，比什么都振奋。（第2号访谈者）

有了无障碍频道，当然也会增加我们的就业机会，提高我们的社会地位。（第15号访谈者）

其实我当年最想考的是广播电视编导、节目主播、摄像等媒体创意相关专业，可惜特殊教育学校没有这些专业。（第7号访谈者）

结　语

常人眼中绘声绘色的电视屏幕，对于听障受众而言是听不见的“无声之屏”，对于视障受众而言是看不见的“话匣子”。本文基于受众调查发现，即便视听体验并不完整，也并不影响电视成为视听障碍受众最倚重的专业信源。本文证实电视是视听障碍受众使用最频繁的媒体，发现视听障碍受众的媒介接触频率与使用情境关联紧密，仪式、信息、娱乐等导向在媒介接触动机中稳居前三，手语节目质量评价与受众专业属性关联甚高，手语节目出镜主播多为挂角画面中只译不播的健听者。一方面，视听障碍受众极度倚赖看电视或听电视行为产生的“在一起”的仪式感，另一方面他们又因大多数手语电视节目沦为健听人主导的形象工程而感到“很孤独”。解铃还须系铃人，本文倡导在手语电视中推广“自己人效应”，呼吁由听障群体自己担任内容生产者，创造“自己人”手语主播、“自己人”手语节目以及“自己人”无障碍频道等工作岗位，给有传播才华和工作热情的视听障碍群体一席之地，让来自“自己人效应”的成就感和认同感逐渐替代“在一起”却“很孤独”的失落感。

由于时间、精力以及经济成本的限制，本研究的采样和访问地点仅限于浙江省，未来研究或可扩大研究对象的地域范围，进一步展开交叉验证。

参考文献

1. 麦奎尔:《麦奎尔大众传播理论》，崔保国、李琨译，清华大学出版社2010年版。

2.《中国残疾人信息无障碍发展情况报告（2010）》，中国残疾人联合会官网。

3. 李东晓:《听见 看见——影视媒体的无障碍传播研究》，浙江大学出版社2013年版。

4. 李东晓:《我国电视媒体的无障碍发展现状、问题兼及建议》,《现代传播》2013年第5期。

5. 赵雅丽:《台湾地区视障者之媒介使用行为与动机调查研究》,《新闻学研究》2001年第66期。

6. 邵培仁:《传播学（修订版）》，高等教育出版社2007年版。

7. Geruschat, D., Smith, A. *Low vision and mobility*. In Blasch, B., Winner,W., Welsh R.（Ed.）, *Foundations of orientation and mobility*, American Foundation for the Blind, 1997.

8. Kyle, Jim. “Switched On: Deaf People’s Views on Television Subtitling”, *ITC / BBC / Centre for Deaf Studies*, University of Bristol, 1992.

9. Qiu, J.L. *Working-class network society: Communication technology and the information have less in urban China*, Cambridge, MA: The MIT Press. 2009.

人物篇

葛兰播音主持教育实践40年研究

浙江工业大学 彭远方 中华女子学院 郭雪莲
人民教育出版社 姚晓莼 江苏电视台 郭新文

摘 要：葛兰播音主持教育实践的过程，几乎和她近50年的播音生涯相伴而生。但其真正的播音主持教育实践活动严格来说应该是伴随着改革开放才正式开始的。本文将在对改革开放40年以来葛兰播音主持教育活动大事记梳理的基础上，试图概括出伴随改革开放而生的葛兰播音主持教育实践活动的特征，进而揭示其对新时代播音主持人才培养的现实启发意义。

关键词：葛兰；播音主持；教育；改革开放40年

葛兰，本名王静蓉。从1951年进入中央人民广播电台工作，到1999年离开中央台的话筒，在跨度近半个世纪的播音生涯中，葛兰不断钻研，熟练掌握了多种节目的播音技巧，尤以新闻和评论节目见长。她的播音风格清新明快、朴素大方、感情真挚、刚柔得体、平中见奇，深受全国听众的喜爱。改革开放以后，葛兰在播音主持教育实践中更是言传身教、孜孜不倦、桃李芬芳，为播音主持人才培养，特别是地方媒体播音主持人才的培养做出了贡献。1999年，66岁的葛兰受聘于母校中华女子学院，成为播音主持艺术学科的带头人，从此成为一名职业播音教育家。

一、葛兰播音主持教育实践的发展过程

葛兰的播音主持教育实践活动大致可以分为四个时期。

1. 萌芽期——帮带新人：亦师亦友，言传身教（1978年以前）

1951年夏天，经过选拔考试，年仅18岁的葛兰成为中央人民广播电台（以下简称中央台）播音组的一名播音员。聪明伶俐的葛兰学习能力强，悟性也高，没多久，就成了记录新闻播音的主力。抄收记录新闻的抄收员经常来信称赞葛兰的播音吐字清楚，声音洪亮，节奏稳健，抄记方便。这样的记录新闻，葛兰一播就是两年多。

1952年秋，在记录新闻播音岗位上干了一年多的葛兰，参加了新人的选拔和培训工作，成为新播音员的带班小老师。其中林如和周新华就是葛兰带过的第一批记录新闻播音员。也就是从这个时候开始，不到20岁的葛兰对播音教育有了自己的思考。

1953年，一次偶然的机会，声音可塑性强的葛兰又成为少儿节目的固定播音员。

也许从这个时候开始，年轻的葛兰心里就有了一种“好为人师”的情愫。

1955年之后，播音员紧缺的情况仍然没有得到缓解，除了固定播出少儿节目外，葛兰每天还要录播很多专稿节目、文艺节目以及新闻节目。为葛兰之后进一步拓展播音业务、胜任更多类型的节目播音打下了基础。

1956年春节后，葛兰因业务基础扎实，被批准进入《新闻和报纸摘要》组播新闻。当时她虽然还兼做少儿节目，但已经以新闻播音为主，并很快掌握了新闻播音的基本技巧，逐渐形成了清新明快、干净利落、质朴大方、热情真挚的新闻播音风格，葛兰的播音受到越来越多听众的喜爱，葛兰的名字也被越来越多的听众所熟知，影响力也越来越大。

1956到1966年，是葛兰播音业务稳定发展和逐渐成熟时期。这个时期的很多节目都还是直播，包括《新闻和报纸摘要》和《全国新闻联播》节目。这两档节目经常赶急稿，发稿晚，稿件一遍都来不及看的情况经常发生，播音员的精神压力之大可以想见。也正是这样的工作要求和状态，再加上有较长时期“记录新闻”播音的扎实基础，促使年轻的葛兰练就了过硬的新闻播音业务基本功，这也是葛兰能够在之后三十多年（一直到90年代末）中成为新闻播坛“常青树”的重要原因。

葛兰还特别重视提升自己的文化修养。1961年开始，她和同事一起读了电大中文专业。

1973年6月，葛兰和方明在河南淮阳“五七”干校劳动期间，应邀到河南人民广播电台讲课。6月28日，葛兰、方明和河南台的播音员一起走访了著名豫剧表演艺术家常香玉。“四十不惑”的葛兰有感而发，从老艺术家的访谈中悟出了很多播音基本功练习的规律和原则，后来，经过认真梳理，她以采访手记的形式撰写了业务论文《访常香玉》并发表在中央人民广播电台的内部刊物《对国内广播情况》上（1973年10月12日）[①]。一次普通的走访最终形成一篇融入专业体验和学习经验的教育文章，这对于处在“文革”期间、每天忙碌工作的一线业务人员来说是非常难能可贵的。可以说，这既是基础牢固、功力深厚、业务纯熟的葛兰播音教育意识的自然流露，也成为她播音教育思想萌芽的重要标志。

1976年，“四人帮”被粉碎后，葛兰恢复了正常的播音工作，并担任了中央人民广播电台播音组的组长。担任播音组组长后的葛兰除了安排好正常的播音工作外，开始有意识地组织年轻播音员开展业务训练，提高业务水平。葛兰还特别注重走出去，组织大家参观工厂、科研单位，随记者去部队、学校采访等，开阔眼界，增加感性认知。无意中提醒了年轻播音员们坚持正确的播音主持创作道路。这个时期为葛兰播音主持教育实践活动进入探索期做好了实践和思想准备。

---

① 当时国内没有学术业务期刊。最早的中国广播研究学术期刊平台《现代传播》的前身《北京广播学院学报》《中国广播电视学刊》和《中国广播》分别创刊于1979、1987和1988年。

2. 探索期——培训授课：临危受命，雪中送炭（1978—1988）

1978年12月，党的十一届三中全会以后，我国广播事业迎来了新发展。

1980年10月，原中央广播事业局在北京召开了第十次全国广播工作会议。会议指出：广播电视新闻事业的播出，最后是由播音员来完成的。播音员是有好传统的，但有些过去适用的播音腔要改革，除发布政令、宣读重要报告、播送重要政治性文章语调必须庄重外，一般来说，播音员要像知心朋友一样与听众朋友谈话，播音速度要根据时代的节奏加以调整。

根据会议精神，中央人民广播电台播音部提出，要从稿件内容的需要出发，注重内容与形式的完美统一，加强情、声、气的结合，提高表达技术和技巧。在一些生产建设稿件中，尝试突破报告新闻的模式，改用播讲的方法，在播音中体现出热情、亲切、自然的风格。

1981年，由中央人民广播电台徐曼主持的《空中之友》和广东电台李一萍、李东主持的《大众生活》两大节目开启了新时期广播主持人节目的先河——“主持人”概念应运而生。年近“知天命”的葛兰也在这一时期接受了新业务形式的挑战。1981年，中央人民广播电台理论部开设《理论信箱》栏目，特邀资深新闻播音员葛兰担任主持人。这是一档采访“高端”人物的带评论性质的广播理论节目。在主持这一节目的过程中，葛兰不断接触一些社会科学方面的专家、学者，到他们的工作单位甚至家里走访，有时候也把他们请到播音室参与节目录制。这种节目和之前的节目有很大区别：以前都是有播出稿做依据的，而这种和专家面对面的谈话很多时候只有一个简单的提纲，有时候甚至连提纲都没有，这就要求葛兰要根据谈话的内容即兴提问。有时候需要葛兰把访谈专家的谈话重点提炼概括出来，更多的时候考察的是葛兰提问的准确性，也就是说，问题要提到关键点上。这对葛兰来说不只是改变多年来在话筒前“吃现成饭”的习惯，更是对年届五十的她临场应变能力和瞬间记忆能力的考验。葛兰顺利地完成了从“播音员”到“主持人”的完美转型，《理论信箱》节目受到全国听众、特别是基层领导的肯定和赞扬。

1983年，葛兰受邀到烟台参加全国电台理论节目交流会并做了两个小时的主题发言，反响很好。会后，葛兰应约把发言稿整理成题为《真听、真问、真交流——播访问对话的点滴体会》的业务文章，在当时全国唯一的一家广播电视学术期刊《北京广播学院学报》（1984年第1期）上公开发表，引起全国广播学术界的关注。

1984年8月17日到8月26日，西南西北地区第二次播音（普通话）经验研讨会在乌鲁木齐召开，会议的议题是“新闻播音改革”和“节目主持人问题”。葛兰作为中央人民广播电台代表应邀参加会议，并做了题为《谈谈节目主持人》的主题发言（全文在当年的《新疆广播电视通讯》上发表）。发言中，葛兰主要谈了三个方面的问题：怎样看待节目主持人、当前中央台节目主持人的情况、主持《理论信箱》节目的点滴体会。

1983年和1984年两次全国性理论研讨会上的发言文章，是改革开放以来，已经年满50岁的葛兰作为一名适应播音业务发展新环境而成功转型的老播音员，对自己以及自己观察了解到的新时期播音形态的客观梳理和认真总结。跨时代的葛兰已经在潜意识中对之后近40年播音主持教育实践做好了准备。

1985年，葛兰在真正意义上开始了自己的播音主持教育实践。

葛兰的播音主持教育实践最早可以追溯到1952年帮带台里分配的新人（林如和周新华），之后就几乎没有中断过，台里有新人上岗，总会有一两个分配给葛兰。帮带新人的过程中，责任感强的葛兰总是善于观察到新人的问题并及时帮助矫正。有一次，一位新上岗的播音员播新闻时总用一只手摸着肚子，细心的葛兰问他，是不是肚子不舒服？他说不是，是在找学校里老师教的找丹田的“气球”的感觉。葛兰马上提醒他，基本功要在平时练，要在练习的时候去找感觉、去体会。到了话筒前播音的时候，就像有目标的打仗，要注意力集中在播出内容上，要“真刀真枪”地干才行，这个时候不能想其他的，不能走神儿。

葛兰在带新人的过程中也遇到过困惑。她说，有的人不具备做播音员的基本素质和条件，再努力也带不出来。这些也让她对播音人才的选拔问题有了一些感性的认识和思考。

改革开放以后，除了台里的帮带新人教育实践，葛兰还经常直接参与一些教学培训活动。她经常受邀请到学校、部队、火车站、厂矿企业以及地方台讲学或者办培训班，先后为多个行业和地方台培养了几千名播音业务人才。然而，在这一时期，葛兰最重要也最系统的播音主持教育实践应该是从1985年开始在中央台播音部领导下、由葛兰负责组织教学的播音培训班。

1983年3月，广播电视部召开了第十一次全国广播电视工作会议。这次会议提出了“宣传工作的改革要以新闻为突破口”“坚持‘自己走路，扬独家之优势，汇天下精华’”的宣传业务方针以及“四级办广播、四级办电视、四级混合覆盖”的广播事业发展方针。于是，在接下来的几年中，各地电台、电视台如雨后春笋般建立起来，一批又一批没有接受过播音专业教育、业务水平差异很大的年轻人被招到了播音岗位上。一时间，各地方台要求提高播音员业务水平的呼声四起，要求得到中央台老播音员培训帮助的一封封信件寄到了中央台播音部。

在这种情况下，播音部安排葛兰负责组织全国各地电台、电视台的播音员进行分批培训。这个培训班计划每年一期，每期招收各地方台学员一百人左右。就这样，葛兰在担任台里正常播音工作的同时，又挑起了地方台播音员培训班的教学管理和组织任务，不但亲自担任主讲教师，还精心组织编写了系列培训教材，第一期就取得了良好的效果。之后，这个靠口碑招生的培训班，一办就停不下来，一口气办了十期，培训学员总数达到一千多人次。

葛兰对播音主持教育实践是发自内心的，所以她也总是全身心地投入每一期培训班的管理和教学工作，并和大多数学员建立了深厚的感情。1987年第24期《中国广播报》刊登了一则感人事迹：大兴安岭漠河发生特大森林火灾，参加过中央人民广播电台播音部培训班的阿木尔广播站播音员王晓华在火情即将到来的危急关头通过十六遍广播火警通知群众安全转移，自己却被大火烧伤。这篇报道充分体现出培训班学员较高的政治素养和业务素质。

1986年5月经国务院批准，《播音专业职务评审条例（草案）》开始实行。1988年，葛兰被中央人民广播电台评为播音指导（播音职称系列的正高级）。随着教学理念、教学模式和培养方案更趋成熟和完善，葛兰在播音业务和播音教育实践领域也由探索期进入了发展期。

3. 发展期——社会办学：引领潮流，桃李芬芳（1988—1998）

据国家统计局数据显示，第十一次全国广播电视工作会议召开前的1982年，全国共有广播电台118座，到了1990年，全国共有广播电台640座。“四级办台”的建设方针取得了显著成效，地方台播音员对业务培训的需求持续增加。就是在这种情况下，中央台对全国各地的播音员培训班却在1991年由于种种原因停止招生。

1992年邓小平视察南方，发表了一系列重要讲话，进一步解放了人们的思想。离休后返聘回中央台①继续在话筒前播音却总也不甘心失去教学“阵地”的葛兰迎来了新的机遇。

1993年，在各方共同支持下，经北京海淀区教育局批准，葛兰广播人才培训学校在北京正式注册成立。葛兰任校长，学校的办学宗旨是：“高标准、严要求、社会效益第一。”这也标志着葛兰播音主持教育实践活动进入了新的发展时期。

为保证教学质量，葛兰除亲自授课外，还聘请中央人民广播电台和中央电视台的优秀播音员、主持人、记者、编辑等担任指导老师。从1993年到1997年，葛兰广播人才学校每年春秋两季招收学员，每批三十人左右，先后为各级地方台培养了三百多名播音主持人才。其间葛兰还先后为铁路、民航等窗口行业培训了一批骨干播音员，使这些社会窗口服务行业的语音面貌和播音风格得到明显改观。

1997年，由于爱人夏青病情恶化，葛兰无暇顾及教学管理工作，葛兰广播人才学校被迫停办。1999年，66岁的葛兰在前往医院给夏青送饭的路上意外摔倒导致腿部骨折，不得不停止在中央台经济部和国际台的返聘主持工作，结束了长达48年的话筒生涯。

1998年以后，葛兰播音主持教育实践活动进入成熟期。

4. 成熟期——学历培养：热心教育，成就自己（1998—2018）

1999年，葛兰应邀参加母校中华女子学院校庆，并撰写回忆文章《母校，我爱你——忆我半个世纪的成长岁月》，后收入中华女子学院《女儿当自强（一）》文集。

① 主持中央人民广播电台经济部《城市之光》和国际台的《环球信息》节目。

同年受聘为中华女子学院兼职教授，指导开展播音主持（成人）学历教育。这也标志着葛兰播音主持教育实践活动进入了成熟期。

2007年开始，葛兰作为播音主持专业的学科带头人，开设播音主持专业普通本科、成人高起本教育，2009—2015年，葛兰继续在中华女子学院开办新闻采编专业播音方向高职教育。

2013年至今，葛兰被中关村学院特聘为“葛兰语言艺术学院”（二级学院），院长。2015年3月，中华女子学院成立葛兰工作室和葛兰语言艺术研究中心。2015年1月，葛兰做客中国盲人图书馆“名家讲堂”；2015年开始，撰写“趣味语言讲堂”“语言表达”系列教材；2016年，“葛兰诵读文化季”启动（每年一届）；2017年至今，在中华女子学院开设博雅课堂《中华经典诵读》。

如今，年近耄耋的葛兰仍然在播音主持教育的讲坛上扬鞭奋蹄！

二、葛兰播音主持教育实践的特点

纵观改革开放40年来葛兰播音主持教育实践活动，可以用“高、全、长、活”四个字来概括。

高，首先是师资水平高，葛兰本人是新中国第一批播音员，播音业务水平高是社会公认的；她聘请的授课教师都是国家级媒体高层次业务专家，而且大部分都是高级职称。其次是政治觉悟高，一直秉持以人为本，德才兼备的育人宗旨。

全，一是指教授业务全，不光教播音，还教采访和编辑；不光教播新闻，还教播评论、通讯和文艺；不光教知识，更要求学做人。二是指学员来源广，涵盖社会领域广。学员来自全国各地，不光有县市台，还有省级台，甚至国家级频道；不光有广播电视的播音员主持人，还有来自铁路、民航等行业的工作人员以及大、中、小学的学生和教师、盲人朋友、播音主持爱好者等。三是办学层次丰富。从社会办学的短训班到成人教育的专科、本科再到普通本科和高职的学历教育，为广播电视事业培养出大量不同层次的专业人才，满足了社会的多种需求。四是学员地域范围广，从东南沿海到西北大漠，从黑龙江的漠河到云南的边城，从山东、山西到河南、河北，遍及全国十几个省、市、自治区。

长，首先是指葛兰从事播音主持教育实践的时间跨度长，如果从1953年帮带新人学习算起，至今还在中华女子学院开设有《中华经典诵读》课程，跨度已长达近70年。

活，一是指学制灵活，有的学员因为工作关系或家庭原因，不能一次参加完培训，还可以分段、分期化整为零地学习；还有的学员一期没有学好，下一期还可以接着来报名学习。二是指因材施教。葛兰经常根据不同学员的基础和性格特点为学员制定不同的学习方案。个别不适合学习播音的学员，葛兰还会做思想工作，为其规划新的人生职业路线。

三、葛兰的播音主持教育观

1. 葛兰的育人观

葛兰认为，播音主持人才培养应秉持“以德为先，德才兼备”教育理念。她认为，播音员主持人是党和政府的“喉舌”，播音主持创作是一项创造性的新闻实践活动。这就要求播音员、主持人必须具有较高的政治水平和思想修养，具备较强的政治观念和新闻敏感性。

葛兰认为，作为一名播音员主持人，要坚持四个“不能变”：一是做人的道德标准不能变；二是为人民服务的精神不能变；三是社会责任感不能变；四是创新的精神不能变。

2. 葛兰的教学观

在“德才兼备”的育人理念指导下，葛兰要求教师在教学过程中要避免刻板，要求变求新，时刻紧扣时代的脉搏，了解时代的发展趋势，分析新时代播音主持的特点和需要。她强调，在教学上，老的观念要不断更新，老的教材要及时修订，老的教学方法要逐步改革，要适应时代变化的需求，培养出全面发展的应用型人才。

葛兰对学生也提出要求：一是学艺先学做人，做德艺双馨的播音员、主持人，作为新闻工作者，播音员、主持人是党的喉舌、宣传员，必须有高度的责任感和使命感；二是要有较高的思想学识水平和较高的文化素养；三是强调练好专业基本功；四是强调深入体验生活。

四、葛兰播音主持教育实践活动的启示

葛兰的播音主持教育实践对我国播音主持教育有很大的启示意义。

1. 高风亮节，言传身教

葛兰18岁进入中央人民广播电台，一直到1999年，在长达48年的播音生涯中，从没有在话筒前出过业务差错。之所以能做到这点，业务能力只是外在的保障，真正的原因是葛兰具有较高的政治水平和思想修养，具有较强的政策观念和新闻敏感。这种较高的政治水平、思想修养、政策观念、新闻敏感，作用于葛兰40多年的播音主持创作活动。即使是在“文革”的特殊时期，葛兰也保持着冷静而清醒的政治头脑。当爱人夏青劳动改造，自己也受到影响“靠边站”离开话筒期间，葛兰依然没有放弃业务学习，而是时刻准备着回到工作岗位，所以才能做到在节目开播前10分钟接到紧急到岗的播音任务，也能够镇静自若、从容圆满地完成任务。

2. 心无旁骛，学无止境

如果走上播音岗位也算是一次转型的话，葛兰的职业播音生涯总共经历了四次转型。第一次是1951年进入中央台，从零开始，认真学习记录新闻播读，很快掌握了记录新闻播读的基本技巧，并喜欢上这个岗位。第二次是记录新闻播读一年多后，少儿

节目播音的机会让葛兰无意间开始了另一种文体播音方法的学习。葛兰认真地完成了新的任务，从而也成为真正意义上的新中国第一位少儿节目播音员。第三次是1981年，年近50岁的葛兰又成为改革开放后的媒体新事物——节目主持人，她不负众望，再一次华丽转身。第四次是离休之后的返聘和执教经历，更是让葛兰在60岁以后又完成了一次业务上的跨越。

3. 朴实严谨，遵循规律

葛兰播音主持风格的一个主要特点就是语言洪亮、明快但又不失朴实、严谨。这既得益于葛兰早年记录新闻播音所练就的基本功，更重要的是葛兰严格遵循语言表达规律的创作态度。播音主持表达的共同规律首先就是思维反应律和词语感受律。葛兰也一直强调要把理解和感受放在表达的前面，没有深入的理解和真切的感受，接下来的表达一定不会深入人心。经历过“文革”“假大空”式播音腔的非正常时期，葛兰反感所有有失朴实的表达。在她发起的公益文化品牌“葛兰诵读文化季”的展演中，葛兰明确要求参演作品禁止配乐、背景图和背景视频，朗诵者禁止穿古典装。这也是葛兰朴实严谨、不浮夸作风的又一体现。

4. 积极实践，独特感受

独特的感受，是在遵循主持创作感受一般规律的同时，由于播音主持创作者不同的性格特征、生活经历、文化知识、思想修养等决定的播音主持创作不同的审美追求和独有的体验，它是播音主持创作者独特的审美认识和发现。这种独特的体验是独特表现的内在依据。葛兰在播音主持创作和播音主持教育实践中，特别强调独特感受，而缺少阅历是实现独特感受的大敌。为了做到感受独特，葛兰总是主动走出播音室，到现场去感受。这种做法，在早年从事少儿节目播音的时候就已经显露出来。葛兰做少儿节目的时候特别喜欢和孙敬修搭档，因为她知道孙敬修的生活阅历丰富，在和他合作的过程中能领略特别生活化又非常有个性的风格处理。在后来做文艺节目播音的时候，葛兰更是经常在剧院现场亲自感受艺术家们的风采，从而让自己的文艺播音风格和节目内容有较高的吻合度。

1981年做《理论信箱》节目主持的时候，葛兰已经接近50岁。但她仍然坚持和被采访的学者、专家有尽量多的沟通，有时候为了能提前接触到采访对象，甚至不惜动用多种社会关系提前做工作。最终，一个看似枯燥的《理论信箱》又被葛兰做“活”了。

5. 不忘初心，高瞻远瞩

葛兰在从事播音工作前是一名教师，成为一名播音员后，也依然没有忘记教育工作者的初心。改革开放以后，“四级办台”方针使全国的电台、电视台数量急剧增加，而全国只有一个北京广播学院播音系能够培养专业人才，播音主持人才教育资源严重不足。播音教育，特别是大量刚刚走上工作岗位的地方台年轻播音员的专业教育问题异常突出，葛兰最早意识到这一问题的严重性。年岁逐增的葛兰开始在播音主持教育实践中思考解决问题的办法，她认为播音教育要分两步走：短期培训可以缓解播音主持人才“青黄不接”的燃眉之急，学校教育才是解决播音主持人才培养问题的百年大计。在葛兰的播音主持教育实践中，1978—1998年20年短期专业培训教学是1999年之后20年长期专业教育的基础，播音主持专业教育从全国只有一所高校到数百所高校的发展过程，也是对葛兰播音主持教育观的现实脚注。

浅析鞠萍播音主持风格形成与发展

郑州工程技术学院（原中州大学） 霍慧娜

摘 要：纵观鞠萍三十多年的播音主持实践，“灵动”“真切”是贯穿其中的主体风格，在此基础上，又体现出丰富的内涵、多样的变化。在鞠萍播音主持风格形成的各个阶段，呈现出前期“清新活泼”，中期“温柔端庄”，后期“成熟内敛”的特征。“鞠萍姐姐”的播音主持创作风格不可能仅仅体现在一档节目或者一段时期，而是贯穿于她三十多年的播音主持工作生涯中。她播音主持风格特征的形成动因，可以从主观和客观两方面去分析。

关键词：播音主持风格；专业儿童节目主持人；创作活动；风格发展

一、鞠萍播音主持风格简述

改革开放以后的电视荧屏，自20世纪80年代中期开始，在少儿电视节目中，有一位绕不开的主持人——鞠萍。“鞠萍姐姐”的形象不仅是几代人童年的记忆，也是中国广播电视主持领域的一个标志性的形象符号。鞠萍是中央电视台少儿部第一位专业儿童节目主持人，她早年在学龄前儿童节目主持艺术领域开拓探索、辛勤实践，中年时期旗帜鲜明地引领少儿节目发展导向，得到了亿万观众的认可和赞誉，也在播音主持艺术专业领域形成了独树一帜的播音主持创作风格。

在近35年的职业生涯中，鞠萍从一个青涩甜美的小姑娘，慢慢变成温厚亲切的阿姨，“鞠萍姐姐”的荧屏形象始终如常青树般活跃在观众的视野中，保持着一位“儿童节目主持人”稳定良好的形象。鞠萍在播音主持实践与摸索中形成了个性突出、风格鲜明的主持特色。播音主持创作活动是动态的，播音主持风格以相对稳定的状态贯穿于创作过程中，并且在不断的实践和锤炼中渐趋成熟。播音主持风格不仅具有独特性、一贯性的特征，还具有多样性、可变性，纵观鞠萍三十多年的播音主持实践，“灵动”“真切”是贯穿其中的主体风格，在此基础上，又体现出丰富的内涵、多样的变化。一个播音员主持人的播音主持创作活动是不断发展的，由于受时代发展、媒体技术、审美需求、个人阅历等众多因素的影响，鞠萍的播音主持风格呈现出前期“清新活泼”，中期“温柔端庄”，后期“成熟内敛”的特征。

作为少儿电视节目播音主持中的符号性人物，鞠萍的播音主持风格不是与生俱来、一蹴而就的，而是在艰苦的播音主持创作实践中逐渐酝酿、发展、成熟的，在其人生不同阶段，呈现出不同的特点。

二、鞠萍播音主持风格发展

（一）酝酿阶段（1985—1995）

1976年，10岁的鞠萍考入中央人民广播电台少年广播合唱团。1981年，从北京十一学校毕业的鞠萍进入北京幼儿师范学校，三年后留校任教。在一次合唱团去电视台录像时，鞠萍被原中央电视台青少部主任徐家察看中，选进中央电视台成为青少部第一位专职的儿童节目主持人。1985年的“六一”儿童节，19岁的她以清新俏丽的形象第一次在电视荧屏上崭露头角，不久这个仅仅在每周四下午露一次面的“鞠萍姐姐”，受到了亿万小观众的真诚爱戴，她深入地参与到节目中，被专家们认为是更接近真正意义的节目主持人。1986年10月，工作仅一年的鞠萍在全国第三届电视专栏节目评奖中获得“优秀节目主持人奖”。能够很快地适应少儿节目主持人的工作并且获得认可，不是她天生幸运，而是机会永远给有准备的人。八年合唱团，三年幼师经历馈赠给她两样最重要的东西，一副悦耳清脆的好嗓音、一颗爱孩子懂孩子永远长不大的童心，这为她成为一个成功的少儿节目主持人奠定了良好的基础。

《咏柳》
朗诵：鞠萍

1985年“六一”开播的《七巧板》是以3~6岁儿童为主要观众，以培养儿童认知能力和动手、动脑能力为主旨的知识性栏目。该栏目生动活泼、内容丰富，主持人鞠萍没有仅仅满足于做一个栏目的“报幕员”或“串场人”，而是积极深入地参与到节目中去，使节目在主持人的引领下凸显出个性与特色，在这里鞠萍发挥出自己各种特长，受到了孩子们的喜爱与信赖。鞠萍具备少儿节目主持人所需要的基本素质，她聪颖活泼、心灵手巧，多才多艺、能歌善舞，在节目的各个板块都能自然地和孩子们融在一起，如“学学做做”主要是教孩子做一些小手工，用纸叠出小动物或者小物件，培养儿童动手动脑的能力；或者在节目中教孩子们唱歌、跳舞、做操；在“画音乐”板块中带领孩子听音乐学绘画，培养儿童欣赏音乐和练习绘画的能力……八年合唱团经历、师范学校学习经历以及工作中的不断学习和成长历练，是鞠萍从事少儿播音主持创作的源泉和动力。这一时期鞠萍的播音主持活动以个人创作为主，与孩子的交流以歌舞游戏为主要形式。融入儿童世界，倾听儿童声音，经过较短的摸索后，鞠萍把自己的形象定位为“姐姐型”主持人，这符合鞠萍的年龄和个人形象气质，同时也可以满足儿童对主持人兼顾“玩伴、教师和朋友”多重身份的心理需求。这一时期也是鞠萍形成播音主持自我风格的萌芽和探索期，她立足少儿节目播音员主持人的身份，尝试多样的播音主持创作活动，在春节联欢晚会上的“小试牛刀”给大家留下了深刻印象，对京剧艺术的了解与热爱让她站在戏曲春晚的舞台上一展风采。这些成功的尝试让鞠萍感到新鲜和兴奋之余对自己所从事的工作有了更深刻的认知。1988年在“如意杯”全国电视节目主持人大赛中鞠萍荣获第一名，在颁奖晚会上，一向潇洒大方、总是笑嘻嘻的鞠萍留下了幸福激动的泪水，也让年仅22岁的她感到自己身上肩负的不仅仅是亿万观众的喜爱，还有儿童电视节目主持事业对社会所承担的责任与使命。接下的日子，鞠萍用辛勤的工作换来了更多的认可与肯定，既是少年儿童的“小朋友”，也是家长的“大朋友”。1991年获全国广播电视节目主持人“开拓奖”金奖，1992获全国少年儿童校外教育先进工作者称号，1993年获首届全国广播电视节目主持人“金话筒”金奖，1994年在全国青少年影视文化兴趣调查中被评为最受喜爱的节目主持人。

在当时的媒体背景下，鞠萍姐姐在小朋友和家长中的受欢迎程度是空前绝后的，一年平均能收到6 000多封观众来信。她的主持在自然大方、俏丽活泼中展现出清新灵动之美，为当时较为单调的电视荧屏增添了亮色，率真开朗的个性让她在荧屏上真实地展现自我，亲切地和孩子们交流。最可贵的是，鞠萍对幼儿教育的专业和深入理解，是她打开儿童世界大门，迅速取得儿童信赖的钥匙，她善于跟孩子们沟通，懂得他们的心理需求，在把握节目进程与节奏时，使节目更符合儿童的接受习惯，在玩中做，在做中学，真正做到了寓教于乐，寓教于趣。这一时期是鞠萍播音主持风格的萌芽期，也是鞠萍事业发展的黄金时期，她在多个领域崭露头角，除了《七巧板》多次被评为年度优秀栏目，她还积极参加和促成各种与儿童事业有关的活动，如举办鞠萍儿童歌曲演唱会、出版鞠萍故事系列图书等。1992年，鞠萍从丹麦录制节目归来后，用半年多的时间将168篇安徒生童话进行口语化改编，将原著100多万字缩写到60万字，然后进行录音，终于在1993年春天让《安徒生童话故事全集》四十盘录音带与中国小朋友见面。鞠萍首次把安徒生全部童话作品转化为声像艺术制品，转化为适合中国人接受的口语作品，这在国内外儿童出版史上都是罕见的，也让中国小朋友第一次可以用听觉去感受安徒生的童话世界。鞠萍不仅仅把自己的身份定位为一个儿童节目的主持人，她更把自己定位为一个儿童教育工作者，这使她把儿童事业发展作为职责和使命，在播音主持的岗位上做得更精更专。这一时期的全面发展和勤奋学习是鞠萍播音主持风格形成的基础。

（二）发展阶段（1995—2003）

从《七巧板》开播到最后一期，鞠萍姐姐每周四伴随着小朋友度过了十年快乐时光。作为中央电视台的青春偶像型主持人，鞠萍走过了青春年华，1993年，儿子的降生让鞠萍对少儿节目播音主持工作有了新的体悟与感想。初为人母的她对孩子又多了一份母性与温情，此时她的主持形象定位更倾向于“妈妈型”，在主持语言的使用上加入了更多的呵护与体贴的意味，播音主持风格在灵动真切中展现出温柔大方的一面。

1995年“六一”儿童节，中央电视台把之前分散播出的《七巧板》《天地之间》

《蒲公英剧场》《和爸爸妈妈一起看》等七个少儿栏目整合成一个大型儿童栏目《大风车》。《大风车》采用杂志的编排手法，将内容分为动画节目、学前节目（3~6岁）、系列短剧、专题与游戏节目（7~12岁）四个板块，融思想性、知识性、教育性、娱乐性为一体，“营养配餐”，多角色串联，主持人不仅有小观众熟悉和喜爱的鞠萍、董浩、刘纯燕（金龟子）、曾媛（花姐姐）等，还有小观众的同龄人，以及造型别致的卡通人物和充满灵性的动物形象。本文把《大风车》的开播作为鞠萍的播音主持创作活动的第二阶段，“创新”是这一时期的主要特征，这段时期是鞠萍播音主持创作活动的上升期，也是突破期。此时的少儿节目播音主持主要以群体模式出现，在群体中，每个主持人都有相应的定位和角色功能，对于鞠萍个人的播音主持发展而言，怎样突破自我，与团队和他人更好地合作是该时期主要解决的问题。

经过十年的电视播音主持工作，鞠萍已经历练得更成熟更有经验了，接下来应该如何发展自己的事业，如何把握时机，如何进行角色的转换，是她常常思考的问题。多年的媒体工作经历让她深刻地认识到，电视是团队的合作、集体的力量，一个具有生命力的播音员主持人离不开背后支撑她的整个电视团队。鞠萍不再满足于做一个台前的主持人，她开始接触编导工作，她认为这是一个纵向深入的过程，通过更多的了解节目的策划和制作，把感性的经验升华为理性的思考，于是，鞠萍开始了一些体现自己风格的新尝试。除了播音主持工作，鞠萍担任了《大风车》的制片人兼责任主编之一，《大风车》节目逐渐稳定和深入人心之后，1998年，鞠萍又将侧重点放在加强幼儿节目上，此时的鞠萍不仅做主持人，还兼任导演制作了《快乐星期天》《宝宝学》《宝宝爬》节目，这些节目经过不断改版，发展成后来的《顽皮家族》《太阳人》等节目。在主持这些节目时，鞠萍不再是一个人自说自话，而是有了搭档，如在《快乐星期天》节目中，主持工作就是由鞠萍和两个木偶太阳人、大龙共同完成的；在《健康乐园》节目中鞠萍的搭档则是木偶小佳丽。由于少儿节目中经常会创设一定的情境，使节目更有趣味性，鞠萍尝试在播音主持创作中渗入一些表演的元素，如1996年4月参加《校园幽默剧》演出扮演鞠豆豆老师，这些尝试让鞠萍对少儿播音主持工作又有了新的理解和认识，团队的合作与创新也给了她在播音主持创作上源源不断的灵感，使她从“姐姐”向“老师”华丽转身。

新世纪伊始，鞠萍的工作也登上新的台阶。2001年，为贯彻国家广播电视总局关于“走出去工程”的指示精神，中央电视台的少儿节目也走出演播室，走出北京，走到全国各地，在扩大节目影响力的同时，吸纳更多的小朋友参与其中，给孩子们提供一个更为广阔的表演舞台。在2001年“五一”成功举办《“五一”大庆风车行》后，央视青少中心尝试在重大节日制作特别节目。2001年鞠萍以导演之一的身份执导了两个节目，一个是海峡两岸儿童的首个对话节目《同心童趣》，一个是现场直播“喜之郎杯六一足球赛”。这两个节目让鞠萍初尝电视导演的辛苦与成就感，也从这时开始，鞠萍尝试策划了一些大型活动和直播节目。在导演岗位上兢兢业业的鞠萍并没有偏废播音主持创作工作，相反，导演工作让她对少儿播音主持有了更深刻的思考，在主持这些由自己从策划到播出都亲力亲为的晚会或活动时，鞠萍显得更加端庄大气、沉稳老练，信手拈来、游刃有余，在不断的尝试、创新和总结经验中，鞠萍的播音主持风格渐趋成熟，播音主持创作活动呈现出温柔端庄之美。

这一时期是鞠萍播音主持创作活动全面发展时期，1998年在抗洪救灾报道中的出色表现展现了她的新闻报道能力，鞠萍也在当年被广电总局评为抗洪抢险报道先进个人；2002年12月《大风车》改版后，鞠萍在新版《大风车》中担任制片人兼主持幼儿栏目《顽皮家族》。这是一档动物知识节目，由鞠萍和一个叫“顽皮”的卡通人物主持，扮演“顽皮”的是当时表演系的学生曹扬（现如今是北京电视台综艺频道的男一哥）。不断创新让鞠萍在少儿节目播音主持中保持着激情与纯真，与年轻一代的少儿节目主持人相比，她的主持风格显得更加自然大方、温柔端庄，这是渐趋成熟的表征。鞠萍知道少儿节目主持是一个需要永葆年轻的事业，逐渐成熟的她也在不断帮助和培养年轻一代的新主持人，她用自己的沉稳去衬托年轻人的活力，用碰撞的火花营造谐趣横生的节目氛围。中央电视台少儿频道的新面孔一茬又一茬，鞠萍姐姐却依然保持着永恒的魅力，不管电视节目如何推陈出新、花样百出，小朋友们始终惦记着这个荧屏上笑颜可掬的“姐姐”，真心爱戴着她。

（三）成熟阶段（2004年至今）

2003年底央视少儿频道开播，本文将这一事件作为鞠萍第三阶段成熟期的开端。

随着时间的推移，步入中年的鞠萍也面临着对自己荧屏形象的一次重新考量与定位，她不止一次在电视节目中征集观众意见，是否应该继续保持自己“鞠萍姐姐”的身份定位，甚至有一些声音质疑鞠萍的主持是在扮演、表演“姐姐”的角色。事实证明，“鞠萍姐姐”深入人心，在观众心目中已经不单是一个角色身份，她变成了一种符号和标志，真实鲜明、风格独立地活跃在新老观众的心中，成为永远的“姐姐”。“鞠萍姐姐”之所以“不老”，得益于她不断的自我充实和努力。

2003年12月28日，以“引领成长，塑造未来”为宗旨的中央电视台少儿频道正式开播，我国的少儿电视节目发展又迎来了一个崭新的契机。时代在进步，电视荧屏不断丰富，节目样式不断翻新，不同时代的儿童在接受心理上也发生着变化，动漫的引进，让孩子的兴趣从故事情节转向了更加玄妙的画面，少儿电视节目中的传统式说教元素在逐渐淡化和稀释。该阶段鞠萍的电视播音主持创作活动主要以动漫节目串联为主，具有代表性的节目是《动漫世界》。

鞠萍在30年中主持了28届“六一晚会”、6届“春晚”、8届“戏曲春晚”、上千场中央电视台的各类晚会等大型活动，这些经历使她对儿童心理、儿童电视节目、播音主持创作活动有了新的理解并掌握了主动权。此时的鞠萍，播音主持创作风格相对已经成熟，其播音主持创作活动比之前两阶段有明显减少，她把更多的舞台让给了年轻一代的主持人，自己则退居幕后从事一些配音工作，用甜美灵动的声音继续为孩子们服务。

在对鞠萍少儿节目播音主持创作活动进行梳理和总结的过程中，笔者认为每年央视的“六一”晚会值得一提。每年的“六一”也是鞠萍最忙的时候，她带领主持人团队用各种各样的主持形式和丰富的节目内容来吸引孩子，推动少儿电视节目发展。从1986年中央电视台首次举办“六一”晚会——《红嘴鸽小白帆》，除了2009年，央视“六一”晚会的台前幕后从来没有缺席过鞠萍忙碌的身影。鞠萍也从最初的自然清新、活泼俏丽的小姑娘成长为今天荧屏前稳重端庄、亲切大方的“阿姨”“老师”。笔者把2008年“六一”特别节目《我们在一起——向地震灾区师生致敬》作为鞠萍主持风格成熟的标志。在这档特别节目中，鞠萍通过一段只有2分30秒的采访，让人们记住了来自四川灾区9岁的小英雄林浩。这2分30秒的采访，是鞠萍作为一个少儿节目主持人，政治素养、新闻素质、专业技能、情感把控的有机融合和集中体现。

2011年，中央要求在全国新闻战线组织开展“走基层、转作风、改文风”活动，2012年6月，央视少儿频道开播《大手牵小手》栏目，由鞠萍担任制片人兼主持人。《大手牵小手》主持群是精心设计的6789组合，60后的鞠萍成熟内敛、70后的周洲快乐热心、80后的黄炜帅气风趣、00后的各地学生时尚阳光，不同年代的思维碰撞，带给孩子们不同的快乐。2013年春天，央视启动“寻找最美孝心少年”大型公益活动，鞠萍作为特邀推委，还担任专题片解说工作。今天的“鞠萍姐姐”仍然活跃在少儿电视的台前幕后，为少儿电视事业发展和儿童教育事业鞠躬尽瘁，对儿童的责任与使命感让她从不敢懈怠，她随时调整着自己，像孩子一样保持着对世界的新奇感，这也让她在孩子们眼中保持着新鲜与魅力，她永远和儿童站在一起，为儿童服务，做小朋友们永远的“鞠萍姐姐”。

三、鞠萍播音主持风格成因

作为少儿电视节目主持界的一位“元老级”、标志性人物，鞠萍的播音主持创作风格不仅仅体现在一档节目或者一段时期，而是贯穿于她30多年的播音主持工作生涯中。形成她播音主持风格特征的动因，可以从客观和主观两方面去分析。

（一）客观因素

鞠萍播音风格形成的客观因素，主要表现在时代特征、受众需求、媒体发展、节目特色等方面。

1. 时代特征

任何艺术风格的形成都离不开时代背景，播音主持风格作为艺术风格的一种，也同样不可能超越时代。政治、经济、文化、价值观念、审美追求等社会因素都对播音员主持人风格的形成与发展产生强烈的影响。

20世纪80年代初期，改革开放吹响了中国电视事业步入快车道的进军号，打开国门，赫然呈现在国人眼前的是五光十色的广阔世界，作为“视窗”的电视此时显示出潜在的传播魅力。中国电视工作者也由此看到了电视自身发展的广阔空间，在纷至沓来的各类节目形态的创新改进中，主持人形式悄然诞生。80年代中期，中国电视经历了从量的发展向质的提升过渡，鞠萍就是在这样的背景下进入中央电视台（现中央广播电视总台，下同）成为少儿部第一位专职节目主持人。80年代的中国处于社会转型时期，根据优先发展教育的思想，国家制定了一系列大政方针，推动教育事业发展。正是在这样的大背景下，电视社教类节目受到了各方面的重视，作为社教类节目学前教育的重点，少儿节目肩负起更多的社会职责和教育内涵。这一时期，中央电视台少儿部也在酝酿一个崭新的、有固定时间段、固定主持人的、长期播出的专业儿童节目，《七巧板》应运而生了。与过去的播音主持工作相比，改革开放新时期，鞠萍处在一块未开发的“处女地”上，刚刚参加工作的鞠萍，有一股年轻人的青涩、纯真与激情，形象和声音都给人眼前一亮的感觉。她在最初的主持工作中更多地呈现出纯美的天性、专业的幼教经验和丰富的才艺，让她从一开始就充满了亲和力，并很快得到了观众的认可和喜爱。

鞠萍播音主持工作的30多年，也是中国电视栏目全面发展、百花齐放的30年，人民生活水平的提高、科技的进步、电视技术的创新等物质条件的发展为广大观众收看电视节目，与主持人进行沟通打下了坚实的基础；节目意识的提升、教育观念的转变、审美情趣的变化等大众精神层面的发展为主持人个性化的播音主持创作活动提供了丰厚的土壤，这些都使得鞠萍的播音主持创作丰富多样、灵活开放。在信息技术日新月异的新时代，观众和主持人互动频繁，也为鞠萍的播音主持创作实践起到了推动作用。

2. 媒体发展

媒体的发展为鞠萍播音主持风格的形成提供了前提和条件。笔者将媒体发展分为两方面内容，一方面是技术的发展，一方面是大众传媒理念的更新。

科学技术既是广播电视的传播手段，也是其赖以生存的物质基础。改革开放以来，我国广播电视科技手段不断进步，成为推动媒体事业发展的一支重要力量。1985年以前中央电视台一直是通过微波电路向除西藏、新疆以外的全国各地传送节目，1985年8月，开始利用卫星向全国转发第一套节目，随后卫星技术的应用，有线电视技术的发展，大大拓宽了电视的有效覆盖范围。技术进步是电视发展的先导，正是电视技术的进步，打破了束缚创作的种种枷锁，使电视工作者的主观能动性得以发挥。

80年代初，中国广播电视中出现了一种新的节目形式——主持人节目。鞠萍作为第一位少儿部的专职主持人，她的成长和播音主持风格的形成是与少儿电视主持人节目的发展相伴随的。30年中，电视节目从全面覆盖到专业化窄众化，再到个性化风格化，观众对电视节目从被动接受，到主动选择，再到个性化需求；主持人节目的文化品格和审美品格在电视栏目发展与成熟的过程中得以提升，播音主持创作观念和追求也得以创新和实现。

3. 受众需求

作为大众传播，电视除了政治宣传的功能以外，还具有其他很多功能。电视节目的受众主要是普通百姓，节目内容要能够满足观众的需要，切切实实地为观众提供服务。80年代中期，电视栏目顺应时代需要，开始向寻求专业化的道路迈进，受众对电视教育与服务功能的渴求，要求电视节目主持人既要专业化，又要接地气、有亲和力。想要更好地满足儿童这一特殊受众群体的需求，就必须根据儿童的心理、年龄特征制作节目，选用符合儿童心理需求的主持人。

儿童是靠知觉去判断事物的，他们稚嫩的心灵不喜欢来自成人世界的矫揉造作，因此他们更需要内心真诚与纯真的主持人，鞠萍率真活泼的天性恰恰契合了孩子们的这一需求，这使她在主持创作活动中和孩子们总是能够保持心意相通。儿童对美的事物的判断也是自然朴素的，鞠萍在主持《七巧板》时就曾遭遇过一次“烫发风波”。当时爱美的鞠萍心血来潮去烫了个头发，没想到节目播出没多久，就接到了小朋友批评她烫发的来信，小朋友在信里写道：“你烫过头发后，有点不像姐姐的样子了，真让我伤心。”还有小朋友写道：“我看到你烫了头发，很伤心，在我心中，你是我姐姐，是永远不会变成烫头发的大人的”。[①]这件事情让鞠萍深刻认识到，少儿节目主持人的工作特殊性使她已经不属于自己，而是属于亿万观众的。鞠萍30年如一日保持着齐耳的短发，再也没有烫过头发，在亿万小观众的脑海里，鞠萍是永远留着短发、穿朴素的衣服，说起话来温柔亲切、率真大方、活泼美丽的“姐姐”。

4. 节目特点

节目和稿件对播音主持风格的形成起着直接制约的作用。长期主持新闻评论类节目的主持人，容易形成严肃持重的风格；长期主持生活服务类节目的主持人，容易形成亲切朴实的风格；长期主持对话访谈类节目的主持人，容易形成自然活泼的风格；同样，长期主持少儿节目的主持人，也就更容易形成活泼灵动、温柔真诚的播音主持风格。

少儿节目的性质决定了播音员主持人的装扮应该是朝气蓬勃、自然活泼的，鞠萍追求自然清新、活泼俏丽的自然之美，在很多主持人不断关注自己的荧屏形象够不够漂亮的时候，鞠萍却牺牲掉了一个年轻女孩对时尚的追求，始终留着齐耳的短发，穿着宽松肥大的服装，这并不是因为鞠萍不爱美，而是更适合少儿节目主持人这一身份的需求。鞠萍说：“我喜爱短发的自然、利索，因为我要经常低头弯腰照顾孩子，和他们谈话、游戏。如果留长长的披肩发，就会影响跟小朋友的交流，刘海不能盖住眼睛眉毛，不然面部最动情的地方就被遮没了。”“年轻姑娘喜欢穿紧身衣，力求体现形体美，我却喜欢穿宽松肥大的服装。这是因为如果穿上牛仔裤、紧身衣，给孩子们做示

① 鞠萍：《萍聚》，少年儿童出版社2003年版，第64页。

范动作的时候就会感到不舒服，小朋友看了也会觉得吃力。”①

同一个播音员主持人在主持不同节目时，也会在总的风格基调上产生变化。如鞠萍在主持少儿节目时永远洋溢着欢乐，体现出俏丽灵动、生动活泼的风格；在主持戏曲晚会时，她表现出端庄大方、稳重内敛的风格；在主持抗震救灾晚会时，她的主持呈现出温柔亲切、外柔内刚的风格特征。在播音主持实践中，主持人的创作个性与风格特征离不开节目的要求和宗旨。

（二）主观因素

1. 成长经历

1966年元月25日，鞠萍降生在北京一户普通军人家庭，也许是遗传了母亲的好嗓子，3岁时，还够不着话筒的鞠萍就能站在椅子上唱京剧，演《智取威虎山》里的“小常宝”。1969年，鞠萍一家四口从北京被下放到河南省正阳县的“五七”干校，小时候的鞠萍性格就特别好，爱蹦爱跳，爱说爱笑，还喜欢模仿大人，像“小大人”似的爱表现。鞠萍上过一年幼儿园，幼儿园的时候就特别爱组织活动，上小学时这种特质就更明显，手勤眼快，喜欢参与组织各种文体活动，因此还当上了文艺委员。10岁那年，鞠萍考入中央人民广播电台少年广播合唱团，由于她刻苦好学和出色的唱功，后来成了少年合唱团的小团长。在合唱团时鞠萍就有了长大了要当老师的心愿，16岁那年初中毕业，不顾家人的反对，她报考了北京幼儿师范学校，在幼师的学习中鞠萍如鱼得水，每门功课她都学得很认真，成绩也很优异。幼师的学习给鞠萍以后的主持工作带来很大的帮助，如心理学、教育学、卫生学等方面的知识，小孩子的注意力是怎样的，他们观察事物的规律是什么，用什么样的方式和他们交流最能够被他们理解和接受，这些理论都给了鞠萍深厚的积淀，帮助她日后成长为一个专业过硬的少儿节目主持人。

进入中央电视台以后，为了让鞠萍尽快达到一名主持人的标准，1985年3月到5月，她被安排到北京广播学院播音短期培训班学习，这段时间的学习让她收获良多，她逐渐了解了播音主持这个领域的专业知识，并且和幼师所学的知识融会贯通起来。她专门学习了有关儿童节目的主持方法和技巧，观摩了大量电视台过去的儿童节目，收听当时著名的孙敬修爷爷讲故事等节目。这为她之后胜任少儿节目主持的工作，并形成独特的风格奠定了扎实的基础。

在人生的不同时期和阶段，鞠萍呈现给观众的主持风格之美也有所不同。儿子的出生让她的人生迈入了一个新阶段，伴随儿子成长的过程，也是鞠萍作为母亲不断丰盈自我的过程，她变得更加温情、成熟，更懂孩子，这在她的主持风格演变过程中起到了重要的推动作用。步入中年以后，鞠萍“姐姐”的形象定位曾受到一些质疑，但这些质疑之声也恰恰助推了鞠萍播音主持风格的成熟与完善。这些人生经历和积淀使

① 鞠萍：《萍聚》，少年儿童出版社2003年版，第62页。

鞠萍的主持风格在“灵动、真切”这一基调上，呈现出前期“清新活泼”，中期“温柔端庄”，后期“成熟内敛”的特征。

2. 性格特质

鞠萍有三个方面的性格特质形成了她独特的播音主持风格。

顽强、自信、不服输。从小鞠萍的性格就比较顽强，父母对她的影响最深。鞠萍的父母非常勤俭，军人父亲好学上进，对待事情认真，雷厉风行；母亲持家有道，都是亲手为她和哥哥做衣服。自信和好胜是鞠萍身上突出的个性品质，“从3岁开始，我想干的事儿都能干成，所以我自信”①，她信奉机遇永远属于有准备的人，当年18岁的鞠萍就凭着这份自信与倔强一路走进中央电视台的大门。从主持节目开始，鞠萍就养成了收集有关她的评论文章的习惯，她也会从电视上翻录下自己的节目反复看，她重视观众的反馈意见，善于在节目中和观众沟通，以此完善自己的播音主持工作。

率真、开朗、能张罗。鞠萍在幼儿园时就在小朋友中间表现出了自己的组织能力，后来的求学过程中，由于她喜好文艺爱张罗的个性，一直都是同龄人中的文艺骨干。有时干得多甚至受到同学的误解，但她的心态开朗积极，对人做事从不小心眼儿、钻牛角尖儿，率真磊落、热情活泼的个性让鞠萍的脸上总是带着不矫饰的笑容。鞠萍的这种个性给节目带来了光彩，也让孩子们在可亲的姐姐面前少了几分拘谨，多了几分轻松。

细腻、敏锐、体贴入微。鞠萍给人的印象总是真诚而温暖的，这似乎是鞠萍与生俱来的亲和力，不管是荧屏里还是生活中，既有着一份母性的包容体贴，又有着一份察微知著的细腻敏锐，总能让身边的人如沐春风。1988年春节联欢晚会上采访聂卫平的姐姐聂珊珊所帮助的患癌症的小保姆，以及后来采访小江珊、采访小林浩，鞠萍流露出的发自内心的心疼、温情、体贴都给观众留下了深刻的印象。

“性格气质具有独特性和稳定性。它是播音员进行播音创作的心理和生理方面的内在动力，它构成播音员审美个性的生理心理基础。它主要通过情感、情绪的途径作用于播音员的语言表达方式。”②鞠萍的自信、率真、开朗、体贴是形成其播音主持风格的内在动因。

3. 事业追求

1988年12月30日，中央电视台举办的“如意杯”全国电视节目主持人大赛的评选结果揭晓，当鞠萍以最高票数名列金奖时，在孩子们面前一向潇洒大方，总是笑嘻嘻的“姐姐”流下了激动的泪水，她说：“我庆幸自己在中央电视台工作，我才工作了四年，荣誉来得太早了，以后要更加努力地去工作。”鞠萍格外珍惜观众的这份挚爱，从业30年来，她始终保持着亲笔给观众回信的习惯。鞠萍知道自己健康美好的形象对儿

① 徐新民、李晓铮：《荧屏群星》，中国国际广播出版社1989年版。

② 姚喜双：《播音风格探》，中国文联出版公司1992年版，第74页。

童的身心来说有着巨大的影响力，她像鸟儿爱惜身上华丽的羽毛一样爱惜自己的形象，当荣誉、鲜花、掌声接踵而来，商演、广告、邀约也纷至沓来，除了为孩子们的演出外，她几乎拒绝了所有商业演出和广告，“主持人对每一次屏幕上出现的形象都应该负责”，“我除了大型晚会，一般只是在少儿节目中出现。”① 鞠萍牺牲掉一个女孩子对美与时尚的追求，数十年如一日的保持着朴素大方的穿衣风格。不烫发、不做广告、不拍电视剧，只因为她是孩子们的“鞠萍姐姐”。鞠萍常常思考如何在小观众心中保持一份持久的魅力，所以她不断地创新，也不断地反思。在具有一定的积累后，她尝试做编导、导演、制片人，把少儿电视节目发展作为自己一生的追求和事业。凡是有益于儿童身心发展的事情她都愿意参与，凡是对孩子有教育引导意义的事情她都会去做，录制安徒生童话故事全集，录制“鞠萍姐姐讲故事”，推进儿童音乐创作，推进少儿曲艺事业发展等，这份对儿童电视和儿童教育的责任感和使命感植根在鞠萍姐姐心中，对于形成她独特鲜明的播音主持创作风格是直接的推动力。

4. 业务条件

一人一面，一人一声，形象的不同，嗓音的各异，为播音风格的形成确定了前提和条件。② 作为少儿节目主持人，鞠萍的嗓音条件和形象特征都是她独特播音主持风格形成的因素。鞠萍的嗓音温润甜美，干净清澈，鼻腔和颅腔共鸣好，善于模拟，声音富有感染力；她的形象俏丽活泼，装束自然质朴，态势语真诚亲切，这些特点综合打造出鞠萍清新灵动的主持风格。此外，少儿节目主持人不同于其他主持人，还需要多才多艺。当然，这些条件只有和情感结合起来，才能具有生命力和表现力，这就不得不提鞠萍在少儿播音主持实践中总结出的“三心”——爱心、童心、耐心，这是少儿节目主持人应该具备的“基本内功”。“爱心，而且不是装出来的，这种爱心不只是对孩子，而是所有人。”③ 鞠萍的“爱心”还包括利用自身少儿节目主持人的优势，在社会活动中起到积极的引领和示范作用。拥有一颗永远不老的“童心”，是少儿节目主持人的必备条件，拥有童心童趣，才能理解和配合儿童在节目中完成看似“幼稚”的兴趣点。儿童的特殊性决定了少儿节目主持人必须拥有一颗不同寻常的“耐心”。鞠萍在节目录制之前，会尽量和孩子们多接触，消除他们的陌生感和紧张感，倘若在现场出现了小朋友“罢工”的现象，结巴、忘词、不合作等等，鞠萍都会给予耐心的鼓励，给孩子们自由发挥的空间，激发他们参与的热情和内在的潜力，引导他们自信地投入节目中。“三心”内功加上完善的业务能力是鞠萍形成自己独特播音风格的关键因素。

结　语

从1984年第一次主持节目至今，鞠萍仍然活跃在荧屏前，人们喜欢叫她“鞠萍姐

① 苏宝华、冯海燕：《怎样当好节目主持人》，黑龙江人民出版社1991年版，第30页。

② 姚喜双：《播音风格探》，中国文联出版公司1992年版，第75页。

③ 梁伟：《“鞠萍姐姐”，有你在我们不老》，人民网，2011年7月6日。

姐”，也乐意看到她让人如沐春风的笑容。从对鞠萍的播音主持风格分析中，我们发现，一个优秀的播音员主持人，党性与人格永远是第一位的，其次才是专业素养和业务能力。鞠萍的播音主持风格的发展与成熟不是一朝一夕、一蹴而就的，她是通过不懈努力，数十年如一日，用坚强的意志力和高度的自觉性磨炼锻造出来的。在鞠萍的身上，我们看到了坚定正确的政治立场，高尚朴素的人格情操，孜孜不倦的业务追求，全情投入的工作态度，无私无畏的奉献精神，真挚博大的拳拳爱心，永不老去的纯真童心和坚实有力的使命与责任感。她为中国少儿电视节目发展，树立起的不仅是一个“鞠萍姐姐”的符号，更是一种“榜样”“标尺”，让无数从业者们照“镜子”，学习和借鉴。

方明的播音创作启示之改革开放 40 年回望

中国传媒大学播音主持艺术学院　刘　卓

摘　要：在新中国的播音史上，方明可以称得上是一位承前启后的重要人物。他在传承中华优秀传统文化和宣扬中华民族精神的实践中，既是一位求知求真的艺术家，也是一位细致严谨的思考者。他的播音创作，在继承齐越、夏青等老一辈播音艺术家之长的同时，也借鉴了丰富的姊妹艺术的精华，进而形成了自己独特的播音风格。1978 年改革开放以来，方明的播音创作大致可以分为两个阶段：1978 年至 1998 年，是方明播音创作的成熟期，1999 年至今乃是方明播音创作的巅峰期。本文将分别从这两个时期的创作背景和代表作品分析出发，概括方明的创作风格并总结出优秀播音员在成长过程中不可或缺的重要素养。

关键词：改革开放；播音创作；方明

一、方明播音创作的成熟期（1978—1998）

（一）播音创作背景

《梦游天姥吟留别》朗诵：方明

1978 年召开的十一届三中全会，将党的工作重点和全国人民的注意力转移到社会主义现代化建设上来，我国进入了改革开放和社会主义建设新时期，随着四个“五年计划”的相继完成，我国的社会主义现代化建设取得了巨大成就，综合国力也得到增强，令世界瞩目，人民生活水平普遍提高，总体上已达到小康水平。在 1978—1998 年这 20 年里，我国的广播电视事业得到迅猛发展，成为世界上为数不多的广播电视大国之一。广播电视宣传坚持“自己走路”方针，“扬独家之优势，汇天下之精华”，各类节目的改革与时俱进、导向正确、精品迭出、成绩斐然，为我国的改革、开放、稳定做出了重要的贡献，积累了许多成功的、丰富的新鲜经验。

在此历史背景下，方明的播音创作进入成熟期，在此期间，他不仅承担并圆满完成了许多重大新闻事件的报道工作，还在日常的播音工作中创作出许多杰出的作品，荣获了多种奖项，如获亚洲-太平洋广播联盟（ABU）放送文化基金会奖全国优秀广播节目特等奖、中国新闻奖一等奖、中国电视奖特等奖、首届纪录片大赛一等奖、全国电视文艺“星光奖”一等奖、中宣部“五个一工程”奖、中国广播文艺政府奖一等奖、首届播音主持作品政府奖一等奖、中国新闻奖特别奖等。通过自身的不断进取与努力，方明从一名普通的播音员成长为播音指导，当选中央人民广播电台播音部主任和中国播音学研究委员会会长，并被评为全国广播电视系统优秀工作者。

（二）代表作品——国庆35周年阅兵式和群众游行实况解说

1984年10月1日是中华人民共和国的35岁生日，祖国举办了盛大的阅兵仪式和群众游行活动，由中央人民广播电台负责现场实况广播，方明和王欢负责现场解说。这一年，方明担任的天安门阅兵和游行的实况解说荣获了广播电影电视部的通令嘉奖。通过方明对国庆35周年阅兵式和群众游行的解说，我们可以看到播音创作把握正确政治方向的关键性，事先做好充分准备的必要性，以及在工作中与搭档积极配合和灵活应变的重要性。

1. 通过时代政治背景把握基调

在播音工作各个环节中，方明始终坚持正确政治方向，在播音创作准备过程中充分联系历史环境和政治环境。在经历了“文革”的十年浩劫之后，中央工作的重心已转移到社会主义经济建设上来，邓小平坚持“实践是检验真理的唯一标准”，解放思想、实事求是的方针路线，解放了思想束缚，国家开始进入到中国特色社会主义建设时期。改革开放卓有成效，人们看到了美好的希望。在这种情况下，祖国迎来了35岁的生日，所以，方明将此次播音的基调确定为：将全国人民积极向上的热情通过国庆35周年阅兵式和群众游行的解说传达给全中国、全世界，告诉全世界：中国已成为东方的醒狮，将要以全新的面貌自立于世界民族之林。

在活动当天的整个转播过程中，方明和王欢每个人要播讲一万多字，要求始终站在话筒前，保证一个字不错。从9点45分开始播音，一直到12点多群众游行结束，在两个多小时的播音工作中，方明一个字都没有播错，流畅、顺利地完成了转播任务。更重要的是，方明在转播过程中灵活处理语气节奏的变化，准确地把握好时代背景、政治背景和播音基调。活动开始的15分钟是静场播音，基调把握十分重要，方明情绪饱满，音调平稳有力，把握得十分到位，得到了齐越老师的称赞。

2. 充分备稿，有备无患

对于重大事件的播音活动，方明的备稿工作一向全面而完善。针对此次国庆35周年阅兵式和群众游行实况的现场转播，方明将备稿工作扩大到活动之外的领域，周密而详尽地了解相关情况，远远超越了掌握稿件文字的层面。

考虑到要在两个多小时的活动解说中完成长达一万多字的解说稿，还要兼顾解说与现场的对位衔接准确，并随时做好处理各种意想不到的突发情况，方明从8月份开始就全身心地投入到国庆35周年的相关准备工作当中，一直到宣传任务完成，前后经历了一个半月的时间。在此期间，方明跟随记者一起去采访，亲自走到阅兵村观看各阅兵队伍的操练，了解战士们如何不辞辛苦地克服种种困难，保持高昂的士气，了解在操练过程中涌现出的各种感人事迹。通过走访阅兵村，方明不但丰富了创作依据，掌握了充分翔实的背景，还能够借此鼓励和帮助自己更好地完成转播工作。正因为如此，解说当天，方明凭借事先充分的准备而没有盲目听从指挥的手势，保障了音响效果和介绍内容的协调一致。

3. 积极配合现场动态，保证整体效果

方明的现场转播工作已远远超出了播音工作本身，他不仅要和中央人民广播电台参与转播工作的其他人员配合，还要和国庆大典现场的各方密切配合，以期获得节目播出的最优水平。在万众瞩目的国家级庆祝大典的转播现场，方明的注意力高度集中，既要使播音工作完成得尽善尽美，又要兼顾其他方面的动态，在一些关键环节更是全神贯注，以确保整体效果。

例如王欢介绍地对空导弹的时候，方明要配合拉出彩色烟带的时间及时准确地把握介绍飞机飞过的时间窗口。在他介绍飞机两三句之后，飞机刚好飞到天安门上空，从话筒传出去的刚好是飞机飞过的声音，这样一来，北京的听众在按照播音频率抬头时刚好可以看到飞机，同时能够听到飞机飞过的声音，使得现场转播和听众的行动完全一致，充满了现场感。

4. 处乱不惊，灵活应变

在大型活动的转播中难免出现临时状况。国庆35周年阅兵大典当天，参加检阅的飞机分为四个不同梯队，每个梯队的飞行速度不一，强击机的速度要比歼击机快一些，这样一来，第二梯队和第三梯队之间就会有一分钟的时间间隔。转播当天空气质量不是很好，天空雾气蒙蒙，方明当时想靠声音辨别也很困难，因为下面是机械化部队，上面是飞机飞过，声音混杂。从近处看到第一梯队和第二梯队过去后，方明就开始看表，等着事先估算好的一分钟。因为强击机和歼击机都比较小，在当时的环境下很难看清楚，这时指挥说："第三梯队来了，赶快播！"指挥担心赶不上时间的话会影响到后面内容的播出，于是又一次催促方明。方明却说"时间没到呢"，指挥坚持说"来了"，方明看着表坚持说"没来呢"。来回说了几次，空了一分钟，第三梯队按时到达，方明准确无误地把握住了开始播音的时间。倘若提早播出的话，就真的出现"客里空"①了。方明在彩排时的认真准备和在现场遇到紧急情况时的冷静正是播音员在直播中应该具备的重要素质。

（三）成熟期的播音风格

1978—1998年间，方明的播音创作涉及面广、体裁丰富，他不仅圆满完成了许多

① "客里空"原是苏联1942年出版的剧本《前线》中一个前线特派记者的角色，原文意为喜欢乱嚷的人或好吹嘘的人。从那时起，"客里空"就成了弄虚作假以及世界各地写假报道的记者及假新闻的代名词。

重大新闻事件的报道工作，还在日常的播音工作中创作出许多杰出的作品，荣获了多种奖项，播音创作进入到成熟期。方明在这一时期的播音创作风格也日趋稳定成熟，大气稳健、遒劲潇洒的播音风格逐步形成。

诚然，由于受到种种条件的制约，播音风格本身具有多样性和可变性，但是播音风格的多样化并不排斥播音风格具有相对稳定性的特征。方明在不同条件下所呈现出来的播音创作的变化可以看作他在相对稳定的风格主旋律上的变奏。也就是说，方明历经多年的播音创作工作，从新闻消息到通讯评论，从专题音乐到广播剧演播，从重大宣传到文学综艺，从电视专题片解说到舞台演出，在对大量稿件进行多样性播音创作的基础上，其播音风格已经随着个人能力的增强日趋成熟并稳定下来。方明播音风格的形成是一种自然显现，而非主观的刻意追求，他将自己独特的感受和表达自然而然地融入到播音创作当中，体现在其播音创作的各个环节和要素上，结合创作元素本身所具有的特点，以整体美的形式将播音创作作品传达给广大受众。方明的播音特点以运动的状态贯穿于其播音创作的全过程，最终以相对稳定的状态凝结在他所创作的每一部作品中，逐渐演变形成了“大气稳健、遒劲潇洒”的播音风格。

二、方明播音创作的巅峰期（1999 年至今）

（一）巅峰期的播音创作背景

进入跨世纪的新时代，方明的播音创作历经学习摸索阶段，由创新提高的成熟阶段上升到返璞归真、浑然天成的巅峰期。

《我爱这土地》
朗诵：方明

20 世纪末以来，伴随着科学技术的日新月异，以数字和网络为核心的信息传播技术正在引发信息生产方式和传媒格局的重大变革，承载着文化传播使命的广播电视行业也随之处于大发展与大变革时期，热点问题此起彼伏。随着媒介技术的快速发展，世界变成一个“地球村”，人们正在见证社会文化的普遍重构。我国虽然已经以一个发展中的大国形象昂然崛起于世界的东方，硕果累累，令世界刮目相看，但是在外部发展环境日趋复杂的今天，我国仍面临着重重挑战。我们必须要清醒地认识到西方敌对势力对我国进行“西化”“分化”，千方百计地打压遏制我国发展的种种行径。播音员主持人作为传媒行业的舆论引领者，更要意识到国内外形势的复杂与严峻，看清楚意识形态领域的激烈斗争。在人们的思想意识、道德观念和价值取向日益多元化的今天，播音员主持人要切实履行好党和人民赋予的神圣职责，继承优良的传统作风，立足时代发展，增强责任感、紧迫感和使命感，不断提升舆论引导能力和国际传播能力，在多元中立主导、谋共识，把握正确方向，引导国人的审美和意识形态，积极主动地抢占国内外引导舆论的制高点，提升我国在国际传媒领域的影响力和竞争力。

（二）巅峰期代表作品——《岳阳楼记》

《岳阳楼记》是大家耳熟能详的古文经典著作，范仲淹的文笔深刻隽永，脍炙人口，诵读者甚多。诵读风格和创作者的生活经历、性格特征、思维方式、创作习惯以及观察生活的独特视角等密切相关。在进行诵读创作的时候，创作得好，可以相得益彰；创作得不好，则会出现“两张皮”。关键在于诵读创作者自身的体会和感受，以及如何运用表达手段将情感自然而然地传递到观众的心中，不产生苍白、生硬的感觉，带给观众美的享受与共鸣。

方明在诵读《岳阳楼记》时特别注意整体把握，他对文章进行了透彻的分析和创作准备，表达创作中不仅注意语言的音韵美，还十分注意语言的逻辑美。因此，方明诵读的《岳阳楼记》稳健、大方，颇有气度，全篇平仄起伏处理得字字入耳，表达技巧也颇有考究。从语言创作的艺术层面看，方明的语言表达富于变化和对比，无论是针对描写、议论等表达方式的转换，还是针对内容本身的变化，他都能够以深厚的表达功底把语言的轻重缓疾、虚实强弱、长短高低等元素贴切地运用到播音创作之中，进而使汉语错落有致的美感表现出来。

与此同时，方明的播音创作之所以能够以其丰富的表现力和感染力给听者留下难以忘怀的印象，与他的新闻意识密不可分。作为党的新闻工作者，方明在诵读《岳阳楼记》时具有很强的针对性，他能够由此联想到当前国际国内的形势，还能联想到对青少年的教育。他能够通过诵读创作揭示出作品丰富的内涵，既有哲理，也有感悟，既包括道德，也包括艺术。欣赏方明诵读的《岳阳楼记》可以去除浮躁的心态，慢慢平静下来，深刻地体味到“先天下之忧而忧，后天下之乐而乐”这种古代先贤们所一直追求的道德情怀。

此外，在对《岳阳楼记》进行诵读创作时，方明自身定位很准确。作为播音创作家和朗诵艺术家，他不同于演员，他既没有扮演滕子京，也没有饰演范仲淹，而是将自身定位在一个引领听者思考的角色。在诵读中，方明以引领者的身份介绍了滕子京的情感历程，展现了范仲淹的理性思考，他通过语言感情色彩的转换在舞台诵读的瞬间完成了从宋代到现代的大跨度的时空转换，内容变化十分丰富。在时空转换中他的诵读始终体现出丰富多样的交流感，全方位调动了听者的思维和情感，很好地显示出引领者的内涵。方明在诵读时仿佛在与范仲淹对话，又仿佛带着听者一起去参观岳阳楼，又仿佛在和现场的听者进行交谈，体现了朗诵大家的风范，通过这种交流场的运转使听者可以在他的引领下展开充分的遐想。

（三）巅峰期的创作风格

从20世纪末到进入新世纪，方明的创作更多地由广播播音创作转为舞台诵读创作，他的创作已渐渐进入忘我的浑然天成的巅峰状态，其语言表达已在语言传播的“三重空间”[①]中上升到审美空间。他的有声语言创作饱含着历史的厚度，时代的高度，哲理的深度，使人心驰神往，流连忘返。由他诵读创作的大量经典之作，在业界引起广泛反响，受到广大受众的一致好评。方明在该时期所体现出来的创作特点可以概括为：以真诚质朴凸显艺术境界的返璞归真。

道家有云：返璞归真。可见，朴与真乃是本源。同样，真诚与质朴也是艺术创作的最高境界。诵读要达到这一境界，创作者就必须追问内心，流露真实情感，摒除过度修饰和矫揉造作。

在近几年举办的齐越朗诵艺术节暨全国大学生朗诵大会上，方明总会在百忙之中抽出时间参加，他诵读的作品每次都以其浑然天成的质朴表达赢得在场全体观众的共鸣，为同学们做出了表率。当前，在诵读中借助强烈的声光电以及服饰、道具、视频等元素的配合，很容易渲染舞台气氛，刺激视觉观感和增强舞台感染力，但容易喧宾夺主，使诵读者热衷于角色扮演，从而消弱了对语言功力的锤炼，分散了对表达内容本身的关注，这是一种应当引起重视的不良倾向。诵读艺术创作和其他门类的艺术创作一样，对于技术、技巧的掌握是必备的素养，但是现在大多数人都停留在对技巧的执着之中，有口无心，难以更进一步，问题的关键就在于过于强调技术、技巧而忽略了与内容本身的融合。方明在诵读创作中所体现的高水平是将内容与形式有机结合，这不是一个见字读音的直觉过程，而是一个有着复杂的心理、生理变化的驾驭语言的过程，它涉及文字、视觉、思维、情感、气息、声音等各方面的相互联结和融合，在联结融合中强调技巧。方明反对“技巧至上”，反对任何纯粹的形式主义表达。在方明的诵读创作中，形式只能作为一种手段，服务于一定的内容和思想感情。过于强调形式必然弄巧成拙，只有将内容和形式完美恰切地结合在一起才能达到最好的效果，才会实现诵读的真正价值，到达诵读艺术的至高境界。

当下，数字媒体提供信息的多渠道传播形态使得以往诵读现场的共时性和通过广播电视媒体传播的定时性都被打破，作为“口耳之学”的诵读不再受到时空的限制，这是时代发展带给我们的欣喜。网络的快捷和便利使诵读作品总量大大提高，但是在一定程度上也使其整体水平有所降低，停留在自发的、即兴水准的诵读作品很多，经得住考验和推敲的佳作越来越少，创作者的审美取向和审美格调也参差不齐。在融媒体时代，把握诵读定位与文化内涵，对传承中华文明、弘扬中华优秀传统文化、激发爱国情怀都具有十分重要的意义。因此，特别需要像方明一样的诵读创作艺术家及时为广大受众做出审美引领和规范示范，让百花齐放的诵读天地拥有一盏明灯，唯大师在前，我们的方向才能更加明确；唯典范在侧，我们的脚步才能更为坚实。

---

① 张颂：《播音主持艺术论》，中国传媒大学出版社2009年版，第356页。

三、方明播音创作的启示

（一）坚持正确的创作道路

张颂指出，播音的正确创作道路即“站在无产阶级的党性和党的政策的立场上，以新闻工作者特有的敏感，把握国内外形势的发展变化和人民群众的思想实际，准确及时地、高效率、高质量地完成‘深入理解—具体感受—形之于声—及于受众’的过程，以积极自如的话筒前、镜头前状态，进行有声语言的创作，达到恰切的思想感情与尽可能完美的语言技巧的统一，达到体裁风格与声音形式的统一，准确、鲜明、生动地表达出语言文化的精神实质，展现时代风貌，充满人文关怀，发挥广播电视教育和鼓舞广大人民群众的吸引力、感召力。”①这是播音创作的起点，也是方明从事播音工作以来一直坚持的创作道路，更是方明能够在播音工作岗位获得成功的坚实基石。方明的播音始终坚持正确的创作道路，在创作中尤其具备大局观念，十分明确自身的角色定位，同时又非常重视备稿。他立场明确，胸怀大局，爱岗敬业，精益求精，这也是他在播音创作道路上行走得如此畅达致远的重要原因。

（二）深入实践，一专多能

在播音创作实践领域，方明的覆盖面十分广泛，几乎所有类型的内容都能够驾轻就熟。这主要得益于他从一开始从事播音工作就积极主动地投入到创作实践中，特别是早期播音员紧缺的时候，哪有需要他都会积极配合响应，从不推三阻四，无论自己多忙多累，只要编辑记者有需求，方明就会想办法克服自身的困难，一定有求必应。方明的播音创作之所以非常到位，就是因为他经历了大量的播音创作实践，在实践中掌握了创作规律。实践得越多，经验就越丰富，理解稿件就越快，驾驭稿件的能力就越强，把握得也越准确。

提到“一专多能”，方明感触颇多。他提出：在广播电视领域，首先应该正确理解“一专多能”，不要盲目追求全能。特别是对于播音员主持人而言，先要驾驭好自己的专业本领，再在时间和精力允许的条件下兼顾其他，否则将会得不偿失。

“一专多能，一般是两层含义，一是以本专业为主，兼具相关的若干专业能力；二是在本专业诸项业务中，有一两项都到了相当高的水平。”②以方明为例，播音即方明的“专”，采访、编辑、设备控制等则是方明的“能”。这里的“专”，方明做到了精益求精；这里的“能”，方明已尽可能做到了“通”，在工作中他是具备较高综合业务能力的，这在一方面有利于平常的互助合作，另一方面在关键时刻他自己也可以完成节目。从这个层面来说，播音员主持人应该具备一专多能，当然，“专”亦可变，“能”亦可

① 张颂：《播音创作基础》（第三版），中国传媒大学出版社2011年版，第18页。

② 张颂：《播音主持艺术论》，中国传媒大学出版社2009年版，第13页。

展，自不待言。

（三）继承借鉴，创新发展

方明是继齐越、夏青之后，在20世纪60年代成长起来的人民播音员。他的播音创作是在继承齐越、夏青等老一辈播音艺术家创作经验的基础上加以创新和发展的。方明的播音创作具有强烈的革命事业心和高度的政治责任感，能够准确地体现出党和国家的方针政策，并且与人民群众紧密相连。他在播音创作中始终坚持严肃认真、一丝不苟的态度，力求表达得尽可能完美。方明创造性地吸收了延安时期播音创作的精髓，较为全面地吸收了前辈各家之长，又结合新的时代充实了新的内容，使其播音创作得到了新的发展。同时，方明还虚心向姊妹艺术学习，并充分发挥自身的优势，结合不同历史时期的时代背景，其播音创作在语言规范上精益求精，在继承借鉴的基础上不断创新，将中华民族的语言美充分地展现了出来。

（四）紧扣时代脉搏，弘扬民族精神

方明高质量的播音创作紧扣时代脉搏，通过经典继承并宣传民族优秀文化传统和主流意识形态，是彰显中华民族精神与中华民族气节的典范。

1. 紧扣时代脉搏

播音创作是具有鲜明时代特征的创作艺术，作为播音员，方明始终能够坚持正确的政治立场，保持清醒的头脑，把握时代脉搏，通过播音创作体现时代精神，传播中华民族文化与民族精神，这也是他成为业界领袖的重要根基。

播音创作是时代的艺术，时代不同要求也不同。不同时代的政治、经济形势，人们的实践活动，社会思潮、价值观念、审美追求，这些对播音风格和特点的形成都会产生强烈的影响。播音语言本身的表达特点也具有极强的时代性，播音创作作为时代的艺术，相对于其他艺术门类而言，受到时代影响的程度更大，因此在播音创作中所体现出来的精神实质在很大程度上会体现出时代性。方明在不同时期的播音创作会呈现出不同的特点，正是受到时代影响的结果。半个多世纪以来，方明始终致力于有声语言艺术的传播，用声音记录着历史，他的很多播音作品都是通过具有时代感的语言体现时代精神的典范。人们可以通过欣赏他的艺术作品感悟到范仲淹“先天下之忧而忧，后天下之乐而乐”的情怀，铁人王进喜的顽强与执着，农民科学家吴吉昌的不畏辛劳，张子祥的无私奉献，孔繁森的敬业爱民等等。方明以他极富魅力的声音在听众的脑海里留下了一个又一个时代形象，传承着一代又一代的时代精神。

2. 弘扬民族精神

方明的播音创作在紧扣时代脉搏的同时还传承着优秀民族文化，弘扬着中华民族精神。在“中华经典系列咏诵”活动中，他以人民群众喜闻乐见的诵读形式解读中华民族精神，展现出中华经典的精髓神韵，在客观上促进了国学经典走进百姓、走向世

界，推动了中华民族传统文化和民族精神的传播和普及，产生很大的社会影响力。在多元文化交汇的国际舞台上，方明以大气磅礴、耐人回味的诵读创作艺术地解读《道德经》《论语》等国学经典中的思想精华，展现出中华民族精神，既带给受众以思想的盛宴，又带给大家视觉和听觉的享受，为不同文化间的交流对话提供了有益的启示，赢得了外国友人的一致好评和由衷的赞赏。

方明的播音创作还是一种易于广大受众接受的教育手段，可以在全社会营造传诵中华经典、弘扬民族精神的良好氛围。他的播音创作之所以能够成为典范，不仅仅源于作品本身，关键还在于方明以传统文化作为创作底蕴，有效地发挥了传播者和引领者的作用，担负起弘扬中华优秀传统文化的重任。与此同时，在文化全球化的进程中，方明的经典创作还为广播电视系统做出了示范。面对“文化霸权主义”“文化殖民主义”和日益激烈的国际竞争，方明在传承民族文化、弘扬民族精神的同时，始终坚持从语言规范出发，主动自觉地承担起传媒人在传播中维系民族文化安全的责任。

（五）融民族文化于自身品格

方明的艺术创作风格可以折射出他融民族文化于自身的优秀品格。方明的很多创作方法和创作作风都是与中华民族的优秀传统密不可分的，例如他“从整体出发”的创作方法就与中国自古以来的“天人合一”式的整体思维方式紧密相连，体现着中华民族文化的特点。再如他在文学作品播音创作中体现出来的豪放潇洒的韵味，正是中华民族文化在长期历史发展中凝聚起来的民族特色，而他对于“细致隽永”“行云流水”的审美观念的追求也同样深受民族文化的熏陶。方明性格中的坚韧与乐观也是中华民族在历经忧患与磨难后仍然坚忍不拔、乐观向上的民族精神的体现。这种性格特征贯穿于方明播音创作的始终，表现在他严谨扎实、精益求精的创作作风和大气稳健、遒劲潇洒的创作风格里。

“性格气质，是人的一种生理心理素质的综合，是人类高级神经活动特性的有机结合，是先天素质与后天陶染交互作用的‘合金’。性格气质具有独特性和稳定性。它是播音员审美个性的生理心理基础。它主要通过情感、情绪的途径作用于播音员的语言表达方式。播音员外在的表达方式，必须与其构成审美个性的心理生理相统一，才能具有确实属于自己独有的具有稳定性和生命力的风格。”[①] 在半个多世纪的播音创作道路上，方明并非一帆风顺，其成长的过程更是历经磨难，但是他从不会向命运屈服，方明的成功是在历经磨难后获得的果实，离不开他充满人文关怀的心胸、他的仁者之心、“忍者”的气度、坚韧的品格和认真的习惯。所谓“言为心声”，正是因为方明具备常人难以兼得的优秀品格，其播音创作才会体现出“大气稳健、遒劲潇洒”的风格，他本人也因此成为一代艺术名家。

① 姚喜双：《播音风格探》，中国文联出版社1992年版，第74页。

作为播音界的典范、长者和老师，年逾古稀的方明一直坚持以强烈的责任感和使命感督促自己，以一流的敬业精神和职业素养锻造自己，在工作岗位上忘我奉献、恪尽职守、不断拓展、永不懈怠，以自己独有的方式在播音创作中创造了跨世纪的优秀业绩，让同行与业界学子不得不由衷地向他致敬！

参考文献

1. 姚喜双：《播音风格探》，中国文联出版社1992年版。
2. 张颂：《播音语言通论——危机与对策》，北京广播学院出版社2002年版。
3. 张颂：《播音主持艺术论》，中国传媒大学出版社2009年版。
4. 赵玉明：《中国广播电视通史》，中国传媒大学出版社2006年版。

改革开放40年回眸：沈力主持风格形成的时代动因

中华女子学院　吴　倩

摘　要：在改革开放浪潮的推动下，有着“荧屏第一滴水”之称的沈力重新登上播音主持事业的舞台。她当年主持的《为您服务》和《夕阳红》两档栏目，引起了极大的社会反响，她深入人心的主持风格得到了广大观众的认可。年过五旬的沈力在主持事业上取得的成功，离不开改革开放赋予的时代机遇。改革开放在政治环境、方针政策、经济回暖、技术更新、理论研究等领域带来的一系列变化，成为了沈力主持风格形成的时代动因。

关键词：改革开放；沈力；主持风格；时代动因

改革开放40年来，那些曾经在历史上在各自领域中创造辉煌的经典人物，就像是历史夜空中不灭的星星，熠熠闪光。有着“荧屏第一滴水”之称的沈力于1958年在国内电视台创办之初便走上荧屏，但由于早期电视普及率不高及制作技术局限等原因，其个人的知名度及影响力还相当有限。直到1978年12月第十一届三中全会召开，迎着改革开放的春风，沈力通过在《为您服务》和《夕阳红》栏目中的突出表现，赢得了广大观众的认可。沈力在取得这些主持成绩时已经年过五旬，这在当时的播音主持工作岗位上是不多见的，甚至有观众感叹其大器晚成。回望历史，沈力在主持道路上取得的成功一方面离不开自身的努力，另一方面则离不开改革开放这个时代背景，是“时势”成就了她。

沈力的主持风格确立主要是在1982年到1998年，从时间上可以分成两个阶段：一是1982年至1987年，沈力主持《为您服务》栏目；另一个则是1993年至1998年，离休后的沈力重回岗位主持《夕阳红》栏目。这两个阶段看似是分隔的，实质却有着一定的延续性。沈力在《为您服务》栏目中表现突出，开创了自己的主持风格，给受众留下了深刻的印象，因此领导又将与《为您服务》栏目风格相近的《夕阳红》交给沈力主持。此时沈力60岁的年龄也让她与《夕阳红》的观众形成了一种天然联系，同时，当年《为您服务》的观众中有很多也正好步入了老年阶段。正因如此，很多观众在《夕阳红》中再次看到沈力时，感到无比的亲切。

一、主持风格意识的觉醒

（一）《为您服务》确立个人主持风格

1982年，中央电视台将原来设在播出部的《为您服务》栏目划归专题部，变为固定栏目，任命沈力为组长兼栏目主持人。电视节目专栏化由此起步，沈力也成为中国第一位电视专题栏目主持人，此时的沈力已经年近五旬。沈力主持的《为您服务》创下了辉煌的历史：一个25分钟的小节目，开办仅5个月就收到了上万封观众来信，当时的收视率仅次于《新闻联播》。沈力刚开始担任专栏节目主持人时，还并不了解“主持人”的真正含义。起初，她也只是忙于节目的制作根本无暇具体思考，但工作一段时间后，她很快就进入了角色，并取得了很好的社会反响。沈力坦言，播音员、编导和记者的经历对她做好主持人这一工作起到了很大的作用。她尤其强调编导经历的锻炼让她获得了飞跃式的成长。综观沈力在《为您服务》栏目中的表现，可以说，初识主持的沈力用很短的时间就抓住了主持的内核，并且很快确立了自己的个人风格。此时的沈力，对主持风格已经形成了较为完整的认识，她认为主持人应该能真正地“驾驭”节目，做节目的主人，而要实现这种“驾驭”，需要做到“四会”——会编，会采，会写，会说。她强调“采编写”并非每个环节都需要主持人亲力亲为，但是主持人一定要做到“懂”和“会”，这样在主持节目时才能真正发挥主导作用，掌控整个节目。沈力不但是这么说的，也是这么做的。她作为《为您服务》栏目组长和主持人亲自参与到写稿、改稿、策划、选题等多个环节当中，尽管有些子栏目的选题并非每一个均亲自参与拍摄，但她都做到对内容心中有数，因此她在节目的串联过程中能表现得更加从容自如，与栏目浑然一体。吴郁曾评价沈力的艺术成就为“起点高”，她认为沈力在《为您服务》栏目中实现了真正意义上的“采、编、播”合一。沈力对栏目掌握着相当大的话语权，因为她不仅仅是这个栏目的主持人，还是这个栏目的管理者，相当于今天的制片人。这样高规格的起步，在播音主持历史上是不多见的。

由于有了播音员、编导和记者经历的铺垫，沈力成为《为您服务》这档栏目的主持人可以说是顺理成章。这一次沈力走到幕前，并不是早期电视播音员的延续，因为经历了多年的积累和历练，此时出现在荧屏上的沈力可以说实现了播音主持艺术的一次质的飞跃。在节目中，她确立了质朴、平易、真切、知性的主持风格，让人们通过电视荧屏感受到了中国传统知识女性的真善美。此时的沈力，对于主持风格的认识更加深入：“主持人应根据栏目或节目内容的需要，拿出自己的见解，根据自己的感受和习惯，讲自己的话，这样，才有可能形成自己的风格。”[①] 虽然这是沈力第一次接触“主持人”这个称谓，但因为有了长期在广播电视业务方面的经验积累，沈力很快就在节目中形成了自己的风格，并且得到了广大观众的认可。遗憾的是，由于中央电视台当

① 转引自李瑞英、刘连喜：《广播电视播音与节目主持人》，辽宁人民出版社1991年版，第191页。

时要设立大型杂志型栏目《九州方圆》，《为您服务》被归并其中。子栏目播出时间的不固定导致观众大量流失和不满，最终，在观众的强烈要求下，1988年《为您服务》复播了，但此时沈力已经到了离休的年龄。

纵观20世纪80年代“主持人”一词的风靡，可以看出主持人职业角色在当时展现出的强大魅力。不过，此时对于主持人和主持人节目的理论研究还较少，实践远远地走在了理论前面。1986年，北京广播学院新闻研究所《新闻广播电视研究》编辑部在北京举行了关于主持人节目的研讨会。会上有人提出，目前节目主持人太“滥”了，不少播音员、报幕员、司仪等都冠之以主持人称号，这不但没有必要，而且也有损主持人的威望，容易造成混乱。会上还有人谈到节目主持人的个性问题，认为主持人必须保持个人魅力，没有个性的主持人，不容易形成权威性，不利于和听众观众建立密切的感情联系，不能增强节目的说服力。①从这次研讨会探讨的内容可以看出，对于主持人的理论研究还处在刚起步的阶段，在“主持人”职业角色的界定上还没能形成统一的规范，在实践中还存在着大量的“滥用”现象。值得注意的是，尽管主持人节目出现时间并不长，但主持人的个性问题已经开始得到了理论研究者的关注，并且认识到了它的重要作用。尽管这个研讨会没有进一步对主持风格进行探讨，但并不是说主持风格不存在，而恰恰是体现了主持人理论研究还相对滞后，对于主持风格的系统性认识还没有形成。但不可否认的是，主持个性与主持风格之间存在着紧密的联系，只是主持风格的形成除了有主观因素的参与外，还需要有客观因素的支持。相对于主持个性而言，主持风格的研究需要更加广阔的视角以及对多种因素综合分析的能力。

（二）回归主持《夕阳红》栏目

沈力主持《夕阳红》栏目时，已经年届六十。《夕阳红》栏目是一档以老年观众为主要收视群的节目。沈力可以说是这些观众的同龄人，观众当中有不少还曾经关注过沈力早年主持的《为您服务》。一位济南的观众来信说：“您离休又复出使我们老年人感到无比振奋。每次看到您在电视里出现，我都感到是幸福，是享受。”②这封来信可以说写出了很多观众的心声。还有一封署名阿春的来信，她说在她即将绝望的时刻，她又从荧屏上见到了10年前主持《为您服务》节目的沈力，她从“那火一般热情的眼神里，得到了生存的力量，从那真诚的心灵中吸取了活着的希望”。沈力收到这封信的时间是1993年10月底，《夕阳红》栏目开播刚一个月。由此可见，沈力早年在《为您服务》中的主持风格给大家留下了深刻印象，这也为她在《夕阳红》中的主持打下了良好的观众基础。与主持《为您服务》时不同的是，沈力在《夕阳红》栏目中只承担主持人的工作，不再负责整个栏目。尽管如此，她仍然保持了栏目的“主人翁”意识，

---

① 敬一丹：《主持人节目研讨会综述》，《现代传播》1986年第4期。

② 李力：《难能可贵是品格——感受沈力》，《现代传播》1996年第3期。

她在参与之初，就曾经建言献策，不但设想了《夕阳红》这个节目名称，而且还建议写几句歌词，这些都被领导采纳了。

重回荧屏的沈力在《夕阳红》栏目中专心承担主持工作，这也让她有更多的时间对自己的主持“较真”。审视的角度变化了，沈力又找到了新的乐趣，她充满了创作的冲动，也深感责任之所在。沈力对于自己在《夕阳红》中的主持艺术更加精益求精，主持人用哪种语言，把握什么分寸，用词是否经得起推敲，语法是否符合口语规律，语言是否简练，用语是否礼貌，话语是否流畅并符合自己的年龄与身份，是否言之有物……关于主持的每一个小细节，她都会关注。沈力说，一辈子习惯了，“像着了魔似的”，说什么词脑子都在转、在斟酌，这是一种磨炼，也是一种追求。①

此时的沈力对于主持风格的认识更为深刻全面，她是这样看待主持个性的：“主持人应该有个性化的语言。因为主持人是以真实的个人身份出现在观众面前，并与之进行直接的、面对面的交流的，而这种交流更多的是通过主持人的意向、认识、感受和语言来完成的。……另外，主持人的个性色彩应该和他所主持的栏目风格相一致，这样才能起到相辅相成的作用，才能融为一体。”沈力对于主持风格的梳理，抓住了节目主持的人际传播特色，意识到主持过程是一场以“个人身份”面对观众的人际互动，个性化的语言是主持风格的重要内核。同时她还关注主持传播的节目语境，认为主持风格不能脱离节目语境。

值得注意的是，从《为您服务》到《夕阳红》栏目，时间上存在一个断档，即1988年至1993年沈力的离休生活。事实上，这一阶段的沈力处于“离休不离岗”状态。沈力自感由于没有栏目的局限，她有更多的机会接触其他类型的节目主持实践，创作空间更加广阔。这一阶段她所主持的节目类型包括专题节目、智力竞赛以及文艺专场演出等。此外，一些讲课和当评委的经历让她有机会更好地梳理和总结自己的实践成果，为后来的主持工作打下了良好的基础。因此，中间这五年的“离休不离岗”生活在《为您服务》和《夕阳红》栏目之间做了有效衔接，让沈力的主持艺术得到了一以贯之的发展，同样是其个人主持风格走向成熟的重要过程。

二、沈力主持风格的时代动因

（一）净化的政治生态为广播电视事业发展带来新契机

我国的广播电视事业作为党和政府的喉舌，政治生态的变化直接影响着广播电视的行业发展。新中国成立初期到“文化大革命”结束，各种政治运动频繁出现，左倾思想严重制约着广播电视的发展。“文革”期间广播电视事业尤其受到重创。广播电视的发展可以说是在跌跌撞撞中前进，广播电视工作者们的精神也在时时经受着各种运

① 转引自朱旭红：《沈力和她的两个第一》，《电视研究》2011年第8期。

动的折磨，无法全身心投入到传媒事业建设当中。中央电视台早期播音员之一吕大渝回忆当年的播音事业时说："由三位播音员完成全台的播音任务毕竟有些紧张，再加上五花八门的政治任务，诸如去农村支援'三夏''三秋'以及一九六四年开始的农村'四清'运动等等，都要求各工种的人员轮流参加。"[①]"文化大革命"时期的北京电视台（中央电视台前身），一度取消了出镜播音，这一时期的沈力深刻感受到精神空虚、无事可做的尴尬。在此期间，电视台还取消了电视片中记者的署名，认为署名是资产阶级法权思想的表现，是将集体成果占为己有的做法。如今看来如此荒谬的思想，在当时却盛极一时。这种现象随着"四人帮"的粉碎和1978年十一届三中全会的召开得到了彻底改观，广播电视宣传重点从为各种政治运动书写注脚，转向了报道社会主义经济建设。此时，在《文化生活》栏目做编导的沈力，就从文化解冻中找到了很多值得报道的选题，从侧面反映了改革开放给人民生活带来的改变，同时，她还让很多经典的音乐作品重新回到人们的视线，实现了一种文化的回归。政治对广播电视的松绑，思想观念的进一步解放，一方面让广播电视工作者的主观能动性有机会充分发挥；另一方面，他们也能有更多的精力投入到广播电视事业中来。

随着政治生态逐渐走向风清气正，广播电视播音长期以来居高临下的宣传口吻也呈现出一定程度的改观。文革期间"冷、僵、远"的播音方式引起了播音工作者的反思，大家认识到这种"喊叫式"的播音没有思想，情感冷漠，千篇一律，播音员已经完全沦为了政治的传声筒，毫无创造性可言。随后，播音降调问题被明确提了出来。遗憾的是，由于长期播音习惯的养成，以及对降调的内涵理解不够深入，广播电视播音的降调并没能在短期内普遍实现。1981年8月中央广播事业局召开了全国播音经验交流会。会上重点讨论了新闻播音存在的问题，要求播音员要在稿件内容上下工夫，打破播音腔，使语言口语化、生活化，克服以教育者自居的思想，满腔热情为听众服务。尽管会议主要是对广播的新闻播音提出具体要求，但有着"政治风向标"之称的新闻播音语态的改变，向整个播音界释放了重要的信号。20世纪80年代初，广播电视史上迎来了主持人职业的开端，一些主持人亲切、平易的交流方式让大众感到清风扑面，此时沈力主持的《为您服务》同中央电台徐曼主持的《空中之友》、广东电台李一萍主持的《大众信箱》成为其中的杰出代表。他们不仅在节目主持过程中融入了真挚的感情，而且在一定程度上展示了自己的个性。这样的业务突破在播音主持历史上是具有里程碑意义的。

（二）方针政策的指引促进了主持人节目的发展

党的十一届三中全会坚决批判和否定了"两个凡是"的错误方针，明确指出"实践是检验真理的唯一标准"。这令广播电视工作者彻底挣脱了长期经受的思想束缚，重

① 吕大渝：《走近往事——一位共和国第一代电视播音员的自述》，中国文联出版社1999年版，第155页。

新找到了分析判断事物的决策依据。事实上，在粉碎“四人帮”之后的两年里，“四人帮”的流毒依然存在，“两个凡是”的方针依然在强烈干扰着广播电视新闻人的价值判断。对于某些专栏节目能否复播，节目内容如何选择等问题行业内外均存在强烈的争议，广播电视事业仍然受到“左”的思想影响。在此期间，中央人民广播电台的节目甚至还宣传了一些错误的理论观点。这种现象直到党的十一届三中全会之后才有了彻底的改观。这也为后来主持人节目的诞生打下了坚实的思想基础。

在十一届三中全会精神指引下，1979年8月，第一次全国电视节目会议在北京召开，会议议题主要包括：1.丰富和改进电视节目内容，大力发展自办节目；2.如何加强全国电视台之间的协作、交流与节目交换等。1980年，全国广播事业规划会议和第十次全国广播工作会议先后召开，前者做出了优先发展电视事业的方针部署，后者提出广播电视宣传要坚持“自己走路”的方针。由此，我国的电视事业快速发展，电视节目类型增多，节目质量相较以往也有了质的提高。以央视《新闻联播》为例，每条新闻的时长缩短至3分钟左右，新闻的时效性也大大增强。考虑到受众的需要，从1980年7月7日开始，在《新闻联播》中开始播送中央气象台发布的天气预报。正是由于有了有力的政策方针指引，节目形式的大胆探索才得以出现。由沈力主持的《为您服务》也应运而生，于1983年1月1日开播，它开启了电视栏目主持人的新时代。《为您服务》栏目是在原有节目基础上进行充实和调整的，本着坚持“自己走路”的方针，电视台领导下定决心要把《为您服务》办好，沈力的工作经历、业务能力正是他们所看重的。因此，他们不仅要让沈力来亲自主持这档栏目，还要做这个栏目的负责人。可以说，沈力的主持生涯一起步，就有了很高的起点，这在同一时期的主持人栏目中是不多见的，这是在大政方针政策支持下，沈力获得的人生机遇和挑战。1992年，邓小平南巡讲话之后，改革开放进入新阶段，我国的电视事业也走上了高速发展的快车道。仅1992年到1995年间，中央电视台就增加了5个频道：1992年10月1日，CCTV–4国际频道开播；1995年1月1日，CCTV–5体育频道正式播出；1995年11月30日，CCTV–3文艺频道、CCTV–6电影频道和CCTV–7少儿·军事·科技·农业综合频道试播。随着改革开放政策进一步走向深入，人民生活水平不断提高，广大群众对电视内容有了更高的要求，一批对象化的电视栏目兴起。沈力主持的《夕阳红》栏目就是其中之一。不得不说，是历史的机遇赋予了沈力再创主持辉煌的机会。作为这一代老年人的同龄人和资深节目主持人，沈力在主持这档栏目时展示出得天独厚的优势。

（三）传媒技术创新为电视栏目保驾护航

彩色电视节目的播出，客观上优化了电视栏目的视觉审美效果。1973年5月1日，北京电视台（央视前身）正式宣布彩电试播，随后上海、天津、成都也开始了彩电试播。诞生于“文革”期间的彩色电视，与党和国家领导人的长期关注密不可分。1974年10月，北京电视台的彩色电视节目正式播出，但它的效果其实是非常有限的。一方面因为“文革”期间电视栏目内容本身非常单调，另一方面，受人们购买力的限制，全国拥有彩色电视机的家庭数量有限。据统计，直到1979年底，全国电视播出的覆盖率仅为40%多人口，电视机只有800万台。据1988年1月公布的数字，全国有电视机11200万台，其中彩色电视机约占25%。[①]由此可见，直到1988年，彩色电视机在全国也没达到普及的程度。但值得注意的是，80年代初，中央已把中央电视台彩色电视中心列为“六五”期间的重点工程。同期，北京电视机厂与日本松下公司合作，引进了彩色电视生产线，推出价格较为低廉的国产牡丹牌彩色电视，这也是邓小平1978年访问日本的一个成果。[②]中央对彩色电视技术的重视客观上为后来的电视栏目播出创造了良好的播出条件。80年代沈力主持的《为您服务》，以及90年代主持的《夕阳红》已经全部是以彩色电视信号播出。

卫星电视和有线电视技术提高了电视画面质量，扩大了电视栏目影响力。我国的电视事业起点低，起步晚，再加上“文革”时期的干扰破坏，1980年之前，电视技术水准长期徘徊不前，陈旧的技术设备不能满足人民日益增长的电视需求，很多地方反馈接收不到电视信号。1985年10月，中央电视台开始租用国际通信卫星向全国传送一套节目，解决了之前电视传输信号不畅等问题，提升了用户的收视体验。此后，通信卫星传送电视节目的数量逐渐增加。相比之下，有线电视在我国发展的速度之快令人惊讶。截至1995年底，全国经广播电视行政管理部门同意建立的有线电视台已有1200座，有线用户达3000多万。[③]有线电视技术的发展，进一步扩大了中央电视台电视节目的覆盖面，全国各地观众不仅可以看到更多的电视频道，同时也感受到电视画质的改善。电视传播技术的改进，极大拓展了央视传播平台的栏目影响力。尽管地方频道的加入增加了受众的观看选择，但央视在员工规模、业务素质、设备水平、信息资源、行业理念等方面得天独厚的优势，使它的电视节目表现出了强大的竞争力。因此，沈力主持的栏目在与全国同类栏目的竞争中，仍然获得了更高的社会认可度。与之形成反差的是，在沈力1958年开始担任电视播音员出镜的8年时间里，由于经济和传播技术的局限，节目影响力其实是相当有限的。主持风格的形成离不开传播语境，它需要接受大众的反馈，受众越广，反馈越多，越有助于主持人客观地认识自己的风格。

（四）灵活的栏目管理为沈力主持风格形成提供内在支持

1978年，在改革开放浪潮的推动下，中国传媒业迎来了一次重要的变革——“事业单位，企业化管理”，这一模式率先在新闻出版业推广开来，同时向相关行业领域渗透。市场化的管理模式赋予栏目制作更多的发展创新空间，为栏目的制作奠定了一定经济基础。1979年1月28日，上海电视台播出了第一条长达15分钟的国内商业广告参

①《中国中央电视台30年（1958—1988）》，中国广播电视出版社1988年版，第40页。

② 常江：《中国电视史：1958—2008》，北京大学出版社2018年版，第139页。

③ 赵玉明：《中国广播电视通史》，中国传媒大学出版社2006年版，第397页。

桂补酒，并且先后播出了8次，在国内外产生了重大影响。电视台播出广告一方面为了解决自身财政困境，另一方面是改革开放战略的实施为这样的经营理念提供了背景支持。时任上海电视台负责人邹凡扬和广告科科长汪志诚回忆："我想来想去，还是决定要做广告。""我们当时穷到了什么程度。1979年……我们全年经费是190万元，190万元是什么概念？当时有一部电影《大江东去》……有250万元的预算。""组织演员来参加演出……一餐饭几毛钱都付不出来，也不能报销。"[①] 最终，形势倒逼下电视台可以播出广告的模式得到了国家的政策支持。在《夕阳红》栏目中，沈力虽然只是承担主持人这一职业角色，但此时灵活的栏目管理模式，同样为她的主持风格提供了内在的动力支持。20世纪90年代，电视事业彰显出在社会主义精神文明建设和广大人民群众生活中的重要作用，为了进一步挖掘中央电视台的发展潜力，国家采取了一系列经济政策给予有力的支持。从1991年起，中央电视台的财务管理进入"预算包干"期。1993年开播的《夕阳红》栏目成为财务管理改革后的第一批经费包干栏目。该栏目是中央电视台联合国务院发展研究中心《管理世界》杂志社创办的，广告费用于节目制作支出，是以栏目养栏目，依靠社会力量办电视的改革尝试。得到民间财政支持的《夕阳红》栏目，其"受众本位"理念更加突出，节目样态更加灵活。其中，周日版的特别节目《夕阳红小戏台》和《万里夕阳红》都是考虑到老年观众的需要，以及增加节目的吸引力而专门设立的。沈力表示，在《夕阳红》栏目不拘一格的表现形式中，自己的主持能力得到了更加全面的展示。从影像资料中也能看出，这一时期沈力的主持不仅有演播室内的，还有户外的，既主持了娱乐竞赛还主持了专门的采访谈话类节目，主持形式可谓是丰富多彩。尽管在此时全国已涌现出很多有影响力的主持人，但作为对象型栏目主持，沈力的主持风格仍然深得老年观众的喜爱，《夕阳红》栏目也成为了老年人的知心朋友。

1983年3月，第十一次全国广播电视工作会议突破中央和省级广电机构两级办电视的局限，制定了"四级办广播电视，四级混合覆盖"的方针，其后五年是我国广播电视有史以来发展最快的时期。在这一方针的支持下，中央和地方创办节目的热情受到了激发与鼓舞。在"四级办台"的头几年，中央和地方给广播电视部门的经费约20亿元，其中地方经费占四分之三。尽管相对于中央，地方电视台在财政上获得了更多的支持，但在当时社会条件下，中央电视台依然得到了一定程度上的鼓舞和经济支持。电视台管理的核心在于合理地使用资源，优秀的电视栏目管理不仅能够提高节目制作和运行的效率，还能够让每个环节的工作者能力得到最大的发挥。20世纪80年代，沈力主持《为您服务》栏目时，当时的中央电视台还实行传统的科组长管理制，即台长—中心主任—频道负责人—部门主任—科组长—节目编导。沈力当时被任命为组长，

① 易旭明：《中国传媒产业制度变迁的动因与机制——以电视产业为例》，《上海大学学报》（社会科学版）2014年第5期。

与当今的制片人身份接近，但仍然存在区别（见表1）。通过对比不难发现，二者在具体节目制作过程中的参与和支配权接近，而在人员、财务的管理权限上差异较大。尽管如此，从身份上来看，组长兼主持的身份让沈力在节目的制作上具有相当大的话语权。组长的职位保证了沈力在主持过程中的创作和想法能够更多地得以实现，同时也令她具有了把握全局的宏观视角。20世纪80年代的主持人，大多只负责主持这一环节，对于节目制作其他环节的参与非常有限，偶尔会有主持人参与编辑稿件，但也并非每期都坚持。沈力则是全程掌握节目进度，尽可能深入每一个制作环节，对每期播出的节目内容了如指掌。沈力表示，这样的经历让她在镜头前的播讲更加胸有成竹。此时的她，不是在念稿，而是发自真心地向观众做介绍。从节目审查环节来看，电视台给予沈力极大的信任，她的节目成为免审节目，这种信任与支持给了沈力探索的空间，使得《为您服务》栏目比较完整地体现了沈力的个人意志和品格。

表1　电视栏目科组长与制片人比较①

职权范围类别	制片人	科组长
目标	具体系统	具体但少系统
承担风险	大	一般
岗位产生途径	招聘权	行政分配
经费来源	自主权	财政拨款
人员调配权	有	无
经济支配权	有	无

（五）国内传媒理论发展助力沈力主持风格形成

20世纪80年代，当沈力第一次以主持人身份登上我国电视荧屏时，西方的电视节目主持人历程已有30年，正值兴盛时期。此时，西方的明星节目主持人大量涌现，主持风格百花齐放。伴随着改革开放的步伐，"主持人"这一舶来词和西方的传播理论一起来到中国。有观点认为，西方的传播理论发展为西方节目主持人的诞生提供了理论依据。然而，当电视台提出让沈力来做主持人时，沈力对这个角色称谓还很陌生，更不用说了解相关理论。最初，她是通过"字典"来了解主持一词的含义的。可以说，沈力最初的主持实践并没有得到相关的理论指导。与此同时，国内广播电视传播的相关研究已经开始走向正轨。1978年改革开放以来，受众调研的规模大大扩大，受众工作的指导思想、工作内容和工作方法有很大改进、提高、创新。1982年4月，北京广播学院参加北京新闻学会受众调查组（组长陈崇山），首次用电子计算机抽选样本，对报纸、广播、电视的传播效果作综合考察，并首次用电子计算机统计分析受众调查数

① 殷俊：《电视栏目学导论》，四川大学出版社2009年版，第263页。

据。[①]1983年9月20日，《为您服务》栏目组在北京专门召开了一次专题研讨会，邀请了中央新影厂、北京市服装研究所、《旅游》杂志社、商业部、《北京晚报》、北京市一、二轻局、北京市科协、《轻工与生活》杂志社、中华书局、社会科学院、北大中文系的代表参加。从参会人员构成来看，这次研讨会由学界和业界的人员参与。但从人员比例来看，能明显看出学界只占参与者的一小部分；从专业身份来看，他们更多采用社会、文化的视角。在这次研讨会上，并没有来自新闻、传播理论方面的支持。因此，讨论结果主要是在社会文化层面探讨了栏目选题、形式、目的和社会影响等方面内容，并没有专门针对节目主持人角色进行理论探讨。

20世纪80年代至90年代，正值改革开放初期，我国的电视业正处于转型中。沈力在这个阶段主持的两档名牌栏目，之所以能够取得如此之大的社会影响力，与她对于受众需求的认识和思考有着密切的联系。俞虹在《电视受众社会阶层研究》一书中采用"三分法"，按照占有资源的比例不同将电视受众划分为三部分：1.强势集团，这一群体以充分拥有组织资源和文化资源的国家、社会高层管理者，以及充分占有经济资源的企业主为代表；2.中间阶层，这一群体主要表现为在组织资源、文化资源或经济资源方面占有一定优势的国家、社会管理者及私营企业主；3.弱势群体，即几乎不占有三大资源的社会个体，如产业工人、农业劳动者、无业人员等。[②]改革开放以前，我国的电视宣传主要以"政治宣传"为主，是以传者为中心的宣传模式，电视几乎沦为强势集团的宣传工具，中间阶层和弱势群体对电视传播的影响微乎其微。沈力主持的《为您服务》在1983年初正式开播，此时我国的电视正在经历由"传者中心"向"受者中心"转型的阶段。这一栏目的出现本身就是"受者中心"的体现，媒体的决策者们关注到了社会变革中人民群众的生活需要和情感诉求的变化。从受众定位来看，《为您服务》回归平民视角，中间阶层和弱势群体成为栏目的主要服务对象。20世纪90年代中后期，伴随着新阶层的出现、分众传播时代的到来，人们对节目风格与主持人语言表达的个性化、多样化的追求日趋强烈。沈力主持的《夕阳红》栏目就是这一时期的典型代表，该栏目的受众主要是中国社会日趋庞大的老年群体，重点关注老年群体老有所乐、老有所为、老有所学、老有所养的晚年生活。《夕阳红》栏目的开播距离中国正式进入老龄化社会还有7年时间，这一栏目的设立在当时是具有前瞻性的。

栏目对象的改变伴随着审美需求的变迁，从20世纪80年代初到90年代末，沈力的主持风格接受着来自受众审美需求的考验。这种审美需求包含三方面的内容：第一，形象期待。80年代初，《为您服务》的受众主要为最广大的人民群众，他们刚刚经受过各种政治运动的考验，可谓是身心疲惫，政治上的高压宣传态势，让他们感到一种封闭和压抑。改革开放之初，人民群众的肉体和精神正处于康复期，他们内心呼唤一种

① 陈崇山、赵水福：《改革开放以来的中国广播电视受众研究》，《江西财经大学学报》2001年第1期。
② 俞虹：《电视受众社会阶层研究》，北京师范大学出版社2010年版，第14页。

具有“治愈”力量的形象，给他们以心灵慰藉与安抚。与此同时，十年“文革”几乎割断了人与人之间的信任链条，此时的荧屏形象实现“治愈”的前提则首先是取得观众的信任，而此时沈力以质朴、平易、真切、知性的主持风格满足了观众心中的形象期待。这一时期沈力的风格，主要表现出“自己人”的特点，即人民群众中的普通一员。90年代的《夕阳红》栏目是当时全国开设的为数不多的专门针对老年人群的节目，老年观众对此给予了极大的期待。这一时期的老年人离开了工作岗位，离开了熟悉的集体，重新回到社会和家庭中来，他们内心渴望交流，需要来自社会的精神支持和帮助。除了对主持形象亲切、平和的期待，他们更期待一种身份认同。中央电视台解读老年观众的内心诉求，并没有从现有的优秀年轻主持人中选择，而最终邀请已经离休5年的沈力重新出山。事实证明，这是一个明智的决策。沈力作为与老年群体一辈的同龄人，相比其他的年轻主持人能让观众感到更多的身份认同感。再加上《为您服务》时期曾打下的观众基础，沈力在荧屏上一出现，就赢得了观众的好感。这一时期，沈力的风格则更多表现出老年人的“代言人”的特点，她的荧屏形象为广大老年朋友称道。

第二，情感需要。栏目受众在与主持人的情感互动中获得更加真切的风格感知，每一种风格背后都凝结着情感诉求的满足。在主持《为您服务》时，沈力在观众来信中看到噪声污染、伪劣产品等问题给他们带来的苦恼，她总是感同身受，想方设法帮观众解决问题。随着问题的一个个解决，观众的焦灼情绪也得到排解，她也因此获得了观众的情感认同。在主持老年人节目时，沈力则更多表现出对老年人的情感关怀与体谅。节目中谈到某些老年人的怪脾气，沈力绝不会用批评和否定的口吻去谈论，而是从关爱老年人身体健康角度出发，帮助老年人从“情绪病”中发现身体问题。在主持老年人的文体竞技活动时，她时刻不忘关照参赛者的心情，很少去强调比赛结果。当老年人们有出色表现时，她又能给予由衷的赞美和欣赏。在情感互动中，观众们能够鲜明感受到沈力那颗真诚、炽热的心。情感的纽带紧紧把沈力和观众联系在一起，风格形象就完成于直接的情感体验之中。

第三，价值认同。主持人在传播中以独特的个体形象出现，观众对于其形象的认可本身就包含着主观的价值认同。在观众的眼中，沈力的主持风格实现了真善美的统一。这一评价的背后是对沈力的审美观念和生活理念的价值认同。80年代，沈力率先把时装模特、服装搭配等与美有关的知识介绍给观众，这其中就有她审美观念的渗透。当观众被众多这样的节目内容所吸引，主持人和观众之间就逐渐形成了一种审美认同。事实上，主持人在很多细节上都展现出自己的审美观念，比如服饰、妆容等。沈力选择主持服装的标准就是在大众审美的基础上融入自己的审美观念。在生活理念上，沈力善于从大众中学习、借鉴和吸收，再通过节目来展示生活的真谛。沈力意识到自己对生活的认识不足，所以曾在多种场合表示过“向观众学习，拜他们为师”的想法。客观地说，受众和沈力之间价值认同的达成，并非是沈力一味地迎合，而是双方互相选择判断的过程。

随着主持人节目的社会影响力不断增加，主持人的相关理论研究开始萌芽，由学界业界共同参与的专门针对主持人业务的研讨开始增加。1984年，沈力曾私下里专门和北京广播学院的教师陆锡初探讨过主持个性的问题。由于广播电视事业发展长期受到“左”的思想影响，彻底解放思想还需要一个过程。因此，面对这一问题，沈力内心还存在困惑，迫切希望得到来自理论界的指导与支持。主持实践的发展倒逼主持人理论的研究进程，1986年，北京广播学院新闻研究所专门主办了主持人理论研讨会。与会成员有一线节目主持人，电台和电视台领导，以及相关研究单位的教师、理论研究者共二十余人。本次会议上探讨了不少主持人理论的核心问题，如节目主持人的定义、地位和作用，以及主持艺术实践的相关问题，如主持与表演的关系，主持人的个性、素质问题等。尽管这次会议暴露出不少主持人理论研究的薄弱之处，但对于主持人理论体系的形成具有重要意义。随后，主持人大赛的举行、主持人课程的设立、学术论文评奖等一系列活动都为主持人事业的健康发展提供了重要支持。为了能够更好地推动主持人相关理论的研究工作，1990年1月20日，包括沈力在内的12位发起人共同发出了《发起成立主持人节目研究会的倡议书》，同年6月，主持人节目研究会正式成立。研究会的成立，为沈力等一线主持人和学界研究者搭建了一个良好的沟通交流平台，这既促进了沈力对于业务的思考，也令她有更多机会分享自己的主持实践经验。

沈力是中国播音历史上的标杆性人物，她的成功伴随我国改革开放后电视事业的腾飞。改革开放让中国电视事业获得了强大的生命力，沈力作为早期电视人中的重要一员，凭借积极向上的进取精神以及兢兢业业的工作态度，不负时代所托，成为了主持事业的探索先锋。改革开放政策的实行至今已有40载，回顾播音历史对未来播音主持创作的继承与发展都具有重要的意义。

敬一丹播音主持实践发展概述

北京华文学院 / 中国社会科学院研究生院　张　丁

摘　要： 敬一丹的播音主持风格主要形成在改革开放以后。文章在梳理敬一丹播音主持大事记的基础上，结合中国广播电视传媒事业，尤其是播音主持事业的发展，概述敬一丹播音主持实践发展历程。敬一丹播音主持实践可划分为五个阶段，分别为：体验期、奠基期、开拓期、发展期、丰富期。阶段特征各有侧重，又以渐进式的深入模式稳定于整个发展历程中。

关键词： 体验；奠基；开拓；发展；丰富

一、体验期

（一）时间划分

从整个播音主持发展史的角度来看，敬一丹播音主持创作的体验期与十年动乱时期（1966年至1976年）在时间上基本是相互重叠的。"文革"时期，广播播音风格遭到扭曲，"高、平、空、冷、僵、远"的大喊大叫充斥着广播；播音创作活动形式单一，创作依据基本是报纸上的内容，内容单调，播音表达样式是宣读报纸，许多播音员机械模仿中央台的播音，显得生硬呆板，语言表达缺乏创造力。

在这样的背景下，敬一丹播音主持创作的体验和表现被打上了那个时代的烙印。而这些经历和时代烙印，直接或间接影响了其未来在职业生涯中的观察、判断、倾向、选择和表达方式等。

1965年到1976年，是敬一丹播音主持实践的体验期。

（二）实践经历

1. 结缘话筒

初识话筒时，敬一丹10岁，在哈尔滨国庆小学读书。她在不知情的情况下获得一个在"裹着红绸子的珍贵东西前念了一段课文"的机会。老师说，这是话筒，也叫麦克风。这其实是一次小广播员的选拔，敬一丹并没有被选中，但她认识了话筒。

升入哈尔滨第44中学后，敬一丹偶然间成为广播站的广播员，这个偶然开启了她与广播的缘分。这期间的中国社会正处在动乱时期，受政治因素的影响，广播的内容和形式呈现不正常的状态。学校广播站的话筒也裹着红绸子，广播的内容是红色的口号，声音的腔调类似高亢的呼喊。

2. 林场广播

1972年，敬一丹中学毕业，在黑龙江省清河镇新胜林场当了五年知青。这五年，敬一丹最先干的活是修路，那时她被选为读报员，读的内容来自那些过期的“两报一刊”(《人民日报》《解放军报》《红旗杂志》)文章。之后她又去盖房子，在工地的临时广播站上当广播员，广播内容大多是用来“战地”激励的。后来新胜林场建立了5平米左右的广播站，每天清晨和晚上，敬一丹在上海无线电厂生产的话筒前为家家户户广播。清晨的广播以一首《东方红》开始，晚上的内容则丰富很多，除了转播省台、中央台的节目，她还自办节目，集广播员、记者、编辑、技术员、站长于一身，采编播彻底合一。

由于在新胜广播站表现突出，敬一丹被调到了林业局广播站。“清河林业局广播站，现在开始广播——”成为她的新呼号。新的播音阵地，不但有话筒，还有录音机，此时敬一丹第一次听到自己从录音机里发出的声音。相比于之前的一肩挑，林业局的广播站分工明确，按部就班。林业局的企业性质，让敬一丹接触到了更多经济话题，同时她也接触到了更高的平台、更完善的设备和更专业的人士。有一次，省电台记者在林场结束采访之后给广播站上了新闻业务课，在这次课上，敬一丹第一次知道广播稿分为消息、通讯、评论。此后，她试着进行采访并受到了肯定。专业老师的点拨，使敬一丹隐约看到了未来的方向。

（三）阶段小结

这一时期，敬一丹接触到广播，并在特殊的时代背景下有机会将这种接触变成长时间的体验探索。在文化饥渴的年代，年轻的敬一丹对未来尚处于懵懂状态，通过广播播音，她发现了自己的爱好与特长并有机会体验、实践，接受专业老师的肯定、点拨，让她隐约看到了未来的方向。我们将敬一丹播音主持实践体验期的阶段特征总结为：初识话筒、探索实践。

敬一丹播音主持实践的体验期，是其播音主持生涯中一个特殊的时期。这一时期，她认识、接触了话筒，但并未在真正意义上投身广播事业。体验期于敬一丹而言，更多的是一个从不知道到知道，在摸索、探索中实践的过程。体验式的实践缺乏理论指导，也缺乏自主的选择，然而这种体验带有启蒙性质，在一定程度上为其后来走上播音专业学习、播音主持职业道路奠定了基础。

二、奠基期

（一）时间划分

敬一丹播音主持创作生涯的奠基期跨越了拨乱反正时期（1976年至1981年）和改革发展时期（1981年至1992年）。拨乱反正时期，尤其是十一届三中全会以后，播音稿件内容和形式的统一得到重视，在一些生产建设稿件中，尝试突破报告新闻的模式，改用讲的方法，播音中体现出热情、亲切、自然的风格；而这一时期主持人的出现，成为播音主持发展过程中具有重要意义的大事件。改革发展时期，随着全党和全国的工作重心转移到经济建设上来，经济报道的地位日益凸显，根据节目内容和服务对象的不同，这一时期播音主持风格呈现出多样化的特征。

1976年，敬一丹作为最后一届工农兵学员被推荐到北京广播学院，从此她的播音主持创作有了专业理论的指导。毕业后她被分配到黑龙江人民广播电台担任播音员，正式走上了播音职业道路。在电台播音，敬一丹有机会将理论知识应用到实践中。基本功和理论知识过硬，实践经验越来越丰富的敬一丹在电台表现出相当稳定的播音状态，其播音主持风格也在这一时期开始形成。此后，就读研究生、实习及留校任教阶段的学习研究，进一步提升了敬一丹的理论和实践水平。

这样的专业发展背景为敬一丹的专业学习和职业方向选择带来深刻的影响。这一时期，她从一个学习者转变为实践者，又从一个实践者转变为研究者。这是一个为专业研究、职业理论和实践奠定基础的过程。

1976年到1988年是敬一丹播音主持实践的奠基期。

（二）实践经历

1. 专业学习

1976年，敬一丹作为最后一届工农兵学员被推荐到北京广播学院，学习播音专业。敬一丹入学时考核的播音业务内容，便是在话筒前录播稿件《华主席为首的党中央一举粉碎四人帮》。她在省台录音间的话筒前完成了这次考核并顺利通过。彼时，国家的工作重心正在发生转移，敬一丹的爱好、特长也开始向着专业的方向迈进。

1977年元旦过后，敬一丹正式到北京广播学院报到。通过两年大学学习，敬一丹不仅掌握了播音基础知识，从实践和理论两方面对播音专业有了进一步理解，同时对“大快人心，粉碎四人帮！把四人帮造成的损失夺回来”“改革开放”“奔向四个现代化”“两个凡是”“实践是检验真理的唯一标准”等内容印象深刻，这些内容反映了彼时中国社会正在经历的转折和发展，具有时代感。

经过两年的大学学习，播音创作由爱好、体验成为敬一丹的专业，这是重要的转折，也提升了她的基本功和理论水平，在一定程度上为其后来的播音创作奠定了理论基础。

2. 播音工作

大学毕业后，敬一丹被分配到黑龙江人民广播电台任播音员，播送天气预报、专题、新闻、文学欣赏等内容，也包括现在已经消失的文体，如“对话”。那时候最常见的播音内容有“十一届三中全会”“让一部分人先富起来”“以经济建设为中心”“万元户”“包产到户”等。时代的主旋律通过广播的内容得以传递。4年半的电台播音工作，奠定了敬一丹的业务基础。从最初播天气预报时的生涩，到完全适应当时广播电台的各种文体，敬一丹的语言表达慢慢走向了成熟。在敬一丹看来，这段经历对以后的发展有重要意义，她说：“后来我做电视，由于之前话筒前的基础，就更顺畅，起码是没有语言负担的。”① 这里提到的话筒前的基础就是指她在黑龙江人民广播电台的播音经历。

敬一丹在黑龙江人民广播电台任播音员时，电视开始进入普通百姓视野。然而，彼时电视的发展远不如广播成熟，工作人员配备也不完善，于是敬一丹被派到黑龙江电视台客串播音员。白天，她在电台的话筒前说“各位听众”，晚上她在电视台对着镜头说“各位观众”，那时候的敬一丹对电视一点儿感觉都没有，甚至有一种排斥。在电视台播音，个人形象暴露在观众面前，敬一丹被要求在个人形象方面做一些改变。她的发型、专门做的西装等都直接体现了电台和电视台两种媒介的不同——电台靠声音传递信息，而电视台则需要综合考虑声音、形象、文字、画面等多种因素。

3. 继续深造

工农兵学员与正规大学生在教学条件等方面的不同，让敬一丹有一种不满足的感觉，她希望继续深造。经过三进考场，敬一丹克服英语难关，于1983年考取了北京广播学院的研究生，师从齐越老师。

在母校攻读研究生期间，电视蓬勃兴起，主持人方兴未艾，敬一丹被新生事物吸引了。在导师齐越的支持下，敬一丹开始对节目主持人的实践进行研究，毕业论文为《论节目主持人的语言特点》，这是国内第一篇关于节目主持人的硕士论文。在其著作中，敬一丹说：“读研三年，看上去好像与话筒拉开了距离，其实，是更深地理解了话筒，是更从本质的意义上走近了话筒。没有这三年，就没有后来的近三十年。当我从一个研究者成为一个实践者，从广播播音员成为电视主持人，我的话筒，有了更大的空间。”②

4. 留校任教

毕业后，敬一丹留校任教，她的第一批学生有张泽群、孙晓梅等人。后来，学校派敬一丹到中央电视台进行社会实践，写电视播音讲义。她被电视台的新鲜与陌生

① 敬一丹接受笔者采访语。

② 敬一丹：《我遇到你》，长江文艺出版社2015年版，第16页。

深深吸引，一年多的时间，敬一丹一边在北京广播学院当老师，一边在电视台工作。1988年，敬一丹离开北京广播学院，正式进入中央电视台。研究生和留校期间的理论学习与研究，提升了敬一丹的理论水平，夯实了她的从业基础，尤其是从研究者、播音员向电视人转折的理论基础。

（三）阶段小结

这一时期，敬一丹的电台播音风格初成，电视主持小试牛刀，为未来发展奠定了坚实的基础。我们将敬一丹播音主持创作奠基期的阶段特征总结为：奠定基础、知行合一。

奠基期是敬一丹真正意义上开启播音主持实践的阶段。这一时期，敬一丹进行播音专业的学习，接受科班训练，业务基本功和理论基础得以奠定；接触并投身电台、电视的播音事业，状态稳定，并开始呈现出个人风格，感知到广播与电视的区别，这些实践为她后来在电视屏幕上顺畅的语言表达奠定了基础；三年研究生学习，敬一丹的理论知识得以夯实，她对专业、行业的发展有了一些自己的认识和前瞻性的思考；新生事物——主持人、主持人节目对她的吸引力越来越大，她最终投身到这一领域中。

奠基期于敬一丹而言，是一个承上启下的过程。她告别了过去的体验式播音，并找到了未来的发展方向。从专业入门到深入，再到实践、创新，这一时期的理论学习、研究和实践，为敬一丹在播音主持创作之路上走稳、走远奠定了基础。

三、开拓期

（一）时间划分

《满江红·小住京华》朗诵：敬一丹

从整个播音主持发展史的角度来看，敬一丹播音主持创作的开拓期跨越改革发展时期（1981年至1992年）和快速发展时期（1992年至2000年）。这两个时期，一系列方针政策的实施、广播电视相关技术的突破以及新闻改革的深入，为广播电视播音主持事业的发展创造了良好的条件。改革发展时期，新的部门、新的节目类型、新的播音主持方式、新的人才队伍培养建设方案、新的论著不断出现，以新闻改革为突破口，播音主持发展呈现出良好的势头。1992年1月至2月，邓小平视察南方，发表了一系列重要讲话，进一步解放了人们的思想，推动了我国经济体制改革快速发展。期间，我国广播电视事业发展的步伐也大大加快。新闻节目的深入改革、语言规范的强化、学术研究的推动、教育教学的专业化以及相关比赛奖项的设置，推动了广播电视事业快速发展，电视播音主持也呈现出前所未有的快速发展劲头。

1988年，敬一丹进入中央电视台，担任编辑、记者，开启了长达27年的国家级电视台从业经历，其端庄大气、率真沉稳的播音主持风格在央视期间得以形成。从33岁进入中央电视台，到投身彼时中国电视领域最著名的栏目之一《焦点访谈》，敬一丹在这一时期接触了多种类型节目的采、编、播、主持工作，不仅帮助其自身找到了适合的节目类型，也为她未来的发展指明了方向。

敬一丹播音主持创作的开拓期与整个国家的改革浪潮交汇，国家的改革创新成为其播音主持创作的重要内容，而其播音主持事业开拓期的尝试与抉择，也符合变化、转型、改革的时代旋律。

1988年至1995年是敬一丹播音主持实践的开拓期。

（二）实践经历

1989年，敬一丹作为中央电视台第一个播音专业研究生出任经济部《经济半小时》的第一批节目主持人，同时期该节目的主持人还有王红蕾、赵赫、王晓真。敬一丹在这个节目中集采编播于一身，逐渐成为记者型主持人。

在《经济半小时》，敬一丹经常做深度报道和经济社会热点评论，她采编的较著名的经济新闻有《面对疲软的市场》《股市风》《兼并风波》《三角债》等。

主持《经济半小时》期间，敬一丹参与《质量万里行》和“3·15消费者权益日晚会”等节目的主持报道。这些节目播出间隔较长，却是敬一丹接触舆论监督节目的开始。敬一丹参与其中，感受到用电视进行舆论监督的强大力量。

1993年5月10日晚，敬一丹创办的《一丹话题》开播，这是中国电视史上第一个以主持人名字命名的电视言论性节目，每期8分钟左右。

《一丹话题》被敬一丹认为是最适合自己的栏目之一。创办《一丹话题》，敬一丹参与了片头音乐、背景板颜色、选题、采访、编辑、主持、后续反馈等大大小小几乎每一个环节。这像是她的小作坊，她在里面制作让她有表达欲望、反映她的生命体验、有感染力、有震撼力的节目。

敬一丹把这个栏目称为自己永远一岁的女儿，在她全身心投入《一丹话题》的同时，中国的电视事业蓬勃发展，改革创新进程超乎想象，制片人、策划等制度破土而出，“集团化作战”的优势不容忽视，而这些凸显了“小作坊”单打独斗的局限。

1994年5月，《一丹话题》在一周年之际告别观众，共计55期，该栏目对中国电视新闻的影响，乃至对整个社会的影响一直延续至今。这个栏目中谈到的关于教育、扶贫、户口等话题，在今天看来仍具有一定的现实意义和前瞻性。栏目也开创了以主持人名字命名节目的先河，时至今日，这样的命名方式仍在延续。

1994年底，敬一丹为相伴5年的《经济半小时》做完最后一期节目《1994年终回顾》后，于12月31日晚上与经济频道（CCTV–2）说再见，离开经济频道。

（三）阶段小结

从1988年进入中央电视台，到1995年投身《焦点访谈》之前，敬一丹在中央电视台尝试了不同形式的电视节目采编、主持、播音，并创新开拓新领域，明确了职业深入发展方向，媒体从业能力得到全方面锻炼、发挥、提升。我们将敬一丹播音主持实践开拓期的特征总结为：开拓新域、明确方向。

敬一丹进入央视，是其播音主持实践中的一件大事，在此期间，她不仅为个人，也为电视台、电视事业开拓了新的领域。仅1988年至1994年期间，她就尝试了新闻播报、采编播合一、大型晚会主持、言论节目等不同类型的电视节目。在自己的不断尝试与老一辈电视人的点拨下，她意识到自己适合做言论性节目这一特点，明确了未来的发展方向；对舆论监督的初步接触，让她对“铁肩担道义”这一职责更加坚定。言论性节目与舆论监督的尝试，为敬一丹未来走上电视新闻评论之路点燃了兴趣，拓展了思路。

1993年，敬一丹荣获第一届全国广播电视节目主持人金话筒奖电视金奖，这是广播电视节目主持人的最高荣誉。

敬一丹播音主持实践的开拓期，是她职业转折与开拓新领域、明确方向的时期，她不但成功转型为一个真正的电视人，更成长为国家级电视台标志性人物，不仅深得观众尊敬与信任，也得到专家学者和电视一线工作人员的肯定与赞赏。

四、发展期

（一）时间划分

1995年，敬一丹开始主持《焦点访谈》，在电视发展的黄金时代成为中国最著名的电视栏目团队中的一员。自此至2003年开始主持《感动中国》之前，敬一丹作为著名的记者型主持人，多次参与重大历史事件的高强度直播，这些经历见证了她的成长、成熟，而她作为国家级电视台标志性的主持人之一，也见证了中国电视事业和播音主持事业的发展。

这一时期，中央和地方电视台为了进一步扩大信息量，提高实效性，对新闻节目进行了深入改革。新闻评论性节目的出现在电视界和社会上引起强烈反响，成为推动电视改革向纵深发展的新模式。《焦点访谈》等新闻评论性节目的热度居高不下，培养了一批忠实的观众群体，受到政府的重视和业界的好评。伴随着《东方时空》《焦点访谈》《实话实说》等节目的出现，敬一丹、水均益、白岩松、崔永元等类型化主持人队伍不断发展壮大。中国电视节目发展的黄金时代、播音主持快速发展时期与敬一丹等主持人播音主持事业的发展紧密结合在一起，三者共同为丰富受众的精神文化生活，促进社会的和谐进步发挥了不可取代的作用，实现了个人、行业和国家社会的多重效益。

1995年至2003年是敬一丹播音主持实践快速发展的阶段。

（二）实践经历

1. 加盟《焦点访谈》

1995年元旦当天，敬一丹出现在《焦点访谈》的主持岗位上，从此开始了与这个家喻户晓的舆论监督栏目20年的相伴。

敬一丹刚加入《焦点访谈》时，该节目已家喻户晓，那时候，很多人视之为表达诉求的平台。90年代后期，老百姓有什么不平事，经常会想到“去找《焦点访谈》”。传统媒体人，特别是《焦点访谈》的人，多年来有一种代言意识：“我们为百姓代言”“我们为弱势人群代言”。[①]

敬一丹被认为是百姓和弱势群体的代言人。她在《焦点访谈》中的表现刚柔并济，这是性格、年龄使然，更是深思熟虑后作出的成熟表达。节目强有力地影响着社会，得益于其“尖锐”“强硬”的风格，也离不开敬一丹介于传统和前卫之间的主持形象。

“刚”是指敬一丹在节目采编、制作、播音主持创作过程中不畏艰难险阻，对违规违纪现象、社会不公待遇大胆说不，并果敢、坚毅地表明自己的态度，为弱者发声，为社会公平正义、和谐发展建言献策。“柔”则是指其在创作过程中的分寸与平衡。

《焦点访谈》对社会各个阶层都具有强大的影响力，尤其是时任国务院总理朱镕基同志的题词“舆论监督，群众喉舌，政府镜鉴，改革尖兵”更印证了其权威性和影响力。敬一丹认为，《焦点访谈》越火，越得格外谨慎，每一个镜头，每一句话都有可能影响一个人的命运，不管他是强势还是弱势。因此，她在节目中尽量“留有余地”，不在节目中做出欢呼状、拍案状，而是会沉淀一下再开口，有时用问句，用删节号，留一点思考给观众。她有忌语，尽量不说“必须”“应该”“要”“希望”，以及类似的祈使句；她备受信赖，却不居高临下发号施令，始终以平等的态度与观众沟通。

2. 《东方时空》总主持

1993年5月1日，《东方时空》栏目开播，这个杂志型栏目在播出伊始就产生了广泛影响，被誉为“开创了中国电视改革的先河”。《东方时空》改变了中国大陆观众早间不收看新闻的习惯，也成为电视新闻发展史上的重要事件。创办至今，《东方时空》不仅孵化了《焦点访谈》等众多有影响力的新栏目，其不断创新的节目形式也带动着电视人、电视事业不断发展。

1996年6月，敬一丹开始担任《东方时空》总主持人。期间，敬一丹与白岩松、水均益、崔永元、何绍伟等优秀的电视人结伴探索、同行，相互取长补短，共同推动着中国电视事业的发展。值得一提的是，评论节目《面对面》为敬一丹等人提供了言论空间，给主持人提供了个性化表达的舞台，主持人的发现能力、认识水准和表达方式得到锻炼。

---

① 敬一丹：《我遇到你》，长江文艺出版社2015年版，第128页。

3. 《新闻调查》记者

1996年5月17日《新闻调查》开播，敬一丹担任主持人。这是中央电视台唯一一档深度调查类栏目，首播节目《宏志班》奠定了栏目的基准样态：双机拍摄、记者现场采访、现场述评，对事件多角度分析、递进式探究。

在《新闻调查》期间，敬一丹身上“记者”的色彩更加浓厚，她的用心倾听和有分寸的采访调查，让她与采访对象的交流顺畅而自然。该栏目的记者、编导、剪辑各司其职，与之前敬一丹习惯的自己选题、自己采访、自己编辑，从第一个联系电话到最后一块字幕都在小作坊里完成不同，崭新的多工种合作模式，在敬一丹看来更适合自己且更加专业。她与《新闻调查》的合作持续了好几年，并这样评价这个栏目的运作模式：“我太喜欢双机拍摄了，我太喜欢不用手持话筒了，这使得我和对方有了更自然的交谈。相比之下，《焦点访谈》像游击队，而《新闻调查》是拍大片。”①

4. 大型直播

1997年7月、1999年12月、2000年元旦，敬一丹分别在香港回归直播、澳门回归直播中担任总主持人，在“相逢2000年·中国日出全球直播”中担任现场主持人。无论是在演播室还是在外景地，即使事件举世瞩目，意料之外的状况频出，敬一丹始终保持端庄大气、率真沉稳的姿态，举重若轻，镇定自如。而纵观几次直播，她作为主持人对整个流程的主动权和控制力越来越强，这种主动权和控制力体现在节目主持的流畅和鲜活上，也体现在主持人状态的外松内紧上。

5. 直播常态化

2000年12月，《东方时空》第二次改版，在星期日推出了中央电视台第一个固定的直播档节目——《直播中国》。12月3日早上8:00，栏目首播，敬一丹在山西平遥古城亮相直播。

在《直播中国》中，外景直播成了常态。面对这种常态，因为每个动作都是进行时而使主持人一直处于高度紧张的状态，但是“玩起来”的心理暗示，让敬一丹在外景直播时放松、亲切、灵动，这也让观众看到了一个演播室外不再正襟危坐，而是融入自然、融入人群中的“敬大姐”。

（三）阶段小结

这一时期，是中国电视媒体改革发展的黄金时期，敬一丹的播音主持实践也在改革潮流的推动下不断创新、深入发展。我们将敬一丹播音主持实践发展期的特征总结为：挑战自我、成果丰富。

加盟新闻评论部，参与《焦点访谈》《东方时空》以及其他大型事件直播、常规直播节目，促使敬一丹的播音主持实践进入了前所未有的发展期，创造了事业的新辉煌。

---

① 敬一丹：《我遇到你》，长江文艺出版社2015年版，第76页。

这一时期敬一丹的播音主持实践突破了播音主持、新闻传播、人际交往的范畴，而具有了重要的社会意义。她在节目中表现出来的公正、亲和、责任感，体现出一个媒体人的修养与良心。1995年、1997年，敬一丹获得第二届、第三届金话筒奖电视金奖，加上1993年在第一届金话筒奖获得电视金奖，敬一丹连续三次获此殊荣，这是业界对其播音主持创作的权威认可，是观众信任之外的专业肯定。

五、丰富期

（一）时间划分

这一时期，敬一丹在播音主持实践中不断创新，除继续原有的节目外，她大胆尝试新的电视节目类型，在新媒体背景下，积极探索新的传播方式。

敬一丹的播音主持创作越来越多元化，老作品延续，新作品又喷薄而出，创作形式突破了电台、电视屏幕播音主持的范畴，开拓了新闻发言人培训、高校讲座、移动客户端传播等多种新形式。《焦点访谈》继续发力，《感动中国》等新作品层出不穷，“神七漫步太空”系列报道受到嘉奖，国庆60周年直播盛况空前，走基层报道影响深远，央视新闻微信客户端朗诵节气令人耳目一新，她还建立自己的公众号与受众交流，借助电台将文字作品以语音的方式传播，其作品不断创新，其播音主持创作从数量和质量上均进入了丰富期。

进入新世纪，广播电视在技术、业态、功能、体制模式等方面都发生了重大变化。数字时代的到来，新媒体的诞生，广播电视卫星频道的全天候播出，有线电视的全覆盖，传统媒体和新媒体的交叉融合，广播电视节目的精品化、栏目的专业化、频道的品牌化，都使得播音主持迈向了一个新的历史起点。

在这样的历史背景下，敬一丹等优秀的播音员主持人没有停留在以往的成绩上驻足不前，他们抓住了历史机遇，在充分发挥传统媒体优势的同时，积极学习、利用新媒体的技术和传播优势，大胆创新，不断探索，推动着整个播音主持事业的发展。

2003年至今，是敬一丹播音主持实践的丰富期。

（二）实践经历

1. 遇到《感动中国》

《感动中国》是中央电视台打造的一个精神品牌节目，由新闻中心承办，每年元宵节前后推出，自2003年开播以来，已连续举办15年，每一年度的颁奖典礼均由敬一丹和白岩松主持。

敬一丹坦言，与《感动中国》的相伴是她的幸运。她认为中国需要这样一个节目，她自己也需要。常年在《焦点访谈》这样的舆论监督性节目工作，敬一丹面对比常人更多的负面信息，这些负面事件虽然不是发生在她身上，但经过她的采编、分析、思考，像阴影一样让她感觉沉重，而《感动中国》让她感受到阳光，让她见证了社会上的真诚、美好、善良。

主持《感动中国》15年，时间流逝，人物变化，但节目还在，感动的力量也还在。在接受笔者采访时，敬一丹说，自己现在看《感动中国》，觉得是有些微变化的，比如说越到后来越沉静。说话和状态都越来越沉静，这是她对自身的一个认识，也与其年龄有关系。这种微小的变化，使她与节目的气质更吻合了。

《感动中国》每年举办一次，从准备到播出，再到后期的反馈、思考，这段时间是敬一丹近15年播音主持创作过程中具有平衡力量的时期，让她对未来、对人心、对社会充满信心。

2. 声音与回声

2003年，中央电视台新闻频道即将开播，敬一丹很久以来的一个想法借此东风得以实现。同年5月4日起，每周日22：33，敬一丹在新闻频道与《声音》相伴，栏目的广告语为：放大弱者的声音，传播智者的声音。这个节目传播人大代表和政协委员之声，精英权威的声音与弱者的声音在这里交汇，社会问题在这里被讨论，敬一丹作为主持人在这里倾听、平衡、引导，寻求解决社会问题的方法，以此推动社会进步。敬一丹曾担任过第九、十届全国政协委员，第十一届全国人大代表，《声音》栏目的开播跟敬一丹这段播音主持工作之外的经历有着密不可分的关系。

在全国政协十届二次会议开幕式上，提案工作报告中提到中央电视台《声音》栏目对提案的宣传起到积极作用。以这样的形式肯定媒体作用，是以往没有的。2004年4月21日，《声音》最后一期录制，最后一句“我们在乎声音，更在乎回声”，赢得了演播室和机房一片掌声。此后，因新闻频道改版，栏目停播。

3. 新媒体背景下的《焦点访谈》

参与新栏目的同时敬一丹继续主持《焦点访谈》。

进入新世纪，新媒体异军突起，强烈冲击着电视等传统媒体的地位和影响力。此时的《焦点访谈》与创办初期不一样了。90年代，这个栏目是百姓心目中的“焦青天”，肩负着重任与期待。新媒体时代，论坛、微博、微信等自媒体手段颠覆了以往的传播方式，传受关系不再有明显的界限，从而大大提高了个人的话语权。就连《焦点访谈》的结束语也从一句简单的“谢谢收看”，又多加了一句“请您关注我们的微博、微信、客户端”，这句话反映了时代的变迁。如今，适应快节奏生活的受众，尤其是年轻人，更多地选择微博等手段发言，表达意见、建议。创办22年之久的《焦点访谈》和敬一丹等陪伴其成长、成熟的团队成员，早已不是当年的模样，巅峰状态的盛况也不可复制，然而这个栏目和这些人却成为一代人永远的集体记忆。

2015年4月30日，敬一丹主持完《焦点访谈》与观众说再见之后，轻轻地鞠了一躬，这是她最后一次主持《焦点访谈》。最后的一躬身，既是与观众道别，也是与自己相伴20年的栏目和团队告别。

4. 新闻发言人与媒体

敬一丹播音主持创作丰富期的实践经历，不仅仅局限在电视台的播音主持工作。以播音主持工作为基础，延伸出的新业务范畴，成为这一阶段敬一丹的事业创新。在其众多的创新中，就包括为新闻发言人培训班授课。2001年开始，中国政府各部委和各省市建立了新闻发言人制度；2003年“非典”之后，信息公开成为更强烈更普遍的要求，新闻发言人制度随之有了进一步的普及。

2004年3月11日，敬一丹作为授课教师参与在北京广播学院举办的教育部首期司局级新闻发言人培训班，在培训班上与学员共同探讨记者与新闻发言人的关系。此后，她持续参与新闻发言人、官员、社会各层面有关媒体素养的培训，长年在清华大学、中国传媒大学、国家行政学院进行相关授课。这些活动在一定程度上推动了社会各界媒体素养的提升，促进了媒体交流的顺畅进行。

5. 社会交流

除了电视台的播音主持创作以及培训课程，敬一丹在这一时期走进众多高校，与新闻、传播、播音主持等专业的师生交流，分享自己对专业的看法以及在实践中积累的经验。

2005年至今，敬一丹作为北京大学电视研究中心特聘研究员持续参加北京大学电视研究中心举办的“未名大讲堂——与名记者、名主持、名专家面对面”大型公益论坛，参与不同主题论坛的主持和研讨工作，如“媒介·社会·人”“中国媒体与奥林匹克”“今天我们怎样做记者——危机·转机·生机”“重构信任，重建尊重”等。她说：“这些活动让我有机会在热运转中冷思考，是很好的思考和提高的机会。”

她走进北京大学、清华大学、中国传媒大学、中国人民大学等学校，与不同年龄层的师生探讨专业知识、人生感悟以及对世界的看法，激励了全国各地的大学生树立正确的专业观念和人生态度。这些讲座，被以新闻稿或文章的形式记录下来，其中《节目主持人的言论空间》《电视与社会》《新闻调查的背后》《节目主持人的素养》《记者的眼睛》《我的记者生涯》《认识校园外的世界》《从〈焦点访谈〉到〈感动中国〉》《做“有温度”的新闻》《当〈焦点访谈〉遇上微博——电视人在媒体变局中的探索》《传统媒体在新闻变革中要把握自身优势》等文章广为流传。

6. 新媒体实践

走进全国各地的校园与青少年交流，也让敬一丹对年轻人、年轻观众、新媒体的应用情况等有了进一步的了解。紧跟时代的步伐，敬一丹丰富了自己的播音主持创作方式与平台，开始利用微信等新媒体平台与受众交流。

2014年9月7日，敬一丹的朗诵作品在《央视新闻》官方微信公众号播出，此后她持续在公众号朗诵关于节气的诗词与介绍。

（三）阶段小结

2003年至今，敬一丹的播音主持实践突破了传统媒体的范围，向新媒体等其他社会领域拓展，内容和形式更加丰富。我们将敬一丹播音主持实践丰富期的特征总结为：丰富拓展、创新融合。

创办、参与新的栏目，结束、离开旧有节目是播音主持工作者经常面对的情况，这些是挑战的一部分，而更大的挑战来自时代的变化、传媒格局的变化和受众习惯的变化。《感动中国》对敬一丹和幕后创作者而言，完全是陌生的节目类型。面对未知，他们选择了勇敢尝试，并将节目引向寻找社会良心、引起社会关注、引发全民思考、引导正能量的方向，成为观众期待的精神食粮。主持这样的节目，不仅丰富了敬一丹的作品种类，也让她的播音主持创作发展到一个全新的境界。

处于播音主持创作丰富期的敬一丹，其身份突破了播音员、主持人、新闻人、电视人的范畴，这些身份之外，她还参与到教育、写作、演讲、朗诵、自媒体、公益等多个领域。这些身份和成果，归根结底是其作品的丰富拓展，种类和形式的多样性已无法用传统的播音主持作品来定义，这体现了新的媒体格局下媒体人的创新融合。

敬一丹在接受笔者采访时，用媒体人来形容日益便捷而又复杂的传播链条上的众多创作者，他们从事传播工作，又因为传播广为人知，高关注度和传播力又为他们从事别的事业，如公益提供了便利。显然，现在的敬一丹就是这样的媒体人，她有众多明确的身份，这些身份从媒体中来，又到媒体中去。

参考文献

1. 敬一丹：《一丹话题》，北京广播学院出版社1995年版。
2. 敬一丹：《声音：一个电视人与观众的对话》，华艺出版社1998年版。
3. 敬一丹：《话筒前》，现代出版社1999年版。
4. 敬一丹：《一丹随笔》，作家出版社2000年版。
5. 敬一丹：《99个问号》，中国广播电视出版社2004年版。
6. 敬一丹：《我遇到你》，长江文艺出版社2015年版。
7. 梁建增：《〈焦点访谈〉红皮书》，文化艺术出版社2002年版。
8. 姚喜双：《播音风格探》，中国文联出版公司1992年版。
9. 姚喜双：《播音学概论》，中国传媒大学出版社1998年版。
10. 姚喜双：《中国解放区新闻语言规范》，语文出版社2007年版。
11. 姚喜双：《播音导论教程》，中国广播电视出版社2001年版。
12. 姚喜双：《播音主持概论》，高等教育出版社2012年版。

13. 姚喜双：《新媒体时代广播电视语言研究》，语文出版社2014年版。

14. 姚喜双、郭龙生：《媒体与语言——来自专家与明星的声音》，经济出版社2002年版。

15. 姚喜双、郭龙生：《媒体语言大家谈》，经济出版社2004年版。

16. 张颂：《中国播音学》（修订版），中国传媒大学出版社2009年版。

后　记

2018年9月18日至9月19日，“改革开放‘声屏’40年：播音主持·媒体语言首届西湖论坛”（以下简称“西湖论坛”）在杭州举行。来自中央广播电视总台（央广）播音指导委员会、中国电视艺术家协会主持人专业委员会、教育部语用所、中国传媒大学、沧州师范学院、浙江工业大学以及《现代传播》杂志社、《语言文字应用》杂志社的领导嘉宾出席了论坛开幕式。来自教育部语用所、清华大学、浙江大学、中国人民大学、中国传媒大学、苏州大学、浙江工业大学、青岛大学、东北师范大学、安徽师范大学、广西师范大学、赣南师范大学、中华女子学院、浙江传媒学院、沧州师范学院、郑州工程技术学院以及中央电视台、经济日报社、重庆电视台、山西电视台等几十家高校、媒体以及科研院所的40多位播音主持、媒体语言业界和学术界的青年学者共聚西子湖畔，总结分享了改革开放40年来播音主持和媒体语言研究的经验和成果。论坛期间还成功举办了“传播时代新声·首届西湖诗会”。

浙江工业大学校长李小年教授、副校长虞晓芬教授，社会科学研究院院长周必彧教授等的倾心支持保证了“西湖论坛”的顺利举办。从2018年开始，“西湖论坛”每年围绕一个主题举办一届，计划举办四届，每届筹划出版论文集一部。这是第一部。

在本论文集编辑、出版过程中，国家语委原副主任、教育部语用司原司长、中国语言文学类专业教学指导委员会副主任委员姚喜双教授对论文集的编辑工作给予了悉心指导。葛兰、方明、虹云、敬一丹、鞠萍、周宇等播音主持名家对论文集出版给予了极大的关心和支持。论文集的顺利出版也是浙江工业大学与高等教育出版社精诚合作的结果。高等教育出版社文科出版事业部主任迟宝东对本书给予了指导性意见，责任编辑赵愫简从本书的编辑加工到整体装帧设计，都花费了很大精力，使本书的编校质量得到提升，学术品质也有了很好的保证。在“西湖论坛”举办和论文集出版过程中，浙江工业大学人文学院袁久生、申云龙、赵红等老师以及播音与主持艺术专业本科生王威、杨海纳、项伟、石览岚、丛雯洁、熊佳莹、沈雪、蔡一帆、黄紫琪、叶芒含、彭雨暄、饶文慧、周超、石莹婉钰、李卓清、杨婉苏、曾玉晨、胡智琪、秦晨、钟逸之等做了大量的具体工作，在此一并表示感谢。

“第二届播音主持·媒体语言西湖论坛”即将于2019年5月18日在杭州召开，作为首届“西湖论坛”的成果，本论文集的出版不但可以为即将召开的第二届“西湖论坛”献上一份薄礼，也可为朝气蓬勃的中国播音主持事业发展进程留下一个新的注脚。

浙江工业大学　彭远方

2019年4月24日于杭州·小和山